LA THEOLOGIE NATVRELLE.

Tome premier.

DIVISE EN DEVX PARTIES.
La premiere traictant de l'Existence de Dieu:
Et la seconde de la Creation du Monde.

Par le P. YVES de Paris Capucin.

Quatriéme Edition reueuë & corrigée par l'Autheur.

A PARIS,

Chez la veufue NICOLAS BVON, ruë sainct Iacques,
à l'Enseigne de sainct Claude.
Et en sa maison ruë des Mathurins, deuant l'Eglise.

M. DC. XL.

Auec Priuilege du Roy, & Approbation.

Permission du tres-Reuerend Pere General.

HIC Liber, cui titulus la Theologie Naturelle, à V. P. F. Iuone Parisino, concionatore Ordinis nostri, lingua Gallica compositus, & à quatuor Theologis nostris autoritate nostra examinatus, & approbatus, vt lucem videat, & typis mandetur, seruatis seruandis, concedimus. Id cuius rei fidem præsentib. sygillo nostro munitis subscripsimus. Romæ die 26. Febr. 1633.   F. Franciscus Proc. & Vicarius Generalis Ordinis Capucinor.

Approbation des Docteurs.

NOvs sous-signés Docteurs en la faculté de Theologie de Paris, Certifions auoir leu le Liure de la *Theologie Naturelle*, composé par le R. P. Iues de Paris Capucin, où par les maximes de la Philosophie & raisons humaines, il prouue l'existence & les perfections d'vn Dieu : & asseurons que dans l'escrit qui nous a esté presenté, il n'y a rien qui contredise les veritez de la Foy Diuine & Chrestienne. Faict à Paris ce 17. Mars 1633.

LONGIS.   CHAPELLAS.   BROVSSE.

Approbation des Theologiens de l'Ordre.

NOvs sous-signez Predicateurs Theologiens de l'Ordre des FF. Mineurs Capucins de S. François de la Prouince de Paris, par le commandement de nostre tres-Reuerend Pere Vicaire General, auons leu auec vne exacte attention le Liure intitulé la *Theologie Naturelle*, composé par le R. P. Iues de Paris Predicateur du mesme Ordre. Auquel nous certifions auoir trouué vn raisonnement conforme à la Foy & aux bonnes mœurs, & capable d'en donner de grandes instructions aux esprits qui cherchent la verité. En foy dequoy nous auons signé les presentes, à Paris ce 3. Ianuier 1633.

F. François de la Naune Predicateur Capucin, Gardien du Conuent de la Conception de la Vierge à Paris.

F. Iuuenal de Paris, Predicateur Capucin.

F. Martial de Rion, Predicateur Capucin, & Lecteur en Theologie.

F. Mathieu de Reims, Predicateur Capucin, & Lecteur en Theologie.

Extraict du Priuilege du Roy.

LOVYS PAR LA GRACE DE DIEV, ROY DE FRANCE ET DE NAVARRE, à nos amez & feaux Conseillers les Gens tenans nos Cours de Parlement, Baillifs, Seneschaux, Preuosts ou leurs Officiers, & à chacun d'eux ainsi qu'il appartiendra, salut. Nostre chere & amée la veufue Nicolas Buon Libraire en nostre Vniuersité de Paris, nous a fait remontrer qu'elle a recouuré vn Liure intitulé la *Theologie Naturelle en plusieurs Tomes*, composé par le R. P. Iues de Paris Capucin: Lequel elle voudroit imprimer si elle auoit sur ce nos Lettres necessaires. A ces causes desirans bien & fauorablement traiter ladite exposante, apres qu'il nous est apparu de l'acte d'Aprobation signé LONGIS, CHAPELAS, BROVSSE, tous Docteurs en Theologie de la societé de Sorbonne, cy attaché sous le contre-sceel de nostre Chancellerie, luy auons permis & octroyé, permettons & octroyons de grace speciale, pleine puissance & auctorité Royale par ces presentes, d'imprimer ledit liure, vendre, exposer & debiter en vn, deux, trois, quatre volumes, ainsi que bon luy semblera, & cependant le temps & espace de dix ans entiers & consecutifs à commencer du iour de l'acheuemēt de la premiere impression de chacun Volume de ladite *Theologie*. Defendons à tous autres Libraires & Imprimeurs & à toute autre personne, de quelque estat, qualité & condition qu'il soit, d'imprimer lesdits liures pendant ledit temps, à peine de deux mil liures d'amende, & de tous despens, dommages & interests, à la charge que ladite exposante en mettra deux exemplaires en nostre Bibliotecque publique, à peine d'estre descheuë du present Priuilege. Si vous mandons, & à chacun de vous enioignons, que du contenu en ces presentes vous faßiez iouyr pleinement & paisiblement ladite veufue Buon, & à ce faire contraigniez tous ceux qui pour ce seront à contraindre: Et si voulons qu'en mettant au commencement ou à la fin dudit liure ces presentes, ou vn bref extrait d'icelles, qu'elles soient tenuës pour deuëment signifiées, & qu'à la collation foy soit adioustée comme au present original. Car tel est nostre plaisir. Donné à Paris le 20. iour de Mars l'an de grace mil six cens trente trois: Et de nostre Regne le vingt-troisiéme. Signé

Par le Roy en son Conseil. PEROCHEL.

Ce premier Tome a esté acheué d'imprimer pour la premiere fois le 1. de Iuin 1633. Les deux Exemplaires pour la Bibliotecque du Roy ont esté fournis, signé DV PVYS.

TABLE
DES CHAPITRES.

*Iscours Apologetique.* pag. 16.

PREMIERE PARTIE.

Où il est monstré par la disposition du Monde qu'il y a vn Dieu premier Principe de toutes choses.

Prelude. pag. 45

Chapitre premier. *L'homme a vn sentiment naturel de Dieu.* 50

II. *Le sentiment que l'homme a de Dieu vient de Dieu mesme.* 59

III. *L'homme ne sçauroit esteindre le sentiment naturel qu'il a de Dieu.* 71

IV. *Le sentiment de Dieu ne vient pas de l'opinion du peuple.* 79

V. *Le sentiment de Dieu ne vient pas de l'inuention des Princes.* 89

VI. *Outre l'instinct naturel, nous pouuons connoistre Dieu par la raison.* 101

VII. *L'origine de l'Idolatrie, comment les Philosophes s'en sont deliurez par la raison : Et comment ils ont raporté les faulses Diuinitez à la Nature, & la Nature à Dieu.* 110

VIII. *L'assemblage des choses contraires dans le monde, & leur conseruation suppose vn Dieu.* 121

IX. *De l'accord des Elemens dans le monde.* 127

X. *De la vicissitude des Elemens.* 135

† iij

TABLE

XI. *De l'vnion des Elemens dans les mixtes.* 146

XII. *De l'ordre & du mouuement des Cieux.* 157

XIII. *De la lumiere, & des influences du Soleil.* 174

XIV. *De la disposition des Estoiles fixes.* 189

XV. *De l'ordre general du Monde.* 200

XVI. *L'ordre est vn effet de la raison; & l'ordre du Monde suppose vne Raison vniuerselle.* 210

XVII. *Les moyens auec lesquels se fait l'alliance des parties du monde.* 322

XVIII. *De la violence que toutes choses souffrent en leurs inclinations pour le bien general du Monde.* 237

XIX. *Qu'il y a vn premier Moteur.* 253

XX. *Le premier Moteur & Intelligent, & la premiere verité.* 274

XXI. *Les Planetes & les brutes sont conduites en leurs instincts par vne Raison vniuerselle.* 294

XXII. *Le monde n'est pas vn animal, & n'y a point d'autre ame du monde que Dieu.* 312

XXIII. *De la fin generale du monde, pretenduë par vne Cause vniuerselle.* 323

XXIV. *Il y a vne souueraine Vnité.* 333

XXV. *Des forces de l'vnité.* 347

XXVI. *Comment toutes choses tendent à l'vnion; & de leurs sympathies.* 354

XXVII. *De la beauté & de l'amour.* 366

SECONDE PARTIE.

Où il est traité que le Monde n'est pas eternel, & de sa Creation.

Prelude. *pag.* 389

Ch. I. *Le Monde a pris commencement.* 397

II. *Il est necessaire que le Monde n'ait pas esté.* 403

DES CHAPITRES.

III. *Le Monde n'est pas eternel n'ayant pas vne perfection infinie.* 408

IV. *L'assemblage des parties du monde n'est pas eternel.* 415

V. *La vicissitude du Monde n'est pas vne marque de son eternité.* 424

VI. *Le mouuement n'est pas eternel.* 433

VII. *Le mouuement circulaire des Cieux n'est pas eternel.* 441

VIII. *Les Cieux ne sont pas d'eux-mesmes incorruptibles.* 448

IX. *Les choses particulieres n'ont pas d'elles-mesmes la force d'engendrer leurs semblables.* 458

X. *Le Monde ne se sçauroit tousiours entretenir par les generations.* 470

XI. *Contemplation generale du Monde.* 477

XII. *Dieu a creé le Monde de rien.* 486

XIII. *Il n'y a qu'vn monde.* 494

XIV. *Pourquoy Dieu a creé le Monde.* 500

XV. *Pourquoy le Monde n'a pas esté fait dés l'eternité.* 507

XVI. *Dieu a creé le Monde librement, & non par necessité.* 517

XVII. *La Creation du Monde n'a point apporté de changement en Dieu.* 524

XVIII. *Pourquoy Dieu a creé vne diuersité de choses.* 555

XIX. *Pourquoy Dieu a creé vne contrarieté de choses.* 563

XX. *Pourquoy il y a au monde des choses qui sont moins parfaites.* 573

XXI. *Le Monde est l'Image de Dieu.* 583

FIN.

ADVERTISSEMENT.

MON cher Lecteur, ie vous prie d'abord que ce frontispice que vous auez veu chez les anciens, ne rebute pas voſtre curioſité, & ne luy donne point l'apprehenſion d'eſtre offenſée par la redite importune des choſes dont elle eſt deſia plus que ſatisfaite. Toutes les places que nous appellons des Forts, ne ſont pas ſemblables en leurs figures, en leurs aſſietes, & en leurs defences: Tous les parterres n'ont pas les meſmes deſſeins & les meſmes fleurs; ny tous les tableaux vn meſme ſujet, les meſmes artifices. Encore les entrepriſes des arts ſont limitées auſſi bien que leur matiere, & que leurs vertus; & ils agiſſent ſous certaines regles, dont l'exacte obſeruation marque le dernier poinct de leur excellence; Mais la *Theologie Naturelle* fait vne tiſſure de raiſonnemens qui n'a point de bornes: On y remarque, comme dans les Cieux, d'autant plus de lumieres, que la veuë s'y tient arreſtée, & ce qui ſemble vne profonde

Advertissement.

de speculation aux yeux du vulgaire, n'est qu'vne premiere ouuerture à ceux qui s'éleuent à Dieu par la consideration des choses sensibles. Car le monde est plein de tant de merueilles, que comme s'il abregeoit le tout en chacune de ses parties, vne mesme chose fournit continuellement de nouueaux sujets d'estude aux plus sages, & aux plus experimentez. Et puis ces traits, quoy que rauissans, ne sont qu'vne ombre des beautez diuines: Ce sont des vestiges qui eschauffent nostre recherche, & qui ne contentent pas nostre desir; des entretiens qui resueillent seulement l'inclination naturelle que nous auons à connoistre ce souuerain bien; De sorte que ce que la Nature nous monstre, & que ce que nostre esprit conçoit, n'ayant point de bornes; ses representations, & nos pensées ne pouuans non plus égaler les immenses perfections de Dieu, que le temps l'eternité; on a tousiours moyen de traitter de nouueaux sujets sous ce mesme titre. Aussi ie l'ay pris sans crainte qu'il vous offençast, & parce qu'il explique en peu ce que ie dois deduire assez amplement dans cét œuure. Ie l'appelle *Theologie*, d'autant que ie traitte de l'Existence de Dieu, de la Creation du Monde; où ie fais la preuue qu'il ne subsiste pas ny par soy-mesme, ny de toute eternité;

Tome I. ††

Advertissement.

& puis i'entre dans le discours de l'immortalité de l'Ame & des Anges. Ayant acheué la contemplation des creatures, ie remonte à celle du Createur, & apres vn leger dénombrement de ses attributs, ie m'arreste auec plus d'attention sur sa Prouidence & sur sa Iustice, pour donner iour à ces importantes veritez d'où dépend la police du Monde, auec tout ce que nous pouuons esperer de bien & de consolation. Ayant fait la preuue que Dieu est bon, est iuste, & est prouident, ie monstre qu'il est necessaire de l'adorer par les sentimens, & par le culte exterieur d'vne vraye Religion, qui est la Chrestienne, où la Foy commence, & où i'arresteray mon discours, puis que ie fais profession d'y soumettre mon iugement. Ie nomme cette Theologie *Naturelle*, parce que laissant les authoritez de l'Eglise, ie fais vn essay d'éclaircir ces premieres verités par des raisons seulement prises de la Nature, dont les sens nous donnent les experiences, & qui peuuent estre goustées par des esprits qui ne sont point malades de passion. En cela, mon cher Lecteur, vous iugerez que i'appauuris extrémement mon discours, de luy oster la force & les enrichissemens qu'il pouuoit tirer des saintes Lettres, & de l'authorité des Peres de l'Eglise; qui seruiroit de

ADVERTISSEMENT.

puiſſante amplification à cette matiere. Et certes ſi mes deſſeins eſtoient attachez à mes intereſts, ie ne prendrois pas vne methode d'eſcrire deſauantageuſe, qui me met à nud, qui rend les plus grands acquets de mes eſtudes inutils, & qui me fait entrer au combat en quittant les armes que i'ay mieux en main. Mais i'ay veu que les Libertins qui doutent d'vn Dieu, ſe gauſſent des authoritez que nous receuons comme des oracles : nians le Principe, ils arreſtent toutes nos veritez à la ſource ; & les oppoſer aux déreglemens de leurs eſprits, c'eſt les prophaner ſans eſperáce d'en tirer du fruict. C'eſt pourquoy ie n'ay point voulu que mon diſcours ouuriſt les Temples aux ſacrileges : i'ayme mieux qu'il ait moins d'éclat, & plus de reſpect; & ſi ie n'expoſe que la raiſon naturelle en cette meſlée; c'eſt afin qu'ayant gaigné la premiere rebellion des eſprits, la verité de l'Euangile, qui en doit auoir la domination, y entre en triomphe. Ce n'eſt pas que ie me promette d'apporter icy des demonſtrations ſi conuaincantes, qu'elles terminent toutes les difficultez, & qu'elles contraignent les opiniaſtres de rendre les armes ſans compoſition. Quand la Nature nous pourroit fournir des forces baſtantes pour vne ſi genereuſe entrepriſe ; i'auoüe franchement que ie ſuis trop

ADVERTISSEMENT.

foible pour l'accomplir; mon raisonnement n'a pas assez de lumiere, mes experiences sont trop ieunes, & mon discours n'est qu'vn crayon de ce qu'vn bon esprit pourra plus heureusement acheuer. Aussi ie ne procede pas auec vn empire; mes propositions ne sont pas des loix qui portent la necessité, mais des pensées qui persuadent de prendre conseil : Et ie me contenterois de vaincre comme Philippes de Macedoine, auec des paroles qui fissent connoistre aux rebelles que leur bon-heur consiste en leur suietion. C'est pourquoy i'éuite cette inexorable rigueur de l'Ecole, qui poursuit son homme sans espoir de grace, & qui entre l'affirmatiue & la negatiue, ne luy accorde de terme que ce qu'il en faut pour entendre prononcer son Arrest de condamnation. Ie donne de l'estenduë à mes propositions, & ie laisse quelque sorte de liberté à ceux qui nous les combattent, de peur que se voyans ainsi mal traittez, ils ne passent à vn desespoir qui se fait des armes de tout, & qui ne donne creance à chose qui soit. Ie déueloppe les verités de Philosophie, ie les tire de leurs puits pour les exposer aux sens auec des termes qui les feront comprendre à ceux mesmes qui n'ont point d'estude. Si i'y mesle quelques propositions de la Police, ce n'est

ADVERTISSEMENT.

pas que ie vueille donner des preceptes de cette science que ie ne connois que par les liures, mais ie pretens tirer vne confequence generale, qu'vne fouueraine Sageffe prefide au Monde, puis qu'on y remarque les mefmes loix, & vne conduite femblable à celle que les plus fages font regner dans les familles & dans les Eftats. Les raifons de Philofophie retiennent toutes leurs forces fous ces ornemens, comme les foldats conferuent leur generofité fous vn equipage de paix : & quand en cette matiere i'appellerois toutes les fciences à mon fecours, ie penferois leur faire rendre l'homage qu'elle doiuent à la pieté. Comme le Ciel eft brillant d'eftoilles differentes en leurs grandeurs & en leurs lumieres, ie ne fais point de difficulté d'employer vne quantité de raifons, dont la force n'eft pas égale ; les moindres eftans en gros font puiffantes, elles font impreffion fur certains efprits qui s'y trouuent proportionnez, & dont la capacité eft quelquefois fatisfaite d'vne coniecture. Si vous ne les voulez prendre pour des demonftrations, regardez-les comme vn fecours, ou bien, comme des ornemens, qui auront leurs forces, fi vous ne les feparez point du tout, & fi vous n'eftes de l'humeur auftere de ceux qui voudroient des arbres portans

ADVERTISSEMENT.

foible pour l'accomplir; mon raisonnement n'a pas assez de lumiere, mes experiences sont trop ieunes, & mon discours n'est qu'vn crayon de ce qu'vn bon esprit pourra plus heureusement acheuer. Aussi ie ne procede pas auec vn empire; mes propositions ne sont pas des loix qui portent la necessité, mais des pensées qui persuadent de prendre conseil : Et ie me contenterois de vaincre comme Philippes de Macedoine, auec des paroles qui fissent connoistre aux rebelles que leur bon-heur consiste en leur suietion. C'est pourquoy i'éuite cette inexorable rigueur de l'Ecole, qui poursuit son homme sans espoir de grace, & qui entre l'affirmatiue & la negatiue, ne luy accorde de terme que ce qu'il en faut pour entendre prononcer son Arrest de condamnation. Ie donne de l'estenduë à mes propositions, & ie laisse quelque sorte de liberté à ceux qui nous les combattent, de peur que se voyans ainsi mal traittez, ils ne passent à vn desespoir qui se fait des armes de tout, & qui ne donne creance à chose qui soit. Ie déueloppe les verités de Philosophie, ie les tire de leurs puits pour les exposer aux sens auec des termes qui les feront comprendre à ceux mesmes qui n'ont point d'estude. Si i'y mesle quelques propositions de la Police, ce n'est

ADVERTISSEMENT.

pas que ie vueille donner des preceptes de cette science que ie ne connois que par les liures, mais ie pretens tirer vne confequence generale, qu'vne fouueraine Sageffe prefide au Monde, puis qu'on y remarque les mefmes loix, & vne conduite femblable à celle que les plus fages font regner dans les familles & dans les Eftats. Les raifons de Philofophie retiennent toutes leurs forces fous ces ornemens, comme les foldats conferuent leur generofité fous vn equipage de paix : & quand en cette matiere i'appellerois toutes les fciences à mon fecours, ie penferois leur faire rendre l'homage qu'elle doiuent à la pieté. Comme le Ciel eft brillant d'eftoilles differentes en leurs grandeurs & en leurs lumieres, ie ne fais point de difficulté d'employer vne quantité de raifons, dont la force n'eft pas égale; les moindres eftans en gros font puiffantes, elles font impreffion fur certains efprits qui s'y trouuent proportionnez, & dont la capacité eft quelquefois fatisfaite d'vne coniecture. Si vous ne les voulez prendre pour des demonftrations, regardez-les comme vn fecours, ou bien, comme des ornemens, qui auront leurs forces, fi vous ne les feparez point du tout, & fi vous n'eftes de l'humeur aufter de ceux qui voudroient des arbres portans

ADVERTISSEMENT.

des fruicts sans fleurs & sans fueilles. Vous iugerez des raisonnemens par la force qu'ils auront à persuader. Aussi ie ne vous les donne point par compte, pour ne point offenser vostre capacité qui en peut faire la distinction, ny desobliger l'esprit qui se plaist quelquefois d'y estre surpris. Si ie gardois la methode qui les propose tous separez, ie penserois demembrer vn discours, luy oster vne grande partie de sa force auec sa beauté, & tomber dans l'abus de ces ieunes Peintres, qui pour se monstrer capables de l'anatomie, font des corps hydeux, où les nerfs, les muscles, les veines, & les iointures sont tout apparentes. Ie ne laisse pas de garder vn ordre dans la tissure de chacun Chapitre comme de tout le dessein, que ie vous supplie de suiure, & qu'vne curiosité precipitée ne me demande pas des raisons de la Prouidence & de la Religion, quand ie traitte de l'Existence de Dieu. S'il luy plaist de me continuer ses graces, tous ces Traitez viendront en suite, & ie tascheray d'apporter de l'éclaircissement aux plus grandes difficultez, pourueu que l'enuie qui me trauerse ne m'arrache point la plume. I'en consacray les premiers traits à ce dessein, il y a enuiron vn an; mais ie l'interrompis comme ie m'apperceus que les Libertins qui se font vn Paradis d'Epicure, se gauffoient publiquement dans les

ADVERTISSEMENT.

compagnies de l'austerité de nostre vie, & des vœux qui nous ont consacrés à Dieu. Ie iugeay que c'estoit condamner le Christianisme de traitter auec mespris vne profession qui est saincte, la plus détachée du monde, la moins interessée, qui suit les conseils de perfection, & les exemples de Iesus-Christ. C'est pourquoy i'ay donné au public les heureux succez de la Pieté, ou les Triomphes de la vie Religieuse sur le Monde & sur l'Heresie. Ayant acheué ce petit œuure, ie reuiens à la source du mal, comme font les Medecins apres auoir remedié à vn symptome pressant, dont les incommoditez qui empeschent le repos, & qui abbattent les forces, estouffent petit à petit les semences de la vie. Il faudroit vn beau discours pour faire la description des beautez du Monde; & en cela, ie dois bien plustost faire mes excuses du défaut que de l'excez, puis que si i'auois la grace de l'éloquence, ie ne croirois pas offenser ma profession de m'en seruir, comme ont fait les Saincts qui en cette matiere emportent le prix sur les meilleures plumes du Paganisme. Quand ie n'aspirerois qu'à la netteté dont nostre siecle fait vne estime si auantageuse, l'on m'auoüera qu'elle m'est bien plus difficile qu'à ceux qui ne trauaillent qu'à la diction, & qu'il ne m'est pas permis de rendre vne Metaphysique aussi familiere qu'vn compliment. Ce ne sont pas ny les paroles, ny le style, mais les matieres qui portent l'obscurité : & pour ce qui est des ornemens du langage, ie puis m'excuser auec les meilleures plumes qui demandent tréve de l'Eloquence quand elles traittent de Philosophie : mais i'en quitte toutes les pretentions aussi bien dans les autres sujets que dans celuy-cy ; & ie suis sans beaucoup de peine le cours de ma plume & de mon genie, auec ce seul dessein d'honorer Dieu dans vn siecle de Panegyrique, & de gagner quelque chose par la raison sur ceux qui font estat de luy deferer. Encore que cette entreprise porte sa iustification, neantmoins l'on m'a fait des difficultez qui m'ont obligé de dresser ce discours Apologetique, que ie vous supplie de voir, & que vous ne iugerez pas trop long, si vous considerez tout l'œuure, dont vous n'auez icy qu'vne petite partie.

Deuant que le commencer, ie proteste publiquement, que ie soumets toutes mes paroles & toutes mes pensées à l'Eglise Catholique Apostolique & Romaine. Ie desauoüe dés cette heure tout ce qui pourroit estre interpreté au desauantage de la Foy, & suis tout prest de corriger les fautes dont les Sages me donneront charitablement auis.

DISCOVRS

DISCOVRS
APOLOGETIQVE.

Qu'il est permis d'éclaircir les verités de la Religion par les raisons naturelles.

'EST vne disgrace necessaire à l'homme, cependant qu'il vit en terre, de ne voir la verité que par son ombre, de ne la connoistre qu'auec le doute, & ne la conseruer que par vne guerre continuelle. Il est certain que nous auons vne extréme ambition de la posseder, comme vn bien qui approche de nostre derniere felicité: mais sa condition est si releuée par dessus la nostre, qu'il ne nous est, ce semble, permis de la ioindre qu'en desir ; ou si nostre amour fait d'autres efforts, il n'embrasse ordinairement qu'vn phantosme, & qu'vne nuée. Il se peut faire que la faueur d'vne cause superieure, ou le bon-heur d'vne rencontre nous monstre quelquefois cette verité tout à découuert.

Neantmoins l'idée que le Ciel en a graué dans nos ames, n'est pas assez viue, pour empescher que nous ne la méconnoissions, que nous ne prenions le change, & nous ne nous figurions bien loin, ce que nous auons chez nous. Mais ce qui nous cache le plus ce thresor celeste, c'est que la volonté gaignée par les passions suspend la raison, force le iugement de suiure leurs interests, & de combattre ce qui s'y oppose, iusques à faire vne idole de l'objet des sens, de mesme que les Payens firent de leurs vices, des Diuinitez.

C'est pourquoy la Religion Chrestienne a tousiours esté fort trauersée, parce qu'elle declare la guerre ouuerte aux plaisirs du corps; qu'elle propose pour derniere felicité vn bien qui ne s'accorde pas à nostre desir; qu'elle engage la liberté de l'esprit aux subjections de la Foy, & qu'estant estrangere en terre, elle entreprend d'y faire des loix autres que celles de la Nature. Cela luy a fait autant d'ennemis qu'elle auance de propositions; & sa doctrine n'a point de mysteres si sublimes, ses Autels n'ont rien de si sainct & de si auguste, que les opinions sacrileges des heretiques n'ayent prophané. Mais vn mesme siecle a veu la naissance & la deffaite de ces ennemis; & l'Eglise éleuant ses trophées sur leurs ruines,

APOLOGETIQVE.
les laisse à la posterité, pour marque eternelle que la malice des hommes est impuissante côtre le Ciel, & qu'elle peut moins alterer ces diuines veritez, que l'ordre de la nature.

Nos Temples retentissent encore des Cantiques d'allegresse, & des publiques actions de graces à Dieu, à cause de l'heureux succez des armes de nostre Roy, en la deffaite de l'Heresie, que ce dernier siecle auoit malheureusement produite à la France : Et sur ce qu'il sembloit que tous les autres erreurs desquels elle auoit extraict son venin, demeuroient enseuelis auec elle, le sujet de nostre ioye estoit si general dans l'esperance d'vne paix vniuerselle, que nous croyons n'auoir plus à craindre qu'vne trop grande bonace. Mais comme le Soleil laisse l'Hyuer & la nuict dans l'autre hemisphere, quand il s'approche du nostre : Ainsi cependant que l'Eglise écarte les tenebres de l'Heresie, voila que les esprits s'enueloppent dans celles de l'Impieté; d'vne ombre ils passent dans les obscuritez & dans les eclypses, qui leur ostent toutes les faueurs du Ciel.

Vous diriez, que comme les choses naturelles retombent par certains degrez de déchet dans la priuation, d'où la toute-puissante main de Dieu les a fait éclorre; de mesme les mécreances particulieres des articles de la Foy, ont esté les malheureuses dispositions de l'Atheïsme, les crises de cette mort, & les écroulemens qui ont menacé les ames de les precipiter dans cette abysme, d'où le Verbe eternel tira la lumiere quand il vint au monde.

De fait on rencontre maintenant par toutes les compagnies des Libertins, qui font gloire de douter de toutes choses, & de n'auoir rien moins semblable aux autres hommes que la Religion. Ils s'arment contre le Ciel, & leurs bouches sacrileges osent bien prononcer des blasphemes contre l'essence de Dieu, contre sa Prouidence, sa Iustice, & contre tout ce que l'Eglise reuere. Ils disent que dés le berceau nous sommes coiffez de faulses opinions, qui deuançans la raison, se conseruent dessus elle vn droict d'aisnesse, & vn tel empire, qu'vn erreur enuieilly, passe entre nous pour vne maxime de verité; que nos yeux & nos oreilles sont les guides de nostre vie, parce que l'exemple est au lieu de la raison; que comme bestes de compagnie nous suiuons ceux qui nous deuancent, & tirons apres nous les autres, sans iuger du lieu où toute la troupe doit aborder : Enfin qu'vn bon esprit ne peut viure esclaue des principes que l'ignorance ou l'ambition ont mis en vogue, & qui n'ont que le temps &

l'authorité des perſonnes intereſſées, pour fondement; qu'ils ne peuuent deferer qu'à la raiſon naturelle, qu'ils ne nous font point de tort de s'en ſeruir, parce qu'en qualité d'hommes, nous nous rencontrons auoir des armes pareilles en ce combat.

Voila la premiere propoſition des Libertins, & la ſource de toutes les impietez qui perdent les ames, de rendre la raiſon humaine independante du Ciel au fait de la Religion, & de la faire iuge de ſes myſteres. Il faut auoüer que noſtre nature appeſantie de ſon imperfection, ne ſe porte au bien que par violence, & que ſon mouuement s'affoiblit touſjours dans la continuë, ſi ſon principe ne luy redonne de nouuelles forces. Nous reculons au lieu d'auancer; & nous voila reduits, meſme pour les connoiſſances diuines, au train des choſes mortelles, dont toutes les actions ne ſont qu'vn cercle, qui rapporte ce qu'elles ont acquis d'auantage en leurs progrez, à vne fin langoureuſe, & ſemblable à la foibleſſe de leur naiſſance. Apres que les plus puiſſans eſprits, & les plus auantagez du Ciel ſe ſont fait l'ouuerture des threſors de Theologie; que pour en faire largeſſe, ils ont employé toutes les preſſes, & remply les eſtudes de tant de volumes, que

á iij

la pieté n'a plus rien à fouhaitter pour fes inſtructions, & que la curioſité meſme reſte ſans deſir, on remet aujourd'huy l'Egliſe dans le berceau, & aux premiers elemens de ſa doctrine: Car on luy demande des raiſons naturelles des myſteres de la Foy diuine, comme faiſoient les Philoſophes des premiers ſiecles.

Pleuſt à Dieu qu'il nous fuſt permis de rappeller la felicité de cét aage d'or, où la Nature rendoit vn continuel hommage à la Foy; où les Elemens & les brutes meſmes n'auoient de l'action que pour confondre ſes ennemis, & eſtablir ſa puiſſance. Il eſtoit fort aiſé de faire receuoir les moindres raiſons naturelles, ſous l'authorité de ces grands prodiges; & quand la Religion euſt eſté lors ſans paroles, les miracles eſtoient d'aſſez fortes démonſtrations de ſa verité. Mais, comme nous ne recouurons iamais l'agreable temperament de l'enfance; comme nous ne receuons plus les fauorables influences que le Ciel enuoyoit à la naiſſance du monde, lors que tous les Planetes conjoints ſous vn meſme degré de Signe, formoient vne ſi parfaite harmonie de leurs differentes qualitez, que la terre en eſtant toute reſioüye, nous donnoit gayement ſes fruits ſans eſtre aydée de nostre trauail: Ainsi il ne nous est pas permis de r'appeller ces iours bien-heureux, où les hommes voyoient plustost la verité qu'ils ne l'entendoient ; & de la plus grande partie des merueilles de ces premiers temps nous n'en auons plus que les sujets de l'admiration dans l'Histoire.

La dissolution du monde se doit faire, selon Platon, lors que dans trente-six mille ans les Planetes se viendront rejoindre au mesme poinct d'où ils commencerent leurs mouuemens ; & la Foy nous dit, que la puissance de Dieu reserue ces grands prodiges pour les derniers temps, afin de clorre le cercle des generations & du monde, par le triomphe de son Eglise, & terminer ses combats auec le mesme pouuoir qui seruit à son establissement. Mais s'il ne nous est pas permis d'anticiper l'honneur de sa fin, ny de meriter toutes les caresses dont Dieu la voulut gratifier durant son enfance ; au moins prenons les armes, auec lesquelles il luy commanda de combattre ses ennemis, quand l'aage eut meury ses forces.

Les Docteurs, que nous qualifions du nom de Peres, éclatterent lors en Escrits & en Predications ; & faut remarquer qu'ils forcerent leurs siecles à reconnoistre l'abus de l'Idolatrie & les probabilitez de la Religion Chreſtienne, auec des raiſons priſes des ſciences. De ſorte qu'ils tirerent l'éclairciſſement de la verité des meſmes loix, qui peu auparauant auoient eſté rompuës pour ſa confirmation, & firent que la iuſtice de noſtre Foy paruſt autant en cette conformité, comme ſa puiſſance s'eſtoit fait connoiſtre dans les miracles. En cela la nature captiue changeoit la contrainte de ſes deuoirs en vn ſeruice volontaire, puis qu'elle prenoit la deffence de la meſme verité qui l'auoit vaincuë.

Ce fut vn changement d'empire que la Sageſſe diuine voulut faire auec cette moderation, que les loix qu'elle publioit au monde paſſaſſent auec quelque ſorte de reſſemblance à celles qui deſia y eſtoient receuës, afin de ne pas effaroucher les eſprits par vne trop grande nouueauté, & que le monde ſe voyant affranchy de ce que la crainte luy auoit figuré de rude, ſuiuiſt auec contentement les victoires d'vn nouueau Seigneur. Car il eſt vray qu'à l'abord noſtre Religion remplit les eſprits d'horreur & d'vne auerſion eſtrange: parce que publiant des myſteres ſi éloignez de toute apparence humaine, elle ſembloit mettre les ſciences en interdit, & condamner

le

le iugement à vne totale suspension de discours. Mais Dieu qui a fait cesser toutes les contrarietez d'ans l'vnité de son essence infinie, conduisit la plume de nos Docteurs, & l'Esprit d'vnion leur inspira les moyens, pour traiter l'accord de la Foy & de la Nature, & monstrer qu'elles estoient d'vne si parfaite intelligence, qu'en leurs procedez elles ne tomboient iamais dans la contradiction. En cela Dieu, comme cause vniuerselle, tempera ses lumieres, pour les rendre susceptibles à vn siecle, qui sacrifioit aux Muses ; à des esprits, qui mettoient leur derniere felicité aux sciences, & qui ne vouloient point receuoir de veritez, que sous leur recommandation.

Lors qu'vn enfant ne peut porter vne medecine necessaire à sa santé, la Nourrice la prend, afin que sa digestion en corrigeant toute l'amertume, incorpore les fauorables qualitez à son laict ; de sorte qu'estant le mesme en douceur & en apparence, il rende la santé à ce petit corps, sans estre desagreable à son appetit. C'est ainsi que la Prouidence diuine employa dans les premiers siecles la capacité des Peres de l'Eglise, à digerer les mysteres de la Religion, pour les faire couler auec les maximes des sciences, afin que les esprits qui s'en nourrissoient, y trouuassent le remede de leurs erreurs, non seulement sans auersion, mais encores auec vn extréme contentement: Car la curiosité demeure autant satisfaite à la rencontre d'vne nouuelle verité, dans vn sujet qui luy a bien souuent passé par les mains, que l'est la passion d'vn chasseur en la prise d'vn gibier, qui a plusieurs fois échapé de sa poursuite.

Voila pourquoy les Docteurs procederent par raisons naturelles contre les Philosophes du Paganisme, pour les battre de leurs propres armes, pour tirer vn theriaque de leur poison, & pour rendre la nature qu'ils opposoient à Dieu, comme vn Liure, où ils peussent voir la condamnation de leurs ignorances. Mais de vouloir maintenant nous obliger à faire les mesmes preuues, à resoudre encore les difficultez de Religion par les foibles principes de la nature; c'est vne demande pleine d'autant d'injustice que d'impieté. Car il faut considerer, qu'en ces premiers siecles Dieu déployoit ouuertement les effets de sa toute-puissance, pour la confirmation de la Foy Chrestienne; de sorte que les raisons de ses mysteres estoient moins receuës par ce qu'elles auoient de force, que par l'authorité des miracles, ou qu'on voyoit lors, ou dont la memoire estoit encore toute fraische; & la nature laissant ses loix ordinaires, publioit hautement aux hommes, qu'ils eussent à quitter les vieilles erreurs de leur vie & de leurs opinions, pour se ranger sous vn nouuel empire de la verité, & de la vertu? Quelle apparence d'affoiblir à cette heure la Religion, diuisant ses forces, & de demander des raisons de ce qu'elle propose, sans donner creance aux miracles, qui l'ont confirmée.

Il est certain que la naissance de la Foy Chrestienne fut combatuë de toutes les contrarietez possibles, & que l'Enfer & le monde liguerent leurs forces pour empescher son accroissement. Les Demons employerent leurs plus noires meschancetez, afin de se conseruer les honneurs qu'ils tiroient des hommes, & que nostre Foy faisoit expresse profession de leur rauir. Les faux Prestres des Idoles n'oublierent rien de leur prestiges, pour se maintenir en leurs droicts, & en la reputation d'estre veritables. Les Philosophes combattoient auec leurs raisons l'apparente simplicité de nos mysteres. Le peuple qui suit les sens, se mocquoit de nos austeritez; & les Princes animez du zele de leurs faux Dieux, de l'honneur de leurs ancestres qui les auoient adorez, de l'interest de leurs Estats, dont la

Religion est le fondement; armerent leur Iustice de toutes les cruautez imaginables contre l'ignorance des premiers Chrestiens. Cependant la Foy reste victorieuse de ses ennemis; les Demons quittent les Temples, leurs Oracles n'ont qu'vne derniere voix, qui reconnoist la iuste puissance qui les exile; les sages demeurent confus; le peuple est prodigue de son sang pour la defence de cette nouuelle verité; & les Princes ont depuis tiré leur gloire des opprobres de la Croix.

C'est donc vne chose iugée, dont il ne faut plus rechercher de preuue. C'est vn Traité solemnel que les hommes firent auec Dieu, qui ne se peut rompre maintenant sans sacrilege. Car nous agissions lors en nos Peres, & nostre consentement a deuancé nostre naissance, en ce qu'estans encores mineurs en la Nature, n'estans pas émancipez de nos causes, ny iouïssans des droits de la vie, nos Anciens passerent ces reconnoissances en nostre nom, comme nos tuteurs. La sincerité de leurs intentions, la prudence de leur conduite en vne affaire où il alloit également de leur interest, & la necessité mesme des choses humaines, nous oblige de ratifier leur procedé, & l'aueu qu'ils firent de la Religion Chrestienne.

Comme tous les siecles s'entretiennent d'vne suite continuë, aussi les hommes qui s'y rencontrent, doiuent conspirer ensemble pour s'éclaircir de la verité: de sorte que si le temps separe leurs vies, le desir de connoistre associe leurs intentions, pour faire passer auec l'estre qui les vnit en l'espece, les lumieres qui les portent à Dieu. Aussi celuy-la romproit auec vne insupportable vanité la tissure que le Ciel a fait de tous les âges, qui se voudroit rendre independant de nos Anciens, & abreger le trauail de plusieurs siecles dans le moment de sa vie, & la capacité d'vne petite ceruelle. Ce seroit mettre la charuë dans la moisson, se condamner au trauail des Danaïdes, n'auoir de la science que pour ignorer, de l'industrie que pour s'assujettir à vn continuel aprentissage, de ne point croire aux veritez que nous receuons de l'Antiquité. Si la Medecine n'auoit ses Aphorismes, si elle n'empruntoit de nos Peres la connoissance des simples, & des contraires qualitez qu'ils cachent sous les mesmes apparences, elle donneroit bien souuent le poison au lieu du remede, & feroit des meurtres quand elle entreprendroit des cures. Les procez n'auroient point de fin, si toutes les difficultez y estoient nouuelles, si les Loix & les Coustumes n'eu

é iij

prononçoient les decisions, & ne iugeoient équitablement de noſtre fait en celuy des autres.

Si cette raiſon ne contente les eſprits rebelles, ie les ſupplie de conſiderer, que le terme de noſtre vie eſtant ſi bref, ne ſuffit pas à la parfaite acquiſition d'vne des moindres ſciences; & cependant nous ſommes preſſez d'vn deſir extréme de les poſſeder toutes. Or iamais la nature n'imprime vne affection qu'elle ne l'aſſortiſſe d'vne puiſſance, ou ne commette vn ſecours eſtranger capable de la ſatisfaire. Nous ne pouuons faire ces grands acqueſts de ſcience par nos propres forces; d'autant que le cours precipité de noſtre vie, les ſeruitudes ordinaires que nous ſommes tenus de rendre au corps, & mille fâcheux diuertiſſemens nous en dérobent les occaſions: Il faut donc que la nature meſme nous oblige de deferer au iugement de nos Anciens, puis qu'elle ne nous donne que ce ſeul moyen pour la ſatisfaction de noſtre deſir.

Encores pourroit-on excuſer l'ambition d'vn bon eſprit, qui voudroit tenir toutes les connoiſſances naturelles de ſon trauail, ſans en eſtre redeuable aux maximes receuës par tradition: Et il ſemble que ce deſſein n'a rien d'impoſſible de la part des choſes naturelles, qui nous monstrans quasi en tous les siecles vn mesme visage, nous donnent sujet de faire vn mesme iugement de leurs secrettes vertus. Mais encore que nostre Religion demeure tousiours la mesme en la diuinité de son objet, & en la solidité de sa doctrine: neantmoins l'Eglise est fort differente des premiers siecles, en ce qui regarde la sincerité des mœurs, & l'operation des miracles qui ne luy sont plus si ordinaires. De sorte qu'il y auroit autant de temerité d'en iuger par l'estat où elle paroist à present, que d'ignorance en celuy qui estimeroit vne peinture par vne de ses moindres parties, où, peut-estre il ne se rencontreroit qu'vne ombre.

L'innocence de nos Peres a merité de receuoir immediatement du Ciel, des lumieres que nous deuons emprunter de leur tradition, afin que par cette dependance, il se fasse vn ordre aussi bien dans le monde intelligible que dans le materiel, & de peur que nous n'empeschions le cours d'vne grace qui nous est donnée pour l'eternité. Et puis nous auons fait voir que les principales preuues de la diuinité de nostre Religion dependent de la gloire de son establissement, & des miracles qui la rendirent si puissante en sa petitesse: s'ils ont deuancé nostre naissance, ils ne doiuent pas auoir moins de force sur nos esprits, parce que la raison & la nature nous obligent de donner autant de creance à leur Histoire, qu'à la presence mesme des choses.

Comme il n'est pas necessaire que la publication d'vne Loy soit intimée à chaque particulier citoyen, & que la voix du Iuge frappe son oreille, pour y engager sa liberté : Ainsi on ne iugera pas raisonnable, que Dieu trouble continuellement l'ordre de la nature par les miracles, pour seruir la curiosité, & gaigner la foy des nouueaux habitans du monde. Ce n'est pas que son bras soit racourcy, que sa puissance soit moindre à cette heure, & qu'il n'en fasse encore plusieurs, pour la confirmation de la saincteté & de la Foy : Mais quand nous n'en verrions point, il nous doit suffire qu'ils ayent paru à la naissance de l'Eglise pour tous les siecles, qui ne sont à l'eternité de Dieu qu'vn temps present ; & qu'ils ayent esté faits en faueur d'vne mesme nature, pour y obliger tous ses descendans. Que si Dieu vouloit rendre sa toute-puissance tributaire de l'infidelité iusques à ce poinct, de faire autant de miracles qu'il y a de mescreans, à la fin il ne s'en feroit plus, parce qu'il s'en feroit trop. Il n'y auroit plus ny loix ordinaires de la nature qui peussent estre

passees

passées par priuilege, ny sujet d'eſtonnement en ce qui ſeroit ordinaire.

C'eſt donc aſſez que ces merueilles ayent éclatté dans les premiers ſiecles d'vne ſuitte aſſez continuée pour laiſſer vne viue apprehenſion de la diuinité de noſtre Foy dans l'eſprit des hommes, & gagner leur conſentement, iuſques à les rendre prodigues de leur ſang pour ſa défence? Hé! quelle apparence, de mettre maintenant ces veritez en queſtion, de demander des raiſons naturelles de ce qui eſt eſtably par tant de prodiges, & receu auec l'applaudiſſement general du monde! Les loix ciuiles reconnoiſſent ingénuëment qu'il eſt impoſſible de rendre raiſon de toutes les Ordonnances que nous tenons de l'Antiquité: Nous auons bien plus de droit de dire le meſme au fait de la Religion, qui ne releue point de l'inſtitution des hommes, qui paſſe la portée de leur iugement. Cela nous pourroit ſuffire pour prouuer aux Libertins la verité de l'Egliſe par ſa longue poſſeſſion, par ſes miracles, par la creance commune, par l'accord, & par l'eſtenduë de ſa doctrine.

Mais ſi nous tenons cette rigueur, & que demeurans touſiours ſur la défenſiue, nous ne rabattions rien de noſtre droit, & de l'auſterité de noſtre Theologie; il eſt vray que

Tome I. i

nous nous mettons à couuert des iniures des mefcreans: mais nous ne vainquons par leur rebellion; nous perfuadons les Religieux, & nous ne gagnons pas l'efprit des impies; encore que ce foit vn deuoir, où l'intereft de l'honneur de Dieu, de l'Eftat & de la Religion nous tient obligez. Il eft certain, & nous proteftons cette verité, que le iugement de l'homme fe doit rendre fubject aux oracles de la Foy dont les myfteres font releuez au deffus de ce qu'il peut conceuoir; que les decifions des Conciles, les Decrets des Papes, les refolutions des Maiftres de Theologie, doiuent terminer toutes nos difficultez, & contenter la plus grande curiofité. Mais quoy ? encores que ces authoritez & ces raifons foient extremement preffantes, il fe trouue des efprits qui par foibleffe n'en reçoiuent point de fatisfaction. Cependant qu'vn rare Predicateur préd l'effor dans le fein du Pere Eternel, qu'il fulmine en la defcription des fupplices de l'Enfer, ou qu'il fe pafme de confolations parlant de la gloire; vn Libertin l'entendant auec autant de froideur, que les fictions d'vne Comedie, où fans croire rien du fujet, il iuge feulement de l'action, du choix des paroles, & des imaginations qui trauaillent le commun des hommes, dont il a de la complaifance d'eftre affranchy: & sur ce qu'on luy dit : que la Foy diuine n'a point de preuue, il cache son mal, parce qu'il le prend ou pour vne parfaicte santé, ou qu'il doit desesperer de sa guerison, puis qu'on l'asseure qu'il est sans remede. Ainsi cette gangrene gagne tousiours, cependant qu'on s'arreste à vn symptome : on presche vne sublime deuotion, on s'amuse à reprendre les imperfections qui se glissent dans la vie contemplatiue, & cependant au fonds de l'ame on doute s'il y a vn Dieu, vn Paradis, vn Enfer, on met vn grand appareil sur vne petite esgratigneure, & on neglige vne playe mortelle.

C'est où nous auons dessein de trauailler; mais certes d'vne façon bien estrange, puis qu'en laissant le procedé ordinaire, nous sommes reduits à prendre loy de la passion du malade. Ils nous demandent des raisons naturelles de ce que la Foy propose. Il est vray que c'est vne demande iniuste, & vn appetit fort déreglé : cependant il faut ou les contenter, ou desesperer de leur guerison. Nous deuons tirer quelque esperance de ce que la Nature fait bien souuent des miracles, si on a satisfait ses extrémes auiditez, & restably sa santé par des alimens qui sembloient n'auoir des qualitez que pour enflammer le mal ; soit que par cette faueur elle se monstre reconnoissante de l'obéissance qu'on a renduë à son desir ; ou bien parce qu'aymant ses objets auec passion, elle en couure fort aisément les défauts, & surmonte les mauuaises qualitez par l'extraict des bonnes dont elle se fortifie : en fin pour n'estre pas tenuë peu connoissante en son choix, & ennemie d'elle-mesme, si ce qu'elle a recherché luy estoit desauantageux.

On aduouë qu'il y a quelques secrettes sympathies entre les alimens & les corps qui les appetent, d'où naissent ces effets prodigieux qui passent la science des Medecins, & qui accusent leurs aphorismes de faux. Et l'on voit ordinairement que les plus puissans remedes en qualitez, ne le sont pas tousiours à guerir, si auec les forces contraires au mal, ils n'ont encore vne particuliere alliance auec le corps qu'ils secourent. Ie veux que les raisons naturelles n'ayent pas la certitude des decisions de l'Eglise ; c'est assez qu'ayans plus de rapport auec les esprits de nostre siecle, estans recherchées d'eux auec des passions extrémes, elles nous font bien esperer de leur guerison. Qu'importe quel soit le remede, s'il est capable de vaincre le mal, & de redonner la santé ? On a fait heureusement l'espreuue de celuy-cy dans les premiers siecles, lors que les plus furieux accez de l'impieté, trauailloient les hommes: Qui empefche que nous ne l'employons encore à cette heure, auec l'efperance d'vn effect auffi fauorable de fa part, & de celle de Dieu, qui ne refufe iamais fon affiftance aux chofes qui en attendent leur derniere perfection?

La Nature a tellement pourueu à noftre défence, qu'vn mefme lieu, vn mefme animal, vn mefme fimple porte le contrepoifon de fon venin: & fi on croit aux fublimes Naturaliftes, comme noftre corps eft l'abregé du grand monde, il contient auffi vn baume vital compofé des exquifes qualités de tous les mixtes, & qui eft vn diuin remede pour toutes les maladies, lors qu'vne forte imagination l'applique interieurement, ou que la medecine l'apporte de dehors. Ainfi quoy qu'vne malice originaire, rende noftre efprit fujet au defordre de mille fauffes opinions, neantmoins on peut dire qu'il a la lumiere de la raifon née auec luy, qui eftant ferieufement confultée, luy peut donner la connoiffance des chofes humaines, & d'auantageufes difpofitions pour les diuines.

Le monde concourt à ce deffein; fa beauté, fa grandeur, l'intelligence de fes parties, ne nous est pas seulement vne leçon pour la conduite des actions morales, mais encore pour les sentimens que nous deuons auoir d'vn premier principe. Ce seroit faire tort à la souueraine verité, de dire que tout l'Vniuers ne consent pas à nostre creance; & quand quelques parties se sembleroient retirer de cét accord, nostre cœur commandé de la Foy, les y doit reduire.

Que pretend toute la Nature, sinon de faire l'image de Dieu dans le monde, de sa puissance par celle de tous les agens; de sa bonté par l'influence des causes superieures; de son eternité par la durée uccessiue du temps & des generations; enfin de l'vnité de son essence par la liaison tres-estroitte de ses parties?

La Religion aspire à la mesme fin par des moyens plus propres, comme aussi plus esloignez de la matiere, lors que la Theologie explique par ses discours les perfections diuines; que l'Eglise les figure en la pompe de ses ceremonies, & qu'elle en donne la communication par ses Sacremens. De sorte que la Nature & la Religion sont deux pourtraits d'vn mesme visage, qui ont vn rapport necessaire entr'eux, à cause de celuy qu'ils ont à leur prototype. L'vn se peut aucunement voir dans l'autre, & l'œil se doit essayer dans le morne coloris de la Nature, pour supporter puis apres celuy de la Foy, qui a plus d'éclat, & où Dieu est plus naïfuement representé.

Mais comme la peinture ne fait que monstrer aux yeux la beauté du corps sans rien dire des qualitez de l'esprit, qui sont neantmoins les plus puissantes amorces d'vn legitime amour: Ainsi le monde déploye les vertus des choses sensibles, où nous pouuons reconnoistre quelques traits des perfections de Dieu; mais nous ne pouuons sçauoir ce qui explique precisément son essence, que par les entretiens de la Foy. Ces deux façons de connoistre doiuent ordinairement concourir pour enflammer nostre cœur d'vne charité diuine, où les raisons naturelles donnent autant de lustre aux mysteres de la Religion, que la beauté du corps à la vertu.

Il semble mesme que la foiblesse de nostre condition nous rende ce procedé comme necessaire, si nous voulons estre touchez d'vn plus grand respect des choses sainctes; parce que la Religion tenant sous le voile ce qu'elle a de sacré & de venerable, elle laisseroit fort peu de satisfaction naturelle à nostre esprit, qui se conduit par ce qui touche les sens, & qui s'offence de ce qui surpasse sa capacité, si la raison ne l'inuitoit à luy donner son con-sentement.

C'est pourquoy l'Eglise donne de la creance aux plus releuez de ses mysteres, & les rend plus adorables par la majesté des ceremonies. Si elle emprunte ce lustre des actions & des apparences materielles, pour nous obliger au respect : il luy doit estre bien plustost permis d'employer la raison humaine, qui est vn portrait plus exprez de la diuine, afin d'allecher l'esprit aux sujetions de la Foy.

Nous sommes reduits à ne connoistre la perfection des grandes choses que par quelques rapports que nous en remarquons dans les plus petites. Les instans fugitifs du temps, & leur suite qui forme sa continuë, nous aydent à conceuoir la pensée du moment sans terme de l'eternité. L'œil ne reçoit les rayons du Soleil que par l'entremise de ces esprits espurez qu'il a chez luy, & dont la nature approche de la lumiere: Aussi est-il ordinairement difficile, que nostre ame soit éclairée de la premiere verité, si la raison ne luy donne quelque espece de preparatif à la Foy, qui en est vn écoulement & vn rayon.

S'il semble que la Religion s'abbaisse en receuant du secours d'vne chose de moindre
condition

condition qu'elle, ie dy que ce n'est pas vn desauantage de sa certitude & de sa grandeur, mais vn reproche de nostre foiblesse, qui ne la peut aisément connoistre sans cette assistance. Vn Prince d'extraction qu'vne mauuaise fortune auroit exposé dans vn pays, où ses merites & sa puissance ne seroient pas reconnuës, tiendroit à faueur d'estre accueilly de quelque personne que ce fust, qui luy prestast sa langue pour truchement, & sa bourse pour son entretien. Quand la Religion ne seroit pas reduite à ces extremitez, quand le monde ne luy seroit pas vn pays estrange, & que les hommes ne luy debatroient pas son origine celeste: si ce n'est par necessité, au moins pour d'autres tres-importantes considerations, elle se doit seruir de la raison naturelle.

La Foy est toute-puissante, le Ciel se declare pour son party, les plus sages cóbattent sous ses enseignes : Neantmoins il est à propos qu'elle recherche l'alliance de la maison, non par foiblesse, mais par vn artifice qui fasse vne diuersion des forces de l'impieté; Tout de mesme que nous employons les secours estrangers, & les troupes mercenaires, non pas tant pour nous fier à ces armes, où le courage & la fidelité sont bien rares, que pour les oster de la main des ennemis, & les affoiblir d'autant. Noſtre raiſon eſt comme ces eſprits remuans, qui ſans s'arreſter au droit d'vn party, ſe portent contre tous ceux qui ne leur donnent point d'employ ; & font reſſentir leur colere à qui ne veut point de leur ſeruice. Elle eſt pour, ou contre la Religion ; & ſi on ne l'engage pour ſa deffence, elle pretend de la gloire par ſa ruine. La vaillance ne refuſe pas les artifices, & nous ne meriterons pas moins de gloire, de gaigner les Libertins ſous l'apparence de la raiſon naturelle, que les Capitaines qui emportent des victoires ſignalées, en equippant leurs vaiſſeaux & traueſtiſſant leurs ſoldats à la mode de leurs ennemis.

Nous auons deſia la Foy eſtablie par vne puiſſance diuine, il ne faut plus que la conſeruer comme vne ville qui a eſté priſe de force, ſe garde par l'entremiſe de ſes Citoyens, les mettant dans leurs intereſts, obligeant leur fidelité par la creance que l'on moſtre d'y auoir, & leur donnant la vanité d'auoir fait quelque grande choſe, encore qu'elle ſoit deſauantageuſe à leur patrie. Ainſi la Foy ayant la victoire deſſus la raiſon, ſe ſert d'elle-meſme pour l'entretenir dans la ſeruitude, en luy donnant de l'employ, & l'ambition de paroiſtre dans vne occaſion de telle importance.

Il est certain que les hommes redoublent leurs affections naturelles enuers la Religion, qu'ils se persuadent auoir obligée de quelque seruice, en la cultiuant par les sciences; & outre le respect qu'ils portent à son extraction diuine, ils la cherissent encore auec la mesme passion qu'on a pour ses enfans & pour ses œuures. Cét amour n'y voit point d'imperfection, & l'inconstance en semble bannie par l'interest qu'on a de ne pas renuerser son propre trauail, & de ne pas accuser son chois de peu de prudence.

En effect la raison estant la principale puissance de l'homme, elle ne luy doit pas estre inutile en l'acquisition de sa fin : & si nous ne luy donnons quelque part à cette gloire, c'est accuser la Nature d'auoir bien mal ordonné ses forces, d'auoir trahy nos esperances par vn secours inutil, & nous auoir reuestu d'armes qui nous accablent, & ne nous deffendent pas. Mais nos experiences la iustifient de tous ces reproches. Car iamais l'homme n'est esleué pendant cette vie à vn sublime estat, que la raison n'y ait quelque employ, & ne serue au moins où elle n'est pas capable de commander. Il est vray que dans son procedé ordinaire, elle souffre de grandes foiblesses; son discours va si lentement, & auec tant d'appuys pour ioindre la verité; que si on le compare à l'allegresse des Anges, c'est vn extréme défaut, mais qui nous accompagne tant que nous viuons en terre de quelques faueurs que le Ciel nous gratifie : Tout de mesme que les importunes sujetions de la Nature & les basses alliances du sang demeurent comme des reproches eternels dans les dignitez ciuiles. Les esclaues emancipez portent encore dans leur libertinage la honte de leur seruitude, & n'ont pas les droits ny l'honneur de la vraye liberté de ceux qui la tiennent de naissance ; Ainsi quoy que les graces du Ciel nous semblent affranchir de nostre condition, nous agissons tousiours auec des puissances naturelles, où il faut que ces extraordinaires faueurs soient receuës.

Le feu que nous nourrissons en terre, monstre bien par l'impatience de son mouuement, les extrémes desirs qui le pressent de s'enuoler à son centre : mais cependant toutes les pointes qu'il esleue ont leur baze dans la matiere, & les plus courageux eslans des flammes meurent, si elles n'y font leur retraitte, & n'y viennent reprendre leurs forces. C'est le portrait de nostre ame, qui ayant son origine du Ciel, fait vn effort continuel de se rendre quitte en sa connoissance du lieu, du temps, &

de la matiere; mais ses plus sublimes saillies naturelles s'exhalent & se perdent dans l'abus, si elles ne sont appuyées de la raison, qui n'agit que par les sens & par les Phantômes. Que le Ciel nous prodigue ses tresors & nous donne l'ouuerture de ses mysteres, ses reuelations particulieres sont sujettes au controolle de la raison, qui examine si elles ne sont point contraires aux Decrets diuins; & le iugement ne se soufmet ordinairement à la Foy, qu'apres estre instruit par plusieurs motifs qui le portent à croire. Cette Foy mesme estant receuë, seroit fort aride, & sa rigueur blesseroit l'esprit, si le discours de Theologie qui est meslé de propositions naturelles, ne l'adoucissoit. Que si la Foy tire ce secours de la raison, lors mesme qu'elle a l'empire dans l'ame, elle le doit bien plustost reclamer dans l'occasion de son establissement, & imiter vn Prince qui se transforme en l'humeur d'vn peuple, qu'il veut conquerir plustost par les attraits de la courtoisie, que par la violence des armes, & le conseruer dans l'obeïssance, par vn amour qui ne tienne rien de la tyrannie.

La raison naturelle est le dernier effort de nostre puissance, qui attend sa perfection de celle de Dieu, & vne disposition que nous deuons apporter pour receuoir la faueur de ses lumieres : Parce que soit en la grace ou en la nature, Dieu n'assemble pas ordinairement les choses extrémes, sans les faire venir aux approches dans vn milieu qui en appaise la contrarieté. Or la raison est moyenne entre la premiere Verité diuine & l'ignorance du mode materiel : C'est donc par son entremise que les creatures dont elle fait l'horison, se reünissent à leur origine, & l'homme à Dieu. Voicy l'explication de ce mystere. Le Verbe eternel, cette source inepuisable de lumieres, se communique premierement aux esprits bien-heureux, & leur donne vne tranquille étenduë de toutes les connoissances qui seruent à leur felicité; puis il répand son rayon, & met son portraict dessus les corps; il esclate dans les Astres; il éclaire dans le feu; il brille dans les pierreries; il se rend adorable dans les beautez; il commande dans les instincts des brutes & des plantes; & termine enfin son abbaissement en l'ordre du monde, qui est l'image de la raison; en la transparence de l'air & de l'eau; & en la diuersité des couleurs qui nous rendent les objets visibles. De là ce rayon diuin voulant remonter à son principe, gagne nos sens par les delices de tous ces objets; qui donnent de l'amour à la raison, & l'obligent à la recherche de la veritable beauté, dót le monde n'est que la tableau. Et comme la volonté souspire apres le souuerain bien; comme l'entendement cherche son repos dans la premiere verité, l'ame déja releuée au dessus des choses mortelles, n'a plus besoin que d'vn petit rayon de la Foy diuine, qui l'vnisse à Dieu, & luy donne le moyen de clorre ce beau cercle de lumiere par son retour dans le Verbe.

De cette vnion naist la ressemblance: parce que, comme le Soleil enuoyant son rayon sur la glace d'vn miroir qui a desia d'elle-mesme quelque éclat, y fait vn nouueau Ciel où il peint sa face; ainsi quand la Foy suruient à la raison naturelle, elle perfectionne l'image de Dieu dans l'ame, & l'esleue à vne condition qui rapporte au principe de la verité. Toutes choses sont vne dans l'idée de Dieu: & l'ame esclairée de cette double lumiere, décoûure vne mesme raison dans les mysteres de la Foy, & la conduite du monde; si bien que faisant en elle-mesme le rapport de ces choses qui paroissent si differentes, elle s'approprie la Religion, & consacre la Philosophie.

Si nous pouuions atteindre ce poinct, de monstrer que la Foy n'a rien de directement contraire à la raison, qu'elle est d'vne mesme intelligence, pour nous porter à l'adoration de Dieu; nous attirerions tout le mondé à l'Eglise, parce que la raison naturelle est vne en tous, & en faisant le mariage auec la Foy, nous mettons tous les hommes qui tiennent de ces deux parties, dans vne mesme alliance. Au contraire, si la Foy declare vne guerre ouuerte à la raison, que d'vn empire absolu, elle fasse passer ses loix sans gaigner le consentement par quelque sorte de deference, elle irrite les esprits & resueille la passion, où les hommes s'emportent pour la deffence de leur liberté. Les Roys ne diminuent rien du droit de leurs Sceptres quand ils font verifier leurs Edicts aux Parlements, afin de les faire receuoir auec moins de contradiction du peuple, luy faisants paroistre qu'ils ne se seruēt de leurs puissances qu'auec toutes les considerations de la Iustice.

Quand mesme les menaces eternelles de la Religion forceroient les volontez; que les exemples en mineroient les resolutions; que l'authorité du Prince, la seuerité des Loix, & toutes les considerations humaines reduiroient les hommes à suiure la Foy : si l'esprit n'est quelque peu satisfait par la raison, il est à craindre qu'ils ne donnent les apparences & les ceremonies à ces contraintes, & que l'interieur ne les desauoüe : & comme la violence n'a point de durée en la Nature, peut-estre racheteroient

cheteroient-ils leur liberté auec des efforts non moins perilleux à l'Eſtat & à la Religion, que le font à la terre les ſecouſſes que luy donne l'air pour s'élancer de ſes cachots.

Il faut donc contenter noſtre eſprit en quelque choſe; non pas que nous voulions prouuer la Foy par la ſeule raiſon de la Nature, la temerité de cette entrepriſe offenſeroit la grandeur de la Religion Chreſtienne, qui tient immediatement ſes connoiſſances de la premiere Verité : mais nous pretendons d'y apporter quelque éclairciſſement, & la faire quitte des contradictions qu'on luy oppoſe. Encore que cét edifice ſoit aſſis de la main de Dieu ſur de tres-ſolides fondemens, il peut encore receuoir vn nouueau luſtre des enrichiſſemens de l'art, afin qu'il paroiſſe autant agreable à noſtre veuë, & reuenant à noſtre deſir, que ſa retraitte eſt neceſſaire à noſtre ſalut.

Faiſons vne eſpreuue de la portée de noſtre raiſon, & lors que nous ſerons au dernier periode de ſa vertu, au moins nous reconnoiſtrons noſtre foibleſſe, & noſtre diligence iointe à noſtre humilité, ſera ſecouruë de Dieu, qui veut que la Nature déployé ſes efforts, & puis il vient au deuant de ſa cheute, & la releue de ſon impuiſſance. Ainſi le coura-

Tome I. ú

ge emporte souuent les malades à des actions qui passent leurs forces, où ils sont contraints de confesser leur foiblesse, & d'appeller le secours dont ils pensoient se pouuoir passer. Quand l'experience nous fera connoistre, que la lumiere naturelle n'est pas assez forte pour contenter nos desirs, & nous mettre en possession de nostre fin; quand nous aurons veu que les plus solides raisons de la Philosophie laissent encore du vuide dans l'ame, nous souspirerons apres ce qui la peut remplir, & par vne secrette & puissante inclination, nous nous mettrons à la recherche de l'infiny; la soif que nous auons de la verité, trouuera quelque soulagement dans les creatures, & apres nous estre rafraichis dans ces ruisseaux, nous prendrons de nouuelles forces pour aller iusques à leur source, & y esteindre toutes nos ardeurs.

Il faut auoüer que nostre esprit est emporté d'vne extréme ambition de croistre en ces connoissances, & qu'il monstre d'autant plus d'ardeur en sa poursuite, qu'il a vne plus grande descouuerte de la verité: tout de mesme que les corps redoublent leurs mouuemens aux approches de leurs centres, comme si la veuë en augmentoit le desir, que leur prochain repos leur fust vn sujet de prodiguer les forces qu'ils menageoient dans l'esloignement; ou comme si le centre enuoyoit quelque secrette vertu qui les inuitast d'y fondre auec impetuosité, & que ces attraits ioints à leurs affections les obligeassent à plus de vitesse: Aussi nostre esprit s'approchant de la verité diuine auec le discours de la raison, croist en desirs de la posseder parfaitement, & les attraits du Ciel luy impriment des transports si violents vers cét objet, qu'ils luy seroient vn fort grand supplice, si la mesme bonté qui les fait naistre, ne leur donnoit le repos par les asseurances de la Foy Chrestienne.

Ses lumieres ne sont souuent que des tenebres aux yeux qui ne sont pas essayez dans celles de la Nature, parce qu'ils n'en peuuent conceuoir l'importance, ny les obligations qu'ils en ont à Dieu, n'estans pas encore venus iusques à ce poinct d'en reconnoistre la necessité. D'où naist vn malheur, qui est la source de tous les crimes, de receuoir la Religion comme les coustumes sous la seule authorité de l'vsage, sans examiner ce qu'elle propose; & comme on s'y void plutost engagé par la naissance que par le choix, on croit assez satisfaire à ses obligation de luy donner les apparences, à la reserue de l'interieur, au moins en arrestant la raison, sans rien conclure de ces veritez surnaturelles, ont fait passer pour vn acte de pieté de couurir son auersion, & de suiure la presse sans resistance. Ie croy que c'est vn heureux remede à ce mal, de resueiller les esprits, & d'employer la raison au seruice de la Foy, afin qu'elle luy reste plus soupple & plus affectionnée.

Si quelques Theologiens trouuent estrange que la Foy s'abbaisse iusques à tirer son esclaircissement de la raison; ie n'ay qu'à leur representer le Verbe eternel qui se fait homme, & se reuest de nostre nature pour nous rendre capables de ces veritez.

Et comme cét admirable mystere fut accomply sans changement de sa part, & auec beaucoup d'auantage de la nostre: Aussi la Foy couurant sa diuinité des apparences humaines n'en sera pas alterée ny auilie, mais seulement plus connuë. Iesus-Christ traitte les sublimes instructions de nostre salut sous le voile & auec la familiarité des paraboles. Les Anges prennent des corps s'il est question de paroistre entre les hommes, & quittent ce langage muët qui a cours dans le Ciel, pour parler le nostre, parce que nous ne sommes pas capables du leur. Iamais le grand Prestre ne sanctifioit le peuple, qu'il ne se despoüillast de la pompe mysterieuse des habitans du Sacerdoce:

il paroissoit sous vn vestement ordinaire, pour nous instruire à traitter de la Religion auec des paroles & des raisons accordantes à la petitesse des esprits. La preuue en est toute claire dans Isaye, lors qu'il reçoit vn grand Liure de la main de Dieu auec vn commandement exprez de l'escrire d'vn style d'homme; & sainct Paul en beaucoup d'endroits fait estat de temperer ses instructions à la foiblesse de ceux qu'il vouloit gagner à la Foy diuine; il ne donne que du laict aux petits enfans, il nourrit ceux qui sont plus forts de viandes aussi plus solides, iusques à ce qu'ayants atteint la perfection de l'aage viril ils soient admis aux sacrez banquets.

Suiuant ce que dit le mesme Apostre, que les choses visibles nous doiuent seruir de degrez pour monter aux inuisibles; & que par les puissances mortelles on doit faire iugement de l'eternelle vertu de Dieu; le grand sainct Denys n'explique les perfections diuines que par des comparaisons tirées des choses sensibles.

Origene, sainct Basile, sainct Ambroise, trouuent dans l'Histoire de la Creation du monde les loix de la Foy & de la Morale; s'il faut combattre l'impieté, Sainct Cyrille Alexandrin a les raisons naturelles pour armes contre Iulien l'Apoſtat; Sainct Auguſtin s'en fert contre des Idolatres auſquels il eſcrit, comme fait Iuſtin Martyr, Lactance, & d'autres qui ont trauaillé à l'extirpation du Paganiſme: Et depuis, l'Egliſe Catholique eſtant dans l'éclat de ſa puiſſance & de ſa grandeur, le Docteur Angelique ſainct Thomas, a creu neceſſaire de compoſer le Liure que nous auons de luy contre les Gentils, où les veritez de la Foy ſont éclaircies par des demonſtrations naturelles. Ie ne croy pas m'égarer ſi ie ſuis de ſi grands Docteurs: & quand la maladie de noſtre âge ne demanderoit point ce remede, & que ie ne ferois pas obligé de luy preſenter; l'exemple des Peres de l'Egliſe porteroit vne ample iuſtification de mon deſſein.

Ie ſçay bien que les medecines qui redonnent la ſanté aux corps malades, la ruinent dans les corps ſains; que les foudres qui purgent les viperes, infectent les baumes, & que les diſcours de l'Atheiſme apportent quelquesfois plus de dommage à la ſainteté, que de remede au libertinage. C'eſt pourquoy, comme ie ne croirois pas que l'innocence de mes intentions peuſt ſeruir d'excuſe à vn mauuais procedé, i'éuite la faute de ceux qui tuent en penſant guerir: ie ne fais point vne science de l'opinion des Libertins ; ie ne reduis point par articles des extrauagances, qui sont toutes dans la confusion: mais ie pense le mal sans le découurir, i'éclaircis les veritez de la Foy, & confons les pernicieuses maximes des Athées; en sorte que les méchans y trouueront leurs remedes, & les bons n'y verront qu'vne verité toute pure, & dégagée de la controuerse. C'est vn conseil des Sages, d'esloigner le plus que l'on peut l'idée du mal de l'esprit de l'homme, de peur que l'imaginatiue ne precipite ses actions, & ne les forme par vn instinct naturel sur les défauts de ses exemplaires intelligibles. C'est pourquoy cette ancienne Republique ne fit point de Loix contre les crimes qu'elle tenoit plus abominables, de peur de les publier en leur imposant des peines, & en faire naistre le desir par la deffence. Le grand sainct Denys nous donne le mesme conseil, de ne combattre iamais l'erreur, qu'en establissant la verité par de si puissantes raisons, que comme vne grande lumiere, elle soit capable de faire mourir le faux lustre du mensonge, & de gagner les esprits par le seul éclat & par les attraits de sa beauté.

Il nous reste à remarquer en ce discours, que la connoissance des choses diuines qui se tire par la consideration des creatures, doit estre entiere & tres-exacte, d'autant que comme le monde est vn tableau de l'vnité & de la perfection diuine, le sage en doit contempler tous les traits, tous les coloris, les ombres, les proportions, & toute son estenduë, afin qu'il ait du rapport à la beauté de son Prototype.

Autrement s'il n'auoit pas cette veuë vniuerselle, ses remarques feroient des surprises, & la partialité de ses pensées seroit contraire à la nature de Dieu, qui n'endure point de diuision. Et comme la bien-seance reüssit du rencontre de tout ce qui est à souhaitter en vn sujet; comme la Musique charme l'oreille par vne douceur qui naist du concert de toutes les voix: Ainsi l'ame ne sçauroit iuger des perfections diuines par la contemplation naturelle, si elle ne se rend attentiue à l'harmonie que forment toutes les parties du monde.

En cela la mediocrité de la science est aussi dangereuse à la pieté, que l'est au voyageur la sombre lumiere d'vne nuict, qui luy donne assez d'asseurance pour continuer son voyage, mais trop peu de clarté pour distinguer les formes incertaines des objets, & faire difference des chemins, & des precipices. S'il faut

faut dormir, vn profond sommeil est meilleur, que celuy qui n'enseueliſſant pas toutes les puiſſances de l'ame dans le repos, luy laiſſe vne petite ombre de raiſon, qui la trauaille de la creance que les ſonges ſont des veritez. Et s'il eſt queſtion de tremper dans l'ignorance, la plus groſſiere eſt moins dangereuſe; parce que ne connoiſſant de toutes choſes que ſon incapacité, elle ſe rend ſoupple à la direction des ſuperieurs, & cherit les veritez qu'elle en reçoit, autant que ſi elle les auoit acquiſes par des demonſtrations de ſcience. Au contraire, les eſprits d'vne moyenne capacité ſont touſiours emportez d'vne extréme preſomption de leurs forces, dont ils veulent faire parade en ſe portant contre les veritez que la Nature publie, & que toutes les Nations reuerent: Mais c'eſt touſiours auec auſſi peu d'arreſt en leurs propres opinions, qu'en celle des autres; parce que, comme ils ſont vn compoſé de la ſcience & de l'ignorance, qui ſont deux differentes parties, dont l'vne eſt diuine, & l'autre mortelle, ils viuent & meurent alternatiuement, comme ces deux freres deſquels parlent les Poëtes, & ils ſouffrent chez eux les ſeditions qui ſe forment dans tous les autres ſujets par le rencontre des vertus contraires.

Ce qui est plus à plaindre, c'est que ces esprits de moyenne trempe taschent d'enuelopper tout le monde dans leurs abus, & d'allumer le flambeau de discorde dans l'Estat & dans la Religion, pour en bannir la paix dont ils ne sont pas capables. Et comme les foudres, les tempestes, & les autres fleaux de la Nature irritée, se forgent dans la moyenne region de l'air, où ils vuident le different de leurs qualitez auec l'effroy & le dommage du monde: Ainsi toutes les pernicieuses Sectes qui ont esclaté contre la verité de l'Eglise, sont des productions de ces ceruelles moyennement éleuées aux sciences, & qui n'ont de la doctrine que ce qu'il en faut pour douter, & non pas pour se resoudre.

Ie croy que nous voyons vn grand nombre de Libertins, parce que le malheur de nostre siecle condamne vne profonde science comme des réueries de Philosophie, & veut reduire toute la doctrine aux premieres apprehensions qu'on a d'vn sujet. Peut-estre que les esprits qui ne peuuent porter le trauail necessaire à la recherche de la verité, donnent cours à ces opinions pour se flatter dans leur impuissance ; ou que l'interest du corps, pour lequel se traittent toutes les affaires du monde, partage trop auantageusement le temps, & n'en laisse pas assez à vne estude, qui trauerseroit ses plaifirs, par la retraite, & par les reproches dont elle perfecute les confciences coulpables: ou bien parce que les hommes ayant commencé leurs connoiffances par les fens, ils fe trouuent engagez par vne mauuaife couftume à fuiure toufiours leur conduite, fans prendre confeil de la raifon: En fin parce qu'ils fe laiffent tellement emporter à la violence de leurs paffions, que leur courfe qui deuance le vol du temps, & precipite leur vie, ne leur permet en paffant qu'vne veuë confufe de ce que les chofes naturelles monftrent au dehors, fans s'informer de leurs qualitez, de leurs fympathies, quel eft leur principe, & quelle eft la fin generalle & particuliere où elles pretendent.

C'eft pourquoy, pour donner quelque remede à ces grands abus, i'ay deffein d'arrefter les efprits fur l'exacte confideration des merueilles de la Nature, d'entrer dedans fes confeils, d'examiner fes conduites, & ne laiffer point de partie au monde, dont nous n'apprenions les qualitez & les fympathies. Cette contemplation nous fera veoir les chofes fenfibles d'vn autre œil qu'elles ne paroiffent au cōmun des hōmes. Par tout nous admirerons vne fecrette puiffance qui fouftient leurs vies, qui perfectionne leurs eftres, qui anime leurs actions: nous nous trouuerons enuironnez d'vne lumiere infinie, & parmy les rauiſſemens de noſtre eſprit, noſtre cœur ne pourra refuſer de profondes adorations à la Majeſté diuine.

Ie ſçay bien que pluſieurs ont rapporté ſur cette matiere les raiſons diſperſées dans les liures des anciens, & entaſſéees dans les threſors de la Theologie: mais parce qu'ils ne les expliquent qu'auec des termes qui tiennent beaucoup de l'Eſchole, elles ſont comme ces gros diamans bruts, & qui n'ont pas encore receu le poly; de grand prix & de peu d'éclat. Comme il n'y a que les maiſtres des ſciences qui reconnoiſſent la beauté de ces diſcours, les eſprits communs demeurent confus dans la generalité des propoſitions, & prennent les conſequences particulieres qu'on en tire pour vn jeu de paroles dont ils ſe gauſſent, & pour vn artifice qu'ils penſent vaincre en luy oppoſant vne negatiue.

C'eſt pourquoy nous déguiſerons ce que la Philoſophie a de rude, afin de gagner les eſprits rebelles autant par condeſcence que par la neceſſité du raiſonnement, & terminer le combat par vne victoire, qui ſeroit moins glorieuſe pour nous, ſi elle n'eſtoit agreable à nos ennemis.

LA THEOLOGIE NATVRELLE, DE L'EXISTENCE DE DIEV.

PRELVDE.

LA curiofité naturelle que nous auons de fçauoir vne grande diuerfité de chofes, n'eft pas fatisfaite du rapport que nous font les fens des obiets exterieurs, fi la raifon n'en conçoit les caufes, & ne va reconnoiftre les effects iufques dans les intentions de leurs principes. Cette paffion de fçauoir la raifon de tout, eft fi forte dans les grands efprits, que l'eftude qui la contente leur tient lieu de toutes les delices du monde; & au contraire, son ignorance leur est vne gehenne insupportable. C'est pourquoy vn Philosophe se precipita dedans l'Euripe, par vn desespoir de ne pas entendre la cause de ces reflus si reglez en leurs inconstances; Et l'autre aima mieux mourir en se laissant consommer aux flammes du mont Ethna, que de viure & ne pas sçauoir comment cét embrazement se pouuoit entretenir sans consommer sa matiere. Mais apres que nostre esprit a fait ses courses dans l'ordre du monde, qu'il a descouuert les artifices de la Nature, & la dépendance de ses parties; il doit arriuer iusques à vne premiere cause, qui serue de port à ses penibles recherches, comme elle est le principe & la fin de tous les estres. Autrement de s'arrester à vne cause finie sans passer plus outre, ce seroit admettre le vuide dans le monde, & dans nostre connoissance; terminer le long chemin des estudes par vn precipice; & n'auoir beaucoup appris, que pour moins sçauoir. Car nous auons vne inclination de découurir aussi bien la cause vniuerselle, que celle des effects particuliers; & si ce desir n'est accomply, il se trouue que nostre ignorance est aussi generale que son suiet, & que nous n'aurons connu les parties que pour ignorer le tout. Ce seroit peu s'il ne s'agissoit en cela que de la satisfaction de nostre esprit, & s'il n'y auoit que la curiosité qui souffrist dans l'ignorance du premier Principe. Mais il y va de noſtre ſouuerain bien; c'eſt le fondement de la Religion, & de là depend le reglement de nos vies, & la conſeruation des Eſtats. Croire vn Dieu, c'eſt la ſeule verité qui arreſte le deluge de tous les crimes, qui empeſche que l'iniuſtice ne triomphe de la vertu; que les violences, les pillages, les meurtres, ne deſertent la Nature; que les hommes ne ſe noyent dans leur ſang, & n'eſteignent leur eſpece pour aſſouuir la fureur de leurs paſſions. C'eſt pourquoy tous les anciens Legiſlateurs ont fait de cette creance la premiere cóme la plus neceſſaire de leurs loix; & ont obligé les peuples de la receuoir auec tant de reſpect, qu'vn Philoſophe pour auoir ſeulement fait deſſein de la combatre, fût condamné aux ſuplices dont on puniſſoit les plus criminels. La Foy diuine nous impoſe cette meſme neceſſité de croire qu'il y a vn Dieu, premier principe & cauſe vniuerſelle du monde; & de nier cét article, c'eſt paſſer à l'extremité du ſacrilege, & arreſter la Religion en ſa ſource. Mais comme la Foy n'exerce pas le meſme empire ſur les ſentimens de l'eſprit, que la Loy ciuile ſur les actions exterieures; & que l'homme attaché à l'intereſt de ſes ſens, obeyt pluſtoſt à la crainte des peines preſentes, qu'aux eſperances des biens qu'il ne connoiſt pas : Cette Foy ſe ſert fort à propos de la ſcience, pour ſonder iuſques

A ij

au plus profond des cœurs, & pour y vaincre par la raison les repugnances qu'ils ont à cette importante verité. Car encore que ie me vouluſſe perſuader que la France ne porte point de monſtres ſemblables à Diagoras, & que l'impieté n'eſt pas aſſez temeraire pour ſe ſouſleuer de cœur & de bouche contre Dieu, ſous le regne de noſtre Prince, qui eſpouſe ſi cherement les intereſts de la Foy, & qui n'a des armes que pour en deffaire les ennemis: Neantmoins il eſt vray qu'il ſe trouue des ames rétiues qui reculent d'autant plus qu'elles ſe ſentent preſſées dans les matieres de Religion: elles prennent ombrage d'vn conſentement public, & ſe perſuadent que l'obligation qu'on leur impoſe de croire, eſt vne violence qui ſe fait auſſi bien à la verité, qu'à leur inclination : De ſorte que ſi le ſentiment de Dieu n'eſt tout à fait eſteint dans leurs cœurs, il y eſt ſi foible, qu'ils ne s'acquitent des deuoirs de Religion qu'auec vne langueur, qui fait bien paroiſtre que la puiſſance en eſt demy-morte. Que ſi nous traitons les matieres de Theologie en ſuppoſant vn Dieu à ces eſprits qui n'en ont pas vn vray ſentiment, ſi nous parlons en ces termes racourcis, où les meilleurs yeux y peuuét à peine reconnoiſtre la verité; ſi nous nous ſeruons de ces diſtinctions, qui laiſſent autant de difficultez qu'elles ont de paroles : nous ne faiſons qu'égarer les ignorans dans vn labyrinthe de fausses conclusions, parce qu'ils n'ont pas la veuë du premier Principe. Y proceder de la sorte, c'est bastir sans auoir ietté les fondemens, c'est éleuer de grands aqueducs sans source, & auancer aussi peu par les austeres resolutions de l'Eschole aux autres matieres de Foy, que celuy qui penseroit acheuer vn cercle sans en auoir rencontré le centre. Cela nous oblige d'étendre cette matiere plus au long que ceux qui en ont desia traité, de promener l'esprit dans les estages du monde, luy ouurir les secrets de la Nature, & des merueilles que nous y remarquerons, en faire de bons sentiments de Dieu. Ils seruiront à deux principales fins: l'vne pour combattre l'Impieté par ses propres armes, en faisant paroistre que la Nature qu'ils opposent à Dieu, est celle-là mesme qui nous en donne l'instruction; L'autre, pour persuader les vertus en leur donnant la lumiere de ce Principe, plus necessaire à leur entretien, que n'est celle du Soleil aux productions de la terre.

Ainsi vn mesme discours formant les esprits au bien, & les fortifiant contre l'erreur, leur sera comme l'vn de ces remedes faciles qui seruent tout à la fois de medecine & de nouriture. Si les ames éleuées à la pieté se donnent le contentement de ceste speculation naturelle, ie croy qu'elles tomberont dans le pariure innocent de ceux qui aiment, qui protestent tous les iours,

A iij

que leur amour est en vn estat de perfection incapable de receuoir de l'accroissement; & neantmoins iamais le Soleil ne se leue, qu'il ne leur découure dans l'obiect qu'ils passionnent, de nouueaux charmes qui leur font accuser leurs premieres ardeurs de tepidité. Aussi la deuotion n'a point d'entretiens si sublimes, & ne donne point de consolations si rauissantes, qu'elle ne laisse encore dans les ames assez de place, pour y loger les contentemens qui luy viennent de la consideration de la Nature; nous pouuons dire qu'ils sont sans limites, puis que Dieu mesme, qui est infiny, les ordonne comme vn moyen qui nous doit conduire à sa connoissance.

L'homme a vn sentiment naturel de Dieu.

CHAPITRE I.

IL y a certaines veritez si claires à nos iugemens, & si publiques entre toutes les nations, que nous les pouuons dire inseparables de nostre nature, qu'il suffit d'estre homme pour n'en estre pas ignorant. Ceste mesme Prouidence qui assortit les choses materielles de qualitez propres aux effects qu'elles pretendent, qui instruit les brutes d'vn instinct necessaire à leur conseruation, a graué ces loix dans nos esprits pour le reglement des discours de nostre raison en la recherche de la verité, & de nos affections en la poursuite du bien. Mais soit, ou pour les mœurs, ou pour les sciences, elles ont toute ceste secrette vertu de répandre dans les ames vne tranquille lumiere, qui gaigne le consentement des plus rebelles sans aucun effort, & qui oste doucement à la curiosité le droict de douter, & le desir de connoistre dauantage.

Comme les puissances naturelles nous estans intimes, nous sont cependant si peu sensibles, que nous n'auons point d'autres asseurances d'en estre assistez, que par le libre exercice de leurs actions, & le repos de la partie où elles resident : Ainsi l'acquiescement de nostre esprit dans ces veritez originaires, & l'éclaircissement qu'il en tire pour d'autres sujets, nous le fait auoüer comme infaillibles, sans que nous en demandions de preuue. Car de chercher la raison de ces principes, c'est demander auec mauuaise foy ce dont nous sommes desia satisfaits; c'est offenser la liberalité de la Nature, de nous dire pauures d'vn bien que nous tenons d'elle en propre ; & c'est vouloir accroistre la lumiere du Soleil d'vn nouuel esclat, de confirmer des veritez qui sont au dernier poinct de la certitude. Qui a iamais demandé preuue de ces maximes, Que le tout est plus grand que sa partie; Qu'vne chose ne peut en mesme temps estre, & n'estre pas; & d'autres semblables que nous sçauons sans estude, & qui dependent aussi peu des reigles de Dialectique, que la source de ses ruisseaux? En effect les veritez que la Raison nous descouure dans les diuerses sciences, decoulent de ces premiers principes; Et apres les longs destours de la ratiocination, elles viennent toutes se rejoindre à cet estre, qui termine leur mouuement, & empesche que le progrez n'en soit infiny.

On rapporte sous ces loix de Nature le mariage, l'education des enfans, nombre de contracts, & d'autres veritez & inclinations communes; Mais entre toutes, le culte & la connoissance de Dieu est la plus generale, comme elle est la plus necessaire à la perfectió de l'homme. Il s'est trouué des peuples qui n'ont point receu le mariage par vn excés de continence, ou de liberté; Les autres farouches en leurs mœurs viuoient égarez dans les solitudes, sans commerce, sans police, sans alliance: cependant il ne s'est point veu de nation si barbare, qui n'ait eu quelque sentiment de Dieu.

Il est vray que l'opinion, qui opere les mesmes effects sur les inclinations naturelles, que les arts sur la matiere, déguisa de sorte les sentimens de la Religion, selon les diuers appetits des peuples, que le monde s'est veu plongé

dans

dans l'idolatrie par l'excez d'vne pieté contrefaite, & reduit à presenter ses sacrifices aux ouurages de ses mains, & aux objets de sa passion; au lieu de les rendre au Dieu du Ciel & de la Nature. Mais, comme vne mouche & vn elephant, vn Satyre & vne Helene, jettez en fonte, conseruent tousiours vne mesme matiere soubz la grande inegalité de leurs figures; & l'hideuse face d'vn monstre ne diminuë rien du prix de l'or, dont il est moulé: Ainsi quoy que les peuples soient fort criminels, de s'estre emportez à ces sacrileges adorations; neantmoins il faut auoüer qu'ils auoient tous dans leurs cœurs cette égale impression de la Nature, d'adorer vn Dieu; & si les moyens en estoient prophanes, le premier motif, & cette premiere impulsion estoit saincte. Vne mesme ame vegetatiue nourrit la delicate beauté d'vn visage & la deformité d'vne bosse : Les mesmes influences des Astres concourent à la production du basilic, & de la colombe, & la mesme chaleur naturelle qui soustient la vie, n'ayant de la force que ce qu'il en faut pour corrompre, & non pas pour digerer l'humidité, engendre des qualitez pestiferes qui donnent la mort: Les monstres horribles à la veuë, & pernicieux à nostre santé, ne viennent que d'vne matiere indisposée, qui abuse des influences d'vne cause particuliere & vniuerselle, & qui ne sçachant pas en debiter les vertus, se-

Tome I.   B

lon les proportions d'vne espece determinée, employe de bons principes pour éclorre vn mauuais effect. Les plus nobles causes sont deshonorées de ces infames productions: c'est la chaleur du Soleil, qui animant le sein de la terre en fait naistre la ciguë & la vipere; c'est la vertu generatiue qui forme ces masses informes dans vn sexe qui manque du secours de l'autre ; & c'est l'inclination que nous auons d'adorer vn Dieu, qui a fait germer l'idolatrie entre les hommes, lors que le peché les eut rendus indignes des graces celestes, qui les deuoient secourir pour conceuoir vn legitime sentiment du premier Principe.

Iamais les peuples n'eussent esleué des autels, & presenté des sacrifices à des Diuinitez imaginaires, s'ils n'eussent tous porté dans l'ame vn secret & commun sentiment de Dieu. Car les operations de l'esprit, aussi bien que celles des sens, presupposent tousiours vne faculté d'où elles procedent, encore qu'elles soient extrauagantes, que l'imperfection des organes, ou du milieu, arreste la chaleur de leur poursuite, & les abuse au discernement de leurs propres fins. Ainsi nos yeux employent vne puissance visiue pour voir les objets, lors mesme que l'innocente tromperie de la perspectiue les racourcit, & que l'artifice des faux mirois les represente renuersez ou multipliez. Mais vne pierre ne voit le

Soleil ny grand ny petit; & tous les astres qui sont enseuelis dans vne pure priuation naturelle, n'ont point d'actions, ny genereuses, ny languissantes, pour le suiet auec lequel ils n'ont point de proportion: elles sont hors la puissance d'estre produites, & ce seroit leur donner vn tiltre trop auantageux, de dire qu'elles souffrent vne defaillance & vne mort, parce qu'elles ne sont pas capables de receuoir l'estre. Tirons donc cette consequence, que les hommes des siecles idolatres portoient vn vray sentiment de Dieu, encore que l'opinion, que la vanité des Princes, & que le desreglement de leurs passions l'ayent diuerty à l'adoration des monstres, des vices, & des pierres. Et par consequent il y a vn Dieu, qui est le propre, & le naturel obiet de cette puissance.

La commune inclination de la Nature n'est iamais trompeuse; elle aspire tousiours à vne fin legitime, dont la possession est la felicité du sujet qui en a conceu les desirs, & qui s'est eschauffé à sa recherche. Si les brutes sont passionnées pour la generation, c'est qu'elle importe à l'entretien de l'espece: si les oyseaux ont le temps assigné pour leur passage, c'est afin d'euiter l'inclemence d'vne saison souz vn climat qui doit estre bien-tost sterile pour leur nourriture; ils se mettent à la suite du Soleil, & font leur demeure où ses chaleurs ramenent la fertilité auec le Prin-

B ij

temps. Tout de mesme si tous les hommes ressentent vne inclination generale d'adorer Dieu, il faut necessairement qu'il y ait quelque diuinité vraye, capable de leur donner ce qu'ils s'en promettent de felicité, & tout autre que les Phantosmes & les idoles du Paganisme.

C'est apres cette bonté infinie que souspirent toutes les nations de la terre: C'est pour elle qu'elles ont des vœux & des sacrifices, & qu'elles conseruent vn desir insatiable de sa cognoissance, iusques à ce que la Foy leur en ait apporté quelque lumiere. Nostre aage a descouuert des peuples barbares, qui estans accostez par les marchands pour le commerce, leur couroient sus auec vne fureur brutale, & voyoient tous les estrangers comme des ennemis qui estoient en butte de leurs armes, & qui leur deuoient seruir de curée en leurs festins homicides. Que si vn Religieux les aborde en leur parlant de Dieu, encores que ce soit auec des paroles imparfaites, & d'vne langue grossiere, de ce qu'elle est trop delicate pour la rudesse de leur prononciation; neantmoins vous verrez en vn instant ces Sauuages appriuoisez, de Tygres ils sont des agneaux: Cette premiere instruction de la Foy est vn astre de bonne influence qui rend le calme à leurs esprits, & le seul article sur lequel ils signent la paix ; ils mettent les armes bas ; ils se laissent rauir d'admiration au simple discours qu'on leur fait de Dieu; ils treſſaillent d'vne allegreſſe inaccouſtumée, qui leur apprend la courtoiſie pour receuoir ce nouueau Prophete, qu'ils couronneroient comme Roy, ſi ce n'eſtoit qu'il leur fiſt entendre que la grandeur de l'homme ne conſiſte pas en la domination.

D'où vient cette ſubite metamorphoſe de brutes en hommes, contraire à la Magie de Circé, qui traſformoit les hommes en brutes? D'où viennent ces extraordinaires ſatisfactions d'eſprit, & ces complaiſances qui font oublier aux Barbares des inhumanitez qui eſtoient deuenuës leur naturel par vne mauuaiſe education? Nous ſçauons que toutes les voluptez qui gaignent les affections, naiſſent de la ſympathie, & que les plaiſirs de l'eſprit, auſſi bien que ceux des ſens, procedent du fauorable rencontre des choſes ſemblables. Il faut donc que ces Peuples portent dans leurs ames vn ſecret ſentiment de Dieu, puis qu'ils aiment tant ceux qui leur en parlent, qu'ils ſe rauiſſent de joye dans cét entretien, & qu'ils en achetent la conſolation au prix de leur liberté. Les goutes d'eau qui ſe tiennent ramaſſées en petites boules, ſe rejoignent auec vne extreme auidité, & d'vne viteſſe qui eſchappe à noſtre veuë, lors que la pente leur fait le chemin, ou que le mouuement les porte au rencontre : Ainſi cette connoiſſance naturelle de Dieu, à qui cauſe de ſa foibleſſe ſe tenoit retranchée dans des ames qui ne luy permettoient aucun exercice, fait vne saillie dans cette occasion, & se plaist à trouuer des enseignemens qui la fortifient. Et comme les lumieres se portent vn si grand amour dans leur ressemblance, qu'à l'instant mesme qu'elles se descouurent, elles s'embrassent, & s'vnissent par vn meslange si estroit, qu'il n'y demeure point de distinction sensible : De mesme le rayon de la connoissance de Dieu que chacun possede, tasche de se rejoindre à celuy d'vn autre pour se perfectionner ; & par le zele du Predicateur, & l'attention des auditeurs, il se fait vn concours de lumieres, d'allegresse, & de volontez.

Que si les Sauuages estoient priuez de cette connoissance naturelle de Dieu, le discours qu'on leur feroit, au lieu de gaigner leurs affections, irriteroit leurs courages, parce qu'il blesseroit leur liberté : Car on leur presche Dieu tout-puissant qui prend la domination sur les hommes, qui demande leurs adorations & leur seruitude, qui découure ce que la conscience tasche de cacher, qui punit les crimes, qui s'offense de nos plaisirs, qui refuse les voluptez à nos sentimens, toutes loix, & toutes considerations ennemies de la liberté naturelle.

Le sentiment que l'homme a de Dieu vient de Dieu mesme.

CHAPITRE II.

SI toſt que noſtre œil a découuert la lumiere, il ſe tourne du coſté d'où elle luy vient, & enuoye ſes regards auec vne promptitude, qui feroit plus de la moitié du chemin, ſi n'eſtoit que cette belle qualité, qui ne veut qu'vn inſtant pour ſe reſpandre, deuance ſa courtoiſie, & ſe laiſſe auſſi-toſt poſſeder que voir: Neatmoins noſtre œil eſtant préuenu de ce rayon, ne laiſſe pas de le ſuiure iuſques à ſa ſource, & de reconnoiſtre auſſi-toſt le lieu & la cauſe d'où cette faueur luy eſt enuoyée; ſoit qu'il vueille poſſeder tout l'eſpace qui contient ce bel objet, afin que rien n'en eſchape à ſa ioüyſſance; ou pour ſçauoir à qui il eſt redeuable de ce bien fait, & en demander la continuë, dans la crainte qu'il a de ſa perte. Mais parce que la puiſſance viſiue n'eſt pas capable de tant de diſcours, ie croy que l'œil ſe laiſſe tranſporter de la ſorte à la lumiere par vne inclination de la Nature, qui en cela fait paroiſtre dans l'action du ſens l'appetit de noſtre raiſon à rechercher l'origine de ſes connoiſſances. Noſtre ame ne demeure pas ſatisfaite du ſecret sentiment qu'elle a de Dieu ; elle pointe bien plus haut, & comme elle est instruite à faire des reflexions sur ses discours, à monter des effets à leur cause, des conclusions aux principes; elle fait icy vne genereuse saillie iusques au Soleil surceleste qui l'oblige de cette lumiere.

Il est certain qu'elle ne nous vient pas de l'opinion, comme nous l'allons prouuer, parce qu'elle est generale entre tous les peuples, constante en tous les âges, & que la terre ne porte point d'hommes qui ne portent ce rayon dedans leur cœur : elle ne procede pas aussi de la propre force de nostre ame, comme si elle estoit de sa substance, de mesme que ceste lueur blafarde attachée à vne matiere, qui est vne partie du corps de certains petits vers qui nous esclairent de nuit. Elle nous vient donc de Dieu mesme, & en cela elle nous donne vne double asseurance de son estre, & parce que nous en auons ce vif sentiment, parce qu'il ne nous peut venir que de sa part.

C'est vn presage qui est confirmé de l'experience, vn double effet & deux faueurs qui tout à la fois nous rendent certains de la bonté de leur principe. De mesme que le Soleil qui contribue beaucoup de son influence à nostre generation, a mis dans nostre œil vne certaine qualité lumineuse, par le moyen de laquelle nous le regardons quand il est éleué sur nostre hemisphere;

DE L'EXISTENCE DE DIEV. 61

sphere; & cette seule action est vn effet qui reüssit du concours de plusieurs faueurs, en ce que nous sommes & nous le voyons par luy-mesme, il nous donne l'estre, la puissance de voir sa lumiere, il nous l'enuoye & se rend present, afin que nous la receuions : Ainsi nostre esprit ne seroit pas capable de la moindre pensée de Dieu, si Dieu mesme ne luy en auoit imprimé l'idée ; si vn secours particulier de sa grace n'en renouuelloit le sentiment, & si l'infinité de son essence ne le rendoit plus present aux ames, que le Soleil ne l'est aux terres qu'il regarde à plomb quand il est au milieu du Ciel.

Nostre ame a bien d'elle-mesme le pouuoir de se forger des fantosmes, des chimeres, des montagnes d'or, & de donner vn estre en son imagination à des choses qui ne sçauroient auoir l'existence dans la Nature. Les sens luy ont fourny les images de ces objets, deuant qu'elle en peust entretenir ses pésées ; elle ne fait qu'vne composition intellectuelle des choses qui sont separées, & ramasse sous vn concept, les formes que les sens ont veu dans la distinction. Mais s'il n'y auoit point de Dieu, il seroit impossible que nostre esprit en eust la pensée, & que nostre bouche prononçast le terme qui le signifie, parce que nos sens n'ont rien découuert en toute l'estenduë de la nature qui rapporte aux eminentes perfection de son essence ; & tous

Tome I. C

nos efforts sont trop foibles pour former ce concept incomparable. Le moyen que nostre ame, qui ne se peut pas parfaitement connoistre elle-mesme, ny voir les formes substantielles à trauers l'épaisseur de la matiere, puisse auoir d'elle-mesme la pensée de Dieu, qui est vn estre intelligible, le plus pur & le plus éloigné du corps? Nous en parlons comme d'vne essence infinie en bonté, en grandeur, en pouuoir, en estenduë; Comment nostre esprit qui n'a que des fortes limitées, pourroit-il former vn concept de l'infiny, s'il n'y auoit vn infiny qui luy eust communiqué cette intelligence, & releué son action iusques à cette portée? Car toutes les operations se mesurent à l'estre, & comme elles en font des productions, le dernier point de leurs excellences, est de representer leur principe auec quelque sorte d'égalité, mais non pas de le surpasser.

Nostre ame donc qui n'a qu'vne puissance finie ne peut d'elle-mesme conceuoir vne idée de l'infiny, veu mesme qu'en l'ordinaire de son procedé, & en ses actions familieres, elle s'en écarte par vne certaine crainte d'en venir à vne entreprise, où elle ne peust reüssir. De fait, quoy que le cours des sciences soit limité, que la Metaphysique leur assigne des objets, & marque leurs bornes; neantmoins nostre esprit ne se donne pas la peine de monter iusques aux premieres veritez; mais pour se reposer, & pour s'écarter tousiours plus de l'infiny, chaque science emprunte d'vne autre des principes où elle s'arreste, & tient pour vn crime de les reuoquer en doute. Si la Dialectique se met en queste de la verité par la ratiocination, elle se retranche opiniâtrement entre deux premices, apres qu'elle a fait deux pas, elle retourne en arriere par la conclusion, & apprehende si fort le progrés à l'infiny, qu'elle en fait le dernier & le plus noir de ses pechez.

En fin nostre esprit souffre plus par la pensée de l'infiny, que ne fait la teste à regarder dans vn precipice, qui ne monstre point de fonds, & l'œil à se répandre dans le vaste des espaces, qui ne le terminent d'aucun objet. De sorte que tous les hommes ayans vne commune inclination, suiuie d'vn indicible contentement, à conceuoir vn estre infini, qui domine au monde; il faut conclurre que cette idée, qui passe le pouuoir de leurs esprits, leur vient de la liberalité de cette premiere Cause, & qu'en cela l'aigreur & l'apprehension naturelle de l'infiny est, recompensée par les delices que ressentent toutes choses en la possession de leur principe. Nostre ame est vne table d'attente, qui doit receuoir ce crayon de la main de Dieu, c'est vn miroir qui ne representeroit pas ce Soleil, s'il ne luy estoit present, & si son rayon n'y figuroit l'image de sa majesté.

Aussi Dieu, qui a donné aux estres inanimez vn mouuement qui les porte à leurs centres auec vitesse, & vne inclination qui le leur fait posseder auec delices, a gratifié l'homme de cét attrait, qui l'éleue à luy, comme à son souuerain bien. Il est le principe & l'obiet de nostre amour, il le produit & le gagne, ce semble, picqué d'vne espece de ialousie, d'estre le plus auant dans l'estime de la plus noble des creatures. Il veut que l'homme qui voit toute la Nature au dessous de son excellence, ne rauale pas ses affections à des objets indignes de luy; mais que la pensée d'vn Estre eternel & infiny luy inspire de genereuses volontez de le posseder, des desirs qui ne souffrent point de bornes en leur sainte ambition, ny de dechet en leur continuë.

Tout ce que l'œil voit à l'absence mesme du Soleil, c'est tousiours par la vertu de cét Astre, qui a releué vne matiere sombre d'vne qualité celeste; Et tout ce que nostre esprit conçoit de grand, vient en suite de l'inclination que Dieu luy a donnée, de connoistre & d'adorer sa toute-puissance. C'est de là que nous formons la pensée d'vn instant immuable d'eternité, encore que nous soyons engagez dans la vicissitude du temps, dont les parties perissent pluftost qu'elles ne peuuent estre apperceuës; C'est de là que nous conceuons des Estres dans l'abstraction du sensible, & de la matiere; que nostre esprit n'a point de bornes en ses contemplations, ny la volonté en ses appetits, parce que ces deux puissances sont emportées par vne force superieure, vers vn objet qui est infiny : Enfin c'est de là que nous auons de l'amour pour vne Vertu qui domte les sens; pour vne Iustice qui blesse nos interests; pour la speculation de la verité, qui nous écarte de la conuersation commune, & altere nostre bonne disposition dans l'assiduité des estudes; parce que ces exercices nous approchent de l'objet qui possede toutes les veritez, & qui merite toutes nos affections. L'abus mesme s'y glisse : & les ames mediocres se passionnent pour les grandes richesses, pour les Empires, & pour vne reputation qui suruit le corps; dautant qu'elles ont le concept d'vne puissance, d'vne domination, & d'vne gloire infinie, comme d'vn bien qui merite nostre recherche ; & prennent ainsi l'ombre pour le corps, à la faueur de la lumiere, sans laquelle il n'y auroit point d'ombre.

L'homme estant la plus sublime des creatures mortelles, deuoit s'vnir au premier Principe, qui seul peut estre son souuerain bien, & s'en approcher par vne action de l'esprit, qui est la plus noble de toutes ses facultez, & celle qui les distingue plus des choses inferieures. Autrement, le vuide que la Nature abhorre tant, dans le monde, se fût rencontré entre les Eſtres intélligibles, ſi noſtre ame n'euſt eſté renduë capable de l'vnion auec Dieu; & nous verrions rompre, pour noſtre eſgard, le cercle que forment toutes choſes, par le retour qu'elles font au principe d'où elles ſont eſcoulées. Et parce que la diſtance eſt infinie entre le Createur & la creature, & que nos élans qui partent d'vne puiſſance limitée, nous laiſſent touſiours dans vn éloignement infiny; il falloit que noſtre principe ſecouruſt en cela noſtre foibleſſe, & qu'il nous donnaſt pour nous approcher de luy, vn moyen puiſſant & libre des ſujettions ordinaires à noſtre nature.

En tous les autres ſujets d'importance, nous cherchons deuant que de nous reſoudre, la conſultation precede l'eclairciſſement de l'eſprit; l'amour ſe meſure à la connoiſſance; le cœur ne ſe donne que ſous la conduite des ſens, ou de la raiſon. Mais pour ce qui eſt de Dieu, nous ne raiſonons qu'apres que nous auons conneu; & ſans faire de longues épreuues de ce ſujet qui demande noſtre liberté, l'amour nous liure auſſitoſt en ſa puiſſance, que ſon ſentiment a eſclairé noſtre cœur. Vn inſtant nous fait voir cette lumiere intellectuelle auſſi bien que la ſenſible: nous ſommes pluſtoſt au ciel que nous n'auons fait reſolution de quitter la terre: ce tranſport s'acheue en vn moment, parce qu'il regarde vne eternité, & qu'il se fait par le secours & par les attraits d'vne vertu libre des longueurs & de la succession du temps.

Lors que dans le calme d'vne belle nuit, l'azur des voutes du monde se monstre à la terre, & que le silence qu'y gardent les Astres en leurs courses, fauorise nostre attention ; comme nos yeux de tous les objets ne voyent que le Ciel, nos volontez ne ressentent de toutes les affections que celles qui surpassent la Nature ; nos pensées doucement confuses s'emportent au delà du monde dans ie ne sçay quelle estenduë infinie de lumiere, qui tient toutes nos puissances en suspension; qui nous fait admirer plus que nous ne voyons, & jouïr d'vne felicité que nous ne connoissons pas. Si nous nous enfonçons dans la profonde solitude d'vne forest, parmy le silence, & à l'aspect de ces grands arbres, qui portent vne certaine majesté dans la hauteur de leurs tiges, & les vastes estenduës de leurs branches ; aussi-tost nostre esprit se recueille en soymesme, nostre cœur sent des émotions inaccoustumées ; & tout le corps qui fremit d'vne crainte respectueuse, nous aduertit de la presence d'vne grandeur infinie, qui par ces deuoirs que la Nature luy rend sans contrainte, nous demande les libres hommages de nos volontez. Sans Maistre & sans autre Theologie, l'innocence reclame dans son oppression le secours d'vne souueraine bonté; les fermens en atteftant la verité incorruptible ; les confciences coulpables entendent dans leur interieur les menaces de fa Iuftice, & les bonnes fentent la faueur de fes confolations.

Ces libres adueus de la Nature deuroient fuffire à l'homme, pour le porter à l'adoration de Dieu, fans qu'il demandaft d'autres demonftrations de fon exiftence & de fon pouuoir. Car quelle plus grande folie, que de fe feruir de la raifon, pour fe rendre befte, & fe vouloir faire ignorant de ce qu'il eft impoffible de ne pas fçauoir ? Nous ne demandons point de preuues, qui nous obligent de confeffer qu'il eft iour, quand nos yeux voyent la lumiere & le globe du Soleil ; Nous nous fions au rapport des fens, s'il eft queftion de reconnoiftre les premieres qualitez, parce qu'on ne les foupçonne pas de faux au iugement qu'ils font de leurs objets. Hé ! pourquoy douter des veritez que noftre efprit comprend fans ratiocination, & dont il a vne connoiffance fi familiere, qu'elle fe peut dire fenfible, & comparer à l'attouchement ?

Ie ne m'eftonne pas que l'homme foit auantagé de ce fentiment de Dieu, fans que fon eftude le luy ait acquis, & que fa meditation l'ait recherché : D'autant que comme les chofes naturelles qui ont leurs eftres, & leurs actions mefurées du temps, fe conçoiuent de nos efprits par

vne

DE L'EXISTENCE DE DIEV. 69

vne suite de ratiocinations qui se fait auec le temps: Aussi Dieu, qui est vn Estre eternel & necessaire, est compris de la plus haute partie de nostre ame par vne façon d'entendre stable, immobile, qui deuance nostre recherche, comme le repos est premier que le mouuement. Puis qu'il n'y a point de proportion du finy auec l'infiny, de nostre ame auec Dieu, il ne falloit pas que ceste vnion se fist auec mesure, & que la deliberation precedast nos desirs & nostre amour enuers vne bonté vniuerselle, libre de defauts, & dont la possession est nostre felicité. Nos yeux employent d'ordinaire vne grande attention, pour iuger si la distance ou les qualitez du milieu ne déguisent point celle des objets: Mais ils ne doutent point de la lumiere, ils la reçoiuent en vn instant, & se respandent auec beaucoup de delices dans les espaces qui sont blanchis par cét objet indeterminé: Il importe aussi à nostre bon-heur, & à la gloire du premier Principe, que nous le conceuions par ceste façon de connoistre également libre du temps & de l'erreur, & qui nous mettant tout à la fois dans l'action & dans le repos, est en nous vne image de sa perfection, qui nous le fait aimer par sympathie, & vn gage de sa faueur qui nous le fait adorer par reconnoissance.

Comme nous ne deliberons iamais de la fin, mais seulement des moyens qui nous y condui-

Tome I. D

fent ; ceſte premiere apprehenſion de Dieu, qui eſt noſtre derniere fin, ne deuoit pas dépendre du diſcours de noſtre raiſon, dont les recherches longues & fautiues ne pouuoient eſtre qu'importunes à l'ardeur de nos affections, & perilleuſes à noſtre felicité. Si ce n'eſtoit l'obligation qu'ont les corps de trauerſer les eſpaces qui ſont entr'eux, & le lieu où ils aſpirent, le meſme inſtant qui détache la pierre d'enhaut, la mettroit en ſon centre. Hé ! quelle merueille, ſi l'eſprit, qui doit auoir de plus violentes paſſions de trouuer ſon repos dans ſon Principe, eſtant libre de la ſujection des lieux, s'vnit ſans delay, & deuant que la volonté ſe ſoit apperceuë de ſon deſir, à vn objet, qui à cauſe de ſon infinité n'eſt iamais dans l'eſloignement ? Que l'homme ſeroit heureux, s'il s'abandonnoit touſiours à ces ſainctes emotions, qui le font doucement concerter auec l'harmonie du monde ; qui luy permettent de produire des actions de l'eternité dans le temps ; & qui le font docte par vne ſcience diuine. Ce ſeroit veritablement faire regner cét âge d'or, dont les Poëtes nous parlent, comme d'vne fable, puis que nous receurions la recolte de mille conſolations ſans aucun trauail ; & les armes de la diſpute eſtans bas, nous pourrions trafiquer auec le Ciel, de nos vœux, & de ſes benedictions, dans vne profonde paix.

L'homme ne sçauroit esteindre le sentiment naturel qu'il a de Dieu.

Chapitre III.

L'Vn des plus agreables diuertissemens de l'homme, & le sujet d'où il tire ordinairement de la vanité, c'est de renuerser les Loix de la Nature és choses materielles, par les inuentions de l'art; & de prendre par ce moyen quelque sorte d'empire dessus le monde, encore qu'il n'en soit qu'vne petite partie. On pardonne à ces artifices qui surprennent la Nature en ses desseins, parce qu'ils luy font vn continuel hommage, lors mesme qu'ils abusent de son pouuoir; & qu'arrestant le cours ordinaire de sa vertu, ils luy donnent occasion de faire des miracles. Et puis, la violence n'est pas criminelle, qui ne s'exerce que sur des formes insensibles, & qui oblige l'inconstance de la matiere, ne luy faisant point souffrir de changemens & d'alterations, qu'elle ne passionne. Mais c'est vne espece de parricide, de faire mourir dans nos ames les veritez que le Ciel y a mises pour nostre côduite, & de réuerser ses loix eternelles, pour suiure celles que l'opinion, que l'ignorance, & que les passions y veulent establir. Cependant il n'y a pas vne de ces veritez publiques, que quelque peuple n'ait violées par l'extrauagance de ses coustumes, & que quelques scelerats ne prophanent tous les iours par leurs crimes.

Si le mariage est la source des Estres parfaits, & l'entretien des especes, les Ethiopiens & les Garamantes ne l'ont pas receu : & les Poëtes couurent souz le nom d'vne Androgine, souz la fable de Theresias, & souz les formes prodigieuses des Faunes, des Satyres, & des Minotaures, les effects & l'horrible peché de ceux qui ont abusé de ceste necessaire institution. Les siecles passez ont porté des meres qui ont mangé leurs propres enfans : & tous les iours il s'en trouue qui les estouffent dans les dispositions de la vie ; qui font vn tombeau du lieu que la Nature auoit destiné pour leur donner l'estre ; qui les exposent, les exheredent, & violent ainsi la loy naturelle de l'education, par des cruautez qui ne se rencontrent pas entre les Tygres. Toutes les fois que l'homme suit les mouuemens de sa passion, & qu'il est idolatre des obiets qu'elle luy presente, il est refractaire au droict commun, qui luy ayant assigné la raison en propre, veut qu'il employe ses soins à la cultiuer, & qu'elle soit la reigle de ses actions. En fin les loix de la Nature sont tellement alterées entre les hommes, qu'il nous en faut chercher les vestiges parmy les brutes ; & la contemplation du monde, qui ne deuoit eſtre qu'vn diuertiſſement pour contenter noſtre curioſité, nous eſt maintenant vne leçon neceſſaire pour former nos mœurs.

Entre tous ces déreiglemens de l'eſprit, le plus pernicieux c'eſt de perdre le ſentiment naturel qu'on a de Dieu, d'en former vn doute, & de n'en pas rendre aſſez de reſpect à ceſte premiere verité, plus neceſſaire à la conduite de noſtre vie, que le Pole à la nauigation. Les excez qui font violence aux autres loix naturelles, ſont des vents impetueux qui eſcartent l'homme de la route qu'il doit tenir: mais ce dernier eſt vn tourbillon, qui luy oſtant tout d'vn coup la veuë du Ciel, les moyens & les eſperances de toucher le port; luy fait faire naufrage.

Les meſchans ſe ſont figuré, que faiſant mourir dans leurs cœurs, & dans l'opinion des hommes, vn ſentiment qui perſuade toutes les vertus, ils donneroient de la reputation à leurs crimes, qu'ils feroient triompher le vice; & qu'ils meriteroient des couronnes par des actions, pour qui les loix n'ont que des ſupplices. Ils ont creu, que comme des lignes oppoſées arriuent auec égalité à vn meſme centre; que comme la neige eſt blanche par le froid, & la chaux par la chaleur, ils pouuoient acquerir par vn Atheiſme bien formé & bien reſolu, la meſme tranquillité de l'ame que donne vne ſincere deuotion. Ils effacent toutes les loix afin qu'il n'y ait point de crimes; Ils tafchent de se rendre libres, en perſuadant qu'il n'y a point de Dieu : de nier ſa prouidence pour ne luy eſtre point obligez ; de ne point reconnoiſtre ſa Iuſtice, pour ne point craindre ſa condemnation ; & mettent le plus haut poinct de la ſageſſe dans l'extremité de l'Atheiſme.

Mais, ô pauures infortunez, vos deſſeins ſont auſſi trompeurs, qu'ils ſont ſacrileges : Noirciſſez vos ames de tous les crimes ; fortifiez-vous dans le mal par la conuerſation de vos ſemblables ; gauſſez vous des choſes ſainctes ; donnez les miracles à la Nature ; noyez voſtre raiſon dans les ſens ; bouchez luy tant que vous voudrez toutes les auenuës, vous verrez touſiours qu'il y a vn Dieu, vous ne ſçauriez empeſcher que ceſte lumiere ne vous eſclaire, parce qu'elle vous eſt interieure, & qu'elle agit deſſus voſtre eſprit, comme la chaleur naturelle deſſus voſtre corps, ſans voſtre conſentement. I'en atteſte la conſcience de ces eſprits forts & determinez à ne rien croire, ſi aprés s'eſtre abandonnez aux deſbauches ; aprés auoir employé plus de diſcours pour ſe perſuader qu'il n'y a point de Dieu, qu'il n'en faut pour reſoudre toutes les queſtions d'Ariſtote ; aprés s'eſtre reſolus à la liberté, en ſe faiſant vn Paradis des plaiſirs du corps ; aprés auoir accuſé la Theologie d'ignorance, l'Egliſe de ſuperſtition, les ſainctes Eſritures de faussetez; aprés tant de crimes & de sacrileges, s'il n'est pas vray, qu'au milieu des plus enormes dissolutions, ils ont esté piquez jusques au vif d'vn grand sentiment de Dieu. Tout d'vn coup, l'esprit demeure esblouy de cét éclat, comme l'œil, qui au sortir d'vn lieu tenebreux reçoit vne grande lumiere : toutes les puissances quittent les charmes des choses sensibles pour se tourner deuers cét objet : le cœur en est tout esmeu : la conscience criminelle surprise dedans ses mesfaits, tremble deuant son Iuge; elle respend la tristesse dessus le visage, la negligence au maintien, la langueur dans ses actions, de quelque artifice qu'on tasche de diuertir ses pensées. Le libertin porte dans son esprit vn point qui le pique continuellement, son cœur entend tousiours vne voix qui l'accuse, vn aduocat importun, dont il ne se sçauroit deffaire, & il ne peut non plus eschapper à ce sentiment, qu'à luy-mesme.

Si sa naissance, sa fortune, ou son iniustice, luy donnent la domination dessus les hommes, il peut la changer en tyrannie ; & aprés les oppressions qui les reduisent en pauureté & en seruitude, leur rauir les exercices exterieurs de la pieté, abbatre les temples, prophaner les choses sacrées, interdire les ceremonies & les sacrifices : Mais s'il croit que ces violentes soient capables d'arracher le sentiment de Dieu de son cœur, &

de celuy de son peuple, il s'abuse autant que ces Magiciens qui se promettent de tirer la Lune du Ciel en terre, par le murmure des paroles, & par les noires obseruations de leurs charmes.

Ie veux que, comme les abscez ont des élans plus vifs, & des battemens plus douloureux, quand le pus s'y forme, que quand la chaleur en a recuit la matiere; qu'ainsi l'ame souffre des supplices interieurs plus cuisans, & moins supportables dans les premieres resolutions de l'Atheisme, qu'aprés qu'elle s'y est endurcie auec le téps: Neantmoins tout ce que le libertinage donne de repos, n'est qu'vn interualle qui dispose l'ame à de plus violens accez de douleur, si on n'y met la lancette, & qu'on ne la purge de ce sacrilege. Nous contractons de pernicieuses habitudes de tous les vices; nostre cœur se familiarise aux airs corrompus; & la Nature fait passer le poison en son aliment par vn long vsage : Mais les ames les plus ennemies du bien ne se sçauroient faire vne coustume de l'Atheisme, & se rendre insensibles pour la Majesté de Dieu.

C'est vne preuue que ce sentiment nous est naturel, puis qu'il est inseparable de nostre esprit, que nous le conseruons malgré toutes les violéces, & qu'il renaist quand nous le croyons tout à fait esteint : Tout de mesme que l'eau retient la puissance de sa froideur, lors que le feu l'esleue en boüillons, & elle la reprend bien tost aprés
qu'elle

qu'elle s'est esloignée de son ennemy; & comme les passions qui suiuent nos temperamens, les hontes, les craintes, les coleres, reuiennent tousiours apres que la raison les a moderées; elles se cachent,& ne meurent pas, & les coups qui les abbattent, ne sçauroient empescher qu'elles ne repoussent, parce qu'elles ont leurs racines dedans la nature.

La mesme Prouidence, qui a rendu le mouuement du cœur & des arteres continu, & independant de nostre choix, parce qu'il est necessaire à l'entretien de la vie du corps, nous donne le sentimét de Dieu, auec vne espece de necessité, à cause qu'il est la vie de nos ames, & que nous ne deuons pas auoir vne pleine disposition d'vn bien, dont le defaut ne nous peut estre que fort desaduantageux.

Aussi la Nature, qui se vange des contraintes, que nous luy imposons, par les violences, qu'elle nous fait souffrir, móstre assez en ces tristesses, & en ces gehennes de conscience, que ce sentiment luy appartient, & que c'est la demembrer de l'affoiblir de ceste partie qu'elle tient du Ciel, & d'où dépend sa perfection.

Ie mets icy le sentiment de Dieu entre les mouuemens naturels, comme on compte entre les biens, autant ceux qui viennent de la donation, & de la liberalité d'vn Prince, que ceux qui eschéent en propre,& que l'on amasse par son in-

Tome I. E

dustrie. Cette lumiere est la dot, & le domaine inalienable de l'ame ; elle peut estre prodigue des autres faueurs du Ciel: mais elle tiét celle-cy, comme les choses sacrées, qui ne tombent point souz le commerce ; & auec les mesmes conditions que les Empereurs Romains imposerent aux Senateurs, de ne point disposer de leurs biens, de peur que leur dignité ne fust deshonorée par leur indigence. Voila vn effect de la prouidence de Dieu, qui préuient les cheutes de nostre foiblesse, par vn secours continuel. Il imprime l'image de sa bonté eternelle dessus vne ame inconstante, comme le Soleil represente la majesté de sa face, auec vn rayon immobile, sur le cours des eaux.

Cette bonté infinie, estant toute libre du peché & de l'ignorance, dans vne bien-heureuse & continuelle possession d'elle-mesme, a voulu que l'ame de l'homme portast quelque ressemblance de ses perfections, par vne lumiere qui demeurast ferme entre les déreglemens de l'esprit, & victorieuse des tenebres & des obscuritez qu'apporte le vice. C'est, ie croy, ce que toutes les Religions ont voulu representer par cette commune ceremonie, de nourrir vn feu continuel deuant les autels, comme estoit celuy des Vestales, & la lampe qui brusloit au faiste du temple de Diane, sans se consommer, & sans que les iniures de l'air la peussent esteindre. Il faut bien que ce soit vne vertu fouueraine qui gaigne l'admiration de ses ennemis, vne authorité toute-puissante, qui reduit les ames rebelles à la reconnoistre, & qui les tient dans l'adueu de ses excelléces, encores que les vices y mettent la sedition. O bonté infinie, qui forcez si doucement les mauuaises inclinations, quelles graces & quelles faueurs ne doiuent esperer de vous ceux qui vous adorent, si vous ne permettez pas que les miserables qui vous offensent, soient entierement priuez de vos lumieres!

Le sentiment de Dieu ne vient pas de l'opinion du peuple.

CHAPITRE IV.

SI les Cieux roulent sans intermission, & ne nous monstrent iamais vne mesme face; si le temps estouffe ce qu'il a fait naistre; si le mouuement fuit ce qu'il recherchoit, & poursuit ce qu'il ne sçauroit posseder: ces differentes alterations s'accordent pour donner des secousses à l'homme, & pour en faire l'abregé du monde, non pas en perfection, mais en inconstance. Son esprit qui se regle sur le rapport des sens, abusez par les déguisemens des obiets, ou affoiblis par l'indisposition des organes, n'employe son

E ij

extréme actiuité, qu'à se reueſtir d'vne inconceuable diuerſité de penſées ; & la puiſſance qu'il a pour l'infiny ſe diſſipe en ſes changemens. Le pinceau peut repreſenter les poſtures de tous les corps, la bouſole nous marque les vents qui troublent les mers, la Philoſophie reconnoiſt les differences du mouuement animal, encores qu'il ſoit indeterminé : mais il n'y a point d'Arithmetique qui nombre, ny de diſcours qui explique toutes les opinions des hommes, ſi prodigieuſement diuerſes, que c'eſt en ce ſeul ſujet, que l'eſprit ſurmonte ſa capacité par ſon impuiſſance.

Ce que ie trouue de plus lamentable en cette déroute de iugement, c'eſt que les hommes l'augmentent, au lieu de s'en dégager ; & ſur ce qu'vne grande partie de leurs ſentimens releuent de l'opinion, ils ſuppoſent que tous en dépendent, par vne miſere deſeſperée, qui trouue ſa conſolation dans vn mal commun, qui rend ſon defaut extréme, pour en éuiter le reproche particulier, & voudroit que tous les yeux fuſſent aueugles, qui n'ont pas la viuacité de ceux de l'Aigle. C'eſt de là que les Pyrrhoniens firent vne ſcience du doute, & ſouſtenoient que de toutes choſes l'affirmatiue eſtoit auſſi veritable que la negatiue : Et c'eſt le pretexte de ceux qui déſauoüans la Nature, diſent que l'homme a le ſentiment de Dieu par opinion, comme ces

DE L'EXISTENCE DE DIEV. 81
créances vulgaires dont les peuples s'impriment les vns les autres, & à qui le temps & la multitude donnent de l'authorité. Nous auons desia combattu ceste pernicieuse proposition dans le precedent discours, & tout ce que nous dirons plus bas, luy sert de responſe: Neantmoins comme les Planetes redoublent leurs forces par leurs conionctions, ie croy que les principales raisons estans raliées en ce Chapitre, feront de plus grands effects dessus les esprits, & apporteront plus de iour à ceste matiere.

Quand nous auons remarqué que le sentiment de Dieu estoit vniuersel entre toutes les nations, qu'il s'est trouué estably parmy les peuples, qui estoient nouueaux à nos connoissances; c'est asſez iustifier qu'il ne dépend pas de l'opinion: car l'opinion n'est iamais en vogue, que dans vne ville, ou dans vn Royaume: elle a ses limites, & vn peuple fait gloire de s'esloigner d'vne mode, & d'vne creance, où vn autre met le merite & le poinct d'honneur. Les indestes que nos loix condamnent comme abominables, ont esté de legitimes alliances entre certains peuples qui croyoient suiure en cela les desseins de la Nature, qui fait ordinairement l'vnion des choses semblables, & qui rapporte les effects à leurs principes. Quelques vns voyans leurs perés dans la vieillesse, où nous leur rendons les meilleures offices, les assommoient par

E iij

pieté, & les mangeoient en ceremonie, se persuadans qu'ils ne leur pouuoient donner de sepulchres plus honorables, que les corps qu'ils auoient produits, & où ils sembloient reprendre leur premiere vie. Les modes des vestemens, des festins, des dignitez, des Loix, sont tous les effets de l'opinion, plus differens entre les nations estrangeres, que leurs climats, & que leurs postures.

Si donc le sentiment de Dieu procedoit d'vne cause si peu arrestée, tous les peuples, & ceux mesmes, auec lesquels nous n'auons iamais eu de commerce, ne se rencontreroient pas semblables en ce poinct, & il ne dureroit pas dauantage au monde que les modes, que les effets de la fortune, & les imaginations de la folie.

Ie tiens les Autheurs suspects, qui ont osé dire que nostre aage auoit descouuert des peuples, qui n'auoient aucune connoissance de Dieu ; & croy qu'ils ont voulu donner de la reputation à leurs voyages & à leurs Histoires, par le recit d'vne nouueauté qui passe tous les prodiges de la Nature : si les Sauuages n'auoient ny ceremonies, ny temples, ny sacrifices, ce n'est pas à dire qu'ils ne portassent le sentiment de Dieu dedans l'ame, qu'ils ne descouuroient pas à des estrangers, auec lesquels ils n'auoient pas encore grande familiarité. Toutes les extremitez ont quelque rapport : & comme la deuotion qui se croit estre la plus sublime, a passé à cét excez, de ne vouloir point presenter d'autres sacrifices, que celuy du cœur, la pieté naturelle en est demeurée à ce principe, de n'adorer Dieu qu'auec l'esprit, & ne le reconnoistre que par l'instinct qui deuance le discours de la raison. Quoy que l'on die, il n'est pas croyable qu'il se soit rencontré des peuples sans aucun sentiment de Diuinité, parce que, comme nous iugeons que toute l'espece a les qualitez, que nous remarquons dans vn grand nombre d'estre, particuliers, qui en releuent; qu'vn faulcon est vn oyseau de rapine, apres en auoir veu plusieurs qui viuent de chasse; que toutes les cailles, les cycognes, les tourterelles font leurs passages, apres en auoir remarqué plusieurs qui quittent nos terres quand l'hyuer s'approche: Ainsi remarquans vn nombre infiny de nations qui viuent dans vn sentiment de Dieu, nous en deuons tirer vne consequence, que cette inclination est vniuerselle entre tous les hommes, & que c'est vne proprieté inseparable de nostre espece. L'extrauagante imagination des femmes a quelquefois donné la couleur de More à des enfans qui naissoient en France: la Nature a ses Monstres & ses prodiges, qui ne suiuent pas le cours de ses productions accoustumées; & les loix qui sont le plus generalement receuës, ont leurs refractaires. De mesme il se peut rencontrer vn homme qui nie Dieu, par folie, par ambition, & à force de se le persuader, pour auoir l'abolition de tous ses crimes: mais il ne se trouue point de peuples entiers, qui viuent dedans cét aueuglement; encore qu'vne nation ne doiue estre considerée que comme vn particulier, à l'esgard de toutes les autres. Et nous pouuons dire que le sentiment de Dieu est naturel à l'esprit de l'homme, quoy que quelques-vns l'ignorent: Comme la proposition est veritable, de dire que le feu a son mouuement naturel, encore qu'il se porte en bas, poussé par le foudre, ou gaigné par les attraits d'vne matiere bien disposée à le receuoir.

Plus on raisone, plus on se fortifie dans ce sentiment; & les sages qui portent des ames libres des erreurs du peuple, ont esté les plus grands adorateurs de Dieu, parce qu'ils suiuoient la lumiere de l'instinct & du iugement, où l'opinion ne sçauroit apporter que des tenebres. Que sert de proposer des choses moralement impossibles, pour combattre nos experiences, & dire qu'vn enfant, qui seroit nourry sans qu'on luy parlast de Dieu, n'en auroit aucun sentiment? Ie dis au contraire, qu'il en auroit vn bien plus vif; qu'il conceuroit quelque estre infiny par dessus le monde; qu'il s'humilieroit sous sa puissance, & le reconnoistroit par des actes d'adoration interieure, sans l'appeller du
nom

nom de Dieu, qu'il ne sçauroit pas, ny le seruir par vn culte de Religion, dont il ne seroit pas instruict. Vne puissante coniecture de ceste verité, se tire de ce que, si tost que l'adolescence reçoit l'vsage de la raison, & deuant qu'elle soit imprimée des opinions du peuple, elle se porte à la pieté, & les hommes se consacrent ordinairement à Dieu en ce premier âge.

Si l'opinion auoit donné cours à ce sentiment, il deuiendroit d'autant plus vif, que l'on conuerseroit plus auec le monde, parce que toutes choses reçoiuent vn surcroist de forces, dans le lieu de leur origine, & s'entretiennent par l'influence continuelle des causes, qui les ont produites. Nous ne verrions pas les personnes plongées dans les negoces du monde, se faire des Dieux de leurs interests, & estre les moins sensibles à la pieté, à cause qu'elle leur seroit inspirée par la mesme opinion, qui donne prix aux richesses & à la grandeur, & que cette passion plus forte, comme plus vniuerselle, l'emporteroit sur des desseins particuliers. Les plus sages, qui sont les plus libres de l'opinion vulgaire, ne seroient pas les plus portez aux exercices de Religion, & la solitude ne seroit pas l'element de la pieté.

En fin ce sentiment se fait auoüer naturel par sa generalité, sa force & sa resistance. Comme la Nature arme tous les elemés, & fait souleuer-

les choses mesmes inanimees, pour la deffence des loix qu'elle a establies ; comme elle esbranle la fermeté de la terre, & qu'elle se fait des breches par des abysmes, pour donner passage à l'air, qui de ses cachots, s'en veut retourner libre dans sa region: Ainsi, ayant mis dans le cœur de l'homme vn sentiment de la Diuinité, comme vne loy inuiolable, elle luy donne tant de resolution pour le maintenir, que tous les interests publics ou particuliers cedent à cette seule entreprise.

Il n'y a que ce grand sujet capable d'armer les peres contre leurs enfans, de rompre les alliances, de rendre les peuples prodigues de leur sang & de leurs biens, quand il faut combattre pour les autels ; & le pretexte de Religion est la puissante machine, qui peut remuër les fondemens d'vne Monarchie. Vn augure & vn oracle qui deffendoient le combat, ont autrefois arresté de formidables armées, sur le poinct qu'elles se deuoient ioindre, & la seule crainte de desobeïr à Dieu, estoit vn frein à la fureur, qui transporte les courages parmy les esperances de la victoire.

Vn Prince qui tient tous les peuples ou tributaires de sa puissance, ou dans l'apprehension de ses forces, s'humilie deuant cette Maiesté suprême : & l'opinion qui déregle les meilleurs esprits, qui renuerse les plus sainctes loix, n'a iamais esté si temeraire, de dire que ce fust vn affront aux grands courages, & aux puiſſances mortelles, de s'abaiſſer ſous le bras de Dieu, de luy demander la vie, & luy rendre des adorations. Le peuple s'appauurit auec contentement, aux frais & en la ſolemnité des ſacrifices, en la conſtruction des temples, en l'entretien des Preſtres; & s'il n'eſt pas auare des biens de fortune, il ne pardonne non plus à ſon corps, à ſa vie, à ſa poſterité, pour ſatisfaire aux deuoirs de la Religion. De là vient que les hommes ſe chargent de penitences & d'auſteritez; qu'ils ſe priuent des plaiſirs des ſens, qu'ils en tiennent les puiſſances en ſujetion, qu'ils calment les boüillons de leurs coleres, & qu'ils transforment leurs humeurs, ſelon qu'ils les iugent deuoir eſtre agreables à Dieu. L'on a veu dans la chaleur du Paganiſme des meres, qui ont tiré leurs enfans de la mammelle, pour en faire des victimes ſur ſur les autels, & par vne pieté forcenée, entendre auec plaiſir les cris de ces pauures petits innocens, qui bruſloient entre les mains des Idoles.

Comme la fievre & la phreneſie viennent de l'excez de la chaleur naturelle, qui eſt la premiere cauſe de la ſanté, quand elle ſe trouue dans vn iuſte temperament: Ainſi ces adorations enragées, naiſſoient de la corruption des mœurs, & de l'intemperance de l'homme, au ſentiment de Religion. Il eſt moins capable d'y garder

F ij

continuellement vne mediocrité, que de se conserauer le iuste temperamét de ses humeurs. Tantost sa deuotion languit, sa vie n'est que par syncope, & sa foiblesse souffre autant de cheutes qu'il fait de pas: Et puis resueillée par vn sentiment interieur, eschauffée par les exemples, ou transportée de la ioye d'vn heureux euenement, elle passe à l'idolatrie & au sacrilege ; au lieu de presenter des sacrifices de reconnoissance. Mais retrenchez ces excez, qui viennent de nostre foiblesse, comme celuy des enfans qui courent en pensant marcher : il est certain que la force qui nous arreste dans la pente de nos passions, que le mouuement qui nous oblige de quiter auec plaisir, ce que les sens tiennent si cher & si precieux, ne vient pas de l'opinion qui les fauorise, & qui ne respire que leur satisfaction. Il y a de l'intemperance en ces sacrifices, mais elle est fondée sur ce sentiment celeste qu'il y a vn Dieu, à qui nous deuons tout ce que nous sommes, & dont nous ne sçaurions assez reconnoistre la majesté, par toutes les oblations de nos fortunes & de nos personnes : sans ceste impression, l'homme ne se porteroit pas auec tant d'ardeur à des actions, qui luy rauissent ses contentemens, qui mettent le corps & l'esprit en seruitude, sans esperance d'en tirer aucuns aduantages humains. Car la Nature ne se met pas d'elle-mesme les fers aux pieds, elle ne s'impose ny supplices ny esclauages : mais au contraire, elle déploye tous ses efforts & toutes ses industries pour la conseruation de sa liberté.

Le sentiment de Dieu ne vient pas de l'invention des Princes.

CHAPITRE VI.

LEs courages sont tousiours bouillans dans les reuoltes, où il faut couurir la peine & la honte des criminels par le titre de victorieux ; Et la raison ne se monstre iamais si determinée & si resoluë, que quand elle se souslue contre la verité, pour authoriser vn déreglement d'esprit. La crainte d'estre surprise dans ce defaut, & le desespoir de sa foiblesse, la iettent dans vne obstination qui se fait des armes de tout, qui tire auantage des moindres particularitez, & auance des propositions, qu'autrement elle iugeroit absurdes ; comme dans vne sedition le peuple se fait vn chef de Party d'vne personne, qu'hors de là il tient à mépris. Qui croiroit que le libertinage deust imputer le sentiment de Dieu, qui est vniuersel entre toutes les nations, conneu de celles qui sont ignorantes de la police, & constant durant tous les siecles, à l'opinion d'vn peuple volage, changeante, irregu-

F iij

liere, & qui fouffre plus d'alterations, que l'air & les mers, fous la contrarieté des vents? Mais ie trouue l'extrauagance auffi criminelle, & auffi peu raifonnable de ceux, qui rapportent cette connoiffance de Diuinité, à l'inuention des Princes, qui ont, à leur dire, ietté la crainte d'vne puiffance Diuine dans la populace, afin de l'auoir plus fouple à l'obferuation des Loix; pour fe conferuer vn amour public, en ne menaçant que d'vne vengeance, dont ils n'auoient pas la libre difpofition; & pour tirer les profits, fans s'expofer à la haine qu'apporte vne grande feuerité. Ce font les nuages auec lefquels les libertins nous dérobent le iour de la verité, & le pretexte fpecieux, qu'ils font paffer pour vne demonftration aux foibles efprits, qui n'en fçauroient découurir la fourbe. Mais examinons vn peu cette propofition toufiours rebattuë, attaquons ce Fort, où nos ennemis fe retranchent, quand ils font preffez, comme s'ils fe mettoient hors de prife, & qu'il ne fuft pas poffible à la raifon de vaincre cette coniecture.

Si l'on confidere bien l'humeur des Princes, & cette furieufe paffion de dominer, qui exerce deffus leurs efprits tout l'empire, qu'ils voudroient auoir deffus les peuples, il n'eft pas à croire qu'ils ayent reconneu d'eux-mefmes vne puiffance fuperieure qui leur dominaft, & de qui ils ayent voulu tenir comme à fief vne do-

De l'Existence de Dieu. 91
mination que la Nature, le merite, ou le fort des
armes leur auoit acquis auec vne parfaite independance. Quel auantage pouuoient-ils tirer,
de feindre vn Dieu, dont la Majesté leur fust
vn reproche de leur impuissance, qui obscurcist
l'éclat de leurs Sceptres, & deuant qui ils ne fussent que de petits compagnons? Quel profit de
rendre le ioug de la sujetion insupportable par
vne pluralité de Maistres? de faire mourir les
courages sous les redoublemens de la crainte?
d'épuiser les facultez, & amoindrir les subsides,
par les frais de Religion: Enfin d'assigner au
peuple vne autre puissance, à qui il presentast
ses vœux, de qui il deust receuoir les bien-faits,
& apprehender les chastimens? C'eust esté faire
vne diuersion de ses respects, luy donner l'audace de condamner leur gouuernement d'iniustice; d'entreprendre sur leurs Estats, & sur leurs
personnes, sous l'esperance d'estre protegé de
ce Souuerain, qui estant bon, n'authorise pas les
oppressions & les tyrannies. Aussi tant s'en faut
que les premiers Roys ayent donné cours à cette creance; qu'au contraire ils ont deployé tous
les efforts imaginables, pour la supprimer:
& leur ambition qui n'estoit pas satisfaite de
l'Empire de toute la terre, a regardé Dieu comme vn riual, de qui elle a tasché d'obscurcir la
gloire, & d'vsurper la puissance.

Les Poëtes nous font la description des

Geans armez, qui entassent les montagnes pour escalader le Ciel, & jetter Iupiter hors de son Empire, voulans exprimer par la temerité de ces entreprises, l'ambition forcenée des Princes, qui se souslevent ordinairement contre le Ciel, & qui se persuadent de se pouuoir approprier des droicts qui n'appartiennent qu'à Dieu. C'est où pretendoit Denys le Tyran, qui faisant vn iour voile auec vn vent fauorable, dans vn vaisseau chargé des tresors qu'il auoit rauis à vn temple de Proserpine: *Vous voyez*, dit-il, à ceux *de sa suite, comment les Dieux sont fauorables aux sacrileges, & que la mer n'a point d'orages pour punir les crimes*. En Olympe, il osta vn manteau d'or massif à Iupiter, parce, disoit-il, que cét habit estoit trop pesant pour l'esté, & auoit trop peu de chaleur pour l'hyuer, luy en donnant vn de laine, plus commode pour les deux saisons. Il prenoit les trophées & les bouquets d'or émaillés de pierres precieuses, que les statuës portoient à leurs mains par ornement, & disoit qu'elles luy en faisoient les offres; & que si on demande tous les iours des biens aux Dieux immortels, on ne doit pas refuser ceux qu'ils presentent. Il accompagnoit ainsi ses sacrileges de gausserie, & se vantoit de l'impunité d'vn crime, dont les autres n'eussent osé former la pensée; pour faire connoistre qu'il n'y auoit point de Dieux, puis que leur prouidence ne paroissoit point, à con-

serue

seruer ce qui leur appartenoit, ny leur Iustice en la punition de ceux qui le rauissoient. Plusieurs Princes de l'antiquité se voyans les maistres des biens, de la vie, & de la fortune, se firent appeller Dieux, changerent leurs Palais en temples, & les hommages des peuples en sacrifices. Ninus fit dresser des autels à son pere Belus, & le fit appeller Dieu; Alexandre se disoit le fils de Iupiter Hammon : & les Empereurs, aprés auoir embrassé le Christianisme, retiennent encore quelque peu de cette vanité attachée aux Sceptres, lors qu'entre les titres de leur grandeur, ils s'attribuent celuy de Diuins.

Il est vray que quelques Princes connoissans qu'il estoit aussi peu possible d'arracher le sentiment de Dieu de l'esprit du peuple, que d'oster l'inclination à la mer, de suiure son Astre par son reflus; ils firent rendre aux Diuinitez les mesmes deuoirs qui estoient rendus à leurs personnes, afin d'entrer en comparaison auec elles, & qu'on vinst à conceuoir, ou les Dieux, comme des Monarques, ou les Monarques auec la dignité des Dieux. On leur dressoit des statuës semblables à celles des Roys, les sacrifices estoient des banquets, la monnoye portoit indifferemment leurs marques ; les Images des Empereurs donnoient les mesmes franchises que les autels; & dans les sermens, on attestoit aussi bien leur genie & leur salut, que la verité des Dieux. Peut-eſtre que, comme quelques-vns ſont deuenus boſſus & boiteux, à force de contrefaire ces infirmitez, les Princes eſbloüis d'honneur, perſuadez par la flaterie, ſe ſont imaginés d'eſtre ce qu'ils ſe vouloient faire croire, & que leur puiſſance eſtoit égale à celle du Ciel. Ceſar eſt temeraire iuſques à ce poinct, d'appeller Iupiter au combat deuant tout le peuple, à cauſe qu'vn mauuais temps empeſchoit la repreſentation de ſes comedies. Vn autre fait ietter des chaiſnes au fond de la mer pour lier Neptune, & le punir de ce qu'il auoit battu ces vaiſſeaux d'vne tempeſte; & pluſieurs ont rendu des ſacrifices à leurs Deïtez, non pas comme des hommages, mais comme des penſions qu'ils retranchoient, ou qu'ils augmentoient, à proportion des ſeruices qu'ils en auoient receu dans leurs entrepriſes. Mais l'inſolente ambition de ces Princes a touſjours eſté auſſi malheureuſe qu'elle eſtoit extréme, leurs deſſeins ſe ſont ruinez en s'eſleuant, & la vanité de poſſeder vn tiltre qui ne leur eſtoit pas deub, leur a fait perdre ceux qui eſtoient acquis à leurs Sceptres, & à leurs merites. Les Geans écraſez des foudres, les Promethées, & les autres, qui pour s'eſtre attaquez aux Dieux, ſont gehennez dedans les Enfers, ſignifient les haines publiques, & les infortunes ineuitables qui accablent les ſacrileges.

C'eſt pourquoy les plus ſages Legiſlateurs ont

DE L'EXISTENCE DE DIEV. 95

fait comme les Pilotes, qui suiuent vn vent qu'ils ne sçauroient vaincre : & comme les Medecins qui tirent auantage des inclinations de la nature, pour faciliter l'effet des remedes : Voyans que les premieres & plus pures affections du peuple se portoient à Dieu, ils les ont gagnez par sympathie, ils ont tesmoigné vn grand zele de Religion, institué la magnificence des ceremonies, & l'appareil des sacrifices ; afin de flatter les hommes par cette correspondance d'humeur, & les auoir plus obeïssans aux Loix. Ce moyen reüssist fort heureusement à Numa Pompilius, pour arrester les fougues du peuple Romain, qui ayant esté nourry aux guerres & au sang, par Romulus, mettoit desia la Iustice en la violence, & tournoit ses armes contre luy-mesme, de peur de les laisser inutiles. Sur la mesme consideration, les Anciens ioignirent le Sacerdoce à la dignité Royale, afin que la majesté de l'vne facilitast la domination de l'autre, que les peuples perdissent leur liberté auec respect ; qu'ils portassent moins d'enuie, & rendissent plus d'obeïssance à vne authorité, qui sembloit inseparable de celle de Dieu.

Il ne faut pas inferer de là, que le sentiment de Dieu procede de l'artifice des Princes, & de la trop grande credulité des peuples : Mais au contraire, ces experiences nous obligent de conclure, que ce mouuement est naturel à l'es-

G ij

prit de l'homme. Car, comme les arts bâtissent dessus la Nature, & supposent vn composé desia accomply, qu'ils alterent de couleurs, de figures, & de qualitez exterieures : Ainsi nous deuons iuger que ce sentiment est parfait dans l'homme, puis qu'il sert de matiere au gouuernement politic, qui est l'art des arts. Il doit estre, & solide, & naturel, puis qu'il sert de fondement à toutes les Loix ; puis que sans luy les armes sont foibles, les conseils sans artifice, & les entreprises infortunées.

Les causes vniuerselles ont vne bonté qui sert à plusieurs productions ; & ce seroit mal iuger de leur vertu, de la mesurer à vn seul effect, ou de leur assigner pour principe les mesmes choses qui dépendent de leur influence. L'Architecte n'a pas fait la terre sur laquelle il iette les fondemens de son edifice ; l'Agriculture n'a pas fabriqué les Cieux, à cause qu'ils luy sont vtiles, & qu'elle n'auroit point de fruicts sans leurs lumieres & leurs influences : De mesme la Religion est vne faueur generale du Ciel, d'où dépend la felicité de l'homme : Elle rend le calme à nos esprits, elle est la mere commune de toutes les vertus ; & outre les graces qu'elle apporte aux particuliers, elle est encore le nœud de la societé ciuile, & le moyen le plus efficace, que les Princes puissent employer pour la conseruation de leurs Sceptres. Ce n'est pas à dire qu'ils l'ayent inuentée, & qu'ils en soient les autheurs, pour en tirer les plus insignes profits : mais au contraire, comme le mouuement s'appuie dessus l'immobile, qui est estranger de luy; comme vne science reçoit ses principes d'vne autre plus releuée; & comme vn Pilote n'a pas attaché au Firmament le Pole qui regle son gouuernail, & n'a pas donné à l'Ayman la sympathie de se tourner au droict de cét Astre: Il faut aduoüer que la police est redeuable à vne cause superieure, de ce sentiment de Dieu; qui luy sert de baze, de regle, & de bouclier.

Les Princes qui sçauent tirer auantage de cette connoissance, grauée dans le cœur du peuple, imitent les Naturalistes, qui n'impriment aucune vertu dans les choses dont ils se seruent en leurs transmutations, & pour acheuer ces prodiges qui arrestent nos yeux & nos esprits dans l'estonnement, mais qui ne font qu'appliquer les qualitez agissantes aux passiues, pour réueiller vne vertu qui demeureroit endormie dans la matiere, & pour faire reüssir vne merueille qui ne pouuoit estre produite, que par ces approches & ces dispositions.

Quand les Legislateurs se sont rencontrez en cette commune industrie, de dire qu'ils tenoient leurs Loix de la bouche & de la reuelation de Dieu, ils supposoient pour maxime, que le peuple auoit vn sentiment naturel de quelque

Diuinité; & cette creance, que sa sagesse estoit infaillible, sa bonté tousiours disposée de pouruoir à leurs necessitez. Autrement, les sages ne se fussent pas declarez n'estre que les organes d'vn bon establissement, dont ils estoient les veritables autheurs, & n'eussent pas renoncé à la gloire de leurs inuentions & de leur prudence, s'ils n'eussent iugé necessaire de rapporter leur loix à vn principe, de qui le peuple ne pouuoit douter, & dont ce leur estoit assez d'honneur d'estre les Ministres.

Les Loix humaines ne sçauroient estre conceuës auec tant d'equité, & le bon-heur qu'elles promettent aux Estats, n'est iamais si vniuersel, qu'elles puissent commander à tous les peuples, & durer pendant tous les âges.

Quelque iustice que portent leurs reglemens & leurs deffenses, elles ne sont que pour vn païs, & pour moins d'vn siecle: elles se changent par la necessité des occasions, pour lesquelles elles n'ont pas assez de vertu; & la foiblesse de nos preuoyances, l'inconstance des euenemens, l'indisposition des esprits nous obligent de rechercher vne mesme fin, par des coustumes & par des moyens contraires. Mais les Loix de la Nature ont tant de iustice, qu'elles sont exemptes de changement: Elles se conseruent tousiours les mesmes, au milieu des alteratiõs qui renouuellent toutes les autres choses, de sorte que leur durée & leur estenduë égale celle du monde. En tout lieu & en tout temps, aussi bien sous l'autre Pole que sous celuy-cy, & durant les siecles qui ont deuancé le nostre, qu'en ceux qui le doiuent suiure, le feu monte en haut, la terre se precipite à son centre, les Cieux continuent leurs mouuemens circulaires, & fauorisent la terre de leurs influences. De là i'infere que le sentiment de Dieu est graué dans le cœur des hommes, par les mains de la Nature, puis qu'il est, comme nous auons dit, constant pendant tous les âges, & vniuersellement receu de tous les peuples.

S'il dépendoit de l'institution des Princes, ceux qui venans aux Sceptres ont la vanité de renuerser les loix anciennes pour se donner toute la gloire du gouuernement, ou ceux qui tiennent, qu'ayant conquis vn Empire, il y faut faire vn monde nouueau, auroient par menaces, par industrie, par violence, arraché le sentiment de Dieu d'entre les peuples. Ce que neantmoins la presomption des esprits les plus remuans, l'insolence des victorieux, les fureurs de la Tyrannie n'ont peu executer depuis tant de siecles, qui ont veu les cheutes & la naissance de tous les Empires: d'autant qu'il n'appartient pas à l'authorité humaine d'abolir ce qui ne depend pas de son institution.

Il n'y a point de difficulté que les peuples

qui fecoüans le ioug de la Monarchie, ont repris leur liberté dans l'Eſtat Democratique, euſſent retranché le culte de Dieu, s'il fuſt venu de l'inuention des Princes, de peur que l'embrazement n'euſt recommencé de ceſte eſtincelle; comme ils caſſoient les meilleures loix en haine de leurs autheurs, ils n'euſſent pas eſpargné celle-cy, qui reduit en ſujetion, non pas ſeulement le corps & les biens, mais les eſprits & les conſciences.

Ils n'euſſent pas preſenté des ſacrifices aux Dieux pour action de graces de leur deliurance, s'ils euſſent eſté les inſtrumens de leur ſeruitude, & les moyens auec leſquels les Princes ſe fuſſent rendus les maiſtres de leurs libertez.

Il eſt vray que les extrauagances eſtans ſans nombre dans le Paganiſme, autant d'opinions que de teſtes, & autant de guerres que de Religions; les Princes ſe creurent obligez d'arreſter ces inconſtances par vne determination de ceremonies.

Ils furent bien aiſes d'auoir ſujet en eſtabliſſant la paix, de gaigner l'affection du peuple par vne eſtime de pieté, & de le rendre au moins idolatre de leurs inuentions, s'il ne le vouloit point eſtre de leurs perſonnes. Mais en cela, ils laiſſoient le ſentiment naturel de Dieu en ſon entier, & ne faiſoit qu'éapporter quelque moderation à ſes tranſports: ils reueſtoient vne ſubſtance

stance de quelques accidens sans l'alterer, comme le Sculpteur forme vne figure, sans changer les conditions de la matiere dont elle est moulée. Les cheuaux n'empruntent pas la puissance de courir, & les Faulcons de voler, de l'industrie de ceux qui les dressent; mais seulement ils apprennent dans ces exercices à se seruir des forces de la Nature selon le dessein de l'homme.

Outre l'instinct naturel, nous pouuons connoistre Dieu par la raison.

CHAPITRE VI.

LE plus haut poinct de la prudence ciuile, c'est de cõduire les affaires auec vne dexterité qui surprenne le dessein des ennemis, qui fasse tourner les machines de leurs conseils, & la violence de leurs entreprises à leur propre desauantage: en sorte que leurs attaques auancent leurs pertes, & les forcent de venir à composition. Cette sagesse n'est qu'vne image de celle que Dieu pratique ordinairement pour obliger les hommes à son seruice, & se rendre le Monarque souuerain des cœurs. Il leur donne vne inclination naturelle pour le connoistre, aussi puissante que celle qui conduit les Estres priuez de raison à leurs fins: Que s'ils se souleuent contre cét inſtinct, & qu'ils faſſent difficulté de ſuiure vn mouuement eſtranger de leur nature: Il arriue que cette meſme reſiſtance combat leurs deſſeins, qu'elle eſt tout enſemble vne peine de leur rebellion, & vn aduertiſſement de leur deuoir.

Elle punit l'homme par les remords de conſcience qui l'accompagnent, & elle l'inſtruit en ce qu'il doit neceſſairement iuger qu'il y a vn Principe ſuperieur qui luy donne cette impreſſion, qu'il combat, & qu'il ne peut vaincre. Car de deux contraires mouuemens qui emportent tout à la fois vne meſme choſe, l'vn luy eſt propre, l'autre eſtranger; & quelque inconſtante que ſoit ſa nature, elle ne monſtre en meſme temps qu'vne pretention, & ne ſe met qu'à la pourſuite d'vn terme. Ainſi la Philoſophie s'eſt apperceuë qu'il n'y auoit qu'vn premier Mobile, de ce que les Spheres inferieures roulent d'Orient en Occident, & d'Occident en Orient: Et que le mouuement de violence qui fait tous les iours acheuer le tour du monde aux Planetes, eſt plus puiſſant que le naturel, auec lequel elles n'auancent qu'vn degré, ou quelques minutes. Iugeons de meſme qu'il y a vn Dieu qui donne à l'eſprit de l'homme cette impreſſion de ſa Majeſté ſi puiſſante, qu'elle force les reſiſtances de la raiſon, & luy laiſſe auſſi peu de liberté de ne la pas accepter, qu'il en reſte aux Cieux de ne point

DE L'EXISTENCE DE DIEV. 103
receuoir l'impreſſion du premier Mobile; quelque diligence qu'ils employent, ils ſont touſiours emportez, & quelque diſcours que faſſe l'eſprit, il eſt ſurmonté par le ſentiment de Dieu. Il ſe void reduit à l'adorer, autant par la premiere operation de ceſte lumiere naturelle, que parce qu'elle ſurmonte ſon aueuglement, & ſe trouue doublement obligé de cette faueur à la bonté de Dieu qui la luy preſente, & à ſa Iuſtice qui la luy impoſe, d'autant qu'vne meſme grace ſert de remede à ſon ignorance, & de preſeruatif contre ſes legeretez.

Mais d'où vient que l'homme ferme les yeux à vne ſi belle lumiere, qu'il renonce aux droicts du Ciel, aux prerogatiues de ſa nature, & qu'il peche contre le ſentiment commun de toutes choſes, qui monſtrent de la paſſion pour ce dōt elles receuoient de l'auantage? Ie croy que, côme nous auons dit, il eſleue des nuages pour obſcurcir vn Soleil, qui découure ſes deformitez, il impoſe le ſilence à vne voix qui l'accuſe, & taſche de depoſſeder vn Iuge qui luy prononce ſa condamnation. Peut-eſtre auſſi que la meſme ambition qui luy fait attaquer ce qui eſt de plus eminent, le fait ſouleuer contre vn Principe le plus certain de toutes les veritez, ou que ſon inconſtance veut la nouueauté; que ſon opinion n'eſtime que le difficile; que ſa vanité n'eſt pas ſatisfaite d'vne connoiſſance commune; qu'elle

H ij

veut tout tenir de son industrie, & quitter cette verité qui luy est acquise par la Nature, pour la trouuer puis aprés auec la raison; comme on lasche le gibier pour auoir le contentement de la chasse, & comme on s'écarte d'vn but, pour se donner l'honneur de l'auoir touché de loin.

Si la vanité de cette derniere consideration, possede l'esprit des Libertins, ie les tiens moins criminels, puisque leurs propositions sont plustost des essais de leur raison, que des impostures de l'Atheïsme; leur iugement a plus de temerité que de sacrilege. Ils se gouuernent en cela côme ceux, qui dans les premiers boüillons de la ieunesse sôt prodigues de leurs propres forces, parce que la vigueur de leurs courages qui se promet tout, ne leur permet pas d'en apprehender la perte, ny d'en estimer assez l'acquisition. Mais soit que les Libertins se plongent dans la méconnoissance de cet instinct, par malice, par foiblesse, ou par vanité, Dieu supplée à leurs manquemens: sa bonté les aime iusques à contenter leurs appetits; & s'ils ont abusé d'vne premiere faueur, il la fait suiure d'vne autre. Il est certain que cette verité, qu'il y a vn Dieu, se peut moins changer par les extrauagances de l'esprit, que les Loix publiques par les conuentions particulieres, & que l'ame la conserue incorruptible parmy la diuersité des opinions, côme les Cieux sont tousiours demeurez les mesmes, encores que les Poëtes les ayent remplis de fables. Neantmoins si l'homme détourne ses yeux de cette lumiere, s'il se diuertit d'vne pensée dont il ne se peut défaire, & qu'il refuse opiniastrement de viure sous cette conduite: Dieu luy substituë la raison, tout de mesme que le Magistrat ordonne aux mineurs vn tuteur, quand la mort ou ciuile ou naturelle, leur rauit celuy que le pere leur auoit nommé.

Vn bon soldat seroit offensé, s'il estoit creu aller au peril par la seule necessité que lui impose le commandement de son Capitaine, & l'impitoyable rigueur des Sergens de bande. Vn homme de bien se veut conseruer la reputation de pratiquer la vertu, encore qu'il n'y eust point de Loix; Neantmoins il est certain que les commandemens sont necessaires pour époinçonner les meilleurs courages, & que les Philosophes pratiquent plus parfaitement la vertu sous l'obeïssance des Loix. Mais ce n'est pas vne petite industrie à celuy qui tient le gouuernement, de se laisser preuenir par la bonne volonté de ses sujets, & de receuoir comme de leur liberté, des deuoirs qu'autrement il eust exigé par force. Peut-estre que Dieu se plaist dans cette pratique, & qu'il permet à l'homme de se flatter d'vne apparence de liberté, quand il se persuade de ne le connoistre que par les discours de la raison, encores que la Loy diuine grauée dans son cœur, luy rende ce sentiment comme necessaire.

Si la Nature a si bien pourueu à la seureté des sens, qu'elle a doublé les organes de ceux dót elle se peut le moins passer; comme de la veuë & de l'oüye, afin qu'vn seul accident ne nous peust priuer tout à fait de leurs exercices, & des fonctions sans lesquelles la vie nous seroit ou impossible ou langoureuse : Il estoit plus à propos que nous fussions assortis de deux puissances, de l'instinct, & de la raison, qui se secondassent, afin d'empescher que nous ne manquassions iamais d'auoir vn vray sentiment du premier Principe, & de luy rendre nos adorations, qui importent à sa gloire, à la fin generale du monde, & à nostre derniere felicité. Par ce moyen nostre liberté ne sera que l'ornement de nostre nature, sans éstre l'occasion de sa perte ; & nous en iouïrons, comme des villes d'importance, qui sont conseruées au dedans par des Citadelles, & defenduës au dehors par les fortifications, & par les armées. Car si nous voulons combattre cette verité qui commande dans nos esprits, nous trouuons que toute la Nature se ligue pour son party; qu'il n'y a pas vne seule petite creature, qui par la conformation de ses organes, par les merueilles de ses qualitez & de ses vertus, ne contraigne la raison de confesser qu'il y a vn Dieu, & ne fasse regner ce sentiment dans nos cœurs, aussi bien par l'auantage des armes, que par vn droict de Nature.

Ces deux manieres de connoiſſance ſont fort conuenables aux deux parties deſquelles l'homme eſt compoſé. Car l'inſtinct vniuerſel en ſon eſtenduë, libre du lieu, du temps, de la corruption, a de grands rapports auec les eminentes qualitez de l'ame immortelle; & la raiſon lente en ſon procedé, fautiue & ſujette aux alterations, nous eſt, à l'eſgard de Dieu, ce que les ſens nous ſont pour les objets materiels. Et parce que viuants entre les choſes ſenſibles, nous auons beaucoup d'inclination pour les ſens, nous n'agreons pas tant l'inſtinct qui nous donne vne penſée de Dieu prompte, qui nous ſurprend, & qui eſt ſans ſuite; que la raiſon qui nous en inſtruit auec vn progrés de certitude temperé à noſtre foibleſſe.

Cette lumiere changeante ſatifait agreablement noſtre nature meſlée; & comme le diamant a plus d'éclat dans le mouuement, la verité nous paroiſt plus belle, quand nous la voyons par les repriſes, & auec les diuers brillans que luy donnent les diſcours de noſtre raiſon.

Ce n'eſt touſiours qu'vn meſme objet, dont nous voyons plus diſtinctement l'eſtenduë auec deux yeux: d'autant que, comme deux lumieres ſe meſlent auec vne vnion, où il ne ſe peut remarquer de diuerſité; Ainſi de l'inſtinct naturel que nous auons de Dieu, & de la raiſon qui nous le persuade, s'en fait vn parfait éclaircissement dans l'ame, qui chasse toutes les difficultez, & contente toutes nos inclinations. Cét instinct est nostre Soleil, si nous sçauons tirer aduantage de ses influences, & de ses rayons. Mais, parce que, selon la vicissitude des choses humaines, il passe quelquesfois à son occident, & se dérobe à nos yeux; nous découurons à son absence toutes les beautez du Ciel; nous auons dix mille lumieres pour vne, autant d'estres qu'il y a au monde, ce sont autant d'Astres qui nous éclairent, & qui nous donnent la veuë des grandeurs de Dieu.

En effect, toutes les choses naturelles ne prennent de si agreables postures, ne se parent de tát de couleurs, de tant de figures inutiles à leur action, & ne nous découurent leurs beautez que pour attirer nos yeux, & nous faire admirer dans leurs liurées, & dans la magnificence de leur équipage, la toute-puissance de leur seigneur.

Si nous contemplons vn objet si rauissant, nostre courtoisie, & nostre curiosité contentera les desirs de la Nature; nous releuerons l'Estre materiel à la fin la plus eminente qu'il puisse auoir, de seruir à la connoissance de son Createur; & son sentiment se grauera dedans nos esprits par vne diuersité de concepts infinis en nombre, pour comprendre auec plus de facilité vn Estre infiny en perfections. Puisque le
monde

monde n'est fait, & n'est embelly, que pour estre veu, & que nous en sommes les habitans pour en estre les admirateurs : la relation qui est entre nous & luy, ne permet point de repos à nostre contemplation, parce qu'il nous monstre tousiours autant de merueilles que s'il nous estoit nouueau. Et comme les yeux ne trauaillent que pour le cœur, l'esprit ne doit considerer toutes ses beautez, que pour enflammer la volonté à l'adoration de leur Principe : ses ardeurs doiuent croistre à l'infiny parmy tant d'attraits ; ses flammes allumées par tant de motifs, doiuent épurer nos cœurs, & n'en faire qu'vne region de feu d'amour. Allons donc nous rauir dans le tableau de la Nature, tirons le rideau qui nous cache sa beauté, & apres en auoir admiré le dessein en gros, & la delicatesse des traits qui acheuent chacune de ses parties, donnons mille applaudissemens, & rendons nos vœux auec mille profondes adorations à la bonté & à la sagesse de son Createur.

L'origine de l'idolatrie. Comment les Philosophes s'en sont deliurez par la raison: Et comment ils ont rapporté les fausses Diuinitez à la Nature, & la Nature à Dieu.

Chapitre VII.

ENcore que le Ciel n'ait qu'vn Soleil, l'air nous en fait quelquefois paroistre plusieurs, lors que les nuës qui ne le peuuent tout à fait priuer de son Empire, le diuisent, & multiplient sa representation, afin de luy oster les droicts de sa Monarchie, & les respects que l'on rend à son vnité. Les passions ont autrefois produit les mesmes effects sur l'esprit des hommes; où ne pouuant esteindre la lumiere naturelle qu'ils ont de Dieu, elles ont causé des reflexions de son Image, & pour vne Diuinité, elles en ont fait adorer plusieurs. L'homme estant possedé des objets sensibles, & mesurant leur merite à l'extremité de ses affections, qui estôient sans bornes, fut prodigue du sentiment interieur qu'il auoit d'vne perfection infinie, & l'appliqua aux choses mortelles, afin d'excuser la vehemence des transport qu'elles luy donnoient; comme s'il n'eust pas esté assez criminel par les dereglemens de son esprit, si de plus, il ne se fust plongé dans le sacrilege.

On dit que l'amour, qui est la plus violente des passions, donna commencement à l'Idolatrie: Qu'vn pere ayant perdu toutes ses esperances, & toute sa consolation par la mort de son Fils vnique, en fit tirer vne image au naturel, qui peust contenter ses yeux, & addoucir les regrets de son trespas, par cette feinte presence: Et afin de se tromper auec vn déguisement moins sensible, il fit couurir cette idole, comme le defunct, la couronner de fleurs, & la seruir auec les mesmes soins qui estoient rendus à la personne.

Et comme il donnoit des faueurs à ses suiuans, & la liberté aux Esclaues qui s'acquittoient le mieux de leur deuoir, leurs respects passerent en adorations, leurs seruices accoustumez se changerent en encens & en sacrifices. Ils creurent mesme que ces actions estoient bonnes, parce qu'elles leur estoient vtiles; & que celuy-là estoit Dieu, qui estoit l'occasion de toute leur felicité.

Depuis, les peuples qui font leur souuerain bien des richesses & de la puissance, ordonnerent des honneurs diuins aux Princes qui en estoient fort auantagez, & se persuaderent aisément de la diuinité en ceux qui estoient arbitres de leurs fortunes, qui possedoient ce qui leur donnoit le plus d'admiration, & qui les pouuoient gratifier de ce qu'ils passionnoient d'vn plus grand amour. S'ils en auoient receu quelques signalées faueurs en l'establissement des Republiques, par des victoires emportées sur leurs ennemis, & sur des monstres, ou par l'inuention des arts necessaires à l'entretien de la vie : comme la bassesse de leur condition ne leur pouuoit pas permettre vne égale reconnoissance, ils creurent s'acquitter de toutes leurs obligations, si par leurs suffrages ils donnoient le tiltre de Dieu à leurs bien-faicteurs. La flatterie des Courtisans applaudissoit à ces deferences sacrileges : l'ambition des Monarques, que la grandeur auoit éblouïs, les receuoit auec des témoignages de bien-veillance : & les Tyrans chercherent cette couuerture à leurs crimes, de se faire rendre les honneurs que les peuples deferoient aux merites, & à la memoire de leurs bons Princes.

Les esprits estans gaignez de cette pernicieuse persuasion, de donner le tiltre de Dieu à ceux qui possedoient quelques qualitez eminentes par dessus les autres, de qui on auoit receu de grands bien-faits, ou dont on redoutoit la puissance; tous les peuples se firent des Dieux, selon leurs caprices : les bestes furent adorées, les vicieux qui font leur souuerain bien des plaisirs du corps, bastirent des temples à Bacchus, à Venus, à Priape, & à d'autres infames Deïtez, à qui on ne pouuoit plaire que par les crimes, & dont

les sacrifices estoient des abominations. Les E-
gyptiens craintifs naturellement, adorerent les
bestes veneneuses & rauissantes, afin d'eschapper à leurs vengeances par le merite de leurs sup-
plications. Les Gaulois se firent vn Dieu Mars,
& luy sacrifierent par l'effusion du sang humain,
pour contenter leur humeur guerriere.

Les Atheniens, qui se piquoient des sciences,
presenterent leurs plus solemnelles oblations à
Pallas, qu'ils disoient née du cerueau de Iupiter,
& la Deesse qui inspiroit la Sagesse. Les Romains
pour gaigner le cœur de tous les peuples, par le
rapport de Religion, comme ils se les estoient
assuiettis par les armes, dresserent des autels aux
Dieux de toutes les nations, & se forgerent en
fin autant d'Idoles, qu'ils craignoient de maux,
ou qu'ils esperoient de biens.

Mais comme vn Estat populaire estant arriué
au dernier poinct des desordres, reuient à la Monarchie, & reprend la meilleure forme de gouuernement apres la pire, par vne necessité qu'il
s'est fait luy-mesme de ce remede, pour se tirer
de la confusion de ses malheurs: Ainsi ces ridi-
cules & sacrileges extrauagances de Religion,
furent vne puissante raison aux sages pour en
apperceuoir l'abus, & pour se faire quittes de la
superstition de ces fantastiques Diuinitez.

Ils iugerent que leur nombre portoit le reproche de leur impuissance, que leurs amours,

leurs ialousies, leurs combats, & les plus signalez de leurs exploicts, estoient des crimes que la Iustice punit entre les hommes ; que c'estoit violer toutes les Loix, & bannir toutes les vertus, de mettre les vices dessus les autels.

Il est vray que les Philosopes auancerent au discernement de ces abus, & en la connoissance d'vn Dieu, auec vn progrez de ratiocination qui eut ses longueurs & ses remises. Premierement ils rapporterent à la Nature ce grand nóbre de Diuinitez qui trompoient le peuple; & dirent que les Princes auoient vsurpé le nom des Planetes, dont ils se vantoient d'auoir les proprietez; qu'ils estoient mis au nombre des Dieux apres leur mort, parce que leurs ames s'estoient reünies à ces corps celestes, comme à leurs Principes, & estoient entrées auec eux en societé du gouuernement du monde. A leur dire, les amours, les ialousies, les combats des Dieux, ne sont autre chose que les sympathies, & les contraires qualitez des causes Physiques qui concourent aux generations.

Saturne, que l'on dit estre fils du Ciel, c'est le temps, que le premier Mobile nous mesure auec son mouuement regulier, & tousiours égal. Ce Dieu sanguinaire mange ses propres enfans, parce qu'vn iour consomme l'autre, que le téps n'a de la duree que par la fuite, & la mort de ses parties; & que cette agreable lumiere dont nous roüyssons, est tous les iours ensevelie de la nuict, pour apres renaistre de son tombeau auec vn nouuel éclat. Iupiter, qui selon les Poëtes, tient la Monarchie du monde, c'est le temperament chaud & humide de l'Astre fortuné, qui en a le nom, parce que toutes choses tiennent leur naissance & leur conseruation par l'accord de ces deux aimables qualitez : Comme au contraire leurs excez ou leurs defauts sont les premieres causes de toutes les corruptions. En fin ils disent que Neptune c'est la mer, Vulcan le feu, Cérés la terre : que le concert des Muses signifie l'harmonie que forment les Cieux de la diuersité de leurs mouuemens & de leurs vertus, & que les trauaux d'Hercule representent le cours que fait le Soleil par les Signes du Zodiaque, qui ont les figures des animaux, que l'on dit auoir esté surmontez par ce Dieu guerrier.

Ce ne fut là qu'éuiter l'abus, & non pas se donner d'éclaircissement de la verité. C'est pourquoy les plus sages, aprés auoir rapporté toutes ces fantastiques Diuinitez à la Nature, rapporterent en fin la Nature à Dieu. Ils dirent que ce grand nombre de Dieux signifioit les diuers effets d'vne puissance infinie, & d'vn Principe souuerainemét accomply, qui comprenoit dans l'vnité de son Estre toutes les perfections partagées entre les choses inferieures, que de la source inépuisable de sa bonté, il faisoit couler les formes dans le sein de la matiere ; qu'il satisfaisoit à ses appetits, & animoit son impuissance par son action. C'est ainsi que les Maduriens escriuent à sainct Augustin, pour excuse de leur idolatrie, l'Epistre qui est la 24. entre les siennes. Et Seneque au 4. liure des bien-faits, fait de longues inuectiues contre l'ingrate impieté de ceux qui se disoient redeuables à la Nature, & non pas à Dieu, des commoditez qui rendent la vie bien-heureuse. La Nature, dit ce Philosophe, est l'ordre dans lequel toutes choses agissent, & s'entretiennent en ce monde selon la loy qu'elles en ont receu du premier Principe. Ce Dieu est vn acte infiny, qui remplit son ouurage de sa presence, pour le soustenir en l'estre : il n'y a point de vuide où il ne soit, de bonté qu'il ne communique, ny de force qu'il ne seconde. Entre autres noms, vous luy pouuez donner celuy de Mercure, parce qu'il est la souueraine raison qui veille à la conduite du monde, qui en establit les loix, & qui en compasse les mouuemens. Vous le pouuez appeller Neptune, parce qu'il a l'empire des mers, qu'il emprisonne dans vn canton de la terre, & qu'il abaisse quand il luy plaist l'orgueil de leurs flots. Enfin vous luy pouuez donner tout autant de noms que vous voyez de diuers suiets, où il déploye sa puissance, & l'honorer d'autant de tiltres, que sa main liberale nous fait de faueurs.

DE L'EXISTENCE DE DIEV. 117
Ce n'eſt touſiours que le meſme creancier ſous ces differentes qualitez: & ces reconnoiſſances particulieres ſont les articles de l'obligation generale que nous luy auons de nos vies & de nos fortunes. Voyla ce qu'en dit Seneque, conforme à la doctrine de Platon, Iamblique, Mercure, & aux ceremonies que les anciens Preſtres d'Egypte rendoient au Dieu Pan, qui ſignifie toutes choſes en ſon nom, comme il les repreſentoit en ſa figure.

Dans la Loy de Moyſe, le ſouuerain Pontife paroiſſoit aux iours de plus grande ceremonie, & lors qu'il auoit à preſenter les ſacrifices plus ſolemnels à Dieu, auec vn habit dont la pompe myſterieuſe repreſentoit l'ordre de la Nature; il eſtoit couuert d'vn petit iupon de couleur changeante, broché d'or, qui luy deſcédoit iuſques vn peu au deſſous de la ceinture, pour repreſenter le Ciel éclattant d'eſtoilles: Il auoit ſur ſes épaules deux emeraudes, d'où pendoit deſſus ſon eſtomach vne plaque d'or, releuée de douze pierres precieuſes, pour ſignifier les douze ſignes du Zodiaque qui roulent ſur les deux Poles du monde. Deſſous cét habit on en voyoit vn autre de bleu celeſte qui luy baiſoit les talons, & dont les franges eſtoient des grenades, & des ſonnettes entremeſlées, afin de figurer l'air qui tient tout l'eſpace d'icy au Ciel, & qui en apporte les influences à la terre pour l'ay-

Tome I.   K

der à la production des fruicts. Cét homme sacré presentoit ses sacrifices dessus les autels, en portant sur luy toute la Nature, afin de signifier, dit Philon, qu'elle se doit rapporter à Dieu. Et le nom ineffable qu'il portoit graué sur son frót, monstroit tout ouuertement, que le monde dépend plus de Dieu, que la vie & la conduite du corps, de la teste.

Il n'appartient qu'à vne vnité souuerainement puissante, de retenir les Estres contraires dans les composez; à vne bonté infinie d'animer l'imperfection de la matiere de cette inexplicable diuersité de formes; à vne eternité de donner continuellement à l'estre mortel la vigueur de conseruer les especes par la suite des generations. Toutes choses marchent, & continuent dans leurs deuoirs pour obeïr à ses ordonnances, ces grands corps des Cieux & des Elemens se rendent petits & souples à l'estroite obseruation de la loy qu'il leur a prescrite, en leur donnant l'estre. De sorte que nous pouuons bien dire, que c'est la loy de la Nature qui soustient le monde, pourueu qu'on la rapporte à Dieu qui l'a establie. Comme si quelque estranger arriuant dans vne ville, apres auoir veu l'auantage de son assiette, la force des murs, la beauté des places, la pompe des edifices, le nombre de ses habitans, les richesses de son commerce; la curiosité le portoit à s'informer du gouuernement de cét Estat ; qu'y voyant vne grande paix, la bonne foy au trafic, la modestie dans les armes, l'equité dans la Iustice, il demandast la cause de cette grande intelligence du peuple, & que des humeurs & des professions contraires conspireroient toutes au bien public: si on luy disoit que c'est la Loy qui establit cette police, & qui reglant les offices de chacun, les tient tous dans les termes de leur deuoir; la response seroit veritable: Mais l'instruction seroit imparfaite, si l'on n'informoit cét estranger du Prince qui commande à cét Estat, dont la sagesse est le principe des Loix, & son authorité est l'ame qui leur donne la force d'assuiettir les esprits à l'obeïssance. Ainsi voyant la police, & le merueilleux accord des parties du monde, où les causes superieures ne se seruent de l'eminence de leurs charges, que pour le bien des Estres inferieurs, où les plus puissans rendent hommage à la Iustice, & font vne exacte restitution des emprunts, qu'ils ont esté contraints de leuer dessus leurs voisins: En fin admirant le grand commerce de la mort & de la naissance, l'échange continuel, & presque tousiours égal des choses necessaires à la conseruation du monde; on peut dire que la loy de la Nature ordonne ces inclinations, & regle ces mouuemens. Mais comme de la Loy d vn Estat, on vient au Prince, de l'authorité duquel elle dépend : Aussi la loy de la Na-

K ij

ture se doit rapporter à la sagesse souueraine d'vn Dieu qui l'a establie, & à son pouuoir infiny, qui y maintient l'ordre malgré la resistance & la rebellion des parties contraires. C'est vne liaison si estroitte, & vn rapport si necessaire de la Loy à la Puissance superieure ; du gouuernement au Gouuerneur : que comme l'effet ne peut estre sans l'influence de sa cause, aussi l'esprit n'en peut auoir vne parfaite pensée, si ce n'est des deux, qu'en disant la Loy, il ne conçoiue le Prince, & qu'admirant la Nature, il n'adore Dieu.

Ie pouuois faire vn iuste volume des authoritez des Philosophes sur ce sujet, & pour monstrer que les Sages n'ont iamais entendu autre chose par la Nature que la loy auec laquelle la prouidence diuine entretient le monde. Mais par ce que nous traittons auec des esprits qui se rebutent de l'authorité, & qui ne deferent qu'à la raison, donnons leur ce contentement de ne point receuoir la verité sous la recommandation d'vn autre : Mettons nous hors de tutele ; agissons de nous-mesmes, & sans regler nostre iugement sur le rapport de l'antiquité, contemplons les merueilles du monde de nos propres yeux. Voyons si vne personne de bon esprit, qui n'auroit iamais esté imprimée de l'opinion, ny instruite par la Foy, qui mesme ne voudroit point suiure l'instinct naturel, dont nous auons

DE L'EXISTENCE DE DIEV.
parlé, seroit capable de connoiſtre par la ſeule
diſpoſition du monde, qu'il y a vn Dieu.

L'aſſemblée des choſes contraires dans le monde, &
leur conſeruation, ſuppoſe vn Dieu.

CHAPITRE VIII.

DE quelque coſté que ie iette les yeux dans le monde, ie ne voy que des choſes tout à fait contraires, & des qualitez parfaitement ennemies: Le froid, le chaud, le ſec, l'humide, le mol, le dur; la douceur, & l'amertume, la grandeur & la petiteſſe; des mouuemens oppoſez; autant de figures differentes, qu'il y a d'objets; & par tout la guerre & la meſlée. Cela d'abord nous pourroit faire prendre le monde pour vn amphitheatre, qui deuroit bié-toſt finir ſes ſpectacles par la deffaite de ſes combattans, & iuger que le tout ne ſe ſçauroit conſeruer dans la diſſenſion continuelle de ſes parties. Neantmoins par vn prodige, qui paſſe les autres merueilles, nous voyons que les eſpeces s'entretiennent par les corruptions: la priuation eſt le principe de la puiſſance; les alliances ſe font par le moyen des inimitiez; la paix entretient la guerre, & le monde ſe conſerue entier par les defaillances continuelles de ſes parties, auec vne diſ-

K iij

position si constante parmy tous ses changemens, que nous sommes en peine de prouuer qu'il ne soit pas Eternel.

De là nous tirons deux grands suiets de merueille, & nous sommes curieux de sçauoir deux choses. La premiere, qui a mis ces contraires dans l'enclos du monde, de sorte qu'il ne se fasse qu'vn tout de leur composition : Et puis, qui est la Puissance capable de commander à leurs animositez, & d'empescher qu'elles ne causent en fin vne entiere dissolution. Certes il faut que ce soit vne Puissance infinie, vn Estre releué par dessus le monde, & l'alteration, qui aye acheué cét ouurage, qui aye traitté les alliances de la Nature, malgré tant de passions & d'inimitiez. Car il est certain que les choses qui sont d'vne contraire constitution, ne desirent point d'entrer en societé, mais elles se fuyent, se cantonnent, & font paroistre la contrarieté de leur nature, par l'inclination qu'elles ont à l'esloignement. C'est par cette antipathie que nous auons de l'horreur des serpens, à cause qu'ils sont armez d'vn venin qui nous fait mourir : C'est ce qui donne la force de la purgation aux medicamens, & c'est par cette secrette inimitié que la vertu expultrice chasse de nos corps le nuisible & le superflu auec la mesme rigueur que les Loix exercent dessus les coulpables, par les bannissemens & par les supplices. Cela se void dans les surprises de l'eternuëment, des hoquets, des vomissements, dans les crises, & particulierement dans l'epilepsie, dont les horribles conuulsions sont les efforts que fait la Nature, pour repousser vne qualité ennemie qui l'oppresse. On rapporte à ce propos, que le fleuue Alphée estant obligé par vne pente de terre qui le precipite, de se descharger dans la fontaine d'Arethuse, qu'il n'ayme point, il la trauerse tout furieux, sans mesler ses eauës ; & en sortant sans rien perdre de son goust, & de sa couleur ; il rompt vn mariage forcé, par vn diuorce également volontaire.

Encore que l'amour ou l'interest nous porte aux contrats, il faut tousiours vne authorité moyenne qui lie nos volontez, parce qu'elles sont differentes : mais si elles sont contraires, elles ne se reduisent aux deuoirs de la Iustice, que par l'arrest & par le commandement d'vne Puissance superieure. C'est pourquoy ie trouue que ce Spartiate eut mauuaise grace, qui estant esleu arbitre d'vn different, fit iurer solemnellement les Parties dessus les autels, qu'elles se tiendroient à l'aduis qu'il leur donneroit ; Et puis par cette authorite qu'il s'estoit acquise, il leur commanda de ne point sortir de cette place, qu'elles n'eussent elles-mesmes vuidé tous leurs differens par transaction. Il voulut eschapper par cét artifice la disgrace qui est necessaire à ceux qui iugent entre deux amis, d'en perdre l'vn: mais il les perdit tous: parce qu'il les laiſſa ſans l'accord qu'ils eſperoient de ſon iugement: il les embarqua dans vne plus opiniaſtre conteſtation, leur donnant aſſez de ſujet de croire par cette defaite, que ce traitté eſtoit de ſoy extrémement eſpineux. C'eſtoit vn refus qui deſobligeoit; vn Arreſt dont l'execution n'eſtoit pas poſſible, de les contraindre à conclurre eux-meſmes la paix dans l'oppoſition de leurs ſentimens, de leurs intereſts, & de leurs pourſuites.

En fin c'eſt vne Loy generale, que les contraires ne ſe portent iamais d'eux-meſmes à l'vnion, d'autant qu'vn contraire perd à la preſence, & par les approches de l'autre, tout ce que l'inclination de la Nature luy fait aymer. Si ſa bonté veut répandre ſes influences, il eſt contraint d'eſtouffer cette affection, en ramaſſant ſes forces pour ſe mettre ſur la defenſiue; s'il taſche de ſe conſeruer, il eſt reduit à faire vne grande profuſion de ſa vertu, qui ſe conſomme pour fournir aux attaques qu'il luy faut dreſſer, & qu'il eſt obligé de ſouſtenir: ſa puiſſance n'a point d'eſtenduë, il eſt ſeuré de ſes appetits: le repos que toutes choſes recherchent, ne luy eſt point permis, tant que la veuë de ſon ennemy eſchauffe ſa paſſion; & à peine peut-on dire, qu'il poſſede l'eſtre qui luy eſt continuellement debatu, & qu'il eſt en hazard de perdre

dans

dans le peril de cette meſlée.

Puis donc que les choſes contraires ne ſe portent point d'elles-meſmes à l'vnion, il faut neceſſairement conclure, que le monde qui en eſt tout compoſé, eſt l'œuure d'vn premier principe, & d'vne puiſſance qui a droict de contraindre les eſtres d'entrer en des alliances, qui ne reuiennent point à leurs inclinations.

Platon dit, que le monde inferieur periroit bien toſt par vne confuſion generale, ſi le Ciel n'y mettoit l'accord, & ne temperoit l'aigreur des qualitez elementaires par la faueur de ſes influences. Nous allons monſtrer dans la ſuite de ce diſcours, que les Aſtres n'ont pas la force de mettre icy bas la paix, puis qu'ils ne la peuuent conſeruer entr'eux-meſmes : mais que la fabrique, auſſi bien que la conſeruation du monde, eſt l'œuure d'vne ſouueraine intelligence ; qu'vne bonté infinie, & qui n'a point de bornes en ſon eſtenduë, ſouſtient toutes choſes ; qu'eſtant tout acte elle leur inſpire la vigueur de l'action ; & comme c'eſt vne tres-parfaite Vnité, elle arreſte l'extrauagance des formes dans les limites d'vn certain nombre d'eſpeces, liez auec vne ſuite où il ne ſe trouue point de diuiſion.

Cette ſouueraine Sageſſe fait l'alliance de pluſieurs choſes, ou plus eſloignée, ou plus proche, ſelon le degré qui eſt deub à leurs merites : Les vnes ſe meſlent & ſe confondent dans la

Tome I.　　　　　　　　　　L

composition; les autres s'approchent par sympathie, les contraires ne s'entretiennent que par le rapport qu'ils ont à vn genre superieur, & de cette diuersité d'vnions, il en reüssit l'harmonie du monde: Comme vn homme qui touche parfaitement bien le lut, pince quelquefois fortement les cordes, les flatte, ne les approche qu'auec des feintes, & par des surprises, selon qu'il a besoin de leurs tons hardis ou tremblans pour ses accords. Cette pensée tomba dans l'esprit des Poëtes, & d'vne verité, ils en composerent vne fable, quand ils nous ont décrit vn Orphée, qui sonnoit de sa harpe auec vne harmonie si puissante en sa douceur, que les rochers le suiuoient, & les Tygres oublians leur ferocité, deuenoient traitables & bestes de compagnie. Ce sont là les effets de Dieu, qui modere les forces de la Nature sans les destruire; qui met l'intelligence entre les contraires, & fait tomber toutes choses dans le dessein eternel qu'il a projetté de la conseruation du monde. Car l'ambition qu'ont tous les estres de s'agrandir, la temerité des petits, & la tyrannie des plus puissans feroient perir la Nature dans leur combat, si Dieu ne moderoit leur violence, & ne leur faisoit rendre vn tesmoignage de sa grandeur aussi bien par leur retenue, que par leur actiuité. L'homme seul ne garde point de regle en ses appetits : il se sert de sa liberté pour eschapper aux deuoirs de la Iustice; encore que ce soit son bien d'accorder la contrarieté de ses passions par la mediocrité, & d'vnir toutes les choses du monde en luy-mesme, par vne sublime speculation qui le porte iusques au premier Principe.

De l'accord des Elemens dans le monde.

CHAPITRE IX.

SI tost que nous iettons les yeux sur vn tableau, la viuacité du coloris, la profondeur des ombrages, les racourcissemens des corps, les tromperies de la perspectiue, nous donnent vne satisfaction generale, qui nous fait dire que cette peinture est belle, par vn iugement qui a moins de verité que de coniecture, & qui nous laisse seulement le desir de voir plus exactement sa perfection. Aussi seroit-ce offencer nostre curiosité & l'artifice du peintre, d'en demeurer à cette connoissance confuse, sans admirer la delicatesse des traits du pinceau, qui nous rendent maistres des raretez que la Nature ne produit qu'apres plusieurs siecles; de n'estre pas touchez de ces postures animées, de ces visages qui nous parlent en les regardant; de ces Majestez qui nous tiennent dans les respects; de ces actions hardies qui transportent nostre imagination, &

L ij

nous donnent de vifs sentimens de ce dont ils ne contiennent que les mortes representations. Ainsi l'ordre general du monde, l'assemblage de ses parties, l'accord des contrarietez, nous peuuent bien donner quelque impression de la puissance & de la sagesse de Dieu ; mais elle ne seroit qu'imparfaite & fort confuse, si nous n'admirions les effets de ses Idées eternelles dans les Estres particuliers. Pour sçauoir le gouuernement d'vne Republique, il faut estudier vne grande quantité de Loix, sur lesquelles elle est fondée. Nous marchons pour découurir à reprise les lieux, que l'éloignement & la foiblesse de nostre veuë nous cachoit : Et si la verité de la connoissance consiste au rapport qu'elle doit auoir auec les choses connuës, puisque tout ce qui remplit le monde, possede vn Estre indiuidu & separé ; il demande aussi de nous vne consideration particuliere. Cette suite de contemplations fera passer le sentiment naturel de Dieu en experience ; nous en ioüirons plus à loisir, & nostre amour sera bien plus genereux, estant eschauffé par toutes les considerations de sa grandeur, dont le monde nous fait vn ample recit.

Le premier object qui s'offre à mes yeux, c'est la terre qui soustient mes pas, & qui me donne la nourriture. Ie respire l'air, ie voy couler les fleuues & les fontaines dans l'Ocean, où

l'eau tient l'empire, & l'estend sur la plus grande
partie de la terre. Le feu qui nous sert aux vsages ordinaires de la vie, nous fait croire par la legereté de son mouuement, qu'il a son lieu propre au dessus de la region de l'air, où il tasche de s'esleuer. Encore que la delicatesse de sa substance le cache à nos yeux, la raison neantmoins nous persuade qu'il est le voisin du Ciel, parce qu'entre les choses inferieures, il approche le plus prés de sa nature, & qu'il est seul capable du mouuement qui pointe tout droit en haut, sans lequel celuy de la terre qui se precipite en bas, ne seroit pas assorty de son contraire. C'est le Principe de l'actiuité : sans luy l'alliance parfaite de la secheresse & de la chaleur ne seroit au monde qu'en puissance, & non pas en acte : & le concert du reste des qualitez seroit morne, languissant, sans proportion, si cette hautaine viuacité leur manquoit.

On appelle ces quatre corps les Elemens, parce qu'ils sont le principe de toutes les choses materielles ; qu'ils entrent en leur composition, que tout se resoud en eux ; que les mixtes venans à s'alterer & à se corrompre, chacun d'eux retire ce qu'il auoit contribué à leur formation. Ils ont des qualitez ennemies : la terre est seche & froide, l'air humide & chaud, l'eau froide & humide, le feu chaud & sec. Si nous auons admiré en general, comment le monde ne perit pas par la sedition des parties contraires; nous deuons particulierement nous esbonner de ce que ces vastes corps qui ont des qualitez si fort ennemies, ne mettent point tout en desordre & en combustion. Ils sont comme quatre puissances armées sur pied, qui s'affrontent, & qui desoleroient la Nature par leurs pillages & par leurs combats, si vne puissance superieure ne leur commandoit la retraite, lors qu'ils sont dans la plus grande chaleur de la meslée.

Dans vn Estat l'ambition vsurperoit tout, les armes forceroient toutes les resistances; l'auarice rauiroit toutes les possessions, & iamais la diuersité qui partage les esprits d'vne populace, ne feroit vn corps de Republique, si la sagesse d'vn Prince & l'austerité des Loix n'assujettissoient les plus puissans de se ranger dans les deuoirs d'vne vie commune. Mais la Politique n'a pas assez de prudence pour empescher la ruine d'vn Estat, où plusieurs Grands d'extraction & d'authorité pretendent à l'Empire, & diuisent les cœurs par leurs factions. Lycurgus tascha de preuenir ce malheur en Lacedemone par l'egalité des biens qu'il y establist, & par des Loix qui ne vouloient qu'vne vertu pauure; qui faisoient vn crime de la puissance, & qui par vne publique ingratitude, condamnoient ses citoyens au bannissement, parce qu'ils luy auoient rendu de trop signalez seruices. Rome qui ne peust sup-

DE L'EXISTENCE DE DIEV.
porter la loy qui vouloit diuiser légalement les possessions, se vid diuisée par l'ambition de deux de ses citoyens, & ses forces ne luy seruirent que pour perdre sa liberté sous la domination d'vn seul. Cependant nous voyons qu'encore que chaque Element excede en l'vne des qualitez, & possede des puissantes forces, neantmoins tant s'en faut que leur contrarieté cause du desordre au monde, que plustost elle le conserue, & le peuple continuellement de nouuelles generations. Il faut donc conclure, qu'il y a vne Puissance superieure qui les tient en bride, qui modere leurs violences, & qui arreste les fougues où la haine de leurs qualitez les precipite.

Sans elle l'Ocean franchiroit bien tost ses bornes par vn deluge vniuersel; & venant aux effets des menaces & des exercices qu'il en fait tous les iours par ses reflus, il inonderoit toute la terre, & feroit des abysmes de nos campagnes: ou le monde ne seroit qu'vn globe de feu, si cét element, le plus actif & le plus puissant de tous, pouuoit auec liberté déployer les bouffées qu'il est tousiours obligé de ramasser, & s'il luy estoit permis de faire les courses, dont nous ne voyons que les essays dans les mourantes faillies de ses flammes. Ie ne doute point que le monde ne fust au partage de ces deux impitoyables ennemis, si le commandement d'vne Puissance superieure n'arrestoit leurs courses; si la mer n'auoit les bornes ; si le feu n'auoit l'estenduë de sa sphere pour prison ; & si leurs efforts n'estoient limitez à ce qui peut seruir au grand commerce de la Nature.

On dit que les Elemens ne se chocquent pas, parce qu'ils ont leurs departemens aux extremitez du monde; qu'ils sont tous bouclez par l'entremise d'vn autre, qui leur estant allié par l'vne de ses qualitez, ne permet pas qu'ils viennent aux prises, afin de se conseruer son estre moyen par la paix & par l'esloignement de ses extrémes: Que c'est ainsi que le feu s'accorde auec la terre par la secheresse qu'ils ont commune, la terre auec l'eau par la froideur, l'eau auec l'air par l'humidité, & l'air symbolisant auec la chaleur du feu, fait vn anneau d'alliance, & ferme le cercle des Elemens par vne proportion qui rapporte à la figure du monde.

Mais cét ordre n'empescheroit pas sa desolation, si vne Puissance superieure ne balançoit les forces de ses ennemis, & ne s'opposoit aux degats qu'ils peuuent faire, nonobstant la proportion de leur lieux, & de leurs vertus.

La Nature garde vne semblable œconomie dans nos corps, lors qu'ayant preparé l'aliment par vne premiere digestion, & apres l'auoir fait cuuer dans les sinuositez du foye, elle escume la bile, qu'elle verse dans vn petit vaisseau; elle fait couler le sang plus pur dans les veines, & iette la melancolie

melancolie terreſtre, comme la lie & le marc, au coſté gauche, qui en demeure plus tardif au mouuement, & moins diſposé à l'action.

Neantmoins ces humeurs qui ont leurs lieux ainſi ſeparez, ne laiſſent pas de faire de ſi grands deſordres ſur noſtre temperament, qu'elles nous apportent les maladies & la mort, quand l'vne d'elles paſſe à vn trop grand excez. Les formes & les qualitez des Elemens ne laiſſent pas de ſe choquer, & d'eſtre cauſe de la corruption des mixtes, encore qu'elles ſoient logées au large dans vne matiere qui pour cét effet a ſon eſtenduë par la quantité. Quand l'ancienne police de Rome marqua le quartier des ſoldats, eſloigné du peuple, les humeurs en deuinrent beaucoup plus farouches; cette grande vnion de forces nourriſt leur inſolence, & changea leurs ſeruices en rebellion: Ainſi les demeures ſeparées des Elemens, ne ſont pas capables d'empeſcher qu'ils ne viennent aux priſes; au contraire, chacun d'eux ayant ramaſſé ſes forces dans ſa region, doit fondre auec plus de violence ſur ſon ennemy.

L'Element moyen ne peut empeſcher le choq des extrémes, & l'air ne ſçauroit arreſter les courſes du feu, mais pluſtoſt il luy doit donner le ſecours & le paſſage, à cauſe qu'il eſt dans ſon alliance par l'vne de ſes qualitez: Comme vn Prince qui eſt entre deux qui ſe font la guerre, doit prendre vn party, afin de se conseruer l'amitié de l'vn, & courre auec luy la fortune de la victoire, pluftoft que d'entrer dans la difgrace commune des deux, s'il demeure dans l'indifference.

Le feu que nous tenons icy attaché à la matiere, confomme l'air, puifque les flammes ne font autre chofe qu'vn air allumé, & que ces torrens de feu qui fortent des môtagnes d'Ethna & de Vefuve, qui ont defolé les païs voifins, n'eftoient autre chofe que des vapeurs enflammées. Comment fe peut-il donc faire, que le feu elementaire qui a bien plus de force dans fa region, ne confomme point l'air qui luy eft proche, & qui felon tous les Philofophes, a de grandes difpofitions à l'embrazement par la fympathie de fes qualitez & du voifinage? Le propre de l'eaue c'eft de fe répandre? Les petites riuieres enflées par les pluyes d'vn iour, fortent de leurs lits auec fureur, & font leurs rauages dans les campagnes. Cependant l'Ocean qui reçoit tous les fleuues dedans fon fein, n'en regorge pas dauantage deffus la terre. Encore que l'influence des Aftres l'attire, que les vents le pouffent, que la fluidité naturelle demande fon cours, il rompt l'amitié qu'il a auec la Lune, il tient fort contre les orages, & fou fleue pluftoft fes flots par vn mouuement contraire à fon inclination, que de les décharger deffus la terre, qui ne femble eftre applanie qu'afin de les receuoir. Il monstre bien en se debattant dedans ses liens, qu'vne main toute-puissante le tient à la chaisne : & les horribles mugissemens qui se forment dans le creux de ses abysmes, & qui s'esleuent auec ses vagues, sont les preuues des contraintes qu'il endure sous la domination d'vne souueraine bonté.

Puis donc que la paix des Elemens ne se peut pas conseruer ny par la distance de leur demeures, ny par l'entremise de leurs qualitez sympathiques : Il faut conclure qu'il y a vne Diuinité qui s'oppose à leur déroute, qui tient ses armées sur pied, tousiours prestes d'accabler le monde, pour nous donner vne apprehension de sa Iustice, & vn veritable sentiment de sa bonté, qui estant tousiours offensée par nos crimes, ne laisse pas de nous continuer ses misericordes.

De la vicissitude des Elements.

Chapitre X.

Puisque nous faisons estat de contempler les raretez de la Nature, pour en tirer des sentimens de la Sagesse diuine, il faut sçauoir que la situation des Elemens, selon le merite de leurs qualitez, est veritablement vn ordre necessaire à la conseruation du monde, & cependant celuy qui eſt le moins digne de merueilles.

Car nous pouuons remarquer dans ces vaſtes corps vne ſuite & vne viciſſitude qui n'eſt pas ſi fort ſenſible aux yeux du vulgaire, mais qui rauit les eſprits capables d'vne profonde conſideration.

C'eſt la main toute-puiſſante de Dieu qui a fait vne vnion ſi prodigieuſe de la paix auec la guerre, & qui entretient ces ennemis dans vn Eſtat ſi heureuſement meſlé de repos & de contraſte, que la contrarieté de leurs forces ne peut rompre leur intelligence, ny la ſympathie de leurs qualitez, arreſter leur action neceſſaire aux productions inferieures. Leur iuſtice meſme eſt ſi entiere parmy toutes leurs inimitiez, que, comme ils eſtoient compagnons d'office, ils ſe quittent alternatiuement la domination dans les heures de chacun iour, dans les âges de noſtre vie, dans les ſaiſons de l'année, & dans les reuolutions des ſiecles. Le feu regne trois heures deuant & trois heures apres midy ; la terre le ſuit, l'eau, puis l'air, chacun auec vne eſgalité de temps : de ſorte que l'on peut iuger de la violence des accez, des criſes, & du cours d'vne maladie, par l'obſeruation du degré de l'Element qui dominoit lors que le malade en a eſté accueilly. Les premieres années de noſtre vie ſe rapportent au temperament de l'air ; l'adolefcence, boüillante de paffions & de courage, tient beaucoup de l'actiuité du feu ; l'âge viril nous reprefente la terre, en la confiftence de fa grandeur, en la folidité de fes confeils, & en la fertilité de fes trauaux. En fin les extremitez de noftre vie font ordinairement noyées de fluxions, & fe fentent defia de la pourriture qui fuit la vieilleffe.

Quelques-vns rapportent cette grande inégalité d'efprits, que l'on remarque dans les diuers fiecles, au pouuoir des Elemens qui font lors en regne, & qui caufant de l'alteration aux corps, & donnant vne nouuelle trempe à leurs organes, affinent ou affoibliffent les fonctions de l'ame. Les embrazemens pareils à celuy que les Poëtes rapportent de Phaëton, arriuent, dit Ariftote, lors que le feu tient l'empire, afin de purger la fuperfluité des autres Elemens, en écarter les qualitez eftrangeres, & donner vne nouuelle vigueur au monde, defia tout tremblant & gouteux de vieilleffe. Les deluges femblables à ceux de Deucalion & d'Ogiges, font comme les grands hyuers de la terre, qui remedient à fa fechereffe, qui la repetriffent, & reparent l'humidité confommée en fes longues productions.

Mais parce que noftre veuë ne peut aifément porter dans les efpaces fi fort efloignez, reuenons à l'experience que les faifons de l'année nous donnent de ce qui fe paffe dans le cours des

M iij

siecles; & receuons cette leçon familiere que la Nature nous repete continuellement, afin de nous la faire mieux conceuoir.

Le feu entrant en quartier l'Esté, donne à la terre les proprietez qu'a la chaleur, de se dilater, & de se respandre ; & luy faisant ressentir les flammes de l'amour tousiours liberal, il la presse de se despoüiller de ses tresors pour en soulager nostre pauureté: Et puis elle fait de nouueaux acquests pendant le répit que l'Hyuer luy donne, & lors elle paroist pauurement couuerte, pour nous espargner toutes les richesses dont le Printés nous fait monstre, & nous donne les esperances. Car l'air ayant l'empire de ceste saison, fait renaistre la nature auec le temperament du premier âge, pendant lequel elle se jouë en la production des fleurs, & se reduit à l'apprentissage de ce dont elle nous fait si souuent voir le chef-d'œuure. Lors les Zephirs seruent d'éuentail à la terre, les Pleyades, & quelques autres troupes d'estoiles humides accompagnent le Soleil à son leuer, afin de moderer ses ardeurs ; & ramassant les vapeurs de la terre, elles les espreignent, & les font distiller en douces pluyes, qui sont le laict des petites plantes. Et apres qu'vne suffisante nourriture leur a donné leur iuste grandeur, la Canicule ioint ses chaleurs au Soleil pour auancer leur maturité, pour cuire & digerer l'humeur imparfaite qu'elles ont succé, en vne plus solide substance que nous puissions employer à nostre aliment.

Voyla comment les Cieux estans d'vne intelligence auec la terre, nous obligent de reconnoistre sans beaucoup d'estude, qu'ils agissent sous la loy d'vne Puissance superieure qui regle ainsi leurs deuoirs pour nostre seruice. Ie remets plus bas la cōtemplation particuliere des Cieux, ne fais icy que tirer cette conclusion, que l'ordre & la vicissitude des Elemens, dont nous venons de parler, suppose necessairement vn premier Principe, d'autant que cette entresuite si bien reglée, est contraire à leurs propres inclinations. En tout temps ils ont leur grandeur égale ; pourquoy font-ils leurs actions auec disproportion ? S'ils sont tousiours de compagnie, pourquoy agissent-ils separément ? & pourquoy ne tiennent ils pas tousiours tous ensemble l'empire du monde ?

Il est vray que leurs forces ne sont pas égales, que le feu a plus d'actiuité, la terre plus de resistance ; & que de leur diuersité il se fait vn temperament qui donne la vie au monde, & qui fait assez paroistre la sagesse de son Createur. Neantmoins le feu entrant en quartier, comme nous auons dit, n'agit pas auec plus violence par la chaleur, que la terre & l'eau par leur froid & leur sechresse. L'Hyuer apporte autant de pluyes & de glaces, que l'Esté d'ardeurs & de beaux iours; Vn siecle est aussi brutal que l'autre est intelligent: La vieillesse est accablée d'autant de langueurs, que la ieunesse est petillante de forces & de voluptez. Il est donc necessaire qu'il y ait quelque Puissance superieure qui rabatte la vigueur du feu, & qui releue la foiblesse des autres Elemens, pour les faire rencontrer dans vne esgalité d'action, encore qu'ils ayent leurs vertus en diuers degrez.

Toutes choses ont vne violente passion de s'agrandir, comme nous le voyons au feu, qui d'vne estincelle fait l'embrazement d'vne ville & d'vne forest; en l'air, qui s'empare de tout ce qu'il trouue vuide; en l'eauë, qui se répand autant que sa quantité le luy permet: Et cependant le feu ayant tenu le regne à son tour, se retire, & ne fait pas seulement violence à cette auidité qu'il a infinie, mais encore à la loy commune de la Nature, parce qu'il est immediatement suiuy de son contraire, & que sans contrainte, il quitte la place à son ennemy.

D'où vient qu'en vne certaine partie du iour le sang & la bile bouillonnent, & sont en émotion dedans nos corps, auec de grandes dispositions à la fiévre; qu'en l'autre le phlegme esteint leur chaleur; que la terre estouffe la viuacité des sens auec vne morne & sombre langueur; ou qu'au matin l'air subtilise les esprits pour gratifier les Muses; & faire vn nouueau iour dans

nos

DE L'EXISTENCE DE DIEV. 141
nos connoissances? D'où vient cette vicissitude si bien reglée, sinon de l'ordonnance d'vne Sagesse superieure?

Nous sçauons que le dernier siecle a porté des esprits aussi pesants que la terre qui leur dominoit. Ce qui nous reste de leurs Escrits est dans vne si fade simplicité; & ce qu'ils ont conduit auec leur industrie est si naïf, que des plus serieuses de leurs actions nous en faisons des comptes à plaisir: Et ie croy que l'âge qui rendist les honneurs diuins aux hommes de mediocre capacité, estoit de la mesme trempe. Cependant les siecles precedens ont porté les premiers Maistres des arts, & les Autheurs des sciences; vn Archimede, vn Platon, vn Aristote, vn Hypocrate. De sorte, que dans la reuolution des âges, on peut trouuer autant d'exemples que l'on desirera du vice & de la vertu, de la doctrine, & de l'ignorance: par lesquels on peut accorder la contrarieté de ces opinions, qui disent que les autres siecles ont esté pires, & meilleurs que celuy-cy. Quand cette grande diuersité viendroit de la domination successiue des Elemens, qui alterent les corps, & qui mesurent les exercices de l'esprit à la trempe des organes: Ie dis que cette vicissitude, qui est vne disposition de parties qui se suiuent en rang, doit estre establie par le dessein d'vne intelligence; que les Elemens ne sont pas capables de cette veuë, & de cette pretention

Tome I. N

generale: & puis, comme nous venons de dire, se quittant le regne ils feroient vne action preiudiciable à leurs interests, & contraire à l'inclination qu'ont tous les estres de s'agrandir, & d'abbattre les forces de leurs ennemis.

Les plus puissans ne se bannissoient pas eux-mesmes de Lacedemone; mais c'estoit la Loy de Lycurgus qui causoit cette eclypse de fortune particuliere, de peur qu'elle n'obscurcist celle de la Republique, & qu'vne partie ne deuinst plus grande, & plus forte que son tout. C'estoit vne violence que la Loy faisoit aux Roys de Carthage, & aux Consuls de Rome, quand elle leur defendoit d'estre plus d'vn an en charge, & plus de six mois aux Dictateurs. Ainsi donant le moins de durée aux charges les plus eminentes, elle couppoit le chemin à la Tyrannie; elle rendoit les commandemens plus moderez de ceux qui deuoient r'entrer en obeïssance, & la sujetion des autres estoit adoucie par l'esperance d'estre quelque iour auancez au Gouuernement. Nous deuons dire auec bien plus de raison, que c'est vne Loy superieure qui arreste l'ambition du feu, & qui l'oblige de quitter son rang à la terre, à l'eauë, & à l'air. Encore que son estenduë qu'il a plus grande, & son actiuité plus vigoureuse, luy donnent le droict d'vne continuelle domination: c'est par contrainte, qu'au preiudice de ses forces & de son courage, il est reduit à partager fort également le temps dans les siecles, dans chaque année, & dans chaque iour, auec des Elemens qui luy sont inferieurs.

Il ne seroit pas mesme possible que le monde se peust conseruer sous la domination de la terre, qui est la plus imparfaite & plus indigente, s'il n'y auoit vn souuerain Monarque de la Nature, qui authorisast ce gouuernement, qui suppleast à ces defauts, & qui voulust signaler sa toute-puissance, en mettant l'humilité sur les Throsnes; comme les Princes donnent les plus importantes charges à ceux qui ne sont pas d'vne extraction si eminente qu'ils se les puissent approprier.

Mais d'où vient que le monde de ce bas Estat, ie dis de l'Empire de la terre, où toutes choses nous paroissent mortes, où les esprits sont esclaues de la matiere, & où le repos ne se trouue que par impuissance, se releue neantmoins tout d'vn coup à celuy du feu, le plus genereux en production, le plus penetrant en connoissance, le plus vif & le plus fauorable à l'inclination de tous les estres? Ce sont là des droicts de Souuerain, de permettre que contre la Loy commune on passe immediatement d'vne extremité à l'autre; de rappeller les sciences & les industries du bannissement; de restituer les estres dans leurs premieres proprietez; de restablir le plus digne des Elemens en ses offices; & faire ressusciter la Nature, dans vn siecle d'or.

Les Poëtes nous font des fables de ces veritez, quand ils nous décriuent la sagesse d'vn Dieu immortel qui preside à cette vicissitude; par vn Mercure qui plonge les ames dans les enfers, & les en retire à discretion auec vne mesme vertu; Par vne Medée, qui rend la vigueur de l'adolescence aux personnes desia toutes langoureuses de vieillesse; Par la suite des âges d'or, d'argent, de cuiure, de fer, & par quantité d'autres metamorphoses. Et de ce que le passage se fait d'vne extremité à l'autre, la Medecine tire son Aphorisme, de guerir les extremes maladies par les extremes remedes. Et la Politique en a appris la maxime de renouueler toutes les Loix d'vn gouuernement, & de faire vn nouueau monde, si on veut parfaitement remedier à la corruption des mœurs: Que c'est reblanchir vn mur qui fond en ruine, verser du vin nouueau dans des vieux muids, & bastir vn grand edifice sur de mauuais fondements; de ioindre de bonnes Loix à celles qui sont corrompuës. Les anciennes altereroiét les nouuelles; la proportion seroit plus grande de suiure l'vsage; on allegueroit vne mauuaise coustume contre vne nouuelle verité; ce qui resteroit de bon dans les premieres Ordonnances, feroit regretter ce qui en auroit esté retranché, la prudence du Legislateur paroistroit moins, & son authorité luy seroit continuellement conrestée. Ie reserue le discours de la vicissitude du monde au suiuant Traitté que nous ferons de sa Creation: & ie me contente d'inferer icy, que le premier Principe ressuscite la Nature, & la porte tout d'vn coup de la petitesse à la grandeur, pour nous faire entendre qu'il a peu créer tout de rien, & produire tous les estres sans matiere, comme depuis il leur donna la puissance sans disposition.

Quelle merueille si nous sommes agitez de quelque inconstance parmy cette grande vicissitude du monde? si nous suiuons dans le cours de nostre vie vn train qui est ordinaire à la Nature; & si vne partie est tirée auec son tout? Cependant comme cette raison vniuerselle est toûjours la mesme dans ces changemens, qui ne font que les effets successifs, & vne lente execution d'vn seul projet, nostre esprit se doit conseruer vne genereuse constance parmy les secousses de la fortune, & ne se changer non plus dans la faueur, ou dans la disgrace, que le Soleil quand il vient à la plus haute, ou la plus basse partie de son Ciel. Puis que toutes choses font vn cercle, que la grandeur est continuellement menacée du precipice, & qu'vn moment porte la bassesse dessus les Trônes: l'apprehension de la cheute doit moderer nos affections au milieu de la prosperité, & l'esperance d'vn retour heureux nous doit consoler dans les infortunes, iusques à ce que le temps, l'inconstance, la multitude, & les affections communes de la Nature se viennent terminer dans l'Eternité.

De l'vnion des Elemens dans les Mixtes.

CHAPITRE XI.

NOus auons admiré la souueraine Sagesse qui marque les limites aux Elemens, qui les appelle à leur tour au gouuernement du monde, qui empesche que les passions de leurs qualitez, & leurs violences ne renuersent l'ordre de la Nature.

Mais ie trouue vn plus ample sujet d'admiration, de voir ces grands corps se rompre, afin de s'engager par pieces, & de compagnie dans les estres singuliers, que nous appellons mixtes. C'est vn prodige que l'antiquité n'a iamais veu, d'atteler les Lyons auec les Taureaux, de nourrir les Aigles auec les pigeons, & de pouuoir viure en la compagnie de ces bestes ennemies, entre lesquelles on enferme les parricides. Cependant toutes les choses materielles subsistent par la composition des quatre Elemens, qui sont plus contraires, comme estans le principe de toutes les antipathies. Les especes empruntent leurs differences, les mixtes leur vie, leurs proprietez

& leurs actions du temperament qui reüssit de leur iuste proportion; & leurs inimitiez sont si accordantes, que l'on portoit anciennement le feu & l'eau deuant les nouueaux mariez, pour symbole de l'amour qui doit allier leurs cœurs dans cette irreuocable societé.

Ie ne veux pas icy disputer, si les Elemens conseruent leurs formes dans les mixtes; ou s'ils n'y laissent que leurs qualitez affoiblies & detrempées les vnes dedans les autres. Quelques-vns suiuent cette derniere opinion, pour ne pas donner plusieurs formes à vn seul estre. Les autres tiennent qu'ils y demeurent en effet auec leurs formes & leurs substances, qui, selon Aristote, se peuuent ioindre & entrer en societé, sans souffrir de corruption. Et d'autant que la matiere se doit premierement reuestir de ses formes vniuerselles, deuant que de receuoir les particulieres; qu'il est necessaire que leur substance demeure, pour supporter leurs proprietez & leurs accidens qui en sont inseparables, que c'est de là que nous appellons les corps mixtes, qui sans cette contrarieté seroient immortels; qu'en leur dissolution leurs parties ne se rejoindroient pas à la masse des Elements, si elles n'eussent esté prisonnieres dans le composé, si elles n'auoient vne forme qui leur donnast de l'actiuité, pour se sauuer de leurs ennemis, & se reietter dans le gros de leurs semblables. Quand mesme les

Elements qui se rencontrent pour former les mixtes, n'y auroient laissé que leurs qualitez ; il faudroit tousiours qu'vne Puissance superieure les obligeast d'en venir à cette meslée, qui les fait mourir, & qui les expose dessus la matiere, comme des Esclaues dans vn amphiteatre pour s'oster la vie les vns aux autres ; car ils ne se portent pas à cette extremité par inclination, mais pluftost ils fuyent leur rencontre, qui ne se fait qu'auec vne notable perte de leurs puissances, comme nous en auons fait la preuue. D'où il s'ensuit, qu'ils y sont forcez par quelque vertu dominante.

Quelques-vns disent, que le mouuement des Cieux agitant la masse des Elemés, en fait iaillir de chacun quelques petites parcelles, qu'il broüille, pesle-mesle, & lie de sorte, que de leur composition il en reüssit vn estre nouueau dans le degré de quelqu'vne des especes. Mais l'experience combat cette opinion, parce que nous ne voyons pas que les corps elementaires suiuét les reuolutions des Cieux : la terre demeure tousiours immobile, les fleuues ne courent pas à la mer par vne mesme route, mais selon que la pente de la terre leur donne passage : & si l'air tenoit toute son agitation du Ciel, il suiuroit le mouuement du premier Mobile, de sorte que nous ne ferions voile que vers vn des quartiers du monde, & nos vaisseaux ne pourroient ny escarter

DE L'EXISTENCE DE DIEV. 145
vn Meridien, ny aduancer aux parties Occidentales.

Si les Cieux estoient la cause des generations, comme les Planetes sont tousiours differentes en leurs aspects, en leurs demeures, & en leurs directions, iamais les choses ne naistroient dans la ressemblance ; & les rapports qu'elles ont au genre & en l'espece, se confondroient par la diuersité des influences. Les formes se noyroient encore dedans le Chaos, & les productions qui se doiuent faire en la Nature, s'enseueliroient l'vne l'autre, comme les vagues d'vne mer qui est agitée. Car l'instant d'vne influence voudroit remplir toute l'estenduë de la matiere d'vne forme dépendante de son pouuoir; & puis l'autre contraire qui la suit de prés, renuerseroit ce premier dessein; & dans ce contraste continuel, rien ne se pourroit acheuer au monde. De là s'ensuiuroient mille absurditez : les choses auroient leur perfection en leur naissance, parce qu'elles la tiendroient d'vn principe qui déploye toute sa vertu en vn instant, & d'vn mouuement de violence qui a sa plus grande force, quand l'impulsion luy fait commencer son cours. Les formes periroient aussi-tost qu'elles auroient paru dessus la matiere, à cause que l'influence dont elles releuent, ne dure qu'vn seul moment, & qu'elles ne sçauroient subsister, en estant priuées. Sa presence est plus necessaire pour conseruer

Tome I. O

l'estre, que le Soleil, pour nous apporter le iour: d'autant que les choses inferieures n'ont pas assez de rapport auec les qualitez des Cieux; & leur nature est par trop coulante pour entretenir la vertu dans l'esloignement.

Outre ce que nous ferons la preuue, que les Cieux ont des qualitez contraires qui peuuent y causer de l'alteration : Tellement qu'estans eux-mesmes en diuorce, l'accord des Elemens ne se peut non plus faire dans les composez par leur entremise, que la paix dans vn Estat par les conseils obstinément contraires de ses Ministres ; & comme nostre santé n'est point aydée, ny nostre temperament restably par cette homicide vanité, qui diuise l'aduis des Medecins en leurs consultations ; toutes les affaires veulent estre traittées par des personnes qui soient d'vne intelligence, & sans auersion, autrement les piques particulieres sont vn obstacle à l'auancement du bien public.

D'autres ont dit, que les Elemens sont retenus en sujetion dans les composez, par vne forme celeste que les Astres y ont répandue, qui fait l'ame vegetante, ou sensitiue, selon les dispositions de la matière. De là naist la superstition des horoscopes, les trompeuses obseruations de Physionomie par les lignes des Planetes dominantes, & l'excuse des Medecins, qui imposent à cette secrette vertu les maladies de la forme dõt ils ne peuuent trouuer ny la cause, ny le remede. Mais cette opinion est combattuë par plusieurs raisons. Premierement, on peut dire que les Astres n'estans pas animez, comme nous en ferons la preuue, ils ne peuuent remplir la matiere de formes animées, & donner plus que leur nature, & leur puissance ne leur permet. Cette forme celeste ne doit pas estre vne simple qualité, parce qu'elle seroit du nombre des accidens, & ainsi elle auroit vne trop basse extraction, & vne puissance trop foible pour commander aux formes substantielles des Elemens, & les maintenir en paix. Seroit-ce aussi vne substance & vne portion qui fust éclatée des Cieux pour s'emprisonner dans la matiere, & pour faire alliance auec des corps qui ont si peu de rapport à son excellence? Hé! le moyen que cette partie qui s'est destachée de son propre corps, fust capable d'entretenir l'estre dans vn qui luy seroit estranger? qu'elle peust causer l'vnion estant des-vnie, ou le mariage des choses contraires, ayant fait elle-mesme diuorce auec son semblable; il faudroit que les Cieux tirassent ces formes de leurs substances, lesquelles estans limitées, se consommeroient en ces largesses, & souffriroient des dechets semblables à ceux des choses inferieures, qui se consomment, fournissant aux fraiz des generations.

Cette forme, selon les Medecins, ne consiste

O ij

qu'en vne certaine chaleur, qu'ils appellent vitale, celeste & diuine. Or le propre effet de la chaleur eſtant de ſeparer le pur de l'impur, & de mettre les choſes differentes hors de confuſion; elle laſcheroit les Elements, & les remettroit bien pluſtoſt en liberté, que de les tenir empriſonnez dans les mixtes. En fin comme les Aſtres conſeruent l'éclat de leur grādeur, ſans leuer aucuns ſubſides de la terre, & leur beauté ſans prēdre de nourriture: Auſſi les eſtres animez qui dependroient plus de leurs influences, tiendroient cét auantage, & cette reſſemblance de leur principe, de conſeruer leur vie ſans aliments: ce que neantmoins ils ne peuuent faire, cela n'eſtant propre qu'aux choſes inanimées.

Les Elemens ne ſont pas auſſi retenus dans les mixtes par cette forme ſubſtantielle, qui eſt le principe du mouuement, qui donne la vie par ſa preſence, & la mort par ſa ſeparation. Car cette forme ſuruient à la matiere, deſia diſpoſée par l'aſſemblage des quatre Elements, auec des qualitez & des organes propres à l'eſtre qu'elle doit eſtablir: de ſorte que la difficulté demeure touſiours, de ſçauoir, qui a meſlé le feu auec l'eau, & l'air auec la terre dans cette maſſe qui va s'animer, & quelle eſt cette Puiſſance qui conſerue des qualitez ennemies dans vne ſi longue paix.

Comme la forme ſubſtantielle, ſelon tous les Philoſophes, ne ſouffre point l'alteration du plus ou du moins: si elle estoit vne fois capable d'entretenir ce meslange, elle le conserueroit tousiours, & le rendroit immortel, parce que son action se fait auec necessité, & que sa puissance ne souffre point de diminution. Le temps qui rompt les plus fermes alliances, affermiroit celle-cy, d'autant qu'il esmousseroit tousiours la pointe de ces contraires; qu'il les accoustumeroit à l'vnion, & d'vn meslange forcé, il en feroit vne societé naturelle.

Puis donc que nous ne rencontrons point dans la Nature de cause assez forte, pour contraindre les Elemens à s'engager, & à demeurer dans les composez, si les Cieux sont impuissans pour cela, si la forme substantielle est plustost l'effet que la cause de ce meslange: Nous sommes obligez de reconnoistre vne Puissance superieure, vne Vnité infinie, qui penetrant toutes les parties du monde, y cause ces alliances, & y conserue la paix.

L'intelligence admirable que les Elemens pratiquent, estans enfermez dans vn fort petit espace, est vne preuue infaillible du respect qu'ils portent à la Puissance qui leur a commandé la paix. Tous les iours nous voyons l'eau qui petille d'impatience, qui boüillonne de colere, aillir & ietter des cris aigres pour tesmoigner ses souffrances quand elle est versée dessus le feu. Si elle se répand dessus la terre, & que sa quantité

O iij

luy donne des forces suffisantes, elle coule pour trouuer vn gros où elle se iette en refuge : que si elle est foible en sa quantité, elle rallie ses goutes en figures ronde, afin de toucher le moins qu'elle peut, & seulement en vn poinct, la secheresse de la terre qui entrebaille pour la consommer. Le feu que l'on veut esteindre à force d'eauë, fait de si furieuses resistances à cét ennemy, que pour l'écarter, il renuerse l'ordre de la Nature ; il se vange en ruinant les beautez ; il réd toutes les couleurs noires, il oste la respiration, & la vie si on ne se sauue, & fait vne nuict du iour par les tenebres de sa fumée. Neantmoins ces ennemis s'engagent dans les composez auec tant de douceur, que leur entrée n'y est pas sensible : Ils y demeurent auec tant de iustice, que sans consideration de la plus grande actiuité, que les vns ont par dessus les autres, ils se penetrent, & se redonnent mutuellement leurs qualitez par vn eschange & vne permutation qui est toute dans la bonne foy. Le feu donne sa chaleur à l'air ; l'air communique à l'eauë son humidité déja eschauffée ; l'eauë remplit la terre d'vne humidité, & d'vne froideur temperée de chaud ; & la terre redonne au feu, auec sa secheresse, la chaleur qu'il auoit premierement imprimée à l'air. Ainsi toutes les propres qualitez reuiennent à leur source, lors que les Elements sont tous ensemble agissans & patissans dans les mixtes. Ils font vne ligne droite par la fuite égale & proportionnée de leurs qualitez ; vn triangle par le rapport de celles qui font fympathiques ; vn quarré par leurs quatre corps ; & vn cercle par leur retour : fi bien qu'ils empliffent toutes les dimenfions par vn feul accord, & ne laiffans point de vuide dans la Nature, ils reprefentent la communicatiue bonté, l'égalité, la folidité & l'eternité du premier principe.

Ie paffe ces confiderations, quoy que rauiffantes, parce qu'elles font vn peu trop abftraictes, pour tirer encore vne fois cette conclufion, que l'enchaineure des Elemens, leur fuite, leur liaifon, leur retour, font tous effets infaillibles d'vne Diuinité qui prefide au monde. Car nous ne fçaurions trouuer d'autre caufe affez puiffante pour feparer les parties des Elemens de leur maffe, & pour les exiler de leur païs, les contraindre de demeurer en repos auec leurs contraires, obliger les plus puiffans de faire iuftice aux moindres ; en fin pour les entretenir dans vn eftat qui faffe violence à toutes leurs inclinatiós.

Le Legiflateur fuppofe toufiours que les peuples qu'il veut inftruire, font portez d'eux-mefmes aux defordres ; & comme il fçait que les feules remonftrances font trop foibles pour vaincre leurs peruerfes inclinations, il y adioufte les feueritez, les contraintes, les fupplices, & rend les biens, l'honeur, & le corps, refpófables des dereglemens de l'esprit & de la transgression des Loix. Les sages font vn pareil iugement d'eux-mesmes : que si ce n'estoit le regime de la raison, & les violences qu'elle fait aux desirs & aux mouuemens de la Nature; les passions les emporteroient à des excez, & des fureurs qui passeroient celles des Boucs & des Tygres. Ce que la Police nous fait reconnoistre dans l'Estat, ce que la Morale nous fait éprouuer en la conduite de nos actions, nous doit obliger de croire, que la correspondance des Elemens dans le monde & dans les mixtes, se fait contre l'inclination de leurs qualitez contraires, & par le gouuernement d'vne souueraine sagesse, incomparable en ses conseils, & adorable en toutes ses œuures. Aussi les Romains appellerent leur Iupiter *Stator*, ou Arrestant, non pas parce qu'il empécha la déroute de leur armée, & qu'il leur fit tourner visage à leurs ennemis, lors qu'vne terreur panique leur faisoit desia quitter le chāp de bataille : mais principalement parce qu'il establit l'ordre au mōde & dans nos esprits; qu'il arreste les orages de nos passions & des Elemens ; qu'il change les foudres en fecondes pluyes, & nos transports en legitimes affections: En fin parce qu'il est la toute-puissante Vnité, l'Amour dominant qui fait les mariages de la Nature, qui met l'intelligence & la paix entre les contraires.

De l'ordre

De l'ordre & du mouuement des Cieux.

CHAPITRE XII.

LE Ciel est le corps le plus grand du monde, le plus accomply en sa forme & en sa matiere, le plus puissant en ses qualitez, le moins sujet aux alterations, qui soustient tous les estres par ses influences; & qui anime toutes les beautez par sa lumiere. Nostre esprit se trouue remply d'vn extraordinaire contentement, lors que nos yeux se répandent vn peu à loisir sur l'or & l'azur de ce beau lambris: & comme il n'a tant de raretez, que pour estre le sujet de nostre admiration; il semble aussi que la Nature nous aye donné tout exprés vne taille droite pour nous en faciliter la veuë, & nous apprendre par la disposition mesme de nostre corps, que la contemplation du plus bel objet du monde, nous appartient, comme aux plus nobles & aux plus connoissants des Estres animez.

Vn grand Philosophe disoit, qu'il n'estoit nay que pour voir le Ciel, & faisoit son estude principale de ce grand sujet, où du concert de plusieurs mouuemens reguliers & dissemblables, il tiroit les instructions de nostre vie, qui se conduit par vne constance moderée, selon la diuersité des euenemens. Iamais, dit Seneque, l'homme ne conceura cette grandeur de courage, qui l'éleue au dessus des choses corruptibles; iamais il ne méprisera mieux les thresors de l'auarice, l'éclat de l'or & des pierreries, l'orgueil des grands edifices, & la pompe des vétemens, que quand la contemplation le portera au dessus des Cieux, pour voir rouler sous ses pieds ces vastes estenduës de lumiere; pour y admirer les proportions de leurs grandeurs, de leurs vertus, de leurs mouuemens, de leurs rencontres. De là comme la terre n'est qu'vn petit poinct tenebreux, il se mocque asseurément de l'ambition des hommes; qui se contente de partager ce dont la petitesse semble indiuisible: à peine remarque-il l'estenduë des Empires comme des atomes; & ces formidables armées, qui épuisent vn Royaume pour renuerser l'autre, sont moindres à ses yeux qu'vn amas confus & fretillant de fourmis, qui font vn grand païs d'vn de nos pas; & dont les plus longues courses s'acheuent dedans vn espace que nous tiendrions pour vne prison.

On a quelquefois trouué Socrate & Platon tous droits, ayans les bras croisez, & les yeux esleuez fixement en haut, rauis en extase en la consideration du Ciel. Ce n'est pas que les speculations vniuerselles, libres du temps, du lieu, de la matiere, ne fussent des objets plus digne de la contemplation de ces Philosophes, comme plus rapportans à la dignité de l'ame. Neantmoins la veuë du Ciel, encore qu'il ne soit qu'vn corps, leur a donné des sentimens qui passoient l'humain. Tous les iours nous y esleuons les mains dans les disgraces, les yeux dans l'étonnement, par vn instinct qui nous fait coniecturer, qu'il y a là haut quelque Puissance infinie qui preside au monde; dont la bonté est le support de nos miseres, & sa Majesté est le premier sujet de toutes nos admirations. Comme nous n'auons point d'inclination naturelle que pour ce dont nous pouuons auoir la iouïssance; ie croy que nous ne ressentirions pas cette complaisance interieure à la veuë du Ciel, que nous ne pouuons approcher qu'auec les yeux, ny ces mouuemens, pour vn sujet qui ne promet rien au corps, s'il n'estoit le throsne d'vn Dieu, qui peut estre possedé de nos ames comme leur souuerain bien. Et de mesme que le frontispice des Palais porte les Armes & les Escussons du Prince qui les a bastis: les Cieux nous monstreroient continuellement les marques de la grandeur de Dieu, si nous estions assez curieux pour en faire les obseruations, & assez bons pour ne les pas tourner en mauuais vsage.

Leur circonference qui encloft le monde, represente l'immensité de son Principe; leurs influences, sa bonté; leurs mouuemens, sans repos, qu'il est tout acte; leurs reuolutions, & la durée de leurs substances est vne perfaite image de l'Eternité. Rien ne nous figure mieux l'estre intelligible, que leurs lumieres; & comme la connoissance de Dieu void le futur & le passé au present, les Astres nous donnent quelque presage de l'aduenir; & vne partie des Arrests de la Prouidence, deuant qu'ils s'executent sur les choses materielles, nous paroissent affichez sur ces superbes portiques. C'est pourquoy les Anciens faisoient vne espece de Theologie de la consideration des Cieux, & la sainteté estoit tenuë ignorante & imparfaite, si elle n'estoit conduite & échauffée par cette contemplation. L'Astrologie fut la premiere entre les sciences, lors que les premiers d'entre les hommes l'auoient en estime, que les Roys de Perse, vn Atlas, vn Ptolomée, & d'autres Princes, en faisoient leur estude principale, & que les spheres estoient maniées des mesmes mains qui portoient les sceptres.

Il est vray que, comme il se fait vne plus insupportable corruption des viandes les plus delicates, l'on a veu aussi naistre les plus dangereuses impietez de l'Astrologie, qui est la premiere d'entre les sciences naturelles. Car les Cieux rendent de si puissans témoignages qu'il y a vn Dieu, que les peuples prenans les figures pour les realitez, & les ombres pour les corps, adorerent les Cieux comme des Diuinitez. Les Perses n'auoient des vœux & des sacrifices que pour le Soleil ; & toutes les nations ont donné le nom des Planetes à leurs Idoles, de Iupiter, de Mars, d'Apollon, de Venus, de Mercure, de Diane. Les Egyptiens faisoient des sacrifices au Taureau Apis, & disoient qu'Isis, qui leur auoit enseigné l'agriculture, prenoit la forme de cét animal, parce que le Taureau est vne constellation composée d'estoiles humides, fort heureuses pour le labourage. Les Israëlites adorerent le Veau au desert, soit par la coustume qu'ils en auoient veu pratiquer en Egypte, ou comme quelques-vns disent, parce que le Soleil estoit en cette partie du Zodiaque, quand ils sortirent de captiuité.

Ostez mesme les interests de Religion, les abus de cette science se sont trouuez si preiudiciables à l'Estat, lors que ses professeurs ont fait des predictions d'vne Tyrannie prochaine, de la mort des Grands, des pertes d'armées, & d'autres semblables euenemens qui mettoient les esprits en émotion, que les loix se sont armées côtre ces mauuais Prophetes, les rendant doublement menteurs, & par la conseruation de ce dôt ils auoient predit la ruine, & par les supplices auec lesquels elles chastierent leur temerité, au lieu des recompenses qu'ils s'estoient promises de leur industrie. Les constitutions Ecclefiaftiques condamnent la fuperftition des Horofcopes, qui oftent à l'homme les droits de fa liberté, qui luy font perdre les affections de la vertu, qui donnent l'excufe au vice, qui nourriffent les cruautez, enflamment les concupifcences, fomentent les haines fauuages & melancholiques, & font de plus violentes impreffions fur les efprits foibles par leurs fuperftitieufes obferuations, que n'en font les Planetes deffus les corps auec toutes leurs influences.

Ces confiderations m'empefchent de remarquer dans les Cieux quantité d'effets dignes de merueille; de peur qu'en voulant donner quelque fentiment de Dieu, ie n'engage les efprits dans la fuperftition, & que ie n'augmente le mal par la medecine. C'eft pourquoy ie ne m'arrefte qu'aux chofes les plus generales, comme à leur ordre, à leurs mouuemens, à leurs rencontres, qui dépendent de la connoiffance commune des Philofophes, qui fe peuuent voir fans peril, & auec de grandes inftructions du Createur. Premierement les Cieux des Planetes ont vn departement auec vn ordre, fans lequel la terre ne feroit pas habitée. Saturne qui eft le plus froid en fes qualitez, & le plus lent en fon mouuement, eft au quartier le plus efloigné de nous, de peur que fes malignes influences n'efteignent la chaleur d'où dépend la vie, & n'arreftent les actions qui entretiennent le monde.

Iupiter tient sa seance entre les glaçons de cette Planette infortunée & les feux de Mars, afin d'adoucir leurs mauuaises impressions par le fauorable temperament des siennes. Le Soleil marche entre les six Planetes, comme vn Roy entre six Princes, ausquels il donne beaucoup de sa lumiere & de sa vertu pour pension, tant qu'ils demeurent dans le respect d'vne mediocre distance: Mais si tost qu'ils s'approchent trop prés de sa grandeur, sa Iustice punit leur temerité d'vne entiere suspension de puissance. Il est aussi au milieu des autres Planetes pour recueillir toutes leurs influences dans son globe, & les digerer par l'eminence de sa chaleur, afin qu'elles soient dans vne moderation plus accordante à l'entretien de nos vies. Venus, Mercure, & la Lune, sont les plus proches de nous, à cause qu'ils nous defendent de la violence des autres Planetes, par leurs qualitez mediocrement chaudes & humides, propres aux generations ; celles qui forment les meilleurs temperamens, & qui remedient aux imperfections de la terre seche & froide.

Si l'ordre qui se remarque aux moindres petites choses, suppose la conduite de la raison; que doit-on dire de la disposition de ces grands corps de lumiere, dont les plus petits egalent l'estenduë de toute la terre, les autres la passent auec des excés qui ne sont pas creuz, que quand l'esprit s'y trouue forcé par les demonstrations de Mathematique? Certes, il faut que ce soit vne main toute-puissante qui aye esleué ces grandes machines; vne Sagesse infinie qui aye disposé ces globes auec vne iustesse, vn ordre & vne proportion qui nous marque regulierement les temps & les saisons. C'est vne bonté que nous ne sçaurions reconnoistre auec d'assez grands hommages, qui a prescrit à ces corps celestes des grandeurs, des mouuemens & des influences si precisément necessaires à la conseruation de nos vies, que le moindre de leurs defauts, priueroit le monde de sa beauté, & peut estre de son existence.

Les Planetes superieures ont leurs qualitez plus fortes: d'où vient que les Estres qui dépendent de l'influence particuliere de Mars, sont les tyrans & les bourreaux des inferieurs, comme nous le voyons aux tygres, aux loups, aux oyseaux de proye, en toutes les bestes carnacieres, &, selon les Astrologues, en ces humeurs temeraires qui se font vne iustice de la violence, & vn passe-temps de la cruauté. Le fer mesme dominé par cette furieuse Planete, répand le sang, terrasse les arbres, couppe & altere les autres metaux: Saturne enuoye de si profondes impressions, que ses maladies sont incurables aux remedes: comme nous le voyons en la lépre, aux fiévres quartes, aux phtisies, aux chancres, aux

imaginations

imaginations melancholiques, & en ces noires amours, qui eſtans grauées ſur des cœurs de brōze, ſe conſeruent parmy les orages, ſe repaiſſent de leurs diſgraces, & ne finiſſent qu'auec la vie. La Prouidence diuine a diſpoſé ces Planetes, pour inſpirer la conſtance & la vigueur aux choſes inferieures, qui, ſelon l'inclination de leur matiere, ſont laſches à l'action, & trop promptes à l'inconſtance; mais de peur qu'ils n'vſurpent la domination du monde, ou qu'ils ne changent leurs ſecours en vne eſpece de tyrannie, la meſme Sageſſe a temperé l'excés de leurs forces par la moderation de Iupiter, de Venus, de la Lune, & d'vne infinité de fauorables Conſtellations: de ſorte que nous en receurions touſiours de grandes commoditez, ſi l'indiſpoſition des corps n'y apportoit de l'empeſchement.

Il paroiſt bien que ces Planetes & le Soleil meſme, releuent d'vne Puiſſance ſuperieure, en ce qu'ils ſont obligez d'acheuer tous les iours le tour du monde, ſans repos, de prendre leurs logemens, quoy qu'incommodes, dans chacun des Signes du Zodiaque, de ſouffrir les exils, les dechets, les eſloignemens, les retrogradations; & perdre leurs forces par la rencontre de leurs ennemis. Cependant afin qu'il ne ſuruienne point de dommage à la partie du monde, de laquelle ils ſont abſens, & où ils ne peuuent enuoyer leurs rayons, il reſte touſiours ſur l'horison vn nombre d'eſtoiles fixes d'vne meſme vertu, qui leur feruent de Lieutenans. Et la Lune comme voiſine de la terre, ſon alliée, & qui s'accommode à ſes alterations par les changemens de ſa lumiere, haſte tout exprés ſon mouuement, pour dans vn mois, ioindre les autres Planetes par toutes les ſortes d'aſpects, & afin que temperant par ſon humidité naturelle, les vertus qu'elle recueille de leur contribution, elle nous les rende plus fauorables.

Et d'autant que le monde inferieur a beſoin de la diuerſité des ſaiſons pour entretenir ſes viciſſitudes & ſes naiſſances; que la terre ne peut produire ſes fruicts, qu'eſtant tantoſt eſueillée par la chaleur, reſſerrée par le froid, nourrie de l'humidité, les Planetes nous apportent ces chágemens, quand ils ſuiuent leur route dans le Zodiaque : Car ce cercle qui enuironne le Ciel, comme vne eſcharpe, en biaiſant du Septentrion au Midy, fait que le cours qui eſt regulier pour eux, eſt inégal pour nous qui ne tenons pas ſon centre. De ſorte que les approches & l'eſloignement que le Soleil fait de nous tenant ce chemin, nous cauſe la diuerſité des ſaiſons de l'année; & ceux des Planetes nous donnent à propos les pluyes, les vents, les iours d'Eſté au cœur de l'Hyuer, & nous font reſpirer les fraiſcheurs du Printemps en Eſté, de peur que nos forces ne s'exhalent dans la continuë d'vne trop grande chaleur.

Ie ne fais point icy de remarque de ce qui se dit des exils, des exaltations, des cheutes, des triplicitez, des termes, & des aspects des Planetes, d'où naissent les diuerses impressions de l'air: Ie me contente de tirer cette conclusion de ce que nous auons dit, qu'vn ordre si admirable, & si necessaire à la conseruation du monde, est l'effet d'vne souueraine sagesse. Car si les choses naturelles ne se portent par inclination qu'à ce qui leur est plus auantageux, si la pierre ne cherche le centre du monde, que parce qu'il donne repos à sa pesanteur: Il faut que ce soit vne authorité toute-puissante, qui contraigne le Soleil d'abandonner le Lyon, où il a vne augmentation de forces, pour aller esteindre sa chaleur, & faire mourir sa vertu dans l'Aquarius; qui force la Planete Iupiter de perdre sa pureté dans la Vierge & le Gemini; En fin qui bannisse les autres de leurs maisons, qui les fasse descendre de leur apogée, reculer dans leurs epicicles, & endurer ses incommoditez particulieres pour le bien general du monde.

C'est encore sacrifier à la fortune, & prendre l'ordre pour le propre effet de l'inconstance, de dire que les Planetes font ces rencontres heureuses ou infortunées par la necessité de leur mouuement circulaire qui les y emporte: Car ce mouuement mesme, d'où l'on fait dépendre tout l'ordre du monde, releue d'vne cause superieure plus puissante que ne sont les corps: d'autant que le corps de soy ne peut suiure & continuer ce mouuement, que par la force de ses qualitez. Or la qualité qui est limitée, obligée au lieu, attachée à certaines parties de la matiere, ne produit aussi qu'vn effet tousiours limité, qui est semblable & non pas contraire à ses propres conditions; côme la chaleur cause la chaleur & la dilatation; le froid les glaces & le retreffissement du sujet qu'il a engourdy. Mais nous voyons des effets dissemblables à leur principe dans la continuë du mouuement circulaire; en ce que sa course est infinie, n'ayant point d'arrest, ny ses pretentions d'objet qui soit arresté; il cherche & fuit tout ensemble son terme; il ne s'en veut approcher que pour le perdre, & on ne sçauroit dire s'il y tend, ou s'il s'en escarte, parce que son esloignement est la fin de sa poursuite, & que sa fuite le rapproche du mesme poinct qu'il veut esquiuer. Par exemple, Mars qui est maintenant proche de l'apogée de son excentrique, n'y sera pas plustost arriué qu'il en partira; semblable à ces esprits qui souffrent vn reflus continuel d'affections, & dont la rigueur n'est moderée que par l'inconstance. Tous les mouuemens de la Nature ont leurs termes, les corps ont leurs centres, & des lieux sortables à leurs qualitez, où ils cessent leurs agitations: mais les Cieux emportez d'vn mouuement circulaire, n'ont ny terme, ny commencement, ny fin, ny repos, que par noſtre imagination: ils montent & deſcendent, & ſont dans cette continuelle contrainte, pour monſtrer qu'ils ne ſuiuent pas vn mouuement propre aux corps, mais celuy qui leur eſt imprimé par vne vertu eſtrangere.

Il eſt vray que pour trouuer le principe de ce mouuement, quelques-vns ont dit que le Ciel eſtoit animé d'vne forme intelligente, afin que le plus beau des corps euſt vne forme la plus parfaite, & plus excellente, que celle des Eſtres inferieurs dont il a le gouuernement. Ie laiſſerois l'eſclairciſſement de cette verité aux Philoſophes, ſi elle n'importoit beaucoup à la Religion Chreſtienne: En ce que ſi les Cieux ſont animez, c'eſt d'vne ame bien-heureuſe, qui en cette conſideration, & par reconnoiſſance des faueurs que nous en receuons, meriteroit de nous vn culte qui feroit renaiſtre l'idolatrie, & qui fortifieroit l'opinion de ceux qui croyent que les Aſtres font des impreſſions ſur les volontez par la vertu de leurs formes, comme ils en font deſſus la matiere par les qualitez de leurs corps. Ie dis donc qu'il n'eſt pas à croire que les Cieux ſoient animez, parce qu'ils n'ont pas les organes neceſſaires aux fonctions de l'ame vegetante, ſenſitiue, ou raiſonnable: ils n'ont pas les ſens, ſans leſquels l'ame vnie au corps n'a point d'action; & s'ils en auoient, ils leurs feroient inutils, parce qu'ils ne rencontreroient point hors d'eux-mesmes d'objets capables de les terminer. Ils seroient côtinuellemét offensez par la violence du premier Mobile, par leurs dechets, leurs retrogradations, & par ces aspects infortunez qui les affligent d'vne suspension de forces. En fin tous les Estres qui ont l'ame, quand ce ne seroit que la sensitiue, se portent vers les objets qu'ils passionnent, auec des mouuemens indeterminez, & ne sont point reduits à cette necessité, d'aller continuellment vn mesme train : de sorte que leur action ne soit qu'vn retour sur leurs pas, comme nous le voyons aux Cieux.

Ils ne sont donc pas animez : & comme il n'est pas necessaire qu'ils le soient pour auoir vn mouuement circulaire, qui leur peust estre imprimé par vne force de dehors, afin de ne pas admettre en la Nature le superflu, & ne leur pas donner vne forme qui seroit repugnante à la necessité de leurs fonctions, & inutile à l'influence de leurs vertus : la commune opinion des Philosophes est, qu'ils sont meus par vne Intelligence. Car, comme il n'y a que l'esprit capable de faire vne reflexion dessus soy-mesme, aussi est-il seul qui puisse donner le mouuement circulaire au corps : & leurs periodes ne nous rameneroient pas les saisons auec vn reglement qui n'eschappe iamais de sa iustesse, si elles n'estoient entreprises auec dessein, & conduites auec science.

Par ce moyen il se fait vne liaison de la Nature intelligible auec la corporelle : de sorte que, comme les estres corruptibles reçoiuent leurs impressions & leurs mouuemens des Cieux : ainsi les Cieux empruntent le leur des intelligences, afin que l'estre spirituel, qui est le plus eminent, soit le principe de toutes les actions materielles.

Ces formes mouuantes ne sont pas encore le premier Principe, & le Dieu de la Nature que nous cherchons : d'autant qu'elles sont dans le nombre, & dans la multiplicité, leurs vertus sont limitées à certains emplois, & chacune est attachée à vn globe, où elle fait les fonctions d'vne forme particuliere. Or nous deuons trouuer vn Principe vniuersel, & vne Essence infinie, qui soit la source de tous les estres, vne Vnité & vn repos qui appuye tous les mouuemens ; vn Acte tres-pur, qui répande vniuersellement ses influences sur toutes choses, & aussi bien sur l'estre intelligible, que sur le materiel.

Ses graces nous pressent de faire vn cercle de nos connoissances, en les conduisant des creatures à nous, & de nous à luy, pour admirer sa bonté répanduë sur les choses inferieures, la reconnoistre auec toutes sortes d'hommages dans les prerogatiues de nostre Nature, & l'adorer dans le thrône de sa Majesté auec le silence & l'extase.

C'est peu de chose, de voir continuellement

la vicissitude du iour & de la nuict, du mouuement & du repos, du plaisir & de la douleur: Que la memoire nous represente le cours des années de nostre vie, la suite des siecles, le retour alternatif des saisons, de la paix, des guerres, des fertilitez, des secheresses, des deluges: Que les Histoires nous fassent voir les changemens des Empires, les transmigrations des Peuples, & le retour que toutes choses font à leurs principes. Il faut que nostre esprit fasse vne découuerte plus estenduë pour contenter pleinement ses affections. Il faut voir au delà du temps, anticiper tous les âges, monter au dessus des Cieux, du monde, de la Nature, porter iusques dans l'Eternité, & clorre le cercle de nos connoissances dans le repos qui est le principe & la fin de ces alterations.

Nostre ame porte en ses actions l'exemplaire de tous les mouuemens corporels. Sa regeneration se fait lors qu'elle est vnie aux choses diuines; sa corruption, quand elle dissoud ses forces parmy les materielles: elle croist par le souuenir: elle diminuë par l'oubliance: ses alterations sont les diuers mouuemens de la volonté: elle donne l'estenduë à ses pensées sur diuers sujets: elle les ramasse en elle mesme: elle monte en haut par la connoissance des choses vniuerselles: elle descend dans les singulieres: elle se porte à droit & à gauche par la consideration
des

des differences opposées qui font les especes par la diuision des genres: En fin elle va deuant & derriere, quand elle contemple les causes auec leurs effets. Mais comme de tous les mouuemens, le circulaire est le principal, en ce qu'il a plus de continuë, plus d'égalité, moins d'extrauagances, & qu'il rameine les parties au poinct d'où elles sont écoulées: ainsi de tous les mouuemens de nostre ame, le plus noble c'est celuy qui par les creatures l'éleue à Dieu, comme à son principe, & l'en fait descendre toute pleine de sainctes instructions pour y monter auec plus de courage. C'est là où la raison & la volonté seront entierement satisfaites en leurs connoissances, & en leurs amours; mais auec vne iouïssance qui leur lairra la liberté de la recherche, & vn repos qui n'empeschera pas la continuë de l'action; semblable à celuy des Cieux, qui roulent autour de leur centre sans s'en esloigner, ny changer d'espace. Car cette bonté souueraine retient nos ames attachées à elle par les delices dont elle remplit toutes leurs puissances: Et comme l'amour & la connoissance se donnent reciproquement leurs chaleurs & leurs lumieres, il se fait vn mouuement perpetuel d'extases & d'affections vers vn objet, dont on ne sçauroit iamais égaler l'immensité.

Tome I.   R

De la lumiere & des influences du Soleil.

Chapitre XIII.

Nous auons veu que le mouuement des Cieux nous porte à la connoissance du premier Principe, & que leurs reuolutiós nous sont des aduertissemés publics, de rapporter les efforts de nos esprits & de nos volontez à cette bonté originelle. Mais nostre contemplation auroit beaucoup de defaut; & nous laisserions ce qui nous peut donner vn plus exprés sentiment de Dieu, si nous ne faisions vne consideration particuliere des influences & de la lumiere du Soleil. Nos yeux ne voyent rien de si accomply; nos vies n'ont rien de si necessaire que cét Astre, qui est l'ame des beautez, le cœur du monde, la source de nos plaisirs, la ioye & la vigueur de la Nature. A son leuer l'Ocean appaise la mutinerie de ses ondes; les maladies alentissent leurs violences; les oyseaux le saliient auec leurs concerts; les fleurs taschent de luy agreer, en luy découurant ce qu'elles ont de rare; enfin tout reprend le mouuement, la liberté, l'action, la couleur par sa lumiere; comme à son absence, & dans l'horreur des tenebres, le monde n'estoit qu'vn grand sepulchre, où les

Eſtres eſtoient enſeuelis tous viuans.

Si les choſes meſmes inſenſibles ſe monſtrent reconnoiſſantes des faueurs de ſa lumiere par les treſſaillemens de leur ioye, l'homme qui eſt le Iuge des perfections de la Nature, & qui les tire toutes à ſon auantage, ſe doit rauir d'admiration à la veuë de cette beauté: Et ie croy que l'aurore ne donne vne nouuelle viuacité à nos eſprits, qu'afin que nous employons les premieres, & les plus pures de nos penſées, pour conceuoir quelque choſe du premier Principe du monde par l'aſpect du Soleil naiſſant.

Il donne ſa lumiere & ſes influences à tous les Cieux: Il aſſiſte à toutes les generations, il preſide à la force de nos cœurs, à la ſubtilité de nos eſprits; il forme les metaux au centre du monde; il fait éclorre les poiſſons dans les abyſmes, & cache vne chaleur vitale dans la vipere & dans la ciguë, que les glaces de leurs poiſons ne ſçauroient eſteindre. Comme ſes approches font l'or & les parfums aux Indes, & donne à noſtre climat la fertilité de ce qu'il a d'agreable aux yeux, & de neceſſaire à la vie: Auſſi ſon eſloignement rend nos terres mortes, & leur fait éprouuer dans vne ſaiſon quelque choſe de la miſere de ces plages infortunées, qui ſous les Poles languiſſent entre des glaces eternelles.

Il faut aduoüer qu'vne vertu ſi admirable, & ſi neceſſaire à la conſeruation du monde, ne peut prouenir que d'vn Principe, dont la puissance n'a point de bornes, & que les qualitez corporelles ne sçauroient produire de si grands effets. Car il ne suffit pas d'alleguer icy auec le commun des Philosophes, que le Soleil est vne cause vniuerselle qui concourt auec tous les agens particuliers, & qui peut imprimer dessus la matiere autant de formes, qu'il y trouue de differentes dispositions. Cette maxime laisse encore l'esprit dans la mesme difficulté de sçauoir, si cette cause, qu'on appelle vniuerselle, a cette vertu d'elle-mesme, & de son propre, ou si elle l'emprunte d'vn autre principe. Or ie dis, que le Soleil estant vn estre singulier, vn corps qui a sa quantité mesurée, ses qualitez iusques à vne certaine estenduë, ne peut de luy-mesme fournir à vne multiplicité infinie de productions, ny combattre & surmonter ses propres vertus par ses effets. Il est chaud, & nous voyons qu'il preste son influence aussi bien à la production de la Mandragore & du Pauot, que de la Ruë, de la Canelle, & du Laurier, dont les Poëtes le disent amoureux. Il agit également en la generation des Hiboux, qui fuyent sa lumiere, & des Aigles qui supportent ses rayons auec delices, qui en imitent la vigueur par leur courage. Il n'est pas animé, comme nous en auons fait la preuue; & neantmoins il donne la vie, & d'vne corruption, il en fait éclorre les animaux que nous appellons imparfaits.

La portée des actions se mesure à l'estre: Et comme l'essence du Soleil n'est pas semblable à celle des choses qui peuplent le monde; comme sa substance est esloignée de la leur, aussi ne les peut-il pas produire par vne vertu qu'il possede en propre. Il n'appartient qu'à vn Estre infiny, à vn pouuoir qui n'aye point de bornes, à vn pur acte, esloigné de l'imperfection & de l'indigence de la matiere, sans corps, & libre des limites de la quantité, de fournir cette vertu formatrice à vne infinité de naissances qui se font au monde, ou bien de commettre quelque estre particulier qui en fasse la distribution. Quant au Soleil qui n'a que des forces limitées, il les épuiseroit en ces largesses continuelles, si vne bonté infinie ne préuenoit cette defaillance, & ne versoit dans son globe les fauorables qualitez qu'il nous communique. Aussi n'est-il pas à presumer, qu'vne si petite partie de Cieux, qui n'y est remarquable que par sa lumiere, peust auoir l'empire de la Nature, & que le tout fust dépendant de cette parcelle, si vn premier Principe ne luy auoit donné cette commission, & n'auoit recueilly tant de vertus dans vn si petit espace, pour nous faire entendre la souuerainement parfaite vnité de son Essence.

La lumiere est la plus rauissante de ses qualitez; & selon l'opinion de quelques-vns, c'est elle qui les contient toutes : comme s'ils vouloient dire par ce rapport, que les choses ont autant de perfection qu'elles ont d'éclat, & que la beauté doit tenir le gouuernement du monde. Il est vray que les inclinations de plusieurs choses qui sont particulieres pour d'autres objets, sont communes, & concourantes pour celuy cy. Toutes les Planetes se courbent, s'éleuent, & font violence à leur propre disposition, pour mettre leur teste au iour : Et on peut dire, que quand Diogene ne voulut rien d'Alexandre, sinon qu'il ne luy ostast point son Soleil, que ce Philosophe eut en cela des affections conformes à celles de la Nature, qui fait son thresor & son souuerain bien de la lumiere.

Elle est la seule chose du monde qui se fait conoistre par elle-mesme; & qui nous découure toutes les autres : Aussi nous la deuons regarder comme vn Principe naturel, & comme l'vne de ces veritez originelles qui est deuenuë sensible, afin de nous donner vn plus vif, & plus aisé sentiment de Dieu. Ie croy que si vn homme nourry dans les tenebres depuis sa naissance, & qui n'auroit iamais conneu d'autre lumiere que celle de la ratiocination, estoit tout d'vn coup tiré du cachot, & mis en presence du Soleil, la clarté de cét Astre esbloüiroit moins ses yeux, que son esprit ; & que cét obiet d'vne beauté, dont iamais il n'auroit veu l'idée, le mettroit dans l'exstase. Mais apres que ses yeux se seroient petit à petit desillez pour le contempler, & que sa raison se seroit mis en estat d'en faire le iugement; il seroit à craindre; qu'apres les complaisances d'amour, que son cœur conceuroit pour tant de beauté, il n'en vinst aux adorations, & ne persuadast que cét Astre fust le Dieu, dont il auoit eu plusieurs fois des pensées confuses. Et à la verité, sa creance sembleroit estre appuyée de la raison : parce que la lumiere a trop de beauté pour n'estre pas quelque chose de surnaturel, ses qualitez sont trop eminentes, son pouuoir trop absolu, ses effets trop miraculeux, pour naistre du corps & de la matiere.

Toutes les qualitez corporelles ont certaines proprietez qu'elles ne peuuent exceder; & leur pouuoir est borné à certains effets. La lumiere n'a point, ce semble, de limites en son estre, en son estenduë, en son action. Elle contient eminemment toutes les autres qualitez, ie dis mesme la vertu de toutes les autres choses, puis qu'elle côcourt vniuersellement à leur naissance. Elle n'est combattuë par aucun contraire; elle se répand en vn moment, se reserre à l'estroit sans s'incommoder; se dilate sans se rompre; s'écoule sans s'amoindrir : s'accroist, & remplit tous les espaces, où les autres agens exhalent leurs forces. Nous la voyons aussi pure parmy les cloaques, qu'entre les parfums ; aussi belle sur le fumier, que dessus les roses ; &

iamais elle ne raualle sa condition celeste, iusques à se mesler auec les choses inferieures, & à s'alterer de leurs qualitez.

On pourroit iuger qu'elle est d'vne nature autre que celle des corps, puis qu'elle les penetre sans violence : qu'elle trouue place dans la solidité du cristal & du diamant; & si elle s'arreste à la surface du bois, du drap, de la terre; ce n'est pas par impuissance, mais par vn dédain de se ioindre plus estroittement à des matieres de si peu de prix. Nos yeux mesme ne la sçauroient voir auec sa pureté dans le Soleil, comme si en l'excellence de sa nature, elle n'auoit point de proportion auec les organes corporels; & quád elle est mollement répanduë dans l'air, ce n'est pas tant elle que nous voyons, que les objets qu'elle a éclairez. Elle passe aussi bien la portée de nos esprits que de nos sens, en ce que nous n'en pouuons proprement parler que par negations, en rapportant ce qui ne luy conuient pas, afin de faire conceuoir quelque chose de ce qu'elle est. Car de dire qu'elle soit l'acte & la perfection des choses visibles, qui fait voir ce qui peut estre veu, c'est seulement toucher vn de ses effets, & non pas expliquer son essence & sa nature.

De ces considerations, l'Empereur Iulien l'Apostat prend suiet de defendre le culte qu'il rendoit aux Astres, qu'il appelle des Dieux visibles,

bles, & les Images des inuifibles qui leur prefidoient. C'eſtoit vne idolatrie, de mettre pluſieurs Principes du monde, & de penſer qu'vn corps euſt les perfections de Dieu. Mais il ne ſe fuſt pas trompé, & ſa creance n'euſt pas eſté ſacrilege, s'il n'euſt fait que reconnoiſtre la lumiere pour vne qualité qui paſſe le pouuoir des corps, & qui ne leur eſt donnée que par vne faueur particuliere de Dieu. Les Platoniciens diſent qu'elle eſt le ris des Cieux; que les intelligences donnent cét éclat aux Aſtres, par vn certain rejalliſſement de leur gloire: comme quand l'ame eſt touchée d'vne viue ioye, elle dilate le cœur, met la ſerenité ſur le front, le ris ſur les lévres, & fait eſtinceler les yeux par vne grande quantité d'eſprits. La lumiere eſt, diſent-ils, dans les ames, vn triomphe de la verité: & deſſus les corps, elle eſt la fleur de la bonté, le plaiſir des ſens, l'ame de la beauté, & l'interprete des perfections de toutes choſes. Il paroiſt bien qu'elle prend ſon origine d'vn Principe heureux, puis qu'elle porte le bon-heur à tout ce qui la reçoit, & qu'elle eſt recherchée auec les meſmes ardeurs, & les meſmes paſſions, que le bien. Si elle diminuë quelque choſe de ſon éclat, à meſure qu'elle s'abaiſſe aux degrez inferieurs de la Nature: ſi elle eſt moindre dans les diamans que dans les Aſtres, plus obſcure ſur la terre que dans le Soleil; c'eſt, comme le ris qui n'eſt qu'vne foi-

Tome I.   S

ble expression de la ioye du cœur, & des plaisirs interieurs de l'ame: Et que c'est de là que nous auons de si puissantes inclinations pour la volupté; parce que la lumiere qui est vn effet de la ioye, concourt à nostre generation: & comme principe, elle nous donne des mouuemens conformes à la nature. Aussi les anciens Romains eurent cette superstition de croire les nopces infortunées, si elles n'estoient faites en vn beau iour, & où le Ciel ne fust point couuert de nuages.

Quoy qu'il en soit, il me suffit de conclure que la lumiere n'est pas vne qualité comme sont les autres, purement corporelle, & qu'elle a vn principe plus releué, que ce qui tombe dessous nos sens. Elle doit venir d'vne cause vniuerselle, parce qu'elle se rencontre dans tous les Estres auec vne differente proportion. Elle est éclatante dans le feu, qui approche de la condition des Cieux; plus sombre, mais plus douce & plus agreable dans les diamans; elle n'a que de la blancheur dessus les perles; & toutes les couleurs qui distinguent les objets, ne sont autre chose que des rayons de lumiere obscurcis par la matiere. Cela me fait dire aussi qu'elle n'est pas purement incorporelle, parce qu'elle se rencontre attachée aux corps, & qu'elle en releue par vne dependance commune aux autres accidens. Ses forces sont limitées: d'où vient qu'elle est plus puissante, recueillie dans la concauité des miroirs, que répanduë en sa liberté dans les espaces de l'air; le mouuement échappe à sa force, & elle n'agit puissamment, que sur ce qui attend en repos son impression.

L'erreur des Perses, qui rauis de la lumiere, adorerent le Soleil pour Dieu, est dõc fort grossier, si nous cherchons la verité, autrement que par les sens, & si nous en croyons pluftost le discours de nostre raison, que le rapport de nos yeux. Il est vray que le monde ne monstre rien de si beau & de si éclattant que cét Astre. Mais il faut considerer que c'est vn corps, & par consequent imparfait, à cause qu'il est limité; qu'il subsiste par vne composition de parties dépendantes l'vne de l'autre. Il n'est qu'vn poinct en sa quantité, si on en fait la comparaison auec les autres spheres: il est dans le mouuement perpetuel, qui est vn estat de pauureté, & qui est au repos, ce que la recherche est à la iouissance. Encore souffre-il des contraintes continuelles, quand il est emporté du premier Mobile contre son inclination; quand la Lune le met en interdit, & l'empesche de répandre sa lumiere; quand il endure vne suspension de forces dans des maisons desauantageuses, & par la rencontre des Planetes infortunées.

Estant mesme dans la pleine liberté de ses influences & de sa lumiere, il a, selon le iugement

S ij

des Aſtrologues, de beaucoup moins fauorables que Iupiter. Il ne domine que deſſus les plantes iaunes, qui ne ſont pas les plus exquiſes en vertu, & que les curieux trouuent les moins remarquables en beauté : ſes parfums ne ſont que des ſuperfluitez en la Nature, pour la ſatisfaction du moindre des ſens : ſon or cede en prix aux diamans de Iupiter, aux topaſes, aux emeraudes de Venus : & vn ſage Legiſlateur bânit ce metal funeſte de ſes Eſtats, comme la matiere du plus laſche de tous les vices, & la ſource des plus grands malheurs qui démembrent vne Republique. Enfin ſi le Soleil inſpire quelque generoſité de courage aux bilieux, ce n'eſt que pour leur faire perdre la paix dans l'ambition, & les precipiter dans les entrepriſes, auſſi malheureuſes qu'elles ſont inconſiderées.

Ou ſi le temperament du ſang dépend de ſon influence, il ne fait en cela que fortifier la moindre partie de l'homme, & la rendre plus inſolente contre l'eſprit; ſon courage n'eſt que pour des conqueſtes dont la continence fait les vertus; & cette humeur languiſſante dans les delices, n'a rien de comparable à la viuacité, & aux inuentions de Mercure, non plus qu'aux profondes ſpeculations d'vn Saturne bien diſpoſé.

De là nous pouuons connoiſtre, qu'vne puiſſance ſuperieure aſſujetit le Soleil d'emprunter l'influence des autres Planetes, pour nous eſtre bien fauorable, comme le Legiflateur de Lacedemone obligea le Roy de n'agir dans les affaires publiques, que par l'aduis de quarante Confeillers d'Eftat, appellez Ephores. Le Soleil pratique au monde la Loy que Platon prefcrit à vn Gouuerneur de ville auec tant de feuerité, que perfonne ne s'y eft voulu foumettre: C'eft à fçauoir que ce Prince fe dépouïllaft tout à fait de fes interefts particuliers, pour rechercher ceux de fon Eftat ; que fes reuenus ne fuffent qu'vne penfion ; qu'il trouuaft les plaifirs dans les affaires, fon repos dans la vigilance ; & que toutes les heures du iour luy eftans comptées & deftinées aux diuerfes occupations de fa charge, il ne fuft qu'vn feruiteur public. Quel auantage reçoit le Soleil des deux mouuemens qui le tiraillent? Que luy reuient-il de fes influences, & de fa lumiere? le profit eft noftre, & la fujetion d'y fatisfaire luy eft impofée par vne puiffance fuperieure. Son mouuement regulier nous fait tous les ans la fuite fi neceffaire des quatre faifons: Le violent qui tous les iours le fait leuer & coucher, nous marque le tems de l'action & du repos, & la plufpart de fes deuoirs eftans ou forcez, ou empruntez, on peut dire que fon gouuernement n'eft qu'vne éclatante feruitude. Les autres Planetes le controolent fans ceffe par leurs afpects: Saturne arrefte fon actiuité auec fa froideu: Mars l'arme de tempeftes & de foudres: Iupiter l'adoucit aux occasions: Venus le rend beau: Mercure inconstant, & toutes ses impressions le mettent en tutelle, & portét les marques de son impuissance, soit qu'il en profite quand elles sont bonnes, ou qu'il ne s'en puisse defendre, quand elles luy sont desauantageuses.

C'est vne Sagesse infinie qui a dispensé de sorte le gouuernement du monde, qu'encore que le Soleil y fust le premier en lumiere & en chaleur, il ne fust pas le plus puissant en vertu, & n'en eust pas la parfaite Monarchie.

Comme il ne se peut passer de l'assistance des autres Planetes, ie croy qu'il est fort perilleux au Prince de suiure les mouuemens & les ouuertures de son esprit sans le moderer par le conseil. Quand l'Histoire de tous les âges luy fourniroit les plus veritables maximes du gouuernement, il s'agit tousiours beaucoup moins du droit, que d'vn fait, dont il ne sçauroit auoir vne asseurée connoissance, que par l'entremise de quantité d'yeux & de bouches. Ce qui arriue de bien sans conseil, est au iugement du peuple, vn coup de fortune; & les succez desauantageux sont les peines que meritent la temerité. Ceux mesmes, qui eussent conclud à l'entreprise, sont les premiers qui la blasment, pour se venger du mépris qu'ils ont souffert, n'y ayans pas esté appellez: & les reproches en sont si publics, que la plus éclatante vertu en est obscurcie.

Mais c'est vne grande consolation à celuy qui tient le gouuernement, de se pouuoir décharger du malheur de ses affaires sur le nombre de ses Conseillers : son honneur n'est point blessé par la déroute de ses desseins; on estime son courage, si on ne peut dresser des triõphes à sa victoire; & tant de personnes ont lors interests à sa iustification, que tout le crime est de la fortune.

Voila comment le Soleil emprunte la vertu des autres Planetes pour nostre instruction, & afin que l'experience de ses mediocres qualitez, nous deliurast de l'erreur de ceux qui l'ont adoré pour Dieu.

Neantmoins parmy ces defauts, il conserue encore assez de perfections, pour estre au monde vne image du premier Principe, & pour nous en donner vn vif sentiment. Car quand nous le voyons dans vn beau iour le maistre du Ciel, qui éclaire, qui nourrit, & qui anime la terre; il faut que nostre esprit s'éleue à vne souueraine Vnité, qui preside au monde, qui le conserue, qui le peuple des substances dont ce bel Astre nous découure les qualitez: Ses rayons se répandent iusques sur la terre, sans quitter son corps : ils conseruent leur pureté parmy les ordures, & ne souffrent point de meslange auec les choses inferieures. Ainsi Dieu est present partout, à cause de l'immensité de son essence; & neantmoins tellement recueilly dans son

Vnité tres-simple, qu'il demeure souuerainement parfait entre les defauts du monde ; vn Acte qui viuifie; vne Bonté qui perfectióne, vne Vnité qui assemble, vne Puissance qui supporte, & qui affermit toutes choses. C'est luy qui a compassé les parties du monde, qui en a fait la disposition, & dispensé les actions & les mouuemens; cóme le Soleil nous distribuë les iours, les mois, les saisons, nous regle le temps, & nous donne l'inuention des nombres, par qui toutes choses sont mesurées.

Si la lumiere sensible répand dans les corps vne chaleur vitale, qui est le principe de leur action; sans doute il y a vne lumiere originelle, qui éclaire tous les hommes qui viennent au monde, & qui causeroit vn embrazement d'amour dans nos esprits, si nos passions terrestres ne luy faisoient point de resistance. Mais quoy que les impies s'opiniastrent; que les Athées détournent tant qu'ils voudront leurs pensées du Ciel, dans l'horreur mesmes de leurs sacrileges & de leurs blasphemes; cette lumiere diuine sollicite leurs yeux de la receuoir; & la pointe de son rayon penetre leurs consciences, pour leur faire auoüer de cœur ce qu'ils nient de bouche.

De la

De la disposition des Estoiles fixes.

CHAPITRE XIV.

IL semble que la Nature vueille recompenser la perte des commoditez du iour par les beautez de la nuict, & satisfaire à l'absence d'vn Astre, dont nous ne pouuons supporter l'éclat, par la montre d'vne infinité d'autres, qui ont assez de lumiere pour gaigner nostre admiration, sans offenser nostre veuë. Le Ciel ne nous donne lors que ce qu'il faut de clarté pour le regarder, afin d'auoir nostre attention toute entiere : Et le monde appaise ses bruits, & garde vn profond silence, de peur de nous interrompre en ce temps destiné à la contemplation. Ainsi toutes choses prestent du secours, & rendent beaucoup de respect à l'action que nostre esprit entreprend, parce qu'elle ne se termine pas seulement à iuger du cours & de la vertu des Astres, mais à s'éleuer par leur aspect, à la connoissance d'vn Estre infiny.

Apres que mes yeux se sont arrestez sur vn nombre d'Estoiles fixes, étincelantes plus ou moins, selon leur grandeur ; qu'ils ont pris plaisir à voir Iupiter éclatant d'vne lumiere nette & tranquille, Venus dans vne beauté qui rauit d'admiration, & la Lune pleine de plus de lumiere dans vn plus grand corps; mon esprit s'accoustume à trouuer tousiours de plus en plus de plus beaux objets, & porte ses esperances & ses idées au delà de son ordinaire. Las, d'épeler toûjours ces caracteres lumineux comme d'vne langue qui ne luy soit pas connuë, & de n'auancer en ses connoissances qu'auec vn progrez tout plein de langueur, il fait en fin paroistre sa capacité, il franchit les choses materielles, & s'éleue iusques à la source de la lumiere intelligible. Il conçoit vne splendeur détachée de tout sujet, libre du lieu, du temps, des dimensions, du déchet, de l'accroissement, tousiours égale, & toûjours parfaite ; qui se répand par tout, qui penetre tout, qui donne la vie & la force à toutes choses; qui est le vray Soleil surceleste, de qui les Astres ne sont que des rayons obscurcis. Sa bonté les a enrichis de lumiere ; sa sagesse les a mis en cette disposition telle, que, comme ils n'ont rien que de bon en leurs qualitez, il ne se rencontre rien d'inutile en leurs figures.

On ne sçauroit assigner d'autre cause, de ce que cette voûte est marquetée d'estoiles, auec vne telle suite & de tels interualles, que parce qu'vne Intelligence superieure les a voulu disposer auec cét ordre, Car les Cieux ayans vne forme & vne matiere commune, toutes leurs parties deuroient estre dans vn mesme éclat ; & la iustice de leur temperament, qui leur donne vne forme ronde, la plus égale d'entre les figures, leur deuroit rendre la face d'vn mesme teint, & non pas éleuer dessus leur front des rougeurs si fort apparentes. Si les Cieux ont vne matiere liquide, pourquoy la lumiere ne se répand-elle pas dans chacune de ses parties, comme la transparence dans celles de l'air? Et qui empesche, que comme des gouttes de Mercure, se rejoignent quand elles s'approchent, de mesme les Estoiles ne ralient leurs corps, aussi bien que leurs lumieres & leurs influences, au poinct de leurs conionctions? Ou si les Cieux sont solides, d'où vient que leur estenduë n'est pas également éclatante comme le diamant & le cristal; qu'en ces pierreries vne petite paille soit tenuë pour vn grand defaut, & qu'en ce corps superieur, qui doit estre le plus parfait, il y ait plus de tenebres que de lumieres?

Si les choses se conseruent vne plus entiere beauté, quand elles sont moins alterées par leurs contraires; ceux qui n'admettent point de contrarieté dans les Cieux, ne sçauroient rendre raison de ce qu'vne partie a plus de lumiere que l'autre, puis qu'elle a vne mesme pureté, & vn mesme temperament. Si on dit que les Estoiles sont les plus solides parties des Cieux, ie m'estonne de ce que cette matiere se trouue épaisse en quelques endroits, & plus relaschée aux autres; que la lumiere, qui est diffusiue de sa nature, se voit enfermée dans de si petites espaces, veu que le retressissement est l'effet naturel du froid, & cependant si les Cieux ont quelqu'vne de toutes les qualitez, c'est la chaleur. La lumiere qui nous l'apporte icy bas, monstre que le thresor en est là haut : & si nous disons que Saturne est froid, ce n'est que comme l'air à proportion de nostre corps, à qui vne moindre chaleur que la sienne, passe pour froid à son sentiment.

En fin si les Cieux sont transparens, d'où vient qu'ils ne nous representent pas vne infinité de Soleils par vne multiplication d'especes & de reflexions ? d'où vient que sa face ne se represente pas sur le poly des Spheres, comme elle fait icy bas dans les fontaines, & sur les miroirs ? Et d'où vient que sa lumiere ne se redouble pas en chaque partie des Cieux aussi bien que sur le corps de la Lune ? Ces raisons nous obligent de reconnoistre, que puisque les Cieux n'ont pas d'eux-mesmes ces distinctions de parties & de lumieres, ils l'ont receu d'vn premier Principe, & d'vne Puissance telle qu'on se la doit figurer pour manier ces vastes machines, où les Estoiles, qui ne nous paroissent que de petits poincts, sont plusieurs fois plus grandes que toute la terre.

Ce seroit peu, si les Cieux n'auoient point vn plus grād sujet de merueille, que la difference de leurs parties obscures ou lumineuses, & qu'il n'y eust rien à y considerer apres la diuersité. Mais ce qui nous doit rauir dans de profondes adoratiõs de la Sagesse diuine, c'est que toutes ces pieces sont placées auec tant de rapport entr'elles, auec vn ordre si necessaire à la conseruation du monde, que nous verrions sa ruine par le defaut, ou par la transposition de la moindre Estoile. Cela se peut iuger de ce que toutes les alterations de l'air & de la nature, se font par l'acheminement des Planetes aux diuers Signes du Zodiaque; & les saisons semblent à cette heure anticiper l'vne sur l'autre, à cause que l'Aries de la huitiéme Sphere est auancé sur le Taureau du premier Mobile. Que seroit-ce donc, si les Signes manquoient, ou s'ils estoient hors de leurs places, puisque la seule diuersité de leurs regards cause de si notables alterations?

I'auoüe que nos yeux ne nous obligent pas à faire ce iugement, parce que la disposition des Estoiles nous semble faite par hazard; que les figures de leurs constellations ne nous paroissent que dessus les globes artificiels; & qu'il faut auoir estudié pour les reconnoistre. Mais en cela nous deuons considerer qu'il ne s'agit pas icy d'vne disposition materielle, d'vne industrie méchanique qui aye enrichy le Ciel de broderie, & qui de la diuersité des Estoiles aye formé des compartimens & des fleurons: Il s'agit du concert & du rapport de leurs vertus, qui ne peut estre entendu de nos oreilles, ny veu de nos yeux, mais seulement compris de nostre raison par de longues experiences.

Quand on void aux fontaines artificielles des roües entaillées auec tant d'inegalité, que les touches se pressent en certains endroits, & laissent aux autres de fort grands espaces vuides, vn ignorant ne penseroit pas que cette machine, qui offense l'œil par la disproportion de ses parties, fust capable de charmer l'oreille par vn jeu d'orgues, par l'harmonie des neuf Muses, & de donner la voix à vn Rossignol de pierre. Qui n'auroit iamais entendu parler de la Musique, prendroit les liures de tablatures marquez de notes inégales, blanches, noires, droites, crochuës, hautes, basses, liées, & disiointes, pour des barboüilleries de petit enfant, & ne se figureroit iamais que cette confusion de caracteres signifiast vn concert de voix, & vn reglement de tons. Ie dy la mesme chose de la disposition des Estoiles; qu'elle est d'autant plus vtile pour conseruer l'harmonie du monde, qu'elle nous paroist plus confuse, & que nostre œil y rencontre moins de proportion.

Encore i'admire comment elles sont rangées si heureusement, que les Constellations portent les proprietez des animaux de qui elles representent les figures. Comme le Belier qui est en terre le capitaine de son troupeau, & si

DE L'EXISTENCE DE DIEV. 195
courageux au combat, est dans le Ciel vn antas d'Estoiles chaudes qui dominent dessus la teste le premier des membres, sur le Printemps le premier entre les saisons, & de la complexion du planete Mars, qui presidant à la bile & à la colere, a esté creu le Dieu des batailles. Le Bœuf, animal propre au labourage, est au Ciel formé d'Estoiles humides, comme sont les Hyades & Pleyades, & d'autres chaudes, comme est l'œil ou aldebaran : parce que la terre reçoit la fertilité, & nous la vie, du concours de ces deux fauorables qualitez. Ainsi les autres Constellations ont des forces rapportantes à leurs figures ; & la terre n'est renouuellée par les saisons, que parce que le Soleil faisant sa demeure en ces diuers Signes, se transforme en leurs qualitez. Iamais il n'est si chaud & si violent que dans le Lion ; si amoureux qu'auec la Vierge, si iuste & si moderé que dans les Balances : Il nous inonde de pluyes dans le Verse-eauë, & nous traitte comme des poissons, quand il a son logement dans leur Signe. Comme l'esprit se fait d'vne connoissance d'vn degré à l'autre, on a passé de ces innocentes remarques à la superstition des images & des anneaux constellez, ausquels Albert le Grand attribuë de trop grandes forces pour en rapporter si peu de raison. Cela neantmoins nous fait cõnoistre que la disposition des Estoiles fixes n'est pas hazardeuse, sans vertu, & sans

vne particuliere prouidence.

Ie ne m'arreste pas dauantage à ces curiositez, & n'ay pas dessein de representer icy tout l'ordre des Cieux: Cela appartient à vne science separée; dont le sujet est si vaste, qu'apres toutes les obseruations, toutes les estudes, & le trauail de plusieurs siecles, il faut encore que nous mourions ignorans de ces principales parties. Ie m'arreste à ce qui est de plus familier, & à ce qui nous donne vne connoissance plus aisée, que leur disposition est vn effet de la Sagesse diuine. Car si la raison nous fait auoüer que l'ordre des Elemens dans le monde inferieur dépend de la puissance & de la sagesse du premier Principe; nous deuós dire le mesme des parties des Cieux, particulierement des Signes du Zodiaque; qui ne sont autre chose que les Elemens repetez trois fois, pour signifier par leur nombre, le mystere de la Trinité diuine. Le Belier, le Taureau, les Gemini, l'Escreuisse, sont le feu, la terre, l'air, l'eau: Puis le Lion recommence le regne du feu; ainsi de suite auec cette difference, qu'il se fait icy vn passage de l'extremité à l'autre, de l'eau au feu, afin de causer les alterations qui entretiennent le monde, & resueiller la Nature par cette contrarieté.

Ce n'est pas que les conionctions des Planetes superieures, qui se font en ces Signes, particulierement au Belier, tous le 794. ans, soient capables

pables d'apporter des changemens de Royaumes, moins encore de Religion, comme nous le prouuerons plus bas; parce qu'en vn mot ces grands effets dépendent de la liberté de l'homme qui domine aux Astres, & d'vn ressort particulier de la Prouidence diuine qui se reserue ces dispositions. Neantmoins il faut auoüer, que la rencontre de ces Planetes attache de puissantes qualitez à la matiere; & que comme les aspects ordinaires font des changemens d'vn iour, aussi ces grandes conionctions impriment de profondes influences, qui répondent à l'estenduë des siecles, & ne laissent gueres autre chose que la volonté des hommes libre de leur violence.

Dans le Zodiaque, les Signes de mesme nature sont disposez en triangle, & rendent fauorable l'aspect des Planetes qui se trouuent en cette constitution. Les contraires, comme le Belier, le Cancer, le Capricorne, forment le quarré du cercle, & sont cause que les Planetes qui en prennent les qualitez, s'offensent d'vn regard iniurieux; & font sur les corps des alterations semblables à celles que nous voyons au rencontre du feu & de l'eau. De là procedent les crises aux iours septenaires, parce que la Lune entrant lors dans vn Signe d'vne qualité opposée à celuy où elle estoit au temps du premier accez, elle irrite la Nature, & luy fait faire vn effort pour separer l'humeur qui est la source du mal. Ne

Tome I. V

faut-il pas que ce soit vne Bonté souueraine qui aye placé ces vertus au Ciel, & donné la vitesse du mouuement à la Lune, afin qu'elle nous deliurast plus promptement de la maladie par cette influence, que la Medecine par tous ses remedes?

Ce qui me semble plus digne de consideration, c'est que les Estoiles fixes ayans des qualitez differentes, donnent aux terres, ausquelles elles sont verticales, & qu'elles regardent à plomb, la force de produire vne grande diuersité de choses. Et comme nous auons plus de passion pour ce qui est le moins en nostre puissance, comme l'opinion estime les choses par la nouueauté, l'auarice a fait ses thresors, & le luxe ses voluptez, de ce que les terres estrangeres auoient de commun. L'or, dont autrefois les Indiens ont enchaisné leurs esclaues & leurs criminels, est auiourd'huy entre nous le principal ornement de la Noblesse, & vne recompense de la vertu. Le trafiq de ce qui manque à vn païs, l'entretient dans l'intelligence d'vne nation estrangere; & toutes les antipathies naturelles cedent aux charmes de la volupté & du profit. Admirable Prouidence de Dieu, qui entretient la societé des hommes par cela mesme, qui de soy la deuroit rompre, puis qu'il employe leur cupidité pour nourrir la paix, qu'il nous l'a renduë necessaire en ce que l'auersion des estrágers tourneroit à nostre desauantage, & que c'est nous haïr de ne nous pas mettre en leur amitié.

Quelques-vns se sont serüis de cette industrie pour concilier des esprits contraires, dont le choq pourroit esbranler l'Estat, de les mettre en des charges également dépendantes les vnes des autres, afin que la necessité de leur secours, amolist leurs cœurs, & que les deuoirs au commencement forcez ou contrefaits, se changeassent par la continuë en de legitimes affections. L'œconomie de nos corps se maintient auec cette ordonnance, que toutes ses parties trafiquent de leurs vertus, qu'elles soient tout ensemble liberales de leurs puissances, & accommodées de celles des autres. Les mesmes veines meseraïques qui déchargent le chile dedans le foye, reportent le sang dans les intestins. Si le cerueau reçoit le sang par les jugulaires interieures, & s'il se nourrit des arteres qui luy sont enuoyez du cœur; il répand sur tout le corps la lumiere de ses esprits, & l'imperceptible tisseure des nerfs qui portent le sens. La paix de nos ames seroit eternelle, si nous pouuions y establir ce commerce, que l'imaginatiue donnast la matiere au iugement, & en receust la direction; que l'intellect empruntast la chaleur de la volonté, & qu'en eschange il la conduisist auec ses lumieres; que les passions irascibles combatissent sous la raison, & que les concupiscibles ne trafiquassent en desirs que par ses conseils. Nous serions

V ij

par ce moyen riches en contentemens : nous ne connoiſtrions le trouble que par le recit des autres, & noſtre raiſon imiteroit la Prouidence diuine au gouuernement des Cieux & du monde.

De l'ordre general du monde.

CHAPITRE XV.

L'Ordre qui eſt vne belle diſpoſition de parties dans les ſujets ſenſibles, a ie ne ſçay quoy de rauiſſant, & iette au dehors des rayons de grace qui gaignent noſtre eſtime ſans conſultation, & qui nous obligent de l'agréer, ſi toſt que nous le regardons. Nos yeux ſe répandent auec delices dans ces longues allées, où l'art contraint la Nature de marcher droit ; où les arbres tiennent bien leur rang, & auancent à la file iuſques à leur terme. Il n'y a que l'ordre qui met de la difference entre vn compartiment bien entretenu, & vne terre laiſſée en friche. La beauté qui ſatisfait la raiſon dans vn diſcours, qui charme l'oreille par la Muſique, qui rauit les yeux dans les tableaux, dans les peintures, dans les edifices, conſiſte en l'ordre & en la diſpoſition de leurs parties.

Il ne faudroit point demander la raiſon de ce que l'ordre reuient à nos ſens, & à nos eſprits:

DE L'EXISTENCE DE DIEV. 201
parce que nous tenons cette humeur de la Nature, qui estant le principe du repos & du mouuement, arreste nostre curiosité, & veut que nous rendions le mesme respect à cét instinct, qu'aux autres loix qu'elle nous inspire auec la naissance.

Neantmoins on peut dire que nous aymons l'ordre par interest, parce qu'il nous ayde à la connoissance des choses, dont il oste la confusion ; que nostre Nature estant composée, nous conceuons auec moins de difficulté & plus de plaisir l'estre composé par l'ordre, que le simple, qui ne se laisse voir que par artifice, & auec ces abstractions qui cachent la moitié d'vn sujet, pour découurir l'autre. Nous l'aimons encore par sympathie; d'autant qu'en cette distribution qui assigne le premier rang aux plus nobles & aux plus grandes de ses parties, nous voyons vne image de nostre raison, qui procede ordinairement des choses vniuerselles aux particulieres, & qui tire ses consequences des veritez les plus generales. Le corps n'a de la vigueur & de la beauté que par cette agreable disposition de parties ajustées aux lieux qui leur sont propres, auec vne proportion dont le déreglement fait les Monstres. Nos desseins ne sont iamais couronnez d'vne heureuse issuë, que par l'ordre que nous apportons à leur conduite. Quelle merueille donc si nous auons l'ordre, où consiste nos

Y iij

stre perfection, qui est l'appuy de nostre puissance, qui nous est & si naturel & si necessaire? En fin l'ordre est la production legitime de la raison, comme nous en ferons la preuue: de sorte qu'il est veu d'elle auec la complaisance que reçoit le Peintre de son ouurage, & que ressent vne mere affectionnée à la rencontre de son enfant. Et bien que l'ordre qui se presente à nos yeux, ne soit pas nay de nostre propre industrie: Neantmoins nous l'adoptons comme vn effect de cette raison qui est commune à toute l'espece, & sommes bien aises de voir nostre dessein acheué, encore que ce soit par les mains d'vn autre.

Mais ie croy, que s'il se peut rendre quelque raison plausible de ce que nous aymons l'ordre; C'est parce qu'il est vn puissant moyen qui nous ayde à la connoissance de Dieu: Et comme nous auons vne grande inclination naturelle pour ce Soleil, nous cherissons le rayon qui nous le découure.

Car iamais personne n'a pris le loisir de contempler la disposition du monde, l'alliance de ses parties, les reuolutions des Cieux, la suite continuelle des corruptions & des naissances, qu'il n'en aye tiré cette conclusion, qu'vn ordre si accomply estoit l'œuure d'vne souueraine Sagesse. Elle n'est pas moins admirable en la formation d'vne mouche que d'vn aigle, & dans l'œconomie des fourmis, que dans la police de tout le monde; puis que nous tenons l'artifice plus excellent, qui se déploye tout entier dans vn sujet racourcy. Neantmoins comme l'industrie a bien plus d'éclat sur des colosses, que dans ces petites figures où elle semble enfermée, & où elle eschape à nostre veuë par la delicatesse des traits. Aussi la Prouidence diuine paroist plus dans l'ordre general du monde, que dans ses parties; & nous conceuons vn plus exprez sentiment de sa grandeur par la contemplation de ce vaste sujet, pour l'accomplissement & pour la conduite duquel il faut que la toute-puissance se rencontre auec vne souueraine sagesse.

L'impieté ne s'est iamais monstrée si déraisonnable, de nier l'ordre au monde: Son nom, qui est pris de la beauté & de l'ornement, en est vn tesmoignage public. S'il n'y auoit point d'ordre, nous ne serions pas: & comme la connoissance se fait par la distinction des objets, nous ne pourrions rien connoistre, parce que le monde seroit vn chaos, & toutes choses seroient perduës dans sa confusion. Aussi ie n'entreprens pas de prouuer cette verité comme vne proposition qui soit debatuë, mais i'ay dessein de contempler l'admirable disposition de la Nature, pour en tirer des sentimens du premier principe.

D'abord ie voy dans le monde, que tous les Estres y tiennent leur rang, selon le degré de leur perfection; comme dans vne Republique où la Loy commande, & où la corruption ne s'est point encore glissée, les charges se donnent au merite, & on peut iuger de la vertu par la pourpre. Ainsi les Cieux les plus accomplis de tous les Estres en la forme, & en la matiere, les moins sujets à l'alteration, enrichis des plus nobles qualitez, ont l'empire dessus les corps elementaires à qui leurs influences donnent toute sorte d'impressions.

Les Elemens gardent le mesme ordre. Le feu, le plus pur & le plus actif, est voisin des Cieux; l'air le suit, & puis l'eau; & la terre qui n'a en partage qu'vne disposition à receuoir les liberalitez des autres, est à leurs pieds, & fait le centre du monde. Tous les estres composez de ces corps simples, sont diuisez en quatre bandes, & se raportent à quatre Genres generaux; à sçauoir à l'inanimé, au vegetant, au sensitif, & au raisonnable: de sorte que le degré inferieur sert au superieur, sans s'échaper iamais de la sujection qui suit la bassesse de sa naissance. Le simple composé des quatre Elemens, n'a qu'vn estre mort, sans action, sans vigueur, exposé aux prises de tous les autres, & qui tient beaucoup des affections passiues de la matiere où sa forme est enseuelie. La plante succe sa nourriture de la terre; les brutes la prennent des plantes; & l'hóme qui est le plus noble, tient les degrez inferieurs

rieurs à son estre, esclaues de ses commoditez & de ses plaisirs. Et parce que la raison a plus de vigueur qu'il ne luy en faut pour s'éleuer par dessus l'estre sésitif, elle refléchit sa lumiere dessus le dernier des degrez de l'estre; elle y met l'ordre, & luy seruant par ce moyen de principe, elle ferme le cercle de la Nature. Cela se fait lors qu'elle embellit les choses materielles par les inuentions de l'art; quand elle s'assuiettit la terre de faire des productions selon son dessein; lors qu'vn Dédale cachoit dedans ses ouurages vn secret principe de mouuement, qui les faisoit, dit Platon, eschaper des mains de leurs maistres, comme des esclaues fugitifs; lors qu'vn Architas fit voler vn pigeon de bois; qu'Albert le Grand donna la parole à vne teste de bronze; lors que l'Alchimie ouure les metaux, & met en liberté la puissance generatiue enfermée dans l'épaisseur de leur matiere : En fin cela se fait ordinairement, lors que le Peintre anime vne toile par la naïfue application de ses coloris; ou que le Sculpteur tire vne excellente figure d'vne masse de bois ou de pierre.

Ces effets de l'esprit de l'homme donnerent tant d'admiration aux premiers siecles, qu'ils mirent les Autheurs des arts au nombre des Dieux, comme s'il n'appartenoit qu'à Dieu d'establir l'ordre entre des choses qui d'elles-mesmes ne sont pas capables de s'y reduire. Il ne

Tome I.   X

faut pas douter que si Vulcan merita des honneurs diuins, pour auoir trouué l'inuention de nourrir le feu; & Ceres, parce qu'elle donna l'industrie de l'Agriculture; que les hommes de ce premier âge, considerans les feconditez de la Nature, & la continuë de ses generations, ne iugeassent qu'vne Intelligence superieure, luy auoit donné cét ordre & cette conduite; puis qu'ils reconnoissoient quelque diuinité en ceux qui n'en auoient que l'imitation. C'est pourquoy ils feignoient que Pallas Maistresse des arts, estoit née du cerueau de Iupiter; que Mercure, qui preside aux inuentions, estoit le truchement & le Heraut des Dieux; que ce que l'homme auoit d'industrie, luy venoit du feu, que Promethée déroba au Ciel, pour luy attacher à l'ame. Toutes ces fables signifient vne mesme verité, que Dieu est l'Autheur de l'ordre du monde; que si l'art farde la matiere, & luy donne quelque agreable disposition, c'est par le secours, & à l'exemple du premier Principe.

Il ne faut pas moins qu'vne Puissance & vne Sagesse infinie, pour auoir enrichy la Nature d'vne diuersité d'estres sans nombre; les auoir rangez auec vn ordre sans confussion, qui ne fasse de tant de contraires, qu'vne beauté, & qui rapporte des intentions si diuerses à vne fin si generale. Cét ordre est pareil à celuy d'vne Republique bien policée, ou de plusieurs offices qui font fubalternes, on monte iufques aux plus eminentes charges ; & iufques à la Puiſſance fouueraine qui en eſt la fource. Toutes choſes font reglées au monde. Les eſpeces & les Eſtres particuliers ont leurs grandeurs limitées ; leurs actiuitez ont leurs reſſorts; leurs reſiſtances ont leurs barrieres: & c'eſt pourquoy nous appellons les choſes parfaites, quand elles ſont arriuées au dernier poinct de la grandeur & de l'excellence qui leur eſt permiſe. C'eſt par l'obligation de cette Loy, que la terre ſe precipite, que le feu s'enuole, pour ioindre leurs centres: Et comme ces mouuemens les ont portez aux lieux que la Nature leur a fait propres, ils monſtrent par vn grand repos, qu'ils y ont l'accompliſſement de leurs appetits. De là viennent les ſecrettes ſympathies des choſes, qui concourantes à vne meſme fin, aſſemblent leurs forces, & s'entrepreſtent leurs aſſiſtances par vne inclination bien eſloignée de celle des hommes, entre qui vne meſme pretention d'amour ou d'honneur, allume des paſſions, qui ne s'eſteignent que par le ſang d'vn riual.

Cét ordre du monde eſt le fondement de nos conſultations, quand nous faiſons choix des moyens propres pour l'accompliſſement de nos entrepriſes: parce qu'il y a certaines choſes nées pour les autres, auſquelles comme elles coulent par inſtinct, elles nous y conduiſent ſans trauail, si nous suiuons doucement leurs cours. Aussi les Stoïciens ont mis le Destin en cette entresuite de causes; & ont dit que c'est la bonne fortune, qui n'est aueugle que pour les esprits qui n'ont pas la veuë de la dépendance & de l'ordre des choses, où elle consiste. En effet, qui sçauroit bien prendre les auantages de la Nature, & s'embarquer auec ses inclinations, il ne manqueroit iamais de toucher le port qu'il s'est proposé: Il égaleroit les prodiges des Demons; l'art acheueroit dessus la matiere ce que l'esprit peut conceuoir de plus grand & de plus miraculeux; & rien ne seroit difficile en la conduite des hommes, à celuy qui connoistroit le ressort de leurs passions.

C'est pourquoy on peut dire que la Loy de la Nature est vne Verité vniuerselle, qui doit seruir de premier Principe aux sciences: celle qui donne l'inuention aux arts, & d'où la Prudence doit emprunter les regles de sa conduite, dans la vie ciuile ou particuliere. Cependant que les diuerses sciences s'entretiennent de leurs objets, elles ne sont que comme des flambeaux qui esclairent vne salle, & laissent les tenebres au reste du mõde: Car toutes ensemble elles ne nous donnent, comme les Estoiles, qu'vne lumiere sombre, trompeuse, & qui nous permet à peine de discerner le chemin du precipice. Mais la connoissance des veritez naturelles répand dedans les esprits vne lumiere auſſi vniuerſelle, que l'eſt celle du Soleil au monde. A ſa faueur toutes choſes nous paroiſſent auec leurs propres couleurs: Nous en remarquons les diſtances, les grandeurs, les figures, & les proportions; & s'il faut agir, l'homme n'a point de regle plus propre & plus infallible, puis qu'il eſt l'abregé du monde, & qu'il doit viure ſous les meſmes Loix, comme il eſt compoſé des meſmes parties. Auſſi les Stoïciens, les plus auſteres des Philoſophes, mettoiét la derniere perfection de l'homme à viure ſelon la Nature, non pas comme on l'a fort mal interpreté, qu'ils fiſſent eſtat de ſuiure l'appetit des ſens, mais de former leur raiſon ſous la conduite du monde, & ſe faire quites de l'inconſtance qui ſe ioüe de nos reſolutions, ſe preſcriuans vne Loy, comme celle de la Nature, immobile dans les changemens, & dont l'ordre touſiours égal nous eſt vne image de l'Eternité.

Certes comme Rome quittoit la palme de la ſageſſe Politique à la Grece, quand elle enuoya recueillir ſes Loix pour s'en ſeruir: Comme la Lune a moins de lumiere que le Soleil, de qui elle la tient par emprunt: Il faut conclure, que, puis que tous les arts, toutes les ſciences, & la plus fine ſageſſe des hommes ſe reglent deſſus la Nature, il y a vne ſouueraine Intelligence, vne Verité originelle qui a eſtably cét ordre, & l'entretient auec des Loix ſi iuſtes, qu'elles diſpoſent de toutes les alterations sans en estre atteintes. Voyons-en les preuues.

L'ordre est vn effet de la raison : Et l'ordre du monde suppose vne Raison vniuerselle.

CHAPITRE XVI.

LEs remarques particulieres que nous auōs faites de l'ordre des Elemens dans les mixtes, du mouuemēt regulier des Cieux, des vertus si bien proportionnées des Planetes, de la disposition des Estoiles fixes, des sympathies, des dependances des causes, & mille autres considerations, forcent les esprits rebelles de confesser, que le monde est sous la conduite d'vne souueraine Intelligence. Encore ce que nous en auons veu est bien peu de chose : Car s'il nous estoit permis de passer pour vn peu dans l'Eternité; que releuez au dessus des choses mortelles, en ce poinct heureux qui égale tous les temps, il nous fust permis de voir l'ordre de la Nature, la liaison de ses parties, la suite des causes, les longues reuolutions des Cieux ; en fin ce que tous les siecles ont porté de different, tous les euenemens qui sont limitez à certains âges; que toutes choses, le passé & l'auenir, fussent recueillis au present, & nous fussent monstrez comme vn seul objet, qui se peust contempler d'vne veuë: Nous aduoüerions qu'il n'y a pas vn seul petit animal, la moindre petite plante, qui n'aye d'admirables sympathies, non seulement auec les autres Especes, mais encore auec les qualitez des Elemens, auec les pierres, les mineraux, & les Planetes: il n'y auroit eclipse qui ne nous fust vne lumiere pour contempler Dieu; Disgrace particuliere qui ne fust remarquée tres-importante au bien general du monde; & ce qui paroist à nos interests & à nos passions vn coup de fortune, seroit reconneu pour l'effet d'vne souueraine Prouidence.

Or ie demande, qui a disposé ces choses de la sorte; supposé mesme que les Elemens s'entretinssent dans le monde par l'ordre de leurs propres lieux, & par vne égale resistance qu'ils font à leurs actiuitez? D'où vient la disposition des Cieux? qui a marqué les logemens des Planetes dans le Zodiaque? qui a compassé leurs grandeurs, leurs mouuemens, leurs influences? De respondre que toutes choses ont tousiours esté en ce mesme estat, i'aymerois autant dire en voyant vn lut parfaitement bien monté, que le bois se seroit luy-mesme separé du tronc, se seroit rendu poly & soupple, pour se ioindre auec iustesse, & se courber en la voûte qui forme le corps de cét instrument. Qui oseroit dire, que les cordes seroient iaillies dessus d'elles-mesmes;

qu'elles auroient choisi leurs places, estans immobiles ; qu'estans priuées de l'oüye & de la raison, elles se fussent emparées des cheuilles, selon la partie qu'elles doiuent tenir en cette harmonie ? Si nous voyons vne armée sus pied auec le grand attirail des armes, qui tiennent les peuples suspendus en l'attente de leurs foudres; contemplans ces bataillons bien formez, cette fourmiliere d'hommes marcher d'vn pas, & tourner comme si ce n'estoit qu'vn corps, nous disons, sans autre consultation, que cét equipage est l'entreprise d'vn Prince; que cette conduite, & cette discipline militaire, dépend de la prudence d'vn General. Si nous répandons nos yeux dessus vn parterre, en voyant la liaison des carreaux entrecoupez d'vne si agreable & si proportionnée diuersité, prenans plaisir à suiure les tours d'vn Dedale, les fleurons & les traits hardis de la broderie, nous iugeons qu'vn maistre fort entendu a fait ce compartiment, & a reduit la Nature à ne produire que sur les lignes du dessein qu'il luy a tracé. En fin quand nous lisons les histoires dans l'estenduë des tapisseries; quand nous voyons les peintures, & ce qui consiste en ordre & en proportion; nous en tirons cette consequence, que ces choses ne sont pas faites d'elles-mesmes, ny par hazard, mais qu'elles sont disposées par artifice, & qu'elles sont vn œuure de l'esprit de l'homme.

L'ordre

De l'Existence de Dieu. 213

L'ordre qui consiste en vne certaine disposition de parties dependantes les vnes des autres, est le propre effet de la raison : C'est le premier d'entre les objets sensibles, que nostre esprit ayme par sympathie, & qu'il recherche par necessité. Si les Sciences dressent leurs demonstrations; si l'Art acheue son œuure; si la Memoire retient les especes; si la Logique raisonne; si la Police commande; si la Medecine guerit; ce n'est que par le moyen de l'ordre : parce qu'il est vn effet general de la raison, plus necessaire à l'accomplissement de toutes ses entreprises, que la lumiere pour nous donner la veuë des couleurs. Nostre ame, qui est purement spirituelle, libre de la contrarieté, & qui comprend les degrez inferieurs de la Nature en son essence, a ce priuilege de faire l'assemblage de diuerses choses par ses operations. Comme elle peut considerer la chaleur du feu sans la seicheresse, la dignité hors de la personne, & voir dans l'abstraction, les choses qui sont inseparablement alliées ; elle peut de mesme ioindre les choses differentes & contraires, par l'entremise de ce qu'elles ont de semblable, & en faire vn composé dans son concept. Et comme elle a formé l'idée de cette vnion, elle commande aux mains de l'executer dessus la matiere, & les conduit pour disposer les parties auec vne dependance, & vne suitte si bien proportionnée, qu'elle en cache aucunement la

Tome I.   Y

diuersité, & les met en cét estat, que nous appellons l'ordre.

Pour cela il faut premierement former vn dessein, deliberer des moyens qui en peuuent donner l'accomplissement, connoistre chacune des parties estant separées, & le changement que leur donnera la composition; & puis les approprier auec vne correspondance, qui fasse vn tout de plusieurs, & quelque chose de plus accomply que ne sont les pieces, estans disiointes. Or toutes ces actions, la pretension de la fin, le choix des moyens, le iugement de la qualité, & de ce qui doit reüssir de l'assemblage, ce sont autant d'effets qui dépendent de la raison, & qui ne sçauroient partir des Estres qui en sont priuez.

Cela mesme passe les termes de la Nature, en ce que les choses corporelles reçoiuent vn estre meilleur que celuy qui leur estoit propre auec vne plus grande estenduë; & ce que la naissance & le lieu auoient separé d'inclination, entre dans vne societé de biens. Encore qu'il soit impossible d'affranchir plusieurs parties de la multiplicité qui naist de leur existence singuliere, telle, qu'elles ne sçauroient estre vne chose, qu'elles ne cessent aussi-tost d'estre l'autre: Neatmoins la raison les ioint si dextrement quand elle les met en ordre, qu'elle fait de leur diuersité, comme vn corps de Republique, où les droits de chaque particulier s'eſtendent dans ceux des autres; & les intereſts priuez s'accroiſſent par la puiſſance commune.

Quand le hazard porte des choſes differentes à la rencontre, elles s'amaſſent comme vn tas de pierres ſans diſtinction de la petiteſſe ou de la grandeur, auec vne inegalité qui laiſſe du vuide mal à propos, qui s'eſleue où il faudroit s'applanir; & toute ſa diſpoſition eſt celle que l'œil condamne, & que l'art éuite. Où ſi le meſlange ſe fait de choſes liquides, elles ſe penetrent, & ſe confondent, de ſorte que chacune noye ſa vertu dans celle de l'autre; & de beaucoup de bonnes qualitez ſimples qui n'ont point de ſympathie, il s'en fait ſouuent vne mauuaiſe compoſition. La ſeule raiſon eſt capable de ioindre pluſieurs choſes, de ſorte qu'elles ne perdent rien de leur beauté & de leur vertu, mais qu'elles reçoiuent vn nouueau luſtre de leur aſſemblage. Elle a le droit de faire les vnions, puis qu'elle eſt vne vnité exempte des diuiſions de la matiere; de traiter les ſocietez, elle qui tient icy bas vne qualité moyenne entre le monde intelligible & le corporel, qui commande au corps ſelon ſon idée, & qui a l'induſtrie de retrancher ce qui reſiſte à leur aſſemblage.

Auſſi les choſes ne s'y portent pas d'elles-meſmes. Vne pierre ne ſe taillera pas pour faire la clef d'vne voûte: vn diamant ne ſe polit pas,

& ne prend pas de luy-mesme dans vne rose la place où il doit auoir vn plus grand éclat. L'industrie des ouuriers fait ces agreables assortimens: Elle bastit vn Palais d'vne carriere; elle acheue des pieces plus belles & plus delicates que la Nature, d'vne masse qui n'auoit qu'vne dureté rebelle à toutes les formes. En fin l'ordre s'establit d'autant plus parfait, que la raison qui le conduit est plus excellente; & nous tenons les loix des Estats, & l'œconomie des sciences de ces forts Esprits, que nous reuerons encore dans l'Antiquité. Ce qui nous contraint de reconnoistre, que l'ordre & la disposition des parties du monde dépendent d'vne raison superieure.

On dit à cela, que quelquefois le hazard a establý l'ordre; que l'Agathe de Pyrrhus representoit naturellement les neuf Muses, & Apollon tenans leurs instrumens de Musique, qu'il s'est veu des pieces de marbre qui portoient la figure d'vn Satyre, d'vne Salemandre, d'vn serpent d'oiseaux, & d'autres formes où la Nature imitoit l'Art par vne rencontre hazardeuse, comme l'Art imite tous les iours la Nature auec dessein. Pour respondre à semblables obiections, il n'est pas necessaire de recourir aux resueries des Platoniciens, & dire que l'ame du monde estant pleine de toutes les formes, s'est desbauchée, en imprimant celle d'vn animal sur

la matiere d'vne pierre encore molle, & qui n'a-
uoit pas sa consistence: Ou que les Demons qui
habitent les Elemens, se sont ioüez en ces productions extrauagantes, & ne pouuans faire des
corps veritables, se sont contentez d'en tirer les
representations sur des matieres inaccoustumées, afin que ce miracle fist vn tesmoignage de
leur puissance. Dire cela, c'est tousiours reconnoistre l'industrie d'vn Agent qui a conduit ces
ouurages selon son idée. Mais ie ne veux pas
combattre cette fiction par vne autre. Il me suffit
de dire, ou que l'on se figuroit faussement ces representations dans les veines du Porphire, comme il se fait tous les iours dans le feu, & dans les
nuës; ou que l'Art a voulu tromper plustost l'esprit que les yeux, faisant croire que ces portraits
estoient acheuez par les mains de la Nature, encore que le pinceau ou le burin les eust grauez
sur le marbre, & eust seulement fait seruir quelques veines & quelques taches pour mieux déguiser cét artifice.

Si les corps celestes dominent sur les inferieurs, ie ne trouue point estrange, que la matiere
estant sur le poinct de prendre sa consistence,
& de se determiner à estre du marbre, ne reçoiue
quelquefois l'impression du Signe qui tient l'ascendant du Ciel, & qui en a la domination: Que
l'Hydre & le Serpentaire ne fasse vn serpent: le
Lion, la Vierge, le Scorpion, le Gemini, ainsi des

autres, ne peignent leurs representations sur vn mixte, qui en sa naissance est susceptible de toutes sortes de traits & de qualitez. En cela il n'y a point de hazard, puis que la cause en est determinée: que le Ciel fait ces grauures sous la conduite d'vne Intelligence, & que l'on void toûjours de mesmes effets, quand il se rencontre de mesmes dispositions. Outre ce que Dieu, qui est present à toutes les parties du monde, qui le soustient, & qui le gouuerne, en exclud le hazard, & rapporte ces naissances prodigieuses à des fins tres-importantes, encores qu'elles ne soient pas connuës. Quand ce ne seroit que pour satisfaire la curiosité de l'homme, par vn spectacle extraordinaire, ou pour monstrer par ces miracles, qu'il est le souuerain Monarque du monde, qui a prescrit des formes particulieres aux especes ; comme le Prince se fait connoistre l'autheur de la Loy par les priuileges & les dispenses qu'il en accorde. Ie croy que ces pierres qui sont naturellement imprimées de figures humaines, sont des reproches publics à ceux qui sous vn visage d'homme portent vn cœur de marbre, insensible aux deuoirs de Religion & de charité. En fin il faut tirer cette consequence generale, que toutes les parties qui sont en ordre, y sont reduites par la raison ; & que si la fortune porte quelquefois la fléche d'vn mauuais Archer au blanc, elle ne peut faire vne belle dis-

DE L'EXISTENCE DE DIEV. 219
position de plusieurs pieces, qui dépend d'vn dessein, à cause que le bon-heur d'vne seule rencontre ne sçauroit suffire à la multiplicité de tant de rapports.

Si le flus & reflus de l'Ocean se font à des heures determinées: si les accez des fiévres, si les crises, si les maladies chroniques ont leur temps prefix sans autre assignation, que de la Nature; cela dépend, comme nous auons dit, de la disposition du Ciel, & des influences de la Lune, dont le mouuement est conduit d'vne Intelligence. Si l'Echo rend vne voix qui signifie nos pensées, elle est premierement conceuë d'vn esprit, & prononcée d'vne bouche raisonnable, qui se fait à elle-mesme la responce par l'artifice de la demande, & qui emplit le creux des rochers des mesmes accens, qui viennent refrapper l'oreille. Nous pouuons dire la mesme chose de la Nature, qu'elle est de soy insensible, incapable de la connoissance & de la recherche de sa fin: que si elle monstre vne conduite raisonnable, pour sa conseruation, elle luy est inspirée par vne Intelligence superieure.

Tout l'ordre qui se rencontre dans les choses artificielles ou morales, estant vn effet de nostre raison, il faut conclure, que celuy que nous auons remarqué entre les parties du monde, dépend d'vne Raison vniuerselle. Deux cordes de luth qui sont d'vne mesme nature, ne se sçauroient rencontrer d'accord, si la main de celuy qui touche cét instrument ne les bande & ne les relasche, iusques à les reduire au ton, dont son esprit a conceu l'idée. Hé! le moyen que les vastes corps des Cieux & des Elemens, & tous les Estres qui partagent leurs qualitez ennemies, fussent d'vne intelligence, si vne Raison superieure ne rauallóit les forces des natures par trop hautaines, & ne releuoit les basses, pour en faire reüssir cette harmonie, où consiste l'estre & la perfection du monde ?

Vne fortune priuée se doit manier auec beaucoup d'industrie : mais il en faut bien plus pour le maniment d'vne grande charge ; & plus encore pour le gouuernement d'vn Royaume & d'vn Empire, où la prudence se doit tousiours mesurer à l'importance de son sujet. Quelle sera donc la sagesse du Principe qui commande au monde, qui conserue l'ordre de ses parties, & qui donne loy à tout ce qui a l'estre ? Elle doit estre d'autant plus releuée par dessus celle des Princes & de leurs Ministres, que le Monde, les Cieux, les Elemens, les composez ont plus d'estenduë que les Royaumes ; & que ces choses priuées de raison, sont bien plus rebelles au commandement que les Peuples, qui se laissent au moins conduire par leurs interests, ou forcer par l'apprehension des supplices.

Il faut auoüer que la prudence est moins necessaire

cessaire en la conseruation, qu'en l'establissement d'vn Estat, qui subsiste le plus souuent par la seule contrarieté de ceux qui ne se sçauroient accorder à sa ruyne; Et il s'entretient sans beaucoup de difficulté, lors que la coustume a fait passer la domination en droit de nature, & que les peuples perdent leur liberté sans ressentiment, sous le pouuoir de celuy que la naissance & la succession ont rendu leur Prince. Mais quand il est question d'esleuer nouuellement vne Monarchie, de donner le premier ply aux esprits d'vne extrauagante populace auec des Loix, dont la rigueur soit adoucie par l'vtilité, qui desarment les ennemis, qui coupent chemin aux desordres, & qui contiennent au present la felicité future d'vne Republique, c'est le chef-d'œuure de ces grands esprits que l'Antiquité adoroit pour des demy-Dieux. Encore, quelque preuoyance que l'on apporte à l'establissement des Loix, quelque veuë que l'on aye de l'aduenir, & de quelques moderations qu'on les assaisonne, elles ne sont pas eternelles; & les plus sages qui reuerent l'Antiquité, sont contraints de les changer auec les âges: Parce que les nouuelles maladies qui les accueillent, veulent estre gueries par vne diuersité de remedes; & que nostre nature, qui deuient facilement insensible pour ce, dont elle a l'vsage continuel, doit estre resueillée par la nouueauté.

De là nous pouuons connoiſtre, que la Raiſon qui preſide au gouuernement du monde, eſt infiniment plus excellente que celle de tous les Legiſlateurs : D'autant qu'elle a eſtably des Loix auec tant de iuſtice, & d'vne vtilité ſi vniuerſelle, qu'elles ſont touſiours demeurées les meſmes, ſans que la longue reuolution des ſiecles ayt fait naiſtre quelque apparente vtilité, qui ait donné ſujet de les changer. Le premier Mobile n'a rien perdu de la regularité de ſon ſon mouuement, qui luy fait faire le tour du monde en 24. heures. Le Soleil employe touſjours vn an pour retourner au point du Zodiaque, d'où il eſt party.

Saturne acheue ſon cours en 30. ans, Iupiter en vnze, & toutes les autres Planetes n'ont rien accreu ny diminué du terme de leurs periodes. Le iour & la nuict partagent touſiours le temps: les faiſons ſe ſuiuent auec vn meſme ordre: les chaleurs, les froidures, les pluyes, & les ſerenitez temperent la terre; & ſi la huictiéme Sphere auance deſſus le premier Mobile, ce n'eſt pas vn changement, mais la continuë d'vn chemin qu'elle doit reprendre, apres l'auoir acheué.

Ce ne ſont pas là de ces artifices qui ne ſont connus que de peu de gens; de ces Loix, dont les vtilitez ſont couuertes, & les rigueurs apparentes : Tout le monde void le bel ordre de la Nature; il conſerue tous les eſtres; il anime toutes les vies, & si nous ne luy rendons pas ce qui luy est deu d'admiration, c'est que ce bien nous est ordinaire, & que cette bonté souueraine est si liberale de ses faueurs, qu'elle preuient nos desirs; & ses graces sont si continuelles, qu'elles nous tiennent tousiours empeschez à les receuoir, sans estre attentifs à les reconnoistre.

Des moyens auec lesquels se fait l'alliance des parties du monde.

Chapitre XVII.

L'Esprit de l'homme n'est pas satisfait de connoistre simplement que le monde s'entretient par l'ordre de ses parties : mais comme il est capable de conseil, & qu'il peut tirer des instructions de cette conduite, il veut auoir l'intelligence de ces ressorts, & sçauoir quels sont les moyens propres pour faire l'alliance d'vne si grande diuersité. C'est neantmoins vne entreprise qui paroist n'auoir point de proportion auec nos forces : Parce que si nous ne pouuons conceuoir l'admirable composition des quatre Elemens dans le corps d'vn petit animal; & comment le feu se tient couuert auec vne quantité si bien mesurée, si iustement detrempé d'humeur, arresté de seicheresse, alenty de froid, qu'il le met precisément dans le degré d'vne espece, & luy donne assez de vigueur pour les actions necessaires à son entretien: Quelle apparence que nous peussions découurir toutes les merueilles du grand corps de la Nature, voir les sympathies des essences, les degrez de perfection & de dechet, necessaires pour ne faire de tant de contraires, qu'vn monde; de tant d'alterations, qu'vne durée; vn estre constant d'vne vicissitude continuelle? Il semble que nostre foiblesse se doiue icy contenter d'vne connoissance confuse; & que le iugement que nous en pouuons porter, est pareil à celuy que feroit d'vn luth, vn homme, qui ne l'ayant iamais touché, se laisseroit insensiblement transporter à sa douceur. Il se plonge dans de profondes pensées, à mesure que les basses s'enfoncent dans le creux des notes; il accompagne de ses souspirs les tons à demy-mourans, dans la mignardise de leurs langueurs; il est attentif aux feintes, alarmé des passades, calme en la grauité des accords, alaigre aux reprises, courageux dans les batteries: en fin reuenant à soy de ces transports, sans examiner dauantage cette musique complete en vn seul instrument, il en iuge l'excellence par le contentement de son oreille, & la suspension de son esprit. Ainsi lors que nous voyons l'agreable diuersité des parties du monde, le grand nombre des especes, l'ordre & les reuolutions des temps mesurez des Cieux, l'accord de tant de contraires, les delices & les vtilitez qu'ils nous apportent; tout cela nous doit suffire, sans chercher d'autres demonstrations, pour conclure que le monde est l'œuure d'vne souueraine Intelligence. Mais parce que la veuë generale d'vn objet, n'en donne qu'vne connoissance fort confuse, & que ce seroit mal iuger de la beauté d'vn parterre, de se contenter de ce premier agreement que nos yeux reçoiuent de sa bigareure, sans se donner le plaisir de voir en chaque fleur les artificieux caprices de la Nature: taschons pour mieux iuger de la perfection du monde, de remarquer la liaison particuliere de ses parties; & puis que la Sagesse diuine y déploye ouuertement ses artifices, nous ne deuons pas negliger d'en faire le sujet de nostre contemplation.

Pour cela il faut remarquer, que Dieu voulant faire de toutes les parties du monde comme vn chœur & vn concert de diuerses voix, il affoiblit les extremitez des corps, il rauale quelques indiuidus de chacune espece, & releue les autres de qualitez auantageuses, afin de les ioindre proprement aux degrez de la Nature qui les suiuent & qui les deuancent. Par ce moyen il se fait vne tissure de toutes les parties, si delicate, que le progrez de la perfection surprend nostre veuë, & n'est pas plus sensible au monde, qu'en la croissance & en l'augmentation des corps. C'est ainsi que l'eau épaissit son fonds pour s'allier à la terre, & subtilise sa surface de vapeurs, afin de donner le commencement à l'air, dont la plus haute partie prend les qualitez du feu. Et cét Element, le plus pur, le plus leger, qui tient moins de l'impuissance de la matiere, comme s'il estoit affranchy de corruption par l'esloignement de ses contraires, imite les perfections, & suit le mouuement du Ciel, afin d'en faire la liaison auec le monde inferieur. La Lune qui luy est voisine, semble tenir quelque peu des alterations elementaires ; si ce n'est par le dechet de sa substance, au moins en l'extrauagance de son cours, aux changemens de sa lumiere empruntée, en la frequence de ses éclypses, & par les taches qui gâtent son teint, lors mesme qu'elle paroit au plus grand éclat de sa beauté. Les autres Planetes se rapportent aux quatre Elemens, ils gardent vn mesme ordre, & font vne semblable alliance de leurs qualitez. Les plus esloignez du monde inferieur sujet aux alterations, sont les plus lents en leurs courses, & les moins susceptibles de changemens, iusques à ce qu'on vienne au premier Mobile, qui n'a qu'vn seul mouuement regulier & vniforme, mais qui emporte les autres, pour nous representer la puissance d'vne souueraine Vnité.

Toutes les especes du monde s'entretiennent auec vn ordre pareil, & tousiours par l'entremise d'vne qui partage les qualitez de celles qui l'enuironnent. Les Meteores ne sont qu'vn mélange imparfait des Elemens, & sont le milieu entr'eux & les autres mixtes, que nous appellons parfaits. Les Metaux receuans leur augmentation par vne vertu qui vsurpe le voisinage, qui retient les matieres qui les touchent, & qui s'approprie la vapeur qui ne pensoit qu'effleurer leurs corps, s'esleuent desia du simple composé elementaire, & donnent commencement au vegetable, qui est équipé d'organes necessaires pour succer sa nourriture dedans soy, & en faire la digestion : & le vegetable monte au sensitif par le moyen de quelques plantes parfaites, comme sont les palmes, les mercuriales, & d'autres qui ont vne distinction de sexe, qui se monstrent piquées d'amour & de complaisance en leurs approches, qui languissent si leurs branches ne se baisent, & que leurs racines ne s'embrassent.

On rapporte plusieurs autres choses qui font le nœud du vegetable auec le sensitif, comme les esponges, qui par vne crainte de perdre la vie, frissonnent d'horreur quand la main les arrache de leurs rochers. Les huitres n'ont de tous les sens que l'attouchement, qui leur sert pour emprisonner leur proye, & se retrancher dans leurs forteresses, aux approches de leurs ennemis. Enfin les animaux capables de l'instruction des hommes, & qui monstrent les effets d'vne puissance de plus grande estenduë, que l'instinct particulier de leur nature, approchent aucunement de la nostre, dans laquelle la difference des esprits est si remarquable, que le plus bas estage de ceux du vulgaire, guidé seulement des sens, & gourmandé par les passions, est aussi rapportant à l'instinct des brutes, que les autres sublimes destinez au gouuernement, & aux sciences, approchent de Dieu, & ne sont perfectionnez, que par l'vnion dont ses graces les fauorisent.

Ie passe infinies remarques qui se pourroiét faire sur ce sujet, pour conclure que cette aimable disposition, cette suite si accordante, & si bien proportionnée, dépend d'vne raison superieure qui preside au monde. Car comme l'artifice d'vn excellent Peintre se fait reconnoistre en se cachant, lors qu'il trompe nostre veuë par le meslange des couleurs bien adoucies, qui se reçoiuent d'vne complaisance, & se perdent amoureusement l'vne dans l'autre, auec vne insensible confusion, sans que l'œil s'apperçoiue de leur deffaillance: Ainsi la sagesse du premier Principe ne se monstre pas si admirable, en ce qu'elle a mis des bornes à l'Ocean, qu'elle a marqué le ressort des Elemens, distingué les Cieux & les Planetes; qu'en ce qu'elle a ioint

toutes

toutes ces parties auec vne douceur qui en couure les differences, & qui de toutes n'en fait qu'vn corps parfaitement bien proportionné.

Il estoit necessaire qu'il y eust vne grande diuersité d'estres, pour mieux representer l'infinité du premier Principe, comme nous en ferons la preuue. Aussi deuoient-ils s'entretenir de sorte, que chacun des Elemens, par exemple, possedast ses forces toutes entieres dans son milieu, & les affoiblist en ses extremitez pour s'allier auec ses voisins, afin de porter vn double portrait de l'Vnité diuine, se conseruant la sienne particuliere, & en formant vne generale. Par ce moyen les animositez cessent aussi bien dans le monde que dans les Estats, par la consideration d'vn bien general qui dépend de la pretention, & de la conduite d'vne cause vniuerselle. Car il se fait vne égalité dans la Nature qui en bannit la diuision, & par consequent le vuide, par l'entremise d'vn Estre moyen, qui concilie dans soy les differences des deux parties, & figure ainsi, encore que ce soit auec beaucoup d'inegalité, le Verbe diuin, qui est vn moyen souuerainement égal, & de mesme essence que ses extrémes, en la Trinité, dont nous ne pouuons encore toucher les mysteres.

On void en cét assemblage vn amour égal pour l'vnion, dans vne grande inegalité de forces & de vertus. Car si les estres inferieurs se releuent de leur baſſeſſe, les nobles leur viennent à la rencontre, & ſemble qu'ils conteſtent à qui auancera le plus à cette alliance, par humilité, ou par ambition.

L'air ſe reueſt de qualitez auantageuſes pour ioindre le feu, & le feu rabat beaucoup de ſa violence pour le receuoir; ainſi la recherche reciproque de choſes differentes en perfection, accomplit fort heureuſement le mariage de la Nature. Platon le décrit entre la Pauureté & Porus le Dieu des richeſſes, à la façon que les Loix Romaines le permettoient entre les perſonnes d'inegale condition, afin que la miſere d'vne famille fuſt ſoulagée par l'abondance de l'autre; que le bien fait eſtant au lieu du merite, entretinſt les alliances, & que la fortune, qui fauoriſe l'innocence de l'amour parmy les diſgraces de la Nature, donnaſt le contentement aux particuliers, & le repos à la Republique par vn commerce de cœurs & de biens. Ainſi l'vnion qui ſe fait au monde entre les choſes baſſes & ſuperieures, empeſche que le bien ne s'eſtouffe de ſon abondance, cependant que la foibleſſe languiroit en l'attente de ſon ſecours : Le vuide eſt remply, la playe de la diuerſité eſt refermée; la vertu des Cieux deſcend iuſques au centre de la terre, & le monde recueilly par ce moyen en ſon vnité, a plus de rapport à celle de ſon Principe.

C'est vn Amour eternel qui inspire ces affections d'alliance aux choses insensibles; c'est vn
pouuoir absolu qui affoiblit l'extremité des
estres superieurs, afin qu'estans moins puissans,
ils se rendent plus accostables : En fin c'est vne
Sagesse infinie qui conserue la paix du monde,
ne permettant pas qu'en la suite de ses parties, il
se fasse vn passage d'vne extremité à l'autre. La
sagesse humaine n'a point de plus heureuse methode au gouuernement que d'y éuiter les extremitez comme vn écueil ; de déguiser les nouueautez par les couleurs de l'antiquité, d'accomplir les grands desseins auec de petits progrez :
de sorte que le peuple se trouue surpris par les
Ministres d'Estat, comme les malades par les Medecins, qui font passer les remedes en forme de
nourriture, & qui en donnent plustost l'effet,
que l'apprehension.

Celuy qui commande doit passer d'vne cle-
mence ordinaire à vne seuerité qui semble contrainte; se destacher des mauuais partis, apres de
longues froideurs ; se faire rechercher pour les
alliances qui luy sont vtiles ; ménager les autres
auec vne continuité moderée qui le fasse aimer
par habitude, & esleuer sa puissance, comme ces
terres qui s'amassent insensiblement de ce que
les fleuues y portent d'arene. Le Prince est, selon Platon, dans vn estat moyen entre Dieu &
les autres hommes. C'est pourquoy il doit sou-

uent monter au Ciel, pour prendre dans les threfors de la Sageffe diuine, l'idée du vray bien; & puis defcendre à fon peuple, pour la luy communiquer par vn bon gouuernement, qui fe regle fur celuy du monde, qui modere l'éclat de la grandeur, qui mefure fa puiffance au deuoir de la Iuftice, qui tienne les peuples en fujetion, plus par l'amour, que par la contrainte.

Ainfi l'homme qui eft vn petit monde en la difpofition de fon corps, qui manie les renes d'vn Empire, quand il commande à fes paffions, eft doublement tenu de garder ces loix, pour acquerir la mediocrité, de laquelle fe forment toutes les vertus. Cette obligation luy vient de ce que noftre ame, quoy qu'immortelle, a deux portions, dont l'vne prompte, agile, penetrante, ne met fes delices, qu'aux operations qui font propres aux intelligences; l'autre pefante & groffiere, n'a de l'affection que pour le corps, ny du commerce qu'auec les fens. C'eft pourquoy il eft neceffaire que la vertu morale modere ces deux puiffances, de forte que la plus baffe ne fuiue pas tellement le party du corps, qu'elle rompe tout à fait auec la raifon, & que la fuperieure ne s'exhale pas de forte dans fes contemplations, qu'elle abandonne toute la conduite de la vie.

Puis que nous deuons eftre liez auec tous les hommes, autant par affection, que par la Nature ; il faut, selon la loy de la societé, espouser les humeurs de tous, voir la ioye auec de la complaisance, les douleurs auec de la compassion, nous abaisser à la foiblesse pour la releuer, & representer tous les visages pour conquerir tous les cœurs. Mais cependant que nous sommes aux autres en paroles, en apparence, en ceremonies, en coustumes, en charité, l'interieur doit demeurer nostre, esloigné de ces alteratiōs, & dans la verité de ses sentimens ; comme le feu conserue sa pureté au milieu de sa region. Cette conduite morale n'est propre qu'aux grands Esprits, qui ont vn bon iugement pour en discerner le bien, & assez de generosité pour en vaincre les difficultez : car elle dépend & de la raison & de la force, puis que la vertu ne s'exerce que sur des obiets penibles. Or si nous remarquons entre les parties du monde cette mesme mediocrité, que la prudence establit dans la police, & dans la morale ; ne deuons-nous pas conclurre deux choses : la premiere, que cette condescendance de la Nature est l'œuure d'vne Sagesse superieure : la seconde, qu'vne main toute-puissante affoiblit ainsi les extremitez, & fait violence aux inclinations particulieres, pour entretenir vne paix vniuerselle ?

Si les Elemens ont l'inclination commune de de se conseruer, ils deuroient rallier leurs forces, se recueillir en eux-mesmes, & en cette figure ronde que la Nature leur donne, comme vn Fort regulier où ils font moins en prife. Cependant le feu diminuë beaucoup de fa chaleur, l'air de fon humidité pour fe ioindre enfemble; la terre eft moite, l'eau groffiere: ainfi ils fe relafchent pour s'écouler les vns dans les autres: & encore qu'ils foient ennemis, leurs forties ne fe font que pour quitter leurs auantages, & pour traitter de leurs alliances. Ce procedé ne fuit pas le deffein ordinaire de la Nature, qui échauffe tous les eftres au combat à la veuë de leurs ennemis, & qui arme leurs extremitez de tout ce qu'elle a de force & de violence. La tige des arbres eft couuerte d'vne rude efcorce ; les fruits fe defendent par la dureté, par des efpines, ou par l'amertume tous les animaux ont leurs armes aux pied, ou à la tefte ; les fcorpions & les mouches portent leur venin à la queuë; de mefme que nous plaçons les forts d'importance fur les frontieres pour boucler les courfes des ennemis. De là vient que les nations marquées de quelque imperfection naturelle, ne font iamais tant perfecutées que de leurs voifins, qui s'arment d'iniures & de violence pour fe defendre d'vn vice, qui leur pourroit eftre ou imprimé par le commerce, ou reproché par foupçon. C'eft donc vne puiffance fuperieure qui donne cette loy aux Elemens, qui modere leurs extremitez, qui les arrefte fur le poinct, & dans l'oc-

De l'Existence de Dieu. 235

cafion, où felon le cours ordinaire de la Nature, ils deuroient rendre de plus grands combats.

Nous voyons fouuent le paffage d'vne extremité à l'autre, fans aucune moderation. Entre les Signes du Zodiaque, ceux qu'vne eminente vertu fait appeller mafles, & diurnes, font fuiuis immediatement des foibles, nocturnes, & effeminez. Le triangle de la qualité du feu eft ioint à celuy de l'eau; ce qui caufe, difent quelquesvns, les amitiez des melancholiques auec les extremement ioyeux, des vieillards & des enfans; le precipice des hautes fortunes; & que les plus dangereufes maladies furprennent les plus alaigres fantez. Pourquoy donc les Elemens ne fuiuent-ils pas l'ordre & la proportion des Cieux, qui font les plus accomplis entre les corps, & qui leur tiennent lieu de Principes? D'où vient que le monde inferieur n'a pas vne quantité fans liaifon, femblable à celle des nombres, où l'vnité eft fuiuie de deux, le pair de l'impair, le diuifible de l'indiuifible; puis mefme que la forme ronde, qui fe termine par tout auec vn poinct, monftre que chacune de fes parties doit eftre recueillie en elle-mefme, fans s'eftendre deffus les autres. D'où vient que le feu fe ioinct à l'air, l'air à l'eau, & l'eau à la terre par leurs qualitez fympathiques, finon d'vne Sageffe fuperieure, qui a donné cette aymable difpofition aux chofes contraires, afin de former vn tout &

vne continuité de leurs differences?

Toutes choses demandent d'auoir plus d'eſtenduë, plus de durée, plus de forces : Cependant le feu prend l'humidité, l'air ſe refroidit, la terre deuient mobile & coulante eſtant detrempée; & au lieu que ces Elemens deuroient augmenter leurs forces, ils ſe mettent en priſe de leurs ennemis. Rien n'empeſcheroit qu'ils n'en fuſſent entierement conſommez, que le feu ne priſt vne entiere poſſeſſion de l'air, & ainſi des autres, ſi vne ſouueraine Puiſſance ne les retenoit en bride, & ne les obligeoit à ces accommodements. Car ſi l'air trouue les qualitez du feu auantageuſes, il ne deuroit pas s'abbaiſſer à celles de l'eau, qui l'obſcurcit de vapeurs, & qui luy oſte ſa pureté. Il ne ſçauroit naturellement auoir de l'inclination pour deux choſes qui ſont contraires, & ſe conſeruer l'alliance auec deux ennemis: Ce ſont deux mouuemens oppoſez, dont vn corps ſimple n'eſt pas capable, & où il ne ſe porte que par l'impulſion d'vne vertu eſtrangere.

Quand ie voy des poiſſons qui volent, des oiſeaux qui nagent, des Crocodiles & des veaux marins qui broutent en terre, des loutres qui vont picorer dans l'eau, & ſemblables animaux qui font des actions propres à deux eſpeces, afin d'en faire le nœud, ie prends cela ſelon la nature des choſes pour vn auſſi grand prodige, que si ie voyois le feu nager, l'eau voler, la terre courir: parce que le feu domine aux oiseaux, l'eau aux poissons, la terre aux animaux qu'elle porte, & que leurs actions se doiuent rapporter aux qualitez de leurs Elemens. C'est donc vne force superieure qui affoiblit les extremitez des estres, contre leurs inclinations, ou qui les esleue plus que leur portée, qui les assortit de plusieurs facultez, pour faire vne estroite liaison de la Nature, & que le monde ne soit qu'vn corps continu, qui represente l'vnité du premier Principe. Et parce que les contraintes que souffrent les estres particuliers pour vn interest public, sont des preuues extrémement fortes pour monstrer qu'ils sont commandez d'vne Puissance superieure, nous en ferons le discours suiuant.

De la violence que toutes choses souffrent en leurs inclinations particulieres pour le bien general du monde.

CHAPITRE XVIII.

THales, Heraclite, & autres anciens Philosophes, ont dit, qu'il n'estoit pas possible d'auoir vne connoissance veritable des choses mortelles, parce que leur estre n'a rien d'arresté, & que leur nature est si coulante, que quand ie veux exprimer ce qu'elles sont, elles ne sont desia plus ce qu'elles estoient au premier instant de ma pensée. Neantmoins il me semble que ceux qui nous ont voulu faire vne necessité de l'ignorance, se deuoient arrester à d'autres considerations : parce que l'écoulement des estres particuliers, ne sçauroit oster la certitude aux Sciences, qui s'appuient sur les veritez immobiles des essences, & des especes : Encore que ces alterations soient continuës, elles ne sont pas sensibles, & les choses ne nous monstrent leurs deffaillances, que quand vn long souuenir nous represente leur ancienne force. Nous auons vn plus grand sujet de faire vne docte ignorance de la Nature, & de douter de la verité des choses, sur ce qu'estans mesme dans la pleine vigueur de leur puissance, elles se portent à des actions tout à fait contraires, abusent nos iugemens, qui les prennent pour des marques asseurées de leurs formes : comme ces couleurs changeantes qui trompent nos yeux d'autant de lustres qu'elles ont de situations, & que nous prenons de differentes postures.

Neantmoins si le premier aspect de cette diuersité nous esbloüit, vn œil resolu en fait sa lumiere, & vn esprit en tire l'esclaircissement de la verité par vne profonde consideration. Car, comme l'on iuge que les actions sont conformes à la nature des choses, quand elles leur sont

DE L'EXISTENCE DE DIEV. 239
ordinaires: Aussi les excez & les defauts, où elles se portent assez rarement pour seruir le monde, & soustenir la cause publique, nous forcent de croire qu'elles sont sous la domination d'vne Puissance superieure.

L'eau qui deuroit couurir toute la surface de la terre, comme plus legere de sa nature, plus grande en son estenduë, plus eminente en sa masse, se tient enfermée dans ses limites, & captiue sa fluidité, pour laisser à découuert les espaces necessaires à la demeure & à la nourriture des animaux. C'est à dessein qu'elle se creuse elle-mesme des sepulchres; qu'elle tient ses ondes mortes dans des vastes reseruoirs, qui sont sous la terre des Oceans, dont la Nature ne leue les bondes, que quand les extrémes seicheresses veulent estre gueries par des deluges.

Cette terre qui se deuroit enfoncer vniment, & s'entasser autour de son centre par l'égale pesanteur qui l'y precipite, se souleue neantmoins en montagnes, afin de se rendre plus agreable par sa diuersité, & peut-estre pour former vne figure auec vne iuste proportion de parties, qui ne peut estre remarquée de nos yeux trop foibles, & de nostre situation trop basse. Ce sont des barrieres qu'elle oppose aux courses, & à l'impetuosité des vents; des aziles, & des places de refuge, qu'elle monstre de loing aux hommes poursuiuis des grandes inondations: En fin elle

Bb ij

pose les montagnes comme des alambics sur ses profondes concauitez, & porte leurs poinctes dans vne eminente region de l'air, afin de receuoir les influences du Ciel toutes pures, & d'vne matiere tirée des extremitez du monde, en faire distiler de belles fontaines. Quant à l'air, il se prodigue si parfaitement au seruice de la terre, que pour entretenir le commerce auec le Ciel, il se déguise en mille figures, il prend toutes sortes de visages, & s'altere de toutes sortes de qualitez, pour luy en donner vne bonne. Qui ne s'estonnera que le feu, qui est le Prince des Elemens, soit nostre esclaue aux fournaises, & aux vsages ordinaires de la vie? qu'abandonnant le lieu naturel de son empire, il s'emprisonne dans les cachots de la terre, pour y faire la digestion des metaux; qu'en nostre faueur il donne la vie à ses ennemis, & nourrisse de sa chaleur les plantes froides, iusques au dernier degré? Mais la contrainte des Elemens est extréme quand ils sont enfermez tous quatre dans vn petit corps, qu'ils y gourmandent leurs passions, & forment vn temperament de leur contrarieté.

Que si le vuide menace le monde, encore que la playe qu'il fait à sa continuité, ne soit que pour vn instant, & qu'il n'y demeure point de cicatrice; Comment la Nature donne-elle l'alarme à tous ses cantons? de quelle fureur s'arment les Elemens, quand ils s'exposent à la perte de leurs propres qualitez, pour parer ce coup, dont le dommage est public?

La terre s'émeut, le feu descend, l'eau monte, le fer, le plomb, & les pierres volent; l'air dont la douceur cede aux moindres choses qui veulent prendre sa place, n'est pour lors qu'vne tempeste, & il se roidit en des orages si furieux, que son secours nous donne vne iuste crainte.

De ces excez, l'art a tiré l'inuention des pompes, & l'Enfer celle des canons. Car comme l'homme fait son passe-temps des supplices de la Nature au jet des fontaines, il tourne à sa ruine ce qu'elle fait pour sa defence en ces foudres de guerres, que la terre enuoye contre le Ciel, qui estonnent moins qu'ils ne frappent, & qui n'espargnent ny la vaillance, ny la pieté. Le feu s'étant laissé conduire dans cette prison de fer, par les amorces de son aliment, s'en rend aussi-tost le maistre, & fait prendre ses couleurs à tout ce qu'il y rencontre. Mais son agrandissement est la cause de sa seruitude; dans ce lieu estroit, où n'ayant pas la liberté de son estenduë, & n'en pouuant rompre les murailles, il force le boulet qui tient le passage, le pousse malgré sa pesanteur, & l'estonne de sorte que sa fuite eschappe à la veuë, & son effort renuerse & fracasse tout, sans resistance. Les flammes s'étans donné la liberté de la sortie par l'absence de cette garde, eschappent legerement du cachot;

Bb iij

dont tenans l'entrée, & empeschans que l'air n'y aborde, sur le point qu'elles s'enuolent pour laisser le vuide, la Nature iette ces horribles mugissémens, par la seule apprehension qu'elle a de souffrir cette violence. Combien de merueilles & d'effets, contre le cours ordinaire des Elemens, pour ne pas permettre le vuide, & vuider ce qui est trop plein? Le metail prend du mouuement; le fer s'enuole; les flammes d'vne nature si simple & si deliée, qu'elles flottent legerement autour des matieres qui les approchent, & ne font que les embrasser, en prenant leurs formes, en cette occasion elles chassent, elles écartent, elles brisent, & par vn prodige inaccoustumé, en faisant perdre l'haleine, elles donnent la voix à cette bouche muette.

Nous pourrions faire vn iuste Volume de toutes les violences que souffrent les Astres pour la commodité des choses inferieures. Le mouuement du premier Mobile les emporte de l'Orient à l'Occident; encore qu'ils taschent d'aller d'Occident en Orient: leurs retardemens ne sçauroient arrester cette course precipitée, quelques efforts qu'ils fassent; & quoy qu'ils soient fort dissemblables en leurs periodes, ils acheuent tous les iours le tour du monde d'vn pas presque égal. Pour ce qui est de l'odre, Mars, qui selon ses proprietez naturelles, deuroit tenir le plus haut des Cieux, comme le feu; auquel il rapporte, occupe la premiere region des Elemens, se contente d'estre au milieu auec le Soleil, & laisse la partie superieure à Saturne, lent, froid, tardif, auec vne aussi estrange disposition, que si la terre estoit au dessous du feu. Nous auons representé les raisons, & les artifices de cette machine irreguliere, & comment il estoit necessaire que cette reuolution de fortune se fist dans les Cieux, pour entretenir le temperament du monde, en écartant le froid, qui donne la mort, approchant la chaleur, qui est le principe de la vie & du mouuement. Les differens excentriques du monde, qui semblent des exceptions de son vnité; les epicicles qui amusent les Planetes, & qui leur font tourner le dos au poinct où ils pretendent d'aller; les eclypses, les aspects infortunez, les bannissemens, les cheutes, les autres diminutions de forces, ne sont que les deferences par lesquelles les Planetes s'accommodent à la foiblesse du monde inferieur, qui ne sçauroit supporter leur presence continuelle, & la trop penetrante vertu d'vn fixe regard.

Or comme les hommes ne se portent iamais à des actions qui leur sont ouuertement desauantageuses, que par folie, ou par vne sublime sagesse, qui immole les contentemens particuliers au bien public, ou en fin par vne force estrangere qui leur impose cette seruitude: Ie dis de mesme, que les choses materielles qui sont incapables de la connoissance & de l'affection du bien general du monde, ne quittent leurs propres inclinations, que sous la conduite & la domination d'vne Puissance superieure. Nous prisons encore dans l'antiquité le franc courage du Caualier Curtius, qui se precipita volontairement dans l'abysme qui menaçoit Rome d'vne totale subuersion, si elle n'eust esté remplie de ce precieux gage. Nous estimons la resolution inuincible de Sceuola, & le zele de plusieurs Roys, qui estans aduertis par l'Oracle, qu'ils ne pouuoient donner la victoire à leur Republique, que par leur mort, se ietterent dans les armes de leurs ennemis, & se firent assassiner sous l'équipage de simples soldats. Nous appellons ces actions heroïques, à cause qu'elles surmontent le desir qu'ont tous les hommes de se conseruer la vie; & elles nous donnent de l'admiration, à cause qu'elles sont nouuelles & rares dans les siecles mesme où Mars tient l'Empire.

Aussi les loix supposans que les hommes ne se portent pas volontairement à ces entreprises perilleuses, pour les y obliger, elles déployent les deux parties de la Iustice, elles sont prodigues en recompenses, pour y attirer les grands courages, & inexorables en leurs rigueurs, pour y forcer les mauuais soldats. Et d'autant qu'elles n'ont point de recompense égale à la vie, & qui puisse estre receuë d'vn mort, elles en ont inuenté té vne imaginaire, à sçauoir l'honneur qui fait viure l'homme plusieurs siecles dans l'estime de posterité par les statuës publiques, les arcs triomphaux, les sepulchres riches d'inscriptions honorables, & par les tesmoignages auantageux de l'Histoire. Lycurgus fit cette Loy en Lacedemone, que le soldat qui abandonneroit son rang, & qui quitteroit le combat, pour prendre la fuite, seroit puny sans remission d'vne mort honteuse. Comme ce peuple n'auoit que la guerre pour exercice, & les beaux faits d'armes pour poinct d'honneur, il n'y eut point de loy si bien gardée, & auec vn si public applaudissement, que celle qui portoit la condemnation de la lascheté. Les braues soldats auoient interest que leurs trouppes fussent purgées de ces infames; ceux qui auoient moins de resolution, faisoient icy parade d'vne plus grande animosité, afin de mieux déguiser leur impuissance; & les meres qui faisoient estat de voir leurs enfans morts pour la patrie, sans ietter de larmes, changeoient leur douleur secrette, en vne rage publique, contre ces poltrons qui les auoient abandonnez au peril.

Ce fut là vne grande industrie du Legislateur, de combattre vne passion par vne autre; de faire passer le courage comme en nature par les exercices continuels; de miner les apprehensions de la mort par celles des peines, & par les

Tome I.   C c

attraits de l'honneur : auiourd'huy l'on adiouſte à tout cela, la liberté que l'on donne aux ſoldats de fouler le peuple. Dans les armées le tonnerre des tambours, l'éclat des fifres & des trompetes eſtourdit l'oüye, afin de confondre le iugement, & oſter aux hommes l'apprehenſion du peril, où l'on les engage. Mais quelques artifices, & quelques contraintes que l'on y apporte, l'amour de ſe conſeruer la vie eſt ſi naturel, qu'il faut toûjours des Sergens de bande, qui faſſent tourner viſage à ceux qui prennent la fuitte ; & la crainte cauſe ordinairement de plus grandes déroutes dans les armées, que les canons & la charge des ennemis. Les Loix Romaines parlent de quelques vns qui ſe ſont volontairement eſtropiez, afin que s'eſtans rendus inhabiles aux armes, ils en éuitaſſent le peril, & tiraſſent leur ſeureté de leur impuiſſance.

Si l'homme qui eſt raiſonnable, amy naturellement de ſa patrie, ialoux de l'honneur, ambitieux de faire viure ſa reputation, doit eſtre conduit par tant d'artifices, & forcé par tant de rigueurs à expoſer ſa vie pour le bien public : Que doit-on dire des choſes inſenſibles, quand elles le font ; ſinon qu'elles y ſont portées par la ſageſſe & par la puiſſance d'vne cauſe ſuperieure ? Le terme de violence que les Philoſophes attribuent à ce mouuement, eſt vne reconnoiſſance publique, qu'il n'eſt nullement propre aux choses qui en sont poussées; que c'est vn rapt qui force leurs inclinations, qui les arrache du lieu qu'elles passionnent, pour les trainer comme esclaues dans celuy qu'elles apprehendoient. En effet nous n'entendons par le mouuement naturel, qu'vne recherche conforme à la constitution des corps, & à l'Element qui leur prédomine. Or comme la nature de chacune chose est determinée; comme des quatre Elemens qui entrent en leur composition, vn seul tient l'empire; comme chacun d'eux a son centre particulier, le mouuement naturel qui y conduit, ne peut estre qu'vn. Lors que la terre, ou l'eau, s'esleuent pour remplir l'espace, menacé du vuide, elles se conseruent encore leur pesanteur, qui les deuroit retenir ou precipiter en bas : elles volent auec les mesmes qualitez qui fuyent le Ciel, & qui cherchent le centre du monde. C'est donc vne vertu estrangere, qui leur donne cette impulsion contraire à leurs appetits, qui suspend l'action de la pesanteur, & supplée au defaut de la legereté, qui fait faire des saillies propres au feu, à des corps qui n'en ont pas la disposition. Si les choses inanimées nous font paroistre quelque ombre d'amour, c'est principalement pour se conseruer; leurs soliditez, leurs écoulemens, leurs efforts, leurs combats, & leurs resistances ne tendent qu'à cette fin : elles deuroient donc demeurer fermes dans les lieux que la Nature leur a fait propres, se maintenir dans vne paisible possession des auantages qu'elles y rencontrent, plustost que de se ietter dans des regions, où elles sont traittées en estrangeres, & où elles souffrent vne perte entiere de leurs vertus. Cette separation est vn double effort contraire aux inclinations du cêtre & du lieu qui s'ayment par sympathie, & qui ioüyssent d'vne mutuelle complaisance en leur vnion. Et puis les corps n'ont pas tant d'agilité, pour toucher leurs centres, que de resolution pour s'y maintenir : & aussi bien en la Nature qu'en la Iurisprudence, la retention est plus aisée & plus ordinaire que n'est l'action. D'où il faut conclure, que c'est vne force estrangere à l'eau & à la terre qui les fait monter, qui les porte à rompre le mariage qu'elles ont auec leurs centres, & abandonner le lieu & le repos qu'elles passionnent : & ainsi l'on ne peut pas dire, que le mouuement qui les esleue, leur soit aussi naturel, que celuy qui les porte en bas : Mais veu qu'il combat leurs inclinations, qu'il offense leurs interests, qu'il les bannit de leur lieu natal, il leur doit estre imprimé par vne Cause vniuerselle qui les sacrifie au bien general du monde. Les pierres estans libres de tous obstacles, fondent en bas par la pesanteur de la terre qui leur prédomine : mais elles ne contiennent ny vertu, ny qualité, ny chose aucune réele, qui leur donne cette vigueur de moter, quand il s'agit d'empescher le vuide. Car de preuoir les dommages qui en peuuent arriuer au monde, c'est vne connoissance dont elles ne sont pas capables : & de quitter pour cela leurs centres, d'estre prodigues de leur fortune pour vn bien public, c'est vne resolution que l'amour de la patrie, l'honneur, la raison, & les contraintes, peuuent à grande peine gaigner sur l'esprit de l'homme.

Direz-vous que les riuieres prennent tout exprez le plus long chemin de la mer, où elles se doiuent rendre, & s'amusent à faire tant de contours, afin d'arroser nos terres, & y laisser la fertilité; que les montagnes s'esleuent pour seruir de bornes aux Royaumes; que l'air s'agite de tous les vents, afin de porter nos voiles en tous les quartiers du monde; que les tonnerres éclattent, pour reueiller la Nature de son assoupissement, & faire enfanter les Biches & les perles; que l'Ocean vomisse & rauale ses flots à certaines heures; qu'il s'auance dessus nos terres, & qu'il s'en retire apres qu'elles ont esté dessous sa puissance, pour aider la nauigation, & pour nous laisser les prouisions des salines. En fin autant qu'il y a de parties au monde, nous y pouuons remarquer autant de contraintes, qui nous font connoistre qu'elles sont sous la conduite d'vne Sagesse infinie, qui modere ainsi leurs forces, qui les oblige à ces contributions, & à seruir la Nature à leurs dépens.

Mais cette conduite, quoy que violente, est si raisonnable, qu'elle laisse toutes choses ordinairement dans leur naturel, & rend leur sujection beaucoup moindre, que leur liberté. Nous auons plus de plaines, que de montagnes; la mer a plus de calmes, que de tempestes; le Ciel a plus de lumieres, que d'eclypses; les Elemens ont plus de force & plus d'estenduë dans leurs regions, que dans les mixtes, & leur tranquilité a plus de durée, que les émotions, où ils s'emportent pour vn peu de temps, afin de ne pas permettre le vuide. Cela monstre que le cours ordinaire de la Nature est vne loy generale establie par vn Souuerain, qui se reserue le droit d'en accorder les priuileges, & de pouruoir à la necessité des occasions par vne dispence. Sa bonté paroist, en ce qu'il a rendu tous les estres riches de proprietez conuenables à leur felicité, qu'il leur en permet vne continuelle ioüyssance; & que les subsides qu'il en leue pour vn bien public, sont des emprunts suiuis d'vne prompte restitution. Le siecle est heureux sous vn Prince qui garde ces Loix de Nature, qui arreste l'insatiable cupidité de ces Exacteurs, dont les fortunes sont cimentées du sang des pauures, & dont les auis sont autant d'Arrests de mort, & de confiscation des Prouinces.

L'Empire est vne pilule qu'il faut dorer; vne

DE L'EXISTENCE DE DIEV. 251
medecine, dont l'amertume doit eftre temperée de quelques ingrediens qui flatent le gouft; c'eft vne operation si cruelle à nos sentimens, qu'elle ne se doit faire que par surprise, puis que les plus grands courages y ont le moins de disposition.

Si nous n'vsons de cette contrainte moderée sur nos sens, la Nature impatiente d'vne extréme seruitude, s'emporte à vn extréme relâche, ou abatuë sous cette rigueur, elle perd ce qu'elle a de forces, & change les mouuemens de la raison en l'impuissance des estres inanimez. Mais quand il s'agit d'vne entreprise, dont l'issuë est fort importante, comme quand la Nature est menacée de souffrir le vuide, c'est lors que l'Estat doit mettre en campagne toute sa puissance, & la raison se doit resoudre à plus de conseils, & à plus d'austeritez: parce que les forces sont foibles, si elles ne sont pas vnies. Nous souffrons vne incision, pour estre gueris d'vne gangrene: nous permettons que l'on nous arrache vne dent, pour appaiser la rage; & c'est faire vne conqueste aisée de la vertu, de n'auoir qu'à combattre la premiere occasion du vice, & luy dresser vne bonne guerre deuant qu'il se soit emparé du cœur.

Il n'y a que le seul mouuement des Cieux, qui estant violent & continuel, semble faire vne exception de ce que nous venons de dire: mais la response commune des Philosophes est, qu'il n'est pas violent aux Spheres inferieures, parce qu'elles ont vne disposition naturelle, pour le receuoir ; que n'en ayant point d'elles-mesmes de determiné, il leur est indifferent d'estre tirées ou de l'Intelligence du premier Mobile, ou de celle qui leur est particulierement assignée. Ce mouuement regulier represente le pouuoir du premier Principe, qui donne la force & l'action à toutes choses, qui les porte au poinct, que la regle infaillible de sa prouidence leur a destiné. Il fait les loix & les priuileges, il prescrit le cours ordinaire de la Nature, & permet quelquefois qu'elle s'en relasche, quand cette dispence importe à ses interests. De là vn ancien tire cette maxime, qu'il faut que les loix dorment vn peu, quand leur constitution contrarie leur fin ; que c'est vrayement estre Roy, de moderer leurs commandemens tyranniques & impitoyables ; qu'on leur obeït quand on les suspend, pour vn bien public, parce qu'elles y tendent ; & que cette fin accordante à la raison, est son premier fondement.

Il faut remarquer que les choses naturelles estans commandées de quitter leurs propres inclinations, l'eau de monter, le feu de descendre, la terre de se mouuoir ; elles s'y portent auec vne promptitude, qui passe de beaucoup celle de leur disposition ordinaire ; Pour nous apprendre la gayeté auec laquelle ces actions d'accommodement

De l'Existence de Dieu.

ment doiuent estre assaisonnées; & pour nous monstrer par leur diligence, que le commandement qui les oblige à ces deuoirs inaccoustumez, est raisonnable; que la main qui les gouuerne est toute-puissante; que la Nature est conduite par vne bonté qui dispose tout pour nostre bien, & par vne sagesse qui doit estre la regle de la nostre. Miserables, si nous faisons difficulté de souffrir quelque violence en nos passions, & de refuser quelque chose à nos sentimens, pour suiure les Decrets du Ciel, qui nous sont vn bien general, parce qu'ils importent à nostre derniere felicité.

Qu'il y a vn premier Moteur.

CHAPITRE XIX.

APres que nous auons veu à reprises quelques marques de la grandeur du premier Principe dans la disposition des parties du monde; il est temps que nous recueillions nos pensées de cette diuersité, & que nous tâchions de conceuoir vne idée plus rapportante à l'immensité de ses perfections. Or comme le mouuement est vn essay des puissances de la Nature, celuy qui porte les estres en la possession de leurs fins, qui contient mesme dans le flus de ses

Tome I. Dd

alterations vne image de l'Eternité & du repos: Aussi la premiere & la plus genereuse pensée que nous pouuons conceuoir de Dieu au sortir de la diuersité, c'est de le conceuoir comme le Principe du mouuement. Si nos yeux ne voyent rien que dans le change, si le monde ne subsiste que par vn progrez alternatif; si les objets qui flattent nos sens sont tributaires de l'inconstance: Il semble que nostre esprit ne sçauroit monter plus haut qu'à la source de ce grand flus de toutes les choses materielles, que le terme de sa plus sublime contemplation, c'est de voir la Verité, dont nous n'auons icy que les images flottantes; de rechercher l'extraction du bien; de connoistre le Legislateur du Monde, le Prince qui en a l'empire, le pere du temps, l'Eternité qui mesure la durée des siecles.

Les moindres de nos experiences, & les plus ordinaires de nos actions, nous enseignent cette sublime Philosophie, qu'il y a vn premier Moteur; vne Cause superieure, qui fait couler toutes choses de sa bonté, qui assiste le progrez de leurs actions de sa vertu, & qui les rapporte à soy, comme à leur derniere fin.

C'est pourquoy il me semble qu'il n'est point absolument necessaire de recourir aux demonstrations de Philosophie, pour nous persuader que rien n'est capable de se donner à soy-mesme l'estre & le mouuement, puisque nos yeux en font les tefmoins, & que c'eft vne verité fi publique, qu'elle fe laiffe poffeder aux fens. Nous voyons que toutes chofes tirent leur naiffance d'vne autre, qu'elles ont vn principe qui les a fait éclorre de la matiere, qui a changé leurs difpofitions en acte, & qui les a mis au iour. Les rofes naiffent du rofier ; le rofier de graine ou de rejetton : tout animal a fon pere ; & ceux que nous appellons imparfaits, fe forment de la corruption d'vne matiere, que le Ciel anime de fon influence & de fa chaleur. Autrement, fi la chofe fe pouuoit donner l'eftre à elle-mefme, au temps qu'elle fe produiroit, elle feroit defia, parce qu'elle agit comme caufe, & que l'action prefuppofe fon exiftence ; & ne feroit pas, parce qu'elle doit tremper dans la priuation deuant que de s'auancer en l'eftre. On peut dire le mefme du mouuement, que fi vne chofe fe meut d'elle-mefme, elle eft tout enfemble dans vn eftat de contradiction, à fçauoir dans le mouuement & dans le repos : parce qu'il n'y a que le repos capable de produire & de fupporter le mouuement. D'où s'enfuit qu'il y a vne premiere Caufe qui a donné l'eftre au monde, & qui luy infpire la force de s'entretenir par fes viciffitudes & fes generations.

Tout ce qui eft icy bas en porte l'Image, & nous en donne vne preuue fort fenfible. Le mouuement naturel fe fait de forte, que la partie qui se met en action est appuyée d'vne autre qui est en repos, & encore d'vn immobile exterieur qui les souftient toutes. Si i'auance vn bras, il est attaché à l'espaule qui demeure ferme : si le corps se meut, c'est par le moyen des nerfs qui sortent de l'épine du dos qui est immobile, comme l'est aussi le corps des oyseaux qui volent, si vous le comparez à l'agitation des aisles qui y sont attachées : la solidité de la terre supporte mes pas, c'est dessus elle que s'appuye la force qui tire & qui manie les batteaux, ou au moins dessus vne eau qui n'a pas le mesme mouuement que prennent les auirons.

La resolution commune des Philosophes est, que les corps pesans & legers reçoiuent les mouuemens qui les portent droict à leurs centres, d'vn agent exterieur; parce qu'on ne remarque point en eux cette distinction de parties, dont les vnes gardent le repos, cependant que les autres se mettent en agitation. Et puis, ces corps sont principalement distinguez de ceux qui ont l'ame, par le defaut du mouuement, & leurs formes qui en sont du tout incapables, demeurent arrestées & satisfaites en leurs centres, par vn assoupissement qui n'a ny de delices en la ioüyssance, ny de desir en la priuation. Si neantmoins la violence les enleue de cette place destinée à leur repos, & qu'elles soient en vn estat, où rien ne les empesche d'y retourner; comme elles n'ont point d'elles-mesmes de mouuement en qualité d'estre inanimez, on dit que leurs Principes les ont assortis de la legereté, ou de la pesanteur, pour retourner à leurs propres lieux. Ainsi cette cause exterieure, & cette qualité exempte d'alteration qui suruient à leur nature, leur tiennent lieu de la partie immobile, qui pousse & qui supporte les autres au mouuement des corps qui sont animez.

Si donc les estres particuliers reçoiuent leurs mouuemens d'vn Principe qui est en repos, nous deuons conclure, que le monde, cette masse des Cieux & des Elemens, qui sont dans vne vicissitude continuelle, dépend d'vn premier Moteur. Nous tournons la teste, nous fermons & ouurons les mains; le poulmon & le cœur attirent & repoussent continuellement, l'vn l'air, & l'autre le sang; le cerueau digere & fait la distribution des esprits; en fin chaque partie a ses exercices particuliers: Mais il y a vn mouuement general qui les transporte toutes, quand nous marchons, & qui vient de l'ame immobile, si vous en faites la comparaison auec ces agitations corporelles. Ainsi chacun des Planetes a ses reuolutions, & ses influences: l'air flotte auec les vents; les eaux coulent diuersement selon leurs pentes; la terre change de face auec les Saisons; les choses animées croissent, engendrent, cherchent leurs delices & leurs alimens. Pourquoy ne dira-on pas qu'il y a quelque Principe secret, plus puissant, & plus necessaire au monde que n'est l'ame au corps, qui donne ce mouuement general, qui inspire les vertus particulieres à toutes choses, qui fait vne tissure des estres, vne durée de toutes les generations, vn bien public de diuers offices? En fin comme le monde n'est qu'vn corps formé par les rapports, les proportions, & les assemblages de plusieurs parties, il doit y auoir quelque Principe qui luy tienne lieu de forme par son assistance, & qui l'anime d'vn mouuement propre pour ioindre sa fin.

Pour donner iour à cette importante verité, il ne faut que r'appeller ce que nous auons dit de la liaison des parties du monde, du commerce de leurs qualitez, de la violence qu'elles souffrent en leurs inclinations pour vn bien public: Toutes marques infaillibles de leur seruitude, & de la dépendance qu'elles ont d'vn premier principe, puis qu'elles empruntent le pouuoir de leurs actions; qu'elles n'en ont pas la liberté, & qu'elles les doiuent rapporter à la fin qui leur est prescripte. Si nous rencontrons dans vne maison plusieurs personnes employées à diuerses charges, nous ne prendrons pas vn de ceux qui trauaillent pour estre le maistre; mais nous iugerons qu'ils sont aux gages d'vn Prince, qui est en repos cependant que ses officiers agissent selon son dessein, & pour son seruice. Aussi l'hoste estoit excusable qui traitta Philopœmen en valet, le trouuant sous vn habit qui ne monstroit rien de sa dignité, & en des actions qui estoient des marques de seruitude. Si ie voy marcher vn horloge, dans laquelle vne roüe entraisnant l'autre, est pareillement emportée d'vne autre grande ; ie viens en fin à l'idée de l'ouurier libre de matiere & de mouuement ; sur laquelle est formé cét ouurage materiel,& d'où vient l'intelligence de tous les ressorts : Ainsi lors que ie contemple comment les Cieux se secourent reciproquement de leurs lumieres & de leurs influences, que l'air les porte à la terre; que la terre nous en compose des fruits : quand ie voy cette œconomie, & cette admirable intelligence des parties du monde,ie conclus, que leur disposition est l'effet d'vne Sagesse infinie, qu'elles nous publient sa gloire,en nous faisant receuoir les continuelles faueurs de sa bonté.

Autrement,il ne feroit iamais vn monde; vn ordre, vn concert de tant de parties; & vne si prodigieuse diuersité de puissances, n'aspireroit pas à vn bien commun. Le repos seroit continuellement interrompu par l'antipathie; où l'action cesseroit par l'égalité de sa resistáce: Nous ne tirerions nos forces que de l'element qui nous toucheroit; Les ardeurs de Mars altereroient le fauorable temperament de Iupiter ; l'inconstance de Mercure mettroit tout en desordre; l'humidité de la Lune esteindroit la chaleur vitale du Soleil; l'air tousiours mobile feroit vne dissolution des influences superieures, & rendroit par ce moyen toutes les terres steriles, ou d'vne égale fecondité, parce que ses continuelles alterations brouïlleroient les vertus celestes, & ne leur permettroit ny la pureté, ny le repos capable d'y faire des impressions.

De là nous pouuons iuger qu'il y a quelque souueraine Vertu diuine qui soustient les estres, qui leur inspire le mouuement, qui leur donne la beauté, selon le degré de leurs especes, & les entretient dans vne si admirable paix. Elle est toute-puissante, puis qu'elle penetre les corps sans se confondre dans leurs qualitez, sans estre arrestée par leurs resistances; qu'elle modere les forces, & forme vn concert de toutes les contrarietez. Ce doit estre vne Vertu diuine qui satisfait à tous les besoins de la Nature, sans s'affoiblir par la continuë & la multiplicité; puis qu'elle embrasse tous les estres, & qu'elle estend sa force iusques aux extremitez du monde: Comme il n'appartient qu'à vn grand Monarque de conseruer la vigueur des loix dans les Prouinces esloignées, de proteger l'innocence, d'empescher les concussions, & d'humilier les rebelles sous les pieds de la Iustice, par la seule reputation de son authorité.

Tout le monde tient les armes de nostre Roy inuincibles,

inuincibles, qui ont furmonté la mer, affujetty les rebelles, trauerfé les terres eftrangeres, forcé des paffages inacceffibles à tous autres, & qui ont tiré nos alliez de l'oppreffion de leurs ennemis, en accompliffant vn œuure de charité par deux fignalées victoires. Nous l'admirons en ce qu'il n'y a point d'artifices ny de forces capables de rompre la conduite de fes deffeins; qui puiffent empefcher que la gloire n'en couronne les euenemens, & qu'il ne donne à la France autant de triomphes, qu'elle a d'entreprifes. Mais nous deuons bien pluftoft conclure, que le monde eft fous la conduitte d'vne fouueraine Sageffe, puifque quelques refiftances que faffe la contrarieté des eftres, encore que la Nature fe déguife d'vne infinité d'artifices, & s'altere de toutes fortes de qualitez, elle ne peut s'affranchir des loix qui luy font prefcriptes. Sans cela il ne fe feroit iamais vne mefme chofe, & ces femblables reuolutions d'où l'on veut inferer que le monde eft eternel, monftrent feulement qu'elles font conduites & ajuftées par vn premier Moteur. Car fi les Philofophes n'admettent point vne multitude de Diuinitez, parce que plufieurs Puiffances font incompatibles en vn feul gouuernement: Que feroit-ce fi tous les Cieux, tous les Planetes, tous les Elemens partageoient l'empire de la Nature, & y pouuoient déployer leurs forces, fans receuoir la loy & la moderation d'vne

Tome I. E e

Cause superieure?

Il n'appartient qu'à vn seul de former vn grand dessein dans les affaires publiques; ou particulieres: Comme il n'y a qu'vn seul projet, il ne faut qu'vn seul esprit, qui auance en droite ligne, & par le chemin le plus court, au but qu'il s'est proposé. Plusieurs conseils font souuent des angles & des détours, qui rompent la viuacité de la poursuite: d'autant que comme diuers esprits conçoiuent diuersement vne mesme chose, ils se proposent diuers moyens pour la fin; d'où naist la contestation, de ce que chacun iuge bien selon son concept, & non pas à propos de celuy de l'autre. Que s'ils se deferent iusques à partager leurs auis, & en effleurer les meilleures idées: il est à craindre qu'il ne se fasse vn monstre de la conionction de ces diuerses especes; ou que comme les choses qui ont vne matiere fort differente, ne viennent iamais à vne veritable composition, ainsi on ne voye reüssir de tant de coseils, toute autre chose que ce que l'on s'en estoit promis; forces parcelles de diuers desseins, & pas vn d'entier. Si donc le monde s'entretient si parfaitement, & auec vne suite de causes si bien mesurées, qu'on a sujet de douter s'il est eternel; ne doit-on pas tirer cette conclusion de l'accomplissement des fins, generale & particuliere, que le dessein en est formé & conduit par vn seul Principe?

Les Estats n'ont qu'vn Legiflateur ; les grands corps d'armée n'ont qu'vn General: comme chacune de fes compagnies marche fous vn Capitaine. Le Dictateur releua la Republique de Rome de fes plus infignes malheurs, parce qu'il reprefentoit la Monarchie, qui est la meilleure forme de gouuernement. Lors que la puissance de plusieurs Prouinces est vnie en vne seule personne, elle est plus forte pour maintenir les sujets en leur deuoir, & les ennemis en crainte. L'ambition qui fait foufleuer les Grands dans les Estats populaires, les rend souples dans la Monarchie, afin d'obtenir de la faueur de leur Prince, & par leurs foubmissions, les dignitez qu'ils ne sçauroient emporter de force. Le Roy se fait vn art de gouuerner par l'experience: il en apprend fidelement les mysteres de ses ayeuls: ses confeils font secrets, ses resolutions promptes pour seruir à l'occasion : il ayme son peuple d'vn amour de pere ; & comme son honneur est inseparable de leur felicité, il poursuit leurs interests & les siens d'vne mesme ardeur : il veille pour leur repos : il entre dans les combats pour leur conseruer la paix : Il partage auec eux ses triomphes ; & leur en laissant les commoditez, il se contente que la gloire luy en demeure. Au contraire les Republiques, quelque sorte de gouuernement qu'elles ayent, font toutes sujettes à cette commune disgrace, d'estre ou déchirées par la contention de leurs Senateurs, ou venduës par leurs monopoles. Cependant que chacun ne sçauroit auoir seul la gloire de seruir l'Estat, il tasche d'en acquerir, & de se recompenser en esleuant sa maison: Il se fait vn commerce de dignitez entre les plus puissantes familles, pour les oster aux plus iustes; Et le peuple gemissant sous la domination de tant de Maistres, est en fin reduit à se remettre sous la protection d'vn seul.

Il y auroit bien peu de raison, de dire que le monde, si spacieux en estenduë, si noble en ses parties, si reglé en sa conduite, de qui les loix sont inuiolables, & dont la durée semble eternelle, ne fust pas sous la meilleure forme de gouuernement, & n'eust pas l'Estat Monarchique, sans lequel vne petite Prouince ne se sçauroit conseruer, que fort peu de temps. Peut-estre que les Citoyens d'vne Republique, piquez de l'honneur, se porteront à ce qui regarde le bien de l'Estat; & comme ils ne peuuent sauuer leurs fortunes, sans sauuer leur ville, ils feront quelquesfois des actions de courage pour exterminer ceux qui enuient leur païs: La consideration de leurs interests particuliers leur rend ces actions de Iustice necessaires. Et quand le Roy Philippes de Macedoine emplit vne ville de tous les mauuais garnemens qu'il tira des autres, il est à croire que les plus insignes voleurs furent esleuez aux premieres charges, & que tous conclurent à garder les loix par la seule necessité de leur conseruation. Mais au monde, les estres inanimez demeureroient morts, sans mouuement, ou se déferoient eux-mesmes, par l'effort aueugle de leurs qualitez contraires, s'il n'y auoit vn premier Moteur qui leur donnast l'inclination de poursuiure leur bien particulier: en sorte qu'il ne soit point preiudiciable à la conseruation & à l'interest general du monde.

Et afin de faire connoistre plus clairement qu'il y a vn premier Moteur, il faut considerer que nous voyons icy bas certaines choses, qui donnent & reçoiuent le mouuement, qui sont tout ensemble agissantes & patissantes, qui souffrans l'impression des estres superieurs, la donnent à ceux qui leur sont sujets. Ainsi l'air nous communique les influences & les alterations qu'il reçoit des Cieux: Les esprits d'vne moyenne capacité, & d'vn zele extréme, sont les instrumens des ames sublimes pour faire les grandes executions sur le peuple, & pour forger des foudres d'vne vapeur. Or ces deux qualitez, de de mouuoir & d'estre meu, ne se rencontrans en mesme sujet que par accident, doiuent estre separées les vnes des autres en des differents sujets, pour satisfaire à la condition de la substance qui subsiste par elle-mesme, & afin que la puissance qu'elles ont d'estre separées, ne demeure pas inutile, & fans fon effet : Tout de mefme que les couleurs qui font cette rauiffante bigarure dans vn nuage tiffu de rofée, & qui mettent au Ciel vn Arc, qui ne nous tire que des efpeces & de l'eau, fe voyent icy feparées fur plufieurs matieres : le verd fur l'herbe commune des prés, l'incarnadin fur les rofes, le iaune fur les bacinets, & fur toutes les herbes folaires.

De fait nous remarquons icy certaines chofes qui n'ont de puiffance, que ce qu'il en faut pour receuoir, & non pas pour communiquer le mouuement : comme la terre à l'égard des corps qui luy font fuperieurs, auffi bien en vertu qu'en fituation ; la populace & les ignorans entre les Princes & les doctes ; les petites Principautez fous les armes des puiffans Monarques. La Philofophie nous donne encore la connoiffance de la matiere premiere, d'elle-mefme dépourueuë de forme, impuiffante à l'action, fouple à toutes fortes de changemens, d'vne condition efclaue & fi rauallée, qu'elle n'a, ce femble, de l'eftre que la difpofition pour le receuoir; fi proche du rien, que nous ne fçaurions la bien definir que par la negation, & expliquer fa nature, qu'en difant ce qu'elle n'eft pas. Voila ce qui reçoit le mouuement feparé de ce qui le donne: & comme nous trouuons ce dernier terme, & cette plus baffe partie fubfiftente d'elle-mefme; comme nous voyons vn eftre qui eft meu, &

qui ne meut pas, il nous faut aussi necessairement admettre vn estre superieur qui meut & qui n'est pas meu, qui donne le mouuement sans le receuoir. La raison nous le persuade, parceque, comme la perfection est intime à l'estre, & vne des proprietez inseparables de sa nature, il faut croire qu'il supporte plustost vne substance parfaite, qui possede en acte & par effet le bien que nous conceuons par abstraction, que non pas vne matiere imparfaite, languissante dans le defaut, & qui deshonore la condition de l'estre par sa bassesse.

Si nous voyons vne force opposée à la foiblesse, vne beauté à la laideur, vne lumiere aux tenebres; & que tous les genres se diuisent en des especes contraires: si nous rencontrons vn estre au dernier degré de l'impuissance, nous en deuons conceuoir vn autre au souuerain degré du pouuoir & de la vertu, qui luy responde par opposition. Aussi la Nature met cette correspondance entre ses parties, que les vnes ont autant de forces pour donnner, que les autres ont de disposition pour receuoir. Il y a autant de biens que d'affection, autant de corps qu'il y peut auoir de vuide, autant de largesse que de pauureté, afin que l'abondance ne demeure pas inutile au bien, interdit d'en faire les liberalitez, & que l'indigence ne languisse pas sans remede. Si donc, selon le consentement des Philosophes, la matiere premiere a vne puissance infinie à receuoir; nous deuons admettre vn premier Moteur tout puissant, capable de fournir vne immense diuersité de formes à l'auidité de ses appetits, & à l'inconstance de ses amours.

Or ce Principe estant le premier de tout, il est par consequent infiny: d'autant que la limitation des estres leur vient de la cause d'où ils dependent, du genre, de l'espece, des conditions singulieres & indiuiduelles, dans lesquelles ils sont renfermez. Ce principe donc, eminent par dessus toutes choses, & affranchy de ces qualitez mortelles, n'a point de bornes en son essence, en son estenduë, en sa vertu. Estant infiny, il est aussi immobile, parce que son estre ne dépend que de luy-mesme, & ne peut receuoir ny accroissement, ny diminution. Car s'il se mouuoit, ce seroit par vn defaut de puissance, qui ne luy permettroit pas de demeurer tousiours en vn mesme estat: Comme le mercure, qui n'est qu'vne preparation de metail, cherche ceux qui sont parfaits pour s'y attacher; & comme ces petites Principautez qui sont dás vne perpetuelle émotion, à cause qu'elles ne sçauroient, ny se contenter de leurs terres, ny anticiper sur celles de leurs voisins. Le mouuement est vne composition, qui de sa nature est contraire à la simplicité; & si le premier Principe se changeoit, ce seroit ou en pis, ce qui le mettroit dans l'imperfection; ou en
mieux,

mieux, ce qui la supposeroit: & ne se rencontrant rien qui possede plus de perfection que luy, ses changemens ne sçauroient estre qu'inutils, & fort desaduantageux.

La Nature nous monstre par tout quelques marques de l'immobilité du premier Principe, en ce que tous ses mouuemens commencent, se continuent, & se terminent par le repos. En effet, le mouuemét ne subsiste, & n'est mesuré, que par les instans indiuisibles du temps, lesquels n'ayans aucunes parties, dont les extremitez se puissent assembler, ils ne peuuét faire qu'vne côposition imaginaire, vne estéduë entrecoupée de repos; & quelques ramas que la memoire fasse du passé, c'est tousiours vne quantité sans liaison, vn instant tousiours rebattu; comme si c'estoit l'influence continuë, & l'image de l'Vnité eternelle qui fait subsister le monde. Ainsi le repos deuance, accompagne, & termine le trauail de tous les arts, où il faut premierement côceuoir vne ferme idée de l'ouurage, prendre haleine dans la continuë de l'action : il faut que le sommeil & la nourriture restablissent les forces qui s'y consomment, & que la main se repose apres que le dessein est acheué dessus la matiere. La retraitte contemplatiue doit deuancer, suiure, & accompagner le gouuernement, dit Platon. Le Conseil appuyé dessus vne raison immobile, sert de guide, & donne la bonne fortu ne aux grands courages. La guerre emprunte ses forces des biens de la paix, où elle se vient terminer; puis que ses violences, ses desolations, & ses massacres, ne pretendent qu'vne paisible possession de l'honneur & des dépouilles des ennemis. Dans l'Estat tous les fiefs releuent de la Puissance souueraine du Roy : dans vne maison tout dépend de l'authorité du Pere de famille ; & s'il tombe sous la puissance d'vn autre, comme s'il est fait prisonnier de guerre, il perd l'authorité paternelle, iusques à ce qu'elle luy soit renduë auec la liberté par le restablissement. C'est pourquoy la Loy Romaine dit, que les femmes n'ont pas leurs enfans en leur puissance, à cause qu'elles sont suiettes à leurs maris, & que l'imbecillité de leur sexe les tient tousiours sous la tutelle de leurs alliez. D'où il faut conclurre, que le premier Principe, & le premier Moteur qui domine la Nature, est independant de tous les autres, & libre des mouuemens que sa Prouidence leur a prescrits.

Si nous nous donnons la liberté de contempler le grand corps du monde, ses dispositions & son procedé, nous en porterons ce iugement de Physionomie, qu'il tire son extraction du repos, & que toutes les affections le recherchent. Le centre des Elemens est immobile, & les parties qui l'approchent dauantage, ont le moins d'agitation, comme si elles prenoient quelque part à vn droict, & à vne dignité qui appartiennent proprement à ce qui merite le plus le nom de principe. Ainsi la plus haute region de l'air est tranquille; la moyenne forge les orages, & la plus basse en est accablée; les fontaines ont leur repos en leurs sources, & de ce thrône de cryſtal, où elles tiennent leur majeſté, elles font la loy, & fourniſſent à la profuſion des ruiſſeaux qui ſe répandent dedans les campagnes. La mer eſt toute endormie dans ſon lict, & iamais elle ne ſe leue qu'outragée des vents, & lors meſme que ſes vagues ſont en émotion, elle demeure calme dans les abyſmes. La terre toute peſante & mal-habile qu'elle eſt, n'eſt proprement immobile qu'en ſon centre, parce que, pour ne pas paroiſtre ſans action en ſa ſurface, elle s'enfle de montagnes, elle permet qu'elle ſoit coupée par le labeur, & d'elle-meſme elle s'entr'ouure pour humer les pluyes, pour nous donner quantité de plantes, & pour nous enſeigner le lieu des metaux.

Mais nous connoiſſons mieux cette verité par la conſideration du Ciel, qui eſt au monde, ce que la teſte eſt au corps, vn indice de tout ſon temperament. Nous ſommes certains par les obſeruations de l'Aſtronomie, que les Cieux des Planetes plus eſleuez, ſont plus tardifs en leurs reuolutions; & les plus bas qui s'auoiſinent des choſes mortelles, ſont viſtes, & ont le

Ff ij

moins d'égalité en leurs mouuemens, la Lune, Mercure, & Venus, ont le centre de leur deferent mobile: outre ce que la Lune acheue le tour de son Ciel en vn mois; les deux autres en moins d'vn an, Mars en dix, Iupiter en onze, Saturne en trente, & les autres Cieux sont tousiours plus lents, à mesure qu'ils tiennent vn plus haut estage. Ils ont vne diuersité de mouuemens naturels, violents, de deferent, d'epicicle, de balancement, de trepidation: il n'y a que le premier Mobile, dont le mouuement est regulier, tousiours égal, & qui se fait suiure de tous les autres.

Ce Ciel neantmoins n'est pas le premier Moteur du monde, parce que ce n'est qu'vn corps; il est sans lumiere, & priué de ces belles qualitez qui approchent de l'intelligible. Comme il n'a pas vne connoissance qui luy fasse rapporter son mouuement à vne certaine fin, il doit emprunter sa conduite d'vne Cause superieure; ou autrement son agitation seroit vague, confuse, dereglée, & qui le mettroit dans vne pire condition, à cause qu'elle luy osteroit le repos, qui est l'estat le plus souhaitable de la Nature, & d'où rien ne s'écarte, que piqué de l'ambition d'vn plus grand bien. Et puis le Ciel ne merite pas le tiltre de premier Moteur, estant luy-mesme dans le mouuement, sujet aux alterations, & à prendre fin, comme nous en ferons la preuue: sa puissance est bornée aussi bien que sa grandeur, n'estant qu'vn corps composé de forme, de matiere, d'vn amas de diuerses qualitez, il est d'vne condition trop basse, pour meriter l'Empire du monde.

Quelques Philosophes montans par la suite des causes & des mouuemens, iusques au premier Principe, ont dit que Dieu mouuoit immediatement les Cieux. Quoy que ce secours qu'il leur peut rendre, sans s'incommoder, ne blesse point sa grandeur; Neantmoins il semble qu'il contrarie à l'ordre de sa Prouidence, qui s'accomplit auec certains moyens, & qui commet des Intelligences pour la conduite de ces vastes corps, comme nous l'auons prouué. De ces Esprits obligez à rendre ces deuoirs au monde celeste, il faut monter iusques à vne premiere Cause, de laquelle ils tiennent leurs forces: Ou ce seroit s'égarer dás vn progrez infiny, que l'esprit abhorre, & que la Philosophie condamne, en ce que ce seroit admettre vn grand nombre d'instrumens sans cause mouuante; infinis moyens sans principe de qui ils dépendent, sans vne fin generale, à laquelle ils seruent & ils se rapportent; & ce seroit retomber dans l'abus de nos anciens, idolatres de plusieurs Diuinitez.

Si le monde inferieur emprunte son mouuement du premier Principe, par l'entremise des Intelligences; l'ame raisonnable le doit receuoir de luy immediatement, comme estant affranchie de la matiere, ayant des dispositions auantageuses, pour s'vnir à son souuerain Bien, & vne nature trop eminente, pour trouuer ailleurs sa derniere felicité. Nostre Esprit n'aura iamais vn veritable repos dans l'inconstance des opinions, parmy les disgraces qui trauersent nostre vie, qui blessent l'honneur, les biens, la santé, s'il ne s'appuye sur cét immobile. C'est luy qui donne les Sceptres, qui renuerse les Monarchies, qui conduit les Peuples en leurs conquestes, le Dieu des batailles, qui nous fait triompher de nos ennemis & de nos passions. Toutes nos entreprises se doiuent commencer par l'inuocation de ses graces, se continuer par son assistance, & se rapporter à sa gloire, comme à leur derniere fin.

Le premier Moteur est intelligent, & la premiere Verité.

Chapitre XX.

LEs Cieux qui ne monstrent ny fin, ny commencement en leurs figures, & en leurs reuolutions, nous ont cependant conduit iusques à vn premier Principe; & ces corps qui sont dans vne agitation si diuerse, qu'ils ne paroissent iamais d'vne mesme face, nous apprennent que la cause, d'où ils tiennent leurs forces

& leurs mouuemens, est immobile. Il semble que cette qualité, d'où commencent, & où se terminent les desirs du monde, soit la derniere & la plus eminente perfection de Dieu; que nous ne pouuons conceuoir rien de plus grand de sa Majesté, que de la voir en repos dans le throne de sa gloire, cependant que la Nature s'échauffe à l'action pour l'accomplissement de ses volontez, & pour rendre tesmoignage de sa puissance. Neantmoins nostre esprit n'en demeure pas là: Mais comme si les approches de l'estre infiny, luy donnoient vn surcroist de forces, comme si ce repos eternel qui inspire le progrés à la Nature, animoit sa contemplation d'vne nouuelle vigueur, il se porte à des pensées plus sublimes, & aprés l'auoir reconnu, comme le principe du mouuement, il veut l'adorer comme la source de la lumiere.

Si nos yeux ne voyent rien de si rauissant que cette pure & incorruptible qualité; si ce que le monde a de precieux, en est reuestu; si les Cieux qui nous tiennent lieu de Principe, à cause de leurs influences, en sont éclatans: la plus genereuse pensée que nous puissions former du premier Moteur, c'est de le conceuoir comme vne estenduë infinie de lumiere intelligible, qui s'éclaire elle-mesme, qui distribuë les beautez aux corps, & les connoissances aux ames doüées de raison. Le Soleil n'est que l'image, & non pas l'origine de la lumiere, comme nous l'auons prouué, parce qu'il emprunte son éclat, aussi bien que son mouuement, d'vne Cause superieure; c'est vn corps qui a ses limites, & qui peut souffrir la diuision: sa splendeur n'est pas égale; son globe a ses taches; son rayon tremblottant tient du defaut, & il nous monstre plusieurs autres manquemens, qui estans contraires à l'Vnité, ne luy permettent pas d'estre le premier Principe de la lumiere.

Les intelligences qui luy impriment ces deux mouuemens, & aux autres Cieux, ne sont pas aussi le Principe de la Nature; car elles se meuuent, & sont meuës selon la condition que nous auons dit estre necessaire aux estres moyens. Or elles ne se meuuent que par l'esprit & la volonté: Il faut donc que le Principe, qui est l'objet de leurs contemplations & de leurs amours, soit intelligent, puis qu'elles tiennent toutes leurs lumieres & toute leur felicité de son influence, & par vne participation de sa gloire.

Si nous prenons le loisir de contempler les estages de la Nature, les moindres choses nous donnent de grandes preuues de cette Raison primitiue, & l'Impie mesme establit cette verité, quand il déploye ses discours pour la combattre: D'autant que si nous voyons icy l'homme composé d'vn corps, & d'vne ame auantagée de raison, & quantité d'autres choses qui en sont
priuées:

priuées: Comme il y a des corps sans raison, il faut qu'il y ait vne raison dégagée des corps, & qui soit entierement libre de la matiere, afin que la plus noble partie du composé ait son existence separée, selon la consequence que nous en auons tirée pour le mouuement.

Les instincts & les diuerses industries des animaux, portent quelque image de la Raison. Les hommes en ont l'vsage ordinaire; mais auec vne si grande inegalité, que comme quelques-vns semblent n'en auoir qu'vne petite estincelle, qui les distingue des brutes, les autres la possedent dans vn degré d'éminence, qui les fait paroistre d'vne espece toute separée. Neantmoins les plus heureux siecles n'ont iamais porté des esprits parfaitemens capables de toutes choses, qui possedassent la connoissance vniuerselle, dont nous auons les desirs; parce que les forces de nos ames sont limitées. Il se rencontre beaucoup de defaut, où elles paroissent les plus accomplies: Nous n'auons pas la veritable raison; nostre excellence n'est qu'vn peu d'auantage sur les ignorans: & ce qu'on appelle perfection, signifie que nous sommes moins imparfaits. Il faut donc monter à vne souueraine Raison, qui soit la source de ce que nous en auons par dépendance, & qui possede pleinement les connoissances dont nous n'auons que les ombres & les mortes representations. De mesme que la lumiere sen-

impitoyable creanciere ; nous en payons les interests si sanglants par la priuation des plaisirs, & la charge des douleurs, qu'il semble que la vie ne nous est laissée, que pour la perdre par vn nombre infiny de morts. La Nature a donc l'empire sur l'homme. Que si ce gouuernement ne dépendoit pas d'vne souueraine Sagesse, il s'ensuiuroit que contre toute sorte de iustice, les moindres choses domineroient aux plus nobles, en ce que l'homme qui est raisonnable, seroit gourmandé par vne Puissance, qui est sans raison.

Mais la disposition des parties du monde, nous persuade le contraire, & que la Nature est sous le gouuernement d'vne souueraine Intelligence. Car comme les Cieux ont vne forme riche de plus belles qualitez que la terre : Comme les parties superieures de nostre corps, ont plus de sang & de feu que les inferieures, & que les Principes se conseruent tousiours de grands auantages sur les effets : Nous deuons conclurre, que la Puissance qui nous domine est parfaitement raisonnable ; que ses connoissances sont toutes libres du corps & de la matiere. C'est pourquoy d'autant plus que nostre esprit se peut approcher de ces qualitez, en se dégageant de celles du corps, il se donne de plus grandes ouuertures de la verité ; parce qu'en effet le corps est vn voile qui nous la couure ; & la Philosophie Payenne l'a creu vn cachot obscur, où les

G g ij

stres, ny de Verité. Encore que la Nature se débauchast, iusques à violer ses loix ordinaires; encore que les Elemens quittassent leurs centres, pour confondre leurs corps & leurs qualitez: Il seroit tousiours vray, que cette confusion seroit ainsi faite; & cela, par vne verité qu'il faut supposer comme vn Principe, & qui est tellement inseparable de l'estre, que rien ne subsiste que par sa faueur. Elle soustient tout ce qui paroist en la Nature: elle éclaire mesme ce qui est caché dans le rien; puis qu'il est vray, que ce qui n'est pas en existence, est dans la priuation, & qu'il n'a point de rapport auec ce qui est produit.

Comme la supréme Verité est vne, stable, & qui ne souffre point de diuision: les choses du monde s'efforcent de luy ressembler, en ce qu'elles existent dans les momens indiuisibles du temps, & que le flus de leur alteration leur donne continuellement vn estre nouueau, afin qu'elles n'en ayent point qui dépende d'vne suite, dont la continuë se puisse coupper, & qui soit tout à fait contraire à la tres-simple verité de leur Principe. Mais cependant que les choses d'icy bas meurent par tant de naissances, elles n'arriuent iamais à l'excellence qui est deuë à leurs especes; parce qu'vn seul moment ne porte pas toutes les qualitez, & ne les assortit pas de tout ce qui est necessaire à leur perfection: Comme nos corps, quoy que disent les Medecins, ne touchent iamais ce poinct de santé où consiste la iustesse du temperament. La Nature ne contient donc point de choses qui soient dans la verité, & dans vn estat si fort accomply, qu'il égale le merite & les inclinations de leurs especes; parce qu'elle a trop peu de forces, pour produire cette perfection toute entiere, & autrement qu'à reprises, partageant entre plusieurs estres, & entre plusieurs instans, la vertu qui deuoit estre recueillie en vn seul. Il faut donc qu'il y ait vne premiere Verité, qui soit l'exemplaire de ses coppies, qui possede toute l'excellence dont nos yeux voient icy bas les defauts; qui soit la regle qui ajuste ses productions, afin qu'elle n'extrauague point des especes, & ne les confonde pas, par des naissances prodigieuses. Ou autrement, lors qu'elle pretend de conduire les estres à leur derniere perfection, ses desseins seroient menteurs, en ce qu'il n'y auroit point d'objet veritable qu'elle deust imiter: ses efforts seroient inutils, & la porteroient dans le neant, si la beauté, pour laquelle elle a de l'amour, n'estoit en acte, & que quelque sujet ne la possedast en verité & par eminence.

Il faut icy admirer la grandeur de l'esprit de l'homme, qui conçoit par vne idée ce que la Nature ne peut acheuer, sans reprendre haleine, ce qu'elle produit pendant plusieurs siecles, ce qu'elle ne nous peut faire voir que par pieces, &

en vn estat où il y a moins de beauté que d'imperfection. Car la matiere n'est iamais si souple, qu'elle represente les formes auec toutes les excellences que l'esprit d'vn ouurier aura conceuës. Il faut recueillir de plusieurs visages les traits, les proportions, les coloris necessaires pour former vne grande beauté. Encores ce tableau riche de ces rauissantes dépouilles, se trouueroit coulpable de mille defauts aux yeux de l'amour. L'exercice des Orateurs d'Athenes & de Rome, n'a peu égaler l'idée qu'en eut Ciceron : le bon-heur parfait d'vne Republique ne s'est rencontré que dans la pensée d'vn Philosophe; & nous trouuons bien plustost les preceptes que les exemples d'vne vertu heroïque. C'est pourquoy Prothagoras creut, que l'homme qui peut former de si excellentes pensées de ces objets mesmes qui nous paroissent desagreables, estoit la regle & l'original de la Nature. Mais il se flattoit en cela par excez ; & son opinion combattuë de tous, se ruinoit d'elle-mesme. Car la verité n'est qu'vne, & si les hommes la possedoient comme vn apennage de leur espece, & auec vn droit qui ne souffre point d'inegalité, ils porteroient tous de semblables iugemens d'vne mesme chose. Neantmoins nous voyons que les postures ne sont pas si differentes que les opinions : Autant de peuples autant de diuerses loix: Autant de Prouinces & autant de villes, autant d'ordonnances & de couftumes. Ceux que nous tenons les plus fages, s'échauffent le plus à la difpute: & comme il n'y a point de beftes fi fales & fi dangereufes, à qui l'idolatre antiquité n'ait offert des encens & des facrifices, l'efprit ne fe fçauroit forger d'extrauagances, que quelque philofophe n'ait colorées de quelques raifons. Soit que le climat ou le temperament infpire diuerfes actions, felon la partie du Ciel ou l'Element qui domine; foit que les interefts, les paffions, les fympathies, & les inimitiez naturelles corrompent le iugement; foit que la diuerfe trempe des organes, en altere les fonctions; ou qu'en effet les ames foient en diuers degrez de vertu effentielle: ie n'en propofe pas icy la queftion; mais il me fuffit de tirer cette confequence, que l'homme eft plus inconftant en fes penfées, que l'Ocean ne l'eft en fes ondes; de forte que deuant y auoir vne Verité immobile, qui foit la mefure des chofes materielles, ce feroit vne trop temeraire vfurpation à l'homme de pretendre cette qualité, il eft du nombre des Eftres. Or rien de mortel ne peut eftre la mefure de foy-mefme, la Nature doit auoir vne regle eternelle pour proportionner la tiffure de fes generations, & la conduite de fes mouuemens: l'homme eft mortel, & encore que l'efpece continuë, les fentimens changent auec les âges, & les fiecles ont auffi bien leurs infirmitez pour les efprits, esprits, comme pour les corps. Il faut donc supposer vne supréme Verité subsistente en vn sujet releué pardessus nostre condition, afin qu'elle ait cette prerogatiue d'estre immuable.

La nature de la Verité, c'est d'estre eternelle. Comme il estoit vray de tout temps que ie deuois escrire ces choses, il sera vray à iamais que ie les auray escrites: quand les montagnes se precipiteroient dans la mer; quand les fleuues rebrousseroient à leur origine; quand les Cieux prendroient vne route differente, & que le monde changeroit de face, la verité de cette proposition demeurera la mesme, sans qu'elle soit alterée par toutes ces vicissitudes. Il y a donc vne premiere Intelligence, où cette Verité a esté conceuë, deuant qu'elle ait paru au monde, & qu'elle ait receu vne existence sensible auec le temps. Il y a vn Esprit eternel, vn thresor inépuisable, où sont écrites les veritez qui sont cachées à nos preuoyances, & qui échappent à nostre memoire: autrement, il s'ensuiuroit cette contradiction, que la verité seroit & ne seroit pas: elle seroit, parce que la chose auroit eu son existence; & ne seroit pas, à cause qu'il n'y auroit point d'intellect qui en preuist, & qui en conseruast l'idée.

Puisque nous admettons vn premier Moteur, qui par le droit de regale que la cause se conserue sur ses effets, possede auec eminence la beauté

Eſtres inferieurs; nous deuons particulierement luy attribuer vne ſublimité de connoiſſance, ſans laquelle ſa nature ſeroit imparfaite, & la conduite du monde impoſſible. Car d'où tireroit-il ſa felicité, s'il n'auoit vne nette comprehenſion de ſa grandeur, & de ce qui releue de ſon pouuoir? Comment receuroit-il vne infinie complaiſance de ſoy-meſme, s'il n'auoit la veuë de ſa bonté infinie, dont tout ce qui gaigne icy bas noſtre amour, n'eſt qu'vn' ombre & vne confuſe repreſentation?

Pour ce qui eſt du gouuernement de la Nature, il ſuppoſe neceſſairement vne Sageſſe ſuperieure qui en a formé le deſſein dés l'eternité, & qui l'acheue dans le temps deſſus la matiere, en conduiſant toutes choſes aux fins qu'elle a preſcrites à leurs inclinations. Le Sculpteur conçoit l'idée de la figure qu'il veut tailler, deuant que de mettre le cizeau dedans la matiere: l'entrepreneur a le Palais tout acheué dans ſon eſprit, deuant que d'en ietter les fondemens ſur la terre: Ainſi tous les arts produiſent les formes intelligibles de leurs ouurages deuant les materielles; la main ne ſe porte à l'action que ſous leur conduite, & pour en exprimer vne reſſemblance. Seroit-il poſſible, que des choſes d'vn ſi petit artifice ne peuſſent eſtre acheuées ſans projet, & que le monde, cét ordre admirable des Cieux & des Elements, ſe fuſt rencontré tout fait par hazard? Seroit-il poßible, que des formes accidentelles, qui fardent feulement la laideur de la matiere pour vn peu de temps, euffent vn eftre intelligible, & plus parfait que celuy qui paroift à l'exterieur; Et que les formes fubftantielles, qui font la principale partie du compofé, qui font le principe de la confiftence, & du mouuement; que le monde tout entier n'euft pas ce mefme auantage, d'auoir fon eftre immateriel dans vne Raifon fuperieure?

Si cét eftre fpirituel & intelligible eft plus accomply que n'eft le fenfible; il doit auffi eftre le premier en fon origine, & luy tenir lieu de principe, comme l'vnité l'eft aux nombres, l'impair au pair, & le poinct à l'eftenduë de la quantité: Autrement, toutes chofes eftans dans vne fubordination, auec vne dependance qui fait l'ordre du monde; il s'enfuiuroit que l'imperfection feroit la caufe de la perfection, le mal du bien, le portraict feroit plus accomply, que fon exemplaire, les progrez de la Nature ne feroient que des décadences, & toutes chofes deuroient aymer la priuation, parce qu'elle feroit plus conforme à leur caufe; fi l'eftre intelligible n'eftoit le principe & la mefure du materiel.

Toutes chofes ont d'autant plus de force & plus d'action, qu'elles font moins appefanties de matiere, & plus efleuées en connoiffance; pour nous faire voir que le Principe du monde est intelligent, & que la vertu des estres inferieurs, vient de ce qu'ils ont de plus grands rapports auec les conditions de cette premiere Cause. Que ne peut l'esprit de l'homme, quand il s'esloigne de la matiere? Il donne le mouuement à la terre, il l'oste aux Cieux ; il produit plus d'estres, que la circonference du monde n'en peut enfermer, & leur donne plus de qualitez, que leur nature n'en peut souffrir. Nostre industrie trenche les montagnes, détourne les mers & les fleuues, appriuoise les Lyons, se joüe des Ours, & des Elephans, & fait endurer à la Nature autant de violences, qu'elle a d'inclinations, & que nous auons de fantaisies. Le conseil gaigne le mesme auantage sur la force qui en est dépouruuë, qu'Vlysse sur le Geant Poliphéme; Et Philippe de Macedoine auoit raison de priser moins les prises de villes par les armes, que par l'industrie, qui est la propre force de l'homme, & dont le Capitaine ne partage point la gloire auec ses soldats. Si Rome n'ordonnoit les triomphes qu'aux victoires gaignées par de sanglantes batailles ; c'estoit parce que les Generaux d'armées qui défaisoient les ennemis sans combat, qui sans courre de fortune, & sans la perte d'vn seul Citoyen, faisoient vne riche dépoüille de leurs biés & de leurs libertez, acquerroient tout ce qui se peut souhaitter de gloire. Peut-estre aussi qu'ils accordoient ces honneurs pour échauffer les courages à des entreprises moins humaines; & de peur que l'on ne méprisast de gaigner les victoires par le peril des combats; quand on ne pourroit les obtenir par la prudence des stratagemes. Mais pour en iuger sainement, il est vray que la conduite de la raison merite tousiours plus de gloire que cette force animale, que cette fureur de Mars qui s'enferre, qui se precipite, qui expose la Iustice à la violence, & qui est ordinairement redeuable de ses victoires à la fortune & à la temerité. Cela signifie, que si le monde a vne si vaste estenduë; si ses parties sont si artificieusement rangées en ordre; si le feu elementaire ne s'empare pas de toute la region de l'air; si l'Ocean n'enseuelit pas la terre, si les qualitez des Elemens sont tenuës en bride, tout cela se fait par la conduite d'vne Raison & d'vne Intelligence superieure.

Nos connoissances se mesurent à nos entreprises: & comme vn Architecte ne se contente pas de sçauoir, comme il faut ietter les fondemens sur la terre ferme; s'il ne sçait encore esleuer les murs à plomb, percer l'edifice pour son ornement & pour sa commodité, ménager la place, & y trouuer tous les offices que la condition du maistre y peut souhaitter: Ainsi ce grand Ouurier du monde a deu auoir vne connoissance vniuerselle de ses parties, de ses dependances, de ses liaisons, de ses qualitez, pour de toute cet-

étenduë, n'en faire qu'vne demeure commode à nos vies, & plaisante à nostre curiosité.

Il y a cette difference, que les arts n'ont l'idée de leurs ouurages que par pieces, & auec des distinctions de parties, qui rapportent à celle de leur quantité : Les Sciences mesmes n'arriuent à la connoissance de leurs objets, que par vne suite de raisonnemens, qui conduisent l'esprit à pas mesurez dans la verité qu'il cherche. Mais le premier principe ne forme qu'vne seule idée, qui comprend toute la Nature auec vne parfaite égalité ; qui anticipe toutes les Essences, qui s'estend non seulemét sur l'estre actuel, mais encore sur toutes les choses possibles. Car si sa connoissance ne procedoit que comme la nostre, elle seroit dans le mouuement, & n'auroit pas la qualité que nous luy auons donnée d'immobile : elle seroit imparfaite, meslée d'ignorance & de priuation ; elle ne seroit pas vne, pour rapporter à l'Vnité tres-simple de son essence, ny vniuerselle pour seruir à son gouuernement general.

Comme les lumieres de tous les Astres n'égalent pas ensemble celle du Soleil : Aussi quand on feroit vn recueil de toutes les pensées des Intelligences, ou des plus rares esprits des hommes, elles ne seroient qu'vne grande obscurité, estans comparées à cette source inépuisable de lumiere. Cette idée diuine est le vray original de la Nature; dans elle les choses imparfaites ont leur perfection; les mortelles, sont incorruptibles; les moindres, sont toutes-puissantes.

Il n'est pas permis aux hommes de supporter ces splendeurs diuines, moins encore de les imiter par les operations de leur esprit: neantmoins ceux qui sont appellez au gouuernement, en monstrent quelque ressemblance, & les bons Princes s'efforcent de representer en la conduite de leurs Estats, ce que le Verbe diuin fait au monde.

C'est pourquoy les Consuls de Rome & les Gouuerneurs de Prouinces faisoient porter deuant eux les flambeaux allumez d'vn feu pris dessus les autels, pour monstrer qu'ils empruntoient leurs connoissances du Ciel: tirans ainsi auantage, comme nous auons dit, d'vn fondement naturel, & de la commune inclination, qu'ont tous les hommes à croire qu'vne souueraine Sagesse preside au monde.

Comme il n'y a rien de fortuit à la Prouidence diuine, non pas mesme aux Cieux, selon la Philosophie: Ainsi l'esprit du Prince tout sçauant, en ce qui regarde les inclinations des hommes, voit l'effet de ses ordonnances deuant leur promulgation; & ne s'estonne non plus de l'effort de ses ennemis, de l'émotion d'vn peuple qui s'effarouche de la nouueauté, que le Medecin de voir les operations de ses remedes, les crises, & les symptomes du mal qu'il a préueuës d'vn premier accez.

Le sage qui sçait connoistre la grandeur de sa condition, ne fait pas vn moindre iugement de son ame que d'vn Empire: & comme sa raison y tient la lieutenance du Verbe diuin, il tasche d'en imiter les lumieres & les veritez, par vne speculation vniuerselle. Il n'est pas besoin qu'il passe les mers comme Vlysse, pour recueillir la sagesse de la conuersation des peuples; ou que son ame voye plusieurs siecles dans diuers corps, sans noyer ses idées & ses experiences dans le fleuue de l'oubly. Mais il découure toute la terre de son cabinet; il assiste aux batailles sans peril; il entre au secret Conseil des Princes; il condamne leurs amours, leurs ambitions, leurs cruautez, leurs tyrannies. Les euenemens des choses passées le rendent prophete pour l'aduenir, & sans émotion au present. Il a déja veu joüer les tragedies que l'on impose à l'inconstance de la fortune, & qui tiennent les peuples en admiration. Il est tout accoustumé à voir les parricides des Princes, la decadence des Royaumes, les disgraces des fauoris, la mutinerie des peuples qui reprennent leur liberté, & en fin le retour des Republiques à la Monarchie. Il préuoit ces grands changemens apres le cours de quelques années; comme apres quelques iours & quelques heures, il predit la crise d'vne fiévre,

ou

ou le reflux de la mer: Et comme il ne void rien de nouueau au gouuernement des Eſtats, il ne luy arriue rien d'eſtrange en ſon particulier. Les coups qui le frappent ſont volontaires, parce qu'il les a preueus, & qu'il s'y eſt reſolu. Il ſçait quelles ſont les qualitez des choſes mortelles; iuſques à quel excez s'emporte la paſſion des hommes; que la perfidie a violé les plus ſaintes amitiez, & ruiné les plus floriſſantes Monarchies: que de grandes fortunes ont fait naufrage par vn coup de mer, que les maladies troublent nos contentemens, qu'vne diſgrace moiſſonne la fleur de nos eſperances, & la mort celles de nos vies. Rien de ces choſes ne peut l'eſtonner: car il n'a pas la preſomption de pretendre vn priuilege d'vne Loy qui eſt generale, & de tenir fort contre le cours ordinaire de la Nature. Il ſe met volontairement à la ſuite de ce qui forceroit ſa reſiſtance, & adore la ſouueraine Sageſſe qui preſide à toutes ces alterations. Car ſi les fortunes publiques & particulieres, ſi les Eſtats & nos vies empruntent leur gouuernement d'vne Raiſon vniuerſelle & fort épurée: Il faut conclurre que les reuolutions des Cieux, la ſuite des cauſes, le commerce des Elemens, la police & l'œconomie qui entretiennent la beauté du mõde, dépédent d'vne Intelligence ſuperieure qui en a projetté l'idée, & qui fait les ſiecles par la continuë d'vn ſi admirable gouuernemét.

Tome I.   Ii

*Les Plantes & les brutes sont conduites en leurs in-
stincts par vne Raison vniuerselle.*

CHAPITRE XXI.

IL est impossible de conceuoir comment les brutes & les plantes seroient capables d'vne conduite pleine de tant d'industrie pour la conseruation de leurs estres & de leurs especes, si elles ne la receuoient d'vne raison superieure : Leurs artifices sont si rauissans, qu'ils nous paroistront des nouueautez autant de fois que la curiosité se donnera le loisir de les contempler de prés. Car nous ne deuons pas moins admirer, pour voir tous les iours des plantes de contraire temperament se nourrir en vne mesme terre, choisir l'aliment qui leur est propre, en faire vne exacte separation par vne chymie si prompte & si asseurée, & les partager auec vne telle iustice, que les diuerses inclinations de toutes leurs parties en sont satisfaites. D'où vient que la vigne se sentant trop foible pour se soustenir d'elle-mesme, a l'industrie de garnir ses branches d'vn grand nombre de petits cordons soupples, pour ceder à la résistance des choses dures ; mais assez forts pour s'y tenir estroitement attachée? Ils se noüent & s'entortillent en croissant autour de ce qu'ils embraſſent, d'vne eſtreinte opiniaſtrément redoublée; où nous voyons que la foibleſſe gaigne l'auantage deſſus la force par ſes artifices, & ſe fait porter en triomphe par vne ſtupide ſolidité.

Comme les animaux déployent leurs plus violentes paſſions pour la conſeruation de leurs eſpeces, ſoit en l'appetit de la generation, ou en la defence de leurs petits. Ainſi les plantes font paroiſtre de merueilleux artifices en ces occaſions : elles ſe retranchent ingenieuſement contre l'aſſaut de leurs ennemis; & ſi elles n'ont pas le mouuement pour donner l'attaque, elles font paroiſtre en recompenſe beaucoup d'induſtrie pour ſe mettre à couuert des iniures. Les arbres fortifient leurs tiges d'vne écorce dure, hideuſe, ridée, qui offenſe la veuë, le gouſt & l'attouchement, afin d'en détourner l'appetit des animaux, faire eſcorte, & donner ſauf-conduit à la ſéve qui fournit les branches de nourriture. Les chaſtaigners armét leurs fruicts d'aiguillons, qui forment vn eſcadron de piquiers pour ſon corps de garde, & qui eſtant abbatu en terre par les vents, ou par le froid, ſe defend encore, & ne ſe laiſſe toucher que comme les Heriſſons, en ſe vengeant par quelque picqueure. Les noyers couurent le leur premierement d'vn verd qui le fait méconnoiſtre entre les fueilles, d'vne amertume capable de dégouſter la faim meſme, & puis d'v-

Ii ij

ne muraille à l'épreuue; employant ainsi & l'industrie & la force pour sa conseruation. Quelques arbres empacquettent leurs graines dans du coton, de qui la fade molesse inepte au goust, & qui empestre la bouche, rebute l'appetit des animaux qui s'en veulent rassasier, & se conseruent contre les iniures de l'air. Ceux qui ne portent point de fruict, & que la Nature destine aux mestiers, & à seruir d'aliment au feu, peuplent beaucoup plus que les autres, afin de fournir au grand debit que nous en faisons ; & la pluspart attachent des aisles à leurs semences, auec lesquelles estans portées par les vents en diuers endroits, elles font vne forest d'vn seul arbre. En fin il n'y a point de plante, dont la fabrique, les proprietez, & les industries ne nous donnassent sujet d'en faire vn fort long discours, & d'y admirer aussi bien la Prouidence diuine, qu'en l'instinct des brutes.

Elles choisissent ce qui leur est propre, esquiuent les perils, dressent des embusches, font teste à leurs ennemis d'vn si franc courage, poursuiuent leurs entreprises auec vne si constante resolution, & sont si bien auisées en ce qui regarde leurs interests ou celuy de leurs petits, que tant s'en faut que l'on doute de leur industrie ; que mesme on passe iusques à cette extremité, de dire qu'elles ont l'vsage de la raison & les habitudes de la vertu. Il est vray que ce procedé qui arriue toufiours à vne certaine fin, par des moyens extremement propres & bien ajuftez, n'eft pas pas vn coup de fortune, ny vne rencontre qui fe puiffe faire par l'appetit animal, s'il n'eftoit gouuerné de la raifon. Nous en fommes d'accord: Mais nous difons que cette conduite dépend d'vne Raifon vniuerfelle, qui leur imprime ces inclinations, qui les anime de ces inftinéts, & qui en renouuelle les images aux rencontres neceffaires.

Si elles faifoient leurs elections par vne connoiffance qu'elles euffent de la nature des chofes, & des auantages qu'elles en peuuent receuoir, auec vne difcuffion femblable à celle de noftre difcours, & fans y eftre determinées par vne Caufe fuperieure; elles auroient vn auantage de raifon fur nous, & nous leur deurions la palme du iugement, puis qu'elles font moins fautiues que nous, en ce qui les touche. Cependant le plus groffier payfan du monde tiendroit à tres-grande iniure, d'eftre mis en comparaifon des beftes; parce que fa conduite luy eft propre, qu'elle dépend de fa liberté & de fa raifon, & que l'induftrie des beftes leur vient de l'impulfion d'vne Caufe fuperieure qui les y oblige.

En ce qui éclate le plus en leurs inftinéts, & qui femble approcher de plus prés de noftre raifon, elles nous font voir leur defaut, & que le principe de leurs mouuemens eft eftranger. Car fi les hyrondelles, les cicognes, les tourterelles, & les autres oyseaux de passage, s'en vont quand l'Automne vient, & retournent icy auec le Printemps; ce n'est pas qu'ils ayent consulté les elections de l'Astrologie pour la felicité de leurs voyages; qu'ils ayent la connoissance des climats, & l'industrie de rechercher les beaux iours que le Soleil apporte à nos terres, quand il est en son exaltation du Belier : Neantmoins puis qu'ils nous visitent reglément en mesme saison, ils ne sont pas conduits par hazard; mais par vne science asseurée, dont l'effet est tousiours semblable : ils ne l'ont pas deux-mesmes, parce qu'elle dépend d'vne mesme obseruation, & d'vne profonde estude. Il faut donc qu'ils reçoiuent ces mouuemens & ces appetits de changer de lieux, de quelque autre cause : soit que les Cieux conduisent leur route, comme ils tirent l'aiman, & comme la Lune donne à la mer son flux & reflux; ou que la Sagesse diuine répanduë, comme nous auons dit, dans toutes les parties du monde, leur imprime ces affections, & les conduise selon la necessité du temps.

Ainsi quand les oyseaux bastissent leurs nids en Esté, ils ne font pas choix de la commodité de cette saison, dont la chaleur seconde celle qu'ils ont naturelle, pour faire éclorre leurs œufs, & defendre la nudité de leurs petits : mais à mesure que le Soleil croist en force, il jette les flammes d'amour dans leurs petits cœurs, & les presse de faire leurs mariages auec des recherches si mignardes, des transports si doux, des alliances si fideles, qu'il faut auoüer qu'elles leur sont imprimées par vne souueraine Vnité. Ce qu'ils ménagent pour leurs couches, pour la delicatesse & la nourriture de leurs petits; qu'ils ayment ce qu'ils ne voyent pas, & iugent qu'vn œuf immobile se doit metamorphoser en vn animal de leur espece, apres qu'ils l'auront couué vn certain temps; c'est vn preiugé que les plus sublimes Philosophes ne sçauroient faire sans experience, & dont à plus forte raison les oyseaux seroient incapables, si vne souueraine Prouidence ne leur en donnoit l'instinct.

Quand le coq chante à l'aurore, au midy, au soir; & qu'enfermé dans vn lieu obscur, au milieu de son sommeil, & dans le silence du monde, il est surpris d'vne violente agitation, qui luy fait esleuer la voix, pour nous annoncer qu'il est minuict; vous ne iugerez pas que cét oyseau tienne compte des heures, non plus qu'vn horologe qui les sonne: mais seulement il obeït à l'influence du Soleil, plus puissante lors qu'il est arriué à la premiere, dixiéme, septiéme, & quatriéme maison, qui sont les angles du Ciel, & d'où il enuoye sa vertu plus viue & en ligne droite. Ainsi nous pouuons tirer cette consequence pour de semblables inclinations des brutes, qu'elles dépendent du Ciel, de mesme que les instrumens des arts tiennent leur mouuement de l'ouurier, en sorte que la gloire de leur action se doit rapporter à son industrie: Elles sont comme le pinceau, le Ciel est la main qui les manie, & la Sagesse diuine, de la disposition de laquelle toutes choses generales & particulieres dépendent, se peut comparer à l'esprit du Peintre, qui ajuste les mouuemens de la main, pour auec les couleurs former l'image sensible de son idée.

Cette grande submission que les brutes rendent à l'influence du Ciel, vient de ce que leurs formes enfoncées dedans la matiere, sont comme elle impuissantes pour l'action, & souples à receuoir toutes sortes d'impressions. C'est pourquoy les anciens tiroient les augures du vol des oyseaux comme d'vn oracle de la Nature, auquel ils donnoient plus de creance qu'au reste de leurs superstitions: Et maintenant les presages que l'on tire des pluyes, des tempestes, des secheresses, & des autres alterations de l'air, par l'obseruation des voix & du geste des animaux, passe pour vne science entre ceux qui se donnent la curiosité de les remarquer. Nous ne nous apperceuons pas en nous-mesmes de ces changemens, encore que nostre corps soit d'vn temperament fort delicat, parce que nostre ame luy en dérobe le ressentiment, estant fort releuée au dessus de la matiere, distraite d'vne infinité de pensées, & si noble,

qu'elle

DE L'EXISTENCE DE DIEV. 301

qu'elle tient son mouuement de sa liberté. Mais les brutes n'ayans point de raison qui determine leur phantasie, & qui leur donne de l'employ, elles demeurent toutes entieres sous la puissance des Astres, & toutes prestes de receuoir leurs vertus.

Il est vray que pour se mettre à couuert des necessitez de la vie, elles se seruent de quelques industries fort approchantes des nostres: comme les abeilles en leurs Republiques, les fourmis en leurs prouisions, les araignes en la chasse qu'elles font aux toiles: mais cela, ny mille autres remarques, dont nous pourrions grossir ce sujet, ne nous obligent pas d'auoüer qu'elles ayent l'vsage de la raison. Comme la craye n'est pas vn iaspe, encore que ce marbre diuersifié, & qui porte toutes les couleurs, en ayt vne blanche qui rapporte à celle des pierres communes; vn Iardinier ne sera pas Prince, & n'aura pas ny la science de gouuerner vn Estat, ny l'authorité de commander plusieurs peuples; parce qu'il sçait aussi bien l'agriculture que le Prince qui s'y exerce quelquesfois par diuertissement: Ainsi la consequence n'est pas bonne, que les brutes ayent l'vsage de la raison, de ce que chaque espece a quelqu'vn des artifices que les hommes possedent tous ensemble, & desquels ils ont vne connoissance accomplie.

Nostre raison est vne image de celle qui preside au monde, en ce qu'elle est generale en sa puissance, vniuerselle en son estenduë, sans que la distance des lieux, la difference des objets, le nombre & la contrarieté empeschent son iugement, & qu'elle ne se rende l'arbitre de la Nature : Elle deuance le temps, elle se figure la iouyssance d'vne fin dans des instans qui n'existent pas, & oblige tout ce qui luy plaist, à luy donner du secours pour l'accomplissement de ses entreprises : elle perce les abysmes, elle vole au dessus des Cieux, elle entre au conseil de la Nature, entend ses secrets, se mesle dans ses affaires, & puis retournant en elle-mesme, le plaisir de se voir toute éclatante de ces formes intelligibles, approche des contentemens de sa derniere felicité. Mais la connoissance des brutes n'est que des choses particulieres, & non pas des vniuerselles : elle ne passe point la portée des sens, elle est obligée à leurs defauts, & ne s'arreste qu'à la surface de la matiere, sans iuger de la substance, & sonder les proprietez des formes. Elle s'offense de la perfection de son objet, elle ne ne conçoit rien de grand & de general, elle est sans choix, sans dessein, sans reflexion sur soy-mesme, & ne fait en chacune espece que ce qui est precisément necessaire pour sa defence, par vne méchanique, dont l'homme possede la Theorie. C'est pourquoy Platon dit, que si on propose à vn homme de bon iugement, mais qui ne se soit iamais employé aux Sciences, quelque difficulté que ce soit, il en donnera la resolution, pourueu qu'on la luy explique en termes qu'il puisse entendre, parce qu'il est capable de la raison, qui est vne puissance generale pour découurir toutes les veritez, comme la lumiere pour faire voir toutes les couleurs. Cela ne se rencontre pas entre les les brutes: vne fourmis ne conceura iamais l'industrie d'vne araigne à tendre ses toiles: l'araigne n'arriuera iamais à bastir des ruches, & à composer vn miel de l'extraict des fleurs, comme les abeilles: il n'y a que le ver qui sache filer la soye. Ainsi chaque espece a vn artifice particulier qui n'est point commun aux autres, mais tous sont compris & acheuez auec plus de perfection par nos mestiers.

Le propre de la raison c'est de croistre toûjours en capacité, & des experiences particulieres en former des principes generaux, d'où puis apres elle tire ses consequences. Cela a fait, que les arts sont montez à vn tel degré de perfection, qu'ils emportent le prix des ouurages sur la Nature, & nous font vn nouueau monde dans celuy-cy. Or tous les âges passez ont veu les brutes d'vne mesme espece dans vne égale & toute pareille capacité à celle qu'elles ont maintenant, sans que la suite des temps l'ait accreuë, ou que les particuliers la possedent auec inegalité. D'où il faut tirer cette conclusion, qu'elles n'ont pas ces connoissances de leur acquest, par art, & par le discours de la raison; mais qu'elles leur sont imprimées par vne Cause superieure, & qu'en effet elles ne sont que des outils obëissans aux artifices de Dieu.

Nous sommes picquez d'vn desir extréme, & plus puissant que le reste de nos affections, de croistre tousiours en connoissance des choses mesmes qui sont estrangeres de nostre nature ; & qui ne touchans point nos interests, ne font que seruir à nostre curiosité. Nous donnons la palme à ceux d'entre nous qui ont la raison plus excellente : nous offrons des honneurs & des recompenses à leurs merites ; & si nous auons à perdre uolontairement nostre liberté, c'est sous la conduite d'vne personne qui nous passe en prudence & en doctrine. Nous admirons la Nature en ses prodiges, & nous voyons ce qu'elle a de rare, auec plaisir & auec estonnement : Parce que nous conceuons le cours ordinaire de ses productions, comme vne verité generale, dont nous attendons tousiours les mesmes effets ; & si elle échappe de ses regles accoustumées, comme ce n'est pas sans sujet, nostre esprit se plaist dans la difficulté de cette occasion pour y déployer ses forces, & met ses delices à trouuer la raison de la nouueauté. Les brutes au contraire, croupissent dans leurs communes inclinations, sans souspirer apres des connoissances particulieres, & plus hautes que celles qui sont communes à toute l'espece. Elles n'ont point d'yeux pour les miracles : vn vil aliment leur est plus cher que tous les thresors, les chefs-d'œuures du monde, & les beautez qui nous rauissent, ne les touchent pas. Car n'ayans point de raison, elles ne sçauroient iuger des perfections de la Nature: mais seulement elles sont des esclaues qui obeïssent à ses ordonnances, des outils qui suiuent ses mouuemens & ses desseins.

Ce qui nous donne le desir de la connoissance, c'est ce que nous en receuons de contentement: En ce que si tost que les sens découurent vn objet, l'esprit se met secretement en deuoir d'en apprendre la disposition & la cause; & l'ayant trouuée, par le rapport qu'il fait d'vn estre particulier à l'idée generale qu'il a de la verité, il ioüyt du mesme plaisir qui naist de la sympathie & du rencontre des choses semblables. Les brutes, comme elles n'ont aucunes idées de la verité, elles ne sont picquées d'aucun appetit pour sa connoissance, & sont incapables de son apprehension & de ses plaisirs. Leur phantasie est determinée à la recherche de ce qui peut appaiser leur faim & leur amour; tout de mesme qu'vn phrenetique dans l'alienation de son iugement, connoist encore l'eau, qui peut rafraischir les ardeurs de la fievre qui le consomme. Aussi les discours de la raison, & les conseils qu'elle prend sur les diuerses occurrences, leur seroient ou impossibles, ou superflus dans la precipitation de leurs appetits.

Nous nous en feruons pour difcerner ce qui nous eft le plus conuenable, pour temperer nos defirs, mefme contre les inclinations des fens; comme dans la pratique de la chafteté, de la modeftie, & des autres vertus qui fe rapportent à la temperance & à la Iuftice. Mais les brutes à la premiere apprehenfion de l'objet qui reuient à leur appetit, s'y emportent d'vne paffion forcenée, fans conduite, fans retenuë, fans moderation : & au refte de leurs mouuemens, qui font plus tranquilles, parce qu'ils ne font point irritez par la prefence des objets, ny par la refiftance des contraires, elles font pouffées d'vne neceffité qui ne laiffe pas de faire fes efforts, encore que l'execution luy foit impoffible : I'ay autrefois admiré vn roffignol pris au nid & nourry niais, qui au temps que les autres s'en vont en d'autres pays, faifoit le paffage toute nuict dans fa cage auec des baftemens fi defordonnez, qu'on le trouuoit le matin les plumes froiffées, pantois, efclamé, hagard, & las, comme s'il euft fait vne longue traite. L'inclination qu'auoit cét oyfeau pour vn voyage dont il n'auoit point d'experience, fes efforts inutils de fe fauuer d'vn lieu où il auoit l'air & la nourriture à fouhait, monftrent qu'il n'eftoit pas en cela conduit par raifon ; mais que la mefme vertu qui enleue de nos forefts ceux qui font en leur liberté, l'agitoit dans fa cage, encore qu'il n'en peuft fortir : Comme l'aiman tire le fer à tra-

uers le verre, quoy qu'il ne la puiſſe ioindre, &
& comme la Lune ſouſleue les flots de la mer, &
y fait vne tempeſte ſans vents, quand les montagnes s'oppoſent à ſon flux.

Ce qui eſt de plus admirable aux brutes, c'eſt qu'elles ont vne ſecrette & aſſeurée connoiſſance de ce qui leur eſt nuiſible deuant que d'en auoir reſſenty les incommoditez. Le mouton prend l'épouuente à la premiere veuë du loup, & le reconnoiſt comme vn ennemy qui le cherche pour le deuorer: La perdrix ſe blottit & deuient vne motte de terre, quand ſon œil, qu'elle a touſiours en ſentinelle, apperçoit l'autour: cependant elle ſe promene auec vne gayeté aſſeurée entre d'autres oyſeaux plus puiſſans & plus hideux, qui ne viuent pas de rapine. Mais ces craintes naturelles que les animaux ont de leurs ennemis, ne ſont pas des effets de la raiſon, & ne prouuent pas qu'ils en ayent l'vſage: Parce que premierement les plantes qui, au iugement de tout le monde, en ſont priuées, font paroiſtre entr'elles les meſmes antipathies. La raiſon qui nous apprend à diſcerner le vray du faux dans la Dialectique, qui nous inſtruit à gouuerner les familles & les Eſtats, ne nous monſtre pas à diſtinguer l'arſenic du cryſtal mineral, & la ciguë du perſil; cela dépend de l'experience des Chymiſtes, & de la ſcience des Apotiquaires. Les haines que nous conceuons auec raiſon, croiſſent petit à petit auec le ſentiment du déplaisir, & de quelque chose que ce soit nous en faisons l'obiet de nostre connoissance, deuant qu'elle le soit de nostre auersion. Or l'inimitié des brutes deuance la veuë: le premier aspect de leurs ennemis donne d'aussi chaudes alarmes à leurs puissances, les agite d'autant de crainte & de fureur pour la fuite, ou pour le combat, que si elles auoient souuent esprouué leurs forces. Elles n'agissent donc pas auec raison en ces mouuemens; Mais leurs amours, leurs alliances, leurs antipathies leur sont imprimées par vne Raison vniuerselle, & par l'entremise des Cieux.

L'homme, dont le souuerain bien est remis dans l'Eternité, & qui ne iouyt de la vie presente que pour en acquerir vne surnaturelle, reçoit du premier Principe des inclinations raisonnables, & des motions diuines, qui le portent sans qu'il raisonne, à son adoration. S'il se laissoit conduire à cét instinct, nous ne serions pas maintenant en peine de prouuer qu'il y a vn Dieu; l'impieté seroit inconnuë, les sacrileges ne vomiroient pas leurs blasphemes contre le Ciel: les Loix mesmes n'auroient point de peines, parce qu'il n'y auroit point de crimes; & que cette lumiere nous découuriroit auec le souuerain bien, plusieurs moyens propres pour y arriuer. Mais l'homme qui est idolatre de sa liberté, échappe à ces diuines inspirations, il obscurcit tant qu'il peut les lumieres de ce grand Soleil intelligible : il veut perir. Pire

mille

mille fois en cét enorme dereglement que les brutes, dont les passions se reglent sur les instincts & les loix de la Nature. Neantmoins quelque resistance que fasse l'Impie, ce grand Soleil luit dedans son ame: sa lumiere découure la deformité des crimes, & s'il ne trouue point de dispositions pour y inspirer la vie, sa Iustice punit de remords les consciences qui ne se sont pas renduës aux attraits de sa Bonté.

Il fait paroistre sa toute-puissance & sa sagesse en ce qu'il agit auec toutes choses selon les conditions de leur nature : il se fait suiure par l'inclination des plantes, par l'instinct des brutes; & tient les hommes libres si obligez à garder, ses Loix, que s'ils n'en meritent les recompenses, ils n'en sçauroient échapper les peines. Il gaigne mesme leur rebellion auec tant de douceurs; ses graces ont des attraits si puissans sur les ames determinées aux offenses, qu'encores que les sens, que la tyrannie du corps & des passions attirent au peché, & que la conuersation imprime; il se rencontre par tout le monde des personnes qui obseruent les loix de la Vertu. Encore que l'impie s'efforce de renuerser les autels; que l'Heresie combatte les Sacremens; que les plus puissans noircissent la vraye pieté de calomnies, & condamnent ce qu'ils ne veulent pas imiter, afin de couurir leur imperfection : Neantmoins la pieté accroist son lustre par les triomphes qu'elle emporte sur les ennemis ; les temples regorgent de peuples, & l'innocence monſtre plus d'éclat apres ſon oppreſſion, comme le Soleil apres ſon eclypſe.

Si dans vn Eſtat la ligue eſtoit generale de ne point garder les Loix,& que la licence de les violer fuſt vne couſtume, le Prince auroit de la peine à gaigner les rebelles par les preſens, ou à les contraindre par les ſupplices, & empeſcher que les deſordres,les ennemis, les vengeances ne luy arrachaſſent le Sceptre, & ne demembraſſent la Monarchie ; s'il ne peut arreſter la cheute de ſon Eſtat qui a pris ce branle, & qui eſt dans cette agitation, ſa ſageſſe la doit preuenir, y eſtabliſſant la paix,par vn gouuernement pareil à celuy de Dieu, qui conduit les choſes inferieures ſelon les conditions de leur nature. Si celuy qui a le commandement connoiſſoit bien l'humeur de tous ſes ſujets,qu'il ſceuſt l'inclination des Peuples, ce qui les effarouche,& ce qui les calme,il ſeroit le maiſtre abſolu de leurs libertez,pour ſe rendre le tuteur de leurs fortunes, & il auanceroit à ſes deſſeins auec toute ſorte de vents. Il ne craindroit pas les langueurs de l'oyſiueté, qu'il ſçauroit reſueiller quand il luy plairoit par quelque legere picqueure, & par vne eſpece de purgatif qui ne le feroit malade que pour en acquerir vne meilleure diſpoſition. Il ne s'eſtonneroit pas des ſymptomes dont il connoiſtroit la cauſe,ny des accez deſ-

quels il auroit le remede en main : Mais il imite-
teroit le Muficien Zenophante, qui efchauffoit
les courages aux armes par la vehemence & les
batteries d'vn air qu'il fonnoit deffus la viole, &
les calmoit à difcretion, en touchant vne note vn
peu plus douce.

Ce n'eft pas qu'il faille filler le peuple & le
nourrir dans l'ignorance de fes interefts, afin de
l'auoir auffi fouple aux Loix ciuiles, que les brutes
le font à celles de la Nature. Mais que l'on imite
Dieu, qui regit de forte l'homme raifonnable, que
bien qu'il ne luy permette pas l'entrée au priué
Confeil de fa Prouidence; neantmoins il luy def-
couure les raifons fur lefquelles font fondées les
ordonnances de la Nature, & nous fait aimer ce
qu'elle a de plus rigoureux, en nous donnant le
manifefte du bien que nous en tirons & du relafche qu'elle nous promet. Nous fupportons auec
plaifir que les vents agitent l'air pour le purger,
& pour enfler les voiles de nos vaiffeaux; que les
vapeurs obfcurciffent le Soleil, afin qu'elles fe di-
ftillent en pluyes; que l'hyuer donne des relafche
aux productions de la terre; que la nuict inter-
rompe noftre trauail, & nous donne vn plus grãd
repos dans le filence du monde. Ainfi les Loix
naturelles nous obligent en forte, que nous en reconnoiffons la iuftice. Noftre obeiffance ne dépend pas feulement de noftre fujection, mais encore du refpect que nous rendons à noftre Prince

celeste, qui nous fait moins ressentir sa puissance, que sa bonté, & qui conseruant nos vies, defere à nos iugemens, & donne de l'exercice à nostre contemplation.

Le Monde n'est pas vn animal : Et n'y a point d'autre ame du Monde que Dieu.

Chapitre XXII.

La raison & les experiences nous ont fait voir, que les brutes sont conduites en leurs instincts par vne Intelligence superieure, de qui elles sont en tutelle, qui leur donne les impressions & les mouuemens conformes à leurs natures. Mais comme en supposant que les couleurs ne sçauroient estre veuës que par la lumiere, il reste cette difficulté à des yeux malades, de sçauoir si elle vient du Ciel, ou du feu : Ainsi ce doute peut naistre dans quelques esprits, qui est le Principe aux estres incapables de iugement, vne conduite qui égale nostre sagesse, en ce qui regarde leur conseruation. Quelques-vns ont dit, que le Monde estoit vn grand animal, dans lequel les autres viuent comme les vers dans nos corps ; & que son ame répanduë par tous ses membres, inspiroit la vie, & donnoit des inclinations à toutes choses selon le degré de leur espece : Que cette ame conceuant l'idée de tout ce qui peut estre produit, façonne les corps, leur donne la trempe, proportionne leurs organes selon son modelle intelligible, & les operations ausquelles elle les a destinées: Que c'est elle qui establit l'ordre des causes dedans la Nature, par vn projet & vne resolution qui fait ce Destin, dont les loix sont inuiolables, & les effets infaillibles; qu'elle preside aux generations ordinaires, qu'elle les supplée quand elle fait éclorre des animaux de la pourriture: En fin que le Monde ne seroit qu'vne masse morte, sans mouuement, & sans action, & le tout moins parfait que sa partie, s'il n'auoit vne ame intelligente pour forme.

Pour luy faire vn corps qui rapporte à la disposition du nostre, ils disent que le Ciel luy sert de teste, où le Soleil & la Lune sont les deux yeux, & le reste des Planetes & des Estoiles seruent à l'exercice de quelques sens, plus sublimes que ne sont les nostres. A leur dire les quatre Elemens sont par leur composition, vn temperament pareil à à celuy des quatre humeurs, la mer est la veine caue, d'où sortent les fleuues & les veines d'eau, qui respanduës dans toutes les parties de la terre, remedient à sa secheresse, & luy donnent cette nourriture qui la rend feconde: la vegetable est comme la chair qui recroist quand elle est couppée; les metaux en sont les cartilages; les pierres sont les ossemens qui l'affermissent, & qui luy don-

Ll iij

nent la confiftence.

Ce font là de petites reſſemblances qui ſe rencontrent entre les parties du Monde & celles de nos corps, parce qu'elles ſont façonnées d'vne meſme main, & que toutes les differences de la Nature ont quelquer apport, comme elles prouiennent d'vn meſme Principe. Mais cette phyſionomie ne nous doit pas perſuader que le Monde ſoit vn animal; que ſes parties ſoient des organes diſpoſez pour les fonctions d'vne forme intelligente. Ie m'eſtonne que Campanella ſuiue cette extrauagante opinion, qu'il nous propoſe, pour l'exemplaire des animaux, vn monſtre qui ne marche que de la teſte, & qui n'eſt immobile que par les pieds, puis qu'il n'y a que les Cieux qui roulent, & que la terre qui demeure ferme; vn animal, le peut-on penſer ſans rire, eſtropié, qui n'a qu'vne iambe, borgne, puiſque des deux luminaires nous ne ſommes iamais eſclairez que d'vn à la fois: il n'a du ſang qu'à la moindre de ſes parties: ſes os ſont tous diſloquez, & ne ſont que des eſquilles parmy nos campagnes, ou décharnez auec vne extréme horreur dans les Alpes.

Tous les corps ſont compoſez de leurs parties ſimilaires, qui ont vne meſme ſubſtance ſous des formes & des proportions diuerſes. Tous les membres ſont garnis de chair, le ſang les nourrit, les arteres les échauffent; les nerfs, les tendons, les os en appuyent la delicateſſe, & leur donnent la force pour le mouuement. Dans le Monde ce ne sont que parties disiointes & dissemblables iusques à la contrarieté : En vn endroit c'est toute terre, tout air, toute eau, & tout Ciel. Si les vents seruent de respiration à cét animal, leurs agitations violentes apres de longues intermissions, les tempestes, les orages de la mer, les tournoiemens de la Nature sont des symptomes infaillibles de sa phrenesie. L'animal a son mouuement indeterminé, il tire sa nourriture de dehors, se purge des superfluitez, n'agit que pour sa conseruation & pour celle de son espece. Le monde va toûjours d'vn mesme train en ses reuolutions, il ne peut receuoir son aliment que de ses propres membres, n'y ayant rien au dehors qui le puisse fournir, & sur quoy il puisse déployer ses actions propres aux astres qui sont animez.

S'il estoit vn animal, & l'exemplaire de tous les autres, ayant vne figure hideuse, sans proportion, & ne pouuant produire son semblable, mais les moindres petites parties de ses membres ; la beauté consisteroit en vne extréme laideur, la force en la désunion ; vn corps démembré seroit le plus accomply ; les masses informes seroient des productions parfaites ; la bonté des estres seroit dans la priuation ; la Nature deuiendroit deserte pour estre par trop excellente en l'imitation de son Principe.

Ce n'est pas que les parties du monde ne soient

parfaitement bien en ordre, comme nous l'auons representé : Mais il ne sert que pour moderer leurs contrarietez, pour nous faire vn fauorable temperament de leurs vertus, & non pas pour composer vn corps d'animal. Ses pieces qui sont dans vne iuste proportion pour les offices ausquels elles sont destinées, offenseroient nostre veuë d'vne extréme deformité, si nous les considerions comme des membres rapportans aux nostres pour l'exercice des actions vitales, & pour soustenir vne forme intelligente. Tout de mesme que d'auoir la bouche à vn ventre creux, vuide, enflé ; estre sans bras, sans iambes, sans yeux ; porter vn col estendu sans teste, c'est vne disposition propre à former le corps d'vn luth, & non pas d'vn homme. Ainsi les Cieux & les Elemens tiennent au monde vn ordre admirable qui sert à entretenir la Nature, & à soustenir nos vies par leur concert sous la conduite d'vn premier Moteur. Mais tout cela n'a rien qui rapporte à la figure d'vn animal, & aux fonctions de ses puissances.

Or le Monde n'estant pas vn corps bien organizé, il s'ensuit qu'il n'a point d'ame, parce que cette forme viuante ne suruient qu'à vne matiere, dont la trempe soit assez fine, & les parties ordonnées & accordantes comme il faut pour mettre ses desseins en œuure. Aussi nous ne remarquons point en luy aucunes actions de vie, à l'égard

DE L'EXISTENCE DE DIEV. 317

gard du tout ; il est sans nourriture, sans accroissement, sans generation : il n'attire, il ne digere, il ne purge rien : il n'a ny les organes ny les exercices d'aucun de nos sens, comme il n'y a point hors de luy d'obiets capables de les terminer. Toutes les parties du corps tirent l'aliment : particulierement la teste en prend elle seule autant que toutes les autres, afin de fournir aux esprits qu'elle leur dispense, & dont elle fait pension aux sens. Neantmoins les Cieux, qui versent continuellement leurs influences, ne reçoiuent ny nourriture, ny diminution. Hé ! d'où la pourroient-ils prenprendre? du dehors, il n'y a rien ; de soy ? il est impossible & qu'vn corps par vn mouuement perpetuel se fournisse à soy-mesme ce qu'il consomme. Car si la Nature a fait cette prouision de graisse sur les intestins, afin de s'en sustenter dans vne extréme necessité ; ce n'est que pour trois iours, qui se passent dans les langueurs, iusques à ce que la vie defaille ; comme la lumiere d'vne lampe, faute d'huile.

Vn corps de figure ronde se meut tout entier auec l'vne de ses parties : comme quand vne boule roule, tout ce qu'elle a de matiere va d'vn pas ; & ce qui n'est pas emporté d'vn semblable mouuement, est separé de la masse. Au Monde qui porte cette figure, les Cieux ont en vn mesme temps des reuolutions contraires. L'air est agité de vents auec vne inconstance inconceuable ; La mer a son flux & son reflux ; les fleuues y courent selon leurs pentes, & la terre demeure immobile au milieu de ses mouuemens irreguliers. Le Monde n'est donc pas vn corps d'vne continuité rapportante à sa figure, puis que ses parties sont si inégales en leur repos, & en leurs agitations.

Tant de parties si differentes & si contraires ne sçauroient estre informées par vne seule ame. Car comment pourroit-elle fournir à des exercices qui sont sans relâche, à des operations si estenduës, & empescher que des corps si vastes ne fussent touts languissans ; puisque les Philosophes ne croyent pas que les forces d'vne seule Intelligence suffisent à tous les mouuemens des Spheres celestes, à cause de leur espace, & de leur contrarieté ? Ma volonté, mon idée, mes yeux, mes pas, mes mains, concourent à vne mesme action, tendent à l'obiet sur lequel ie veux déployer quelque artifice. Au Monde toutes choses vont à rebours : l'air, les eaux, la terre ne s'accordent pas auec les Cieux, qui sont eux-mesmes dans la contrarieté ; afin que nous conceuions que tout cela ne dépend pas de la conduite d'vne seule forme, qui ayant ses puissances limitées, ne pourroit pas conceuoir en vn mesme temps diuers appetits, & se distraire en des occupations qui se contrarient. Sa vertu s'epuiseroit à la conduite du monde, & son influence ne pourroit suffire à toutes les generations des estres particuliers qui peuuent croistre sans nombre. Ainsi encore que nostre ame soit d'vne nature spirituelle, & capable de toutes choses en sa connoissance; neantmoins sa vertu motrice est languissante dans les grands corps, elle s'affoiblit par la continuë dans ceux d'vne mediocre taille; & apres que nous l'auons long-temps soulagée par les alimens & par le sommeil, en fin elle diminuë par la vieillesse, & succombe entierement au trauail par la mort. De là les Platoniciens disent, que l'ame n'a pas le loisir d'exercer les actes de la raison dans le corps des petits enfans, où elle est empeschée à donner ordre à leur croissance, & à la parfaite conformation de leurs parties. Et selon les Medecins, ces violentes distractions nous font souffrir vne continuelle douleur, que la coustume adoucit, & que la Nature tâche de recompenser par les delices des sens, & par les presents de la nourriture.

C'est pourquoy le premier des Philosophes qui a donné cours à la creance de l'ame du monde, qui l'a fait intelligente & de mesme extraction que la nostre, suppose vn premier Principe qui regle ses mouuemens, & qui la soulage dans ses defaillances, parce que la multitude se doit rapporter à l'vnité, le mouuement au repos, qu'il faut supposer vne cause toute-puissante, dégagée de la matiere, hors du monde, comme le Peintre hors de son tableau, pour luy donner sa derniere perfection, & luy imprimer la vie sans en receuoir de laſſitude : & comme le premier Principe contient toutes choſes dans l'eminente ſimplicité de ſa nature & de ſon idée, qu'il doit y auoir au deſſous de luy vne forme vniuerſelle qui les comprenne auec vne diſtinction qui rapporte à l'exiſtence ſeparée des eſtres naturels ; que cette grande vnion dans vn ſeul ſuiet eſt l'image de l'vnité, & cette multiplication de formes intelligibles, eſt la premiere largeſſe d'vne ſouueraine Bonté, le portrait de l'infiny, & vn modelle conforme à la portée des eſtres finis.

Mais ie dis, que ſuppoſé qu'il y ait vn Dieu, premier Moteur & Intelligent, on ne ſe ſçauroit imaginer d'autre ame du monde, ſans admettre dans les principes le ſuperflu que la Nature rebute en la moindre diſpoſition de ſes parties. Car ſi Dieu a produit le monde ſans l'entremiſe d'vne autre Puiſſance, comme nous en ferons la preuue au ſecond Traitté ; Il ſemble à propos qu'il le ſouſtienne luy-meſme par ſa conduite, puiſque la conſeruation, qui l'empeſche de retomber dans ſon rien originaire, n'eſt autre choſe qu'vne production continuellement renouuellée. Dieu eſt preſent en eſſence à tous les eſpaces : il eſt ſeul capable de penetrer tous les eſtres, ſans diuiſion & ſans mélange : il eſt tout acte, & par conſequent ſeul qui peut donner l'aſſiſtance conuenable au monde. Ce ſeroit limiter ſon immenſité, de dire qu'il ne fuſt pas preſent par tout ; & ſuſpendre ſa vertu,

DE L'EXISTENCE DE DIEV. 321

de se le figurer present à toutes choses sans les assister, & faire connoistre par les effets de sa bonté qu'il est vn pur acte.

S'il faut produire les Estres, n'est-il pas plus à propos qu'ils soient moulez sur leur exemplaire, que dessus vne coppie, qui estant autre & differente, altere plus qu'on ne se peut imaginer la verité de l'original ? Il seroit tousiours necessaire d'y retoucher, & la puissance limitée de l'ame du Monde, sujette à se fatiguer dans ses exercices, à tomber dans les defauts & dans les extrauagances, deuroit souuent estre releuée par la sagesse de la premiere Cause. A quel propos admettre vn Principe defectueux ? donner au Monde vne guide aueugle, qui ait elle-mesme besoin de conduite, & qui ne possedant pas en propre l'idée des choses, ne la receuroit pas aussi sans defaut, & ne la communiqueroit qu'auec beaucoup d'obscuritez.

C'est vne imperfection au Soleil, de ce que ne pouuant éclairer par luy-mesme l'estenduë de toute la terre, & percer la solidité de cette masse qui se fait ombre, il est contrainct d'enuoyer sa lumiere par l'entremise de la Lune & des Estoiles, aux regions qui ne sçauroient découurir sa face. Aussi dans la necessité de cette absence, il haste sa course, afin de se retrouuer sur chacun des hemispheres, deuant qu'il ait ressenty le dommage de l'esloignement : & comme il est proche de son leuer, il nous enuoye sa propre lumiere, qui suspend celle

Mm iij

des autres Planetes, pour monstrer la passion qu'il a d'éclairer luy-mesme. Supposant vn Principe d'vne bonté infinie, oseroit-on dire qu'il n'eust pas l'inclination de se communiquer luy-mesme à la Nature ? Et sa puissance n'ayant point de bornes, qui peut empescher l'effet de ses liberalitez ?

Si vn Prince se sert d'vn grand nombre d'Officiers au gouuernement de son Estat, s'il voit par leurs yeux, s'il entend par leurs oreilles, s'il prononce par leurs bouches, c'est que ne pouuant estre en diuers lieux, ne pouuant tenir tous les sieges, entendre toutes les causes, & conduire toutes ses armes, il est contraint d'y employer des Iuges, & des Capitaines. Mais Dieu qui est par tout present, de qui la bonté & la puissance n'a point de limites, peut gouuerner immediatement la Nature sans l'entremise de l'ame du Monde, & de cette forme vniuerselle controuuée par les Philosophes. La mesme Bonté superieure qui a fait éclorre la Nature, l'attire: Et comme elle est dans vne eternelle ioüyssance d'elle-mesme, que nous nous imaginons comme vn mouuement d'amour, qui est en possession de ses delices, & qui souspire pour leur continuation, elle imprime de semblables ressentimens aux choses inferieures de se réjoindre à elle autant qu'il leur est permis, en recherchant leur bien particulier, qui est l'ombre du bien general. Nous monstrerons au Traitté de la Prouidence, que la grandeur de Dieu est moins auilie pour gouuerner les petites choses, que la beauté du Soleil pour concourir à la production des mouches. Que si les estres particuliers manquent à leurs instincts, c'est par le defaut qui se rencontre aux dispositions de la matiere; que de ces imperfections Dieu en fait des ombres, qui releuent les viues couleurs de la Nature, & des pauses qui rendent le concert de ses parties plus harmonieuses.

De la fin generale du Monde pretenduë par vne Cause vniuerselle.

Chapitre XXIII.

LA Nature qui a de la crainte du vuide, comme de la plus grande des imperfections, n'a iamais de la volonté pour l'infiny; mais elle conçoit vne égale auersion de ces deux extremitez qui ont vne mesme issuë: Parce que comme la ioüyssance de l'infiny luy est impossible, la poursuite luy en seroit si vaine, que ses forces s'exhaleroient sans effet dans les vastes estéduës de ses desseins, & l'intemperance de ses affections la precipiteroit dans la mesme priuation qu'elle auoit apprehendée. C'est pourquoy comme toutes choses ont vne certaine disposition de parties, de puissances, & de proprietez, qui les mettent dans le degré d'vne espece, & dans vne difference incommunicable; elles ont aussi de l'amour chacune pour vne certaine fin, & leurs passions ne sont iamais déreglées de sorte, qu'elles ne se terminent à vn bien particulier qui contient les delices de leur inclination, & les supplices d'vn autre. L'eau qui nourrit les poissons, nous noye, & l'air que nous respirons, les estouffe; les Pyraustes croissent dans le feu, où tous les estres animez meurent; la lumiere du Soleil est aussi plaisante à l'Aigle, qu'elle est importune aux oyseaux de nuict. Il y a des plantes qui ayment l'ombre, les autres se plaisent dans vn grand air: les vnes dedans les marests, les autres dessus les montagnes. En fin comme il n'y a point d'art qui n'ait ses regles, ses termes, ses outils, ses desseins diuers: Il ne se rencontre rien en la Nature, qui n'ait des parties, des puissances, des inclinations propres pour obtenir la fin particuliere de son espece.

Or ces fins particulieres se doiuent rapporter à vne fin generale; de mesme que ce que nos yeux voyent, ce que nos poulmons respirent, ce que nostre foye digere, ce que nostre cœur anime, & ce que chaque partie exerce selon sa puissance, se rapporte au bien general du corps. Le commerce des marchands, le courage & la discipline des soldats, le trauail des artisans, la science de l'Aduocat, l'equité du Iuge, la bonté & sagesse du Prince, sont des pieces differentes, qui estans bien ajustées,
donnent

donnent la perfection au corps de l'Estat. Ainsi les proprietez des Planetes, les reuolutions des Cieux, la contrarieté des Elemens, la diuersité des especes, de leurs puissances, de leurs actions, concertent pour vn bien commun, & pretendent à vne fin generale.

Les considerations que nous auons auancées aux Chapitres precedens, sont la preuue de celuy-cy : Premierement, en ce que chacun des Cieux, des Elemens, & toutes les especes, sont rangées auec vne telle disposition, qu'elles sont alliées dextrement, & auec vne tissure comme imperceptible, aux degrez qui les suiuent & qui les deuancent ; de sorte qu'il se fait vn corps de tant de parties, vn monde & vn tout de cette innombrable diuersité. Estant vn, il ne doit auoir qu'vne fin ; parce que si les parties materielles dont la quantité resiste au mélange, s'accordent à ne faire qu'vn composé, les actions qui s'accommodent à la nature de l'estre, qui representent la forme d'où vient l'vnion, doiuent à plus forte raison concerter ensemble, & ioindre leurs forces pour arriuer à vne fin generale.

Si cela n'estoit, la vie d'vn pommier, qui a ses vertus propres pour succer la nourriture de la terre, pour prendre sa iuste croissance, pour s'orner de fleurs, & se faire riche de fruicts ; Celle d'vn faucon, qui a le courage, la vitesse, la force pour lier sa proye, & pour contenter l'auidité de son appetit, seroit plus importante que la conseruation du Monde. D'autant que ces choses particulieres, qui ont leurs inclinations, leurs puissances, leurs organes, pour arriuer à certaines fins, font comme nous auons dit, des actions qui partent du conseil d'vne intelligence: Et si le Monde n'aspiroit à vne fin generale, s'il y auoit vn destin pour la disposition de ses parties, & pour le reglement de ses actions, sa conduite seroit temeraire, & ne dépendroit que de la fortune; le Soleil ne visiteroit iamais deux fois les mesmes Signes du Zodiaque; l'Ocean ne pousseroit, & ne ramasseroit point ses flots dans certaines heures; la terre ne reprendroit pas reglément de nouuelles forces pendant l'hyuer, pour apres nous faire de si grandes liberalitez; & ce bel ordre du Monde si necessaire à la conseruation de nos vies, ne seroit qu'vne confusion.

D'autant que les choses particulieres seroient heureuses en l'acquisition de leurs propres fins, le desordre du monde en deuiendroit plus vniuersel, & plus enorme, si tout n'aspiroit à vne fin generale: Tout de mesme qu'vn Estat auance d'autant plus sa ruine, que ses Officiers trauaillent pour leurs interests, & pour faire leurs Maisons du débris du peuple, sans consideration du bien public. A quoy seruiroit que chaque soldat tinst son rang, si les Compagnies n'estoient pas exactes à garder leurs postes, & à former leurs bataillons selon le dessein du Maistre de Camp? Il vaudroit mieux leur lascher la bride, & leur permettre de se ietter dans la meslée, selon l'impetuosité de leurs courages, que de les tenir enchainez dans vn mauuais ordre, qui ne seruiroit que pour les faire perir sans resistance. Ainsi à quel propos les parties du monde seroient-elles dans les contraintes dont nous auons discouru? Pourquoy le feu seroit-il prisonnier dans sa region? la mer dans son lict? Pourquoy l'eau & la terre s'esleueroient-elles en haut contre leur inclination, afin d'empescher le vuide; si ce n'estoit que ces violences particulieres importent à vn bien commun, & sont aussi iustes que les subsides proportionnez à la necessité des affaires, & sans lesquels l'Estat ne se peut defendre de l'inuasion de ses ennemis?

Si les Rossignols & les Cicognes sont conduit en leurs passages par l'influence des Cieux; si vne secrette Intelligence imprime en tous les Estres des instincts & des antipathies necessaires à leur conseruation: nous auons plus de sujet de conclurre qu'elle a establi l'ordre au monde, & qu'elle conduit toutes ses parties à vne fin generale. Les affaires d'vne famille se doiuent conduire par vne industrie, qui mesure les dépences aux reuenus; qui ne perde pas vne seule des occasiós qui les peuuent accroistre; qui arreste les violences, & qui découure les artifices qui taschent de les emporter. Cette prudence est bien plus necessaire au gouuernement d'vn Eftat, où il n'eft pas permis de manquer deux fois ; où les déguifemens font en regne, & où felon le dire d'vn ancien, l'on a autant d'ennemis que de fujets. Mais comme la prudence de l'œconomie n'eft qu'vne ombre de celle que les Princes & les Miniftres exercent dans la Police: ainfi ce que les brutes & les chofes inanimées ont d'inftinct pour fe mettre en poffeffion de leurs fins, n'eft qu'vn petit rayon de la fageffe & de la lumiere eternelle qui prefide au monde.

Il a efté neceffaire qu'vne Sageffe fuperieure ait compaffé l'eftenduë des Cieux, leurs mouuemens & leurs influences, auec les qualitez & la fituation des Elemens, pour former de leurs contrarietez vn concert fi fauorable à la terre, & faire vne Puiffance commune, du rencontre de toutes leurs forces. Les eftres particuliers ont leurs connoiffances bornées à l'eftenduë de leur nature, & leur appetit ne recherche que leur bien propre. Ils doiuent donc eftre conduits, & quelquefois forcez par vne Caufe fuperieure, de forte qu'il reüffiffe vn bien general de tous leurs efforts : Comme vn bon Sculpteur ayant l'idée de la grandeur & de la pofture d'vn Coloffe, fait trauailler feparément ceux qui font fous luy, aux bras, aux iambes, à la tefte, auec vne induftrie obeïffante, qui fuit feulement le trait fans s'informer du deffein. C'eft à faire au Maiftre à recueillir le trauail de tous; & des pieces qui font défagreables en leur defvnion, en dresser vn parfait ouurage. Si plusieurs Maçons qui trauaillent ensemble, ne suiuoient le dessein d'vn Entrepreneur, ils s'embarasseroient dans leurs ouurages, & les murs qu'ils esleueroient, au lieu de distinguer les offices d'vne maison, ne feroient que des prisons & des labyrinthes. Vn Prince, ou le premier Ministre d'vne Monarchie, a tout seul le projet general des principales affaires, & s'il fait l'ouuerture de ce qui se doit bien tost executer, la resolution en est prise deuant le conseil, & il ne met en deliberation que ce qu'il est fort asseuré d'emporter dessus les esprits, pour les auoir tous comme garands de ce qu'il commet à la fortune. Il y a de mesme vn premier Moteur, & vne premiere Intelligence, qui a distribué les offices de la Nature, qui accroist, ou qui suspend leurs vertus, qui a compassé tous les mouuemens, & les rapporte à vn terme & à vne fin generale, par des moyens qu'il nous fait connoistre à mesure qu'il les met en œuure.

Les Philosophes appellent Destin cette enchaineure de causes qui paroissent au monde, selon le decret irreuocable du premier Principe, qui expliquent son idée eternelle auec la suite du temps. Comme vn luth nous fait entendre vn air par le moyen de diuers accords, & comme nous déduisons vne pensée auec plusieurs paroles; ce ton, & & ce mot choisy entre dix mille, qui pouuoient estre prononcez, surprend l'auditeur, & bat son oreille contre son attente; mais il est éclos selon le dessein de celuy qui touche le luth, & qui entreptend le discours: Ainsi les éuenemens que nostre ignorance impose à la temerité de la fortune, partent de la Prouidence eternelle du premier Principe, qui les fait éclorre auec vn ordre qui explique à plusieurs siecles la perfection d'vne seule idée.

Ie me reserue à la derniere partie le discours de la fin particuliere du monde; & pourquoy Dieu l'a créé. Il me suffit de considerer icy, que l'accord de ses parties, la liaison de ses causes, les efforts de leurs puissances, ne pretendent rien de plus auantageux que la conseruation du tout. C'est à cela que se rapporte la situation des Elemens en leurs propres lieux, les proportions de leurs qualitez, les diuers mouuemens des Cieux, leurs lumieres & leurs influences, pour aider aux productions de la terre, pour entretenir les especes par les generations, & mettre le monde dans sa perfection par l'assortissement complet de toutes ses parties. Les Cieux ne s'efforcent pas de remplir les vastes espaces qui enuironnent le dernier des globes: mais ils se tiennent estroitement enchassez les vns dans les autres, & leurs mouuemens ne font que ramener les Astres au poinct d'où ils sont partis. Le feu & l'air sont renfermez dans leurs regions; & & s'ils s'en eschappent, ce n'est que pour faire des traittez de paix: les fleuues retournent à leurs origines, & la Nature faisant vn retour continuel dessus elle-mesme par ses vicissitudes, nous monstre que tous ses desseins sont limitez à sa conseruation.

Cela condamne les desseins ambitieux de ces personnes, qui ne sont iamais assez grandes en leur estime, qui veulent, comme ce Lacedemonien, estendre leur domination iusques où peut porter la pointe de leurs espées; qui ne considerent point le terme d'où ils sont partis, & ne s'en prescriuent point où ils se doiuent arrester. Le moyen d'auoir la paix que tous les hommes recherchent, & dont peu iouyssent, c'est de mettre des bornes à ses desseins, de rapporter ses actions à vne fin generale & legitime de toute sa vie. Celuy qui se regle sur cette police de la Nature, sera tranquille entre les disgraces, asseuré de son chemin entre vne infinité de routes: iamais il ne prendra le change ny les ombres pour la verité; mais il possedera agreablement la vie qui roulera, comme font les Cieux, autour d'vn centre immobile, auec des mouuemens tousiours reguliers. Cette vie tranquille, pleine de majesté, & esleuée comme dans vn thrône au dessus de la presse d'vne populace, rend l'homme iuge du reste du monde: Il attend auec vn esprit égal que la fortune se vienne ietter à ses pieds, pour luy rendre hommage, & luy demander pardon de son infidelité, sans qu'il soit ny corrompu par ses presens, ny offensé de ses iniures: parce que ces choses sont estrangeres de luy, & indifferentes pour la fin qu'il s'est proposée.

S'il n'appartient qu'à vne Prudence heroïque de prendre ces genereuses resolutions, & d'establir vn gouuernement si bien reglé dans la vie particuliere? Qui osera maintenant douter qu'il n'y ait vne Sagesse infinie qui conduit le monde à vne fin vniuerselle, & qui par ses reuolutions si bien ajustées, l'entretient dans vne certaine égalité, où les excez & les defauts ne sont iamais remarquables? Les moindres esprits peuuent bien iuger de quelques-vnes des circonstances d'vne affaire. Mais de les balancer toutes, de comprendre tous les motifs, de deuiner tous les incidens, & de mettre ordre à tout ce qui peut trauerser sa fin : ce sont des conditions qui ne se rencontrent pas parmy les obscuritez & les ignorances de nostre vie. Or d'auoir fait reüssir tous ses projets en la conduite du monde, d'auoir compassé les forces de tous les agens, preuenu le déchet des choses mortelles, auoir donné ordre à vn restablissement qui conserue la Nature dans vne mesme disposition, c'est l'œuure d'vn Intellect tout-puissant, qui est en verité ce que les anciens feignoient de Ianus, le Dieu de la paix & de la guerre ; qui permet les contrarietez pour en faire les alliances ; qui découure d'vne double face l'aduenir, aussi bien que le passé & le present; qui rapporte tout au dessein eternel, qu'il projetta de la conseruation du monde.

Il y a

Il y a vne souueraine Vnité.

Chapitre XXIV.

NOus sommes rauis dans le calme d'vne belle nuict, de voir vn nombre infiny d'Estoiles qui éclattent au Ciel ; & nos yeux en reçoiuent autant de satisfaction, que si toutes les raretez imaginables estoient attachées à ce superbe lambris. Mais tout aussi-tost que le Soleil paroist dessus l'horizon dans la majesté de ses lumieres ; il obscurcit ces beautez nocturnes, & nous n'auons plus d'yeux ny d'admiration que pour luy. Nous deuons tirer vn semblable sentiment de la recherche que nous auons faite iusques icy du premier Principe ; car apres l'auoir consideré comme vne Raison originaire, qui a donné l'ordre aux parties du monde ; vne puissance infinie qui les tient en paix ; vn premier Moteur qui regle leurs mouuemens ; vne Verité essentielle qui leur donne la perfection ; vn amour qui les marie ; vne souueraine Sagesse qui les conduit à vne fin generale : Il semble que nostre esprit ne puisse conceuoir rien de plus grand, & que ses sublimes qualitez nous obligent de luy rendre tout ce que nous auons de respect & d'adoration. Neantmoins si nous détachons

Tome I.   O o

nos pensées des choses materielles, & que les rappellans de la diuersité qui partage leur attention, nous conceuions vne Vnité releuée pardessus le monde, vniuerselle en perfection, indiuisible en essence: C'est vn Soleil qui rauit toutes les affections de nostre cœur, parce que ses lumieres emplissent toute la capacité de nostre esprit.

Les autres considerations ne sont que des rayons separez de leur origine, qui nous découurent le premier Principe, employé dedans l'action, & qui ne nous instruisent de sa puissance & de sa sagesse, qu'autant que la matiere en est imprimée. Mais le contempler comme vne souueraine Vnité, c'est voir toutes ces lumieres accueillies dans vn seul globe; approcher autant qu'il nous est permis de la grandeur de son essence, dont ses œuures ne sont que les ombres & les images: C'est le voir hors de la dépendance du monde, dans vn repos souuerainement heureux, d'où l'eternité bannit les alterations du temps, & où la bonté infinie de son essence qui se possede à l'infiny, ne laisse point de place aux desirs, ny aux nouuelles perfections.

L'vnité renferme dans son racourcy cette vaste estenduë de merueilles, & fait vne courte, mais sublime Theologie, où la subtilité gist à connoistre qu'on ne la sçauroit comprendre, ny en parler qu'auec des negations. Car quand nous disons que l'Vnité est indiuisible en elle-mesme,

& diuisée des autres sujets, nous faisons vne publique profession de nostre ignorance: Parce que nous tirons nos connoissances ordinaires de la contemplation de plusieurs choses, des consequences, des effets, & ne conceuons le tout que par ses parties. Or l'vnité n'a point d'alliance auec les autres choses, point de genre, d'espere, de mesure, de proportion, de commencement, de milieu, de fin: c'est vn tout qui est sans parties, vne lumiere qui confond nos esprits de son éclat, & qui contraint les meilleurs yeux d'estre aueugles. C'est pourquoy nous ne sçaurions former vne plus genereuse pensée du premier Principe, que de le dire vne souueraine Vnité, & si elle n'explique pas assez l'immensité de son estre, au moins c'est vne reconnoissance & vn hommage que nous luy rendons, d'en parler auec vn terme qui signifie que nous ne le pouuons comprendre.

Or pour conuaincre les esprits rebelles d'auoüer qu'il y a vne souueraine Vnité, il faut considerer que le monde n'est pas simplement vn, d'autant qu'il est peuplé de plusieurs contraires, sa quantité reçoit de la diuision, & ses parties sont dans vne difference notable de forces, de passions, & de fins. Aussi n'est-il pas vne simple multitude, sans aucune participasion d'Vnité; parce que nous auons discouru de l'ordre & de l'intelligence de ses parties qui forment toutes ensemble vne espece de Republique, qui ne delibere que comme vn esprit, qui ne parle que comme vne bouche, & qui n'aspire qu'à vne fin. Et comme nous reconnoissons dans vn Estat vn Prince, & vne Loy d'où dépend toute la police; ainsi nous deuons admettre vn premier Principe au dessus du monde, qui est la source de l'vnité singuliere de tous les Estres, de leur multitude, & de leur composition.

Sans l'vnité il n'y auroit point de multitude, parce qu'elle n'est autre chose qu'vn redoublement & vne repetition d'vnité; sans elle les choses diuerses seroient les mesmes, & les semblables seroient contraires. Il n'y auroit point de repos, qui est vne consistence de l'estre dans vn mesme estat, ny de mouuement, parce qu'il n'y auroit point d'agent particulier qui l'entreprist, ny de terme assigné, d'où il partist, & où il se vinst reduire. De sorte que sans l'vnité les choses naturelles ne sçauroient auoir l'exercice de leurs actions, non pas mesme la perfection de leur estre: Ils en sont donc redeuables à vne premiere & souueraine Vnité. D'autant que chaque Estre particulier, aussi bien que le corps general du Monde, ne subsiste que par vne composition de parties, qui d'elles-mesmes sont retranchées dans la distinction, ou dans la contrarieté. Or ces qualitez estans de leur nature ennemies de l'vnion, leurs forces ne tendans qu'à la ruiner & à la dissoudre, on ne peut pas dire qu'elles la produisent, ny au monde, ny dans les mixtes. Il faut donc admettre vne Cause superieure, qui ait obligé les parties de venir en composition, & qui leur ait fait cette double violence de se ioindre estans differentes, & de moderer leurs qualitez en sorte qu'il en reüsisse vn temperament, les faire mourir à leurs inclinations, pour viure par celles d'vn autre, & n'estre plus considerées que sous vne forme.

Platon dit, que les anciens Legislateurs ramasserent les peuples égarez dans les solitudes, & perdus dans les montagnes, pour en composer des villes, où leur vie fust plus en seureté par l'vnion de leurs forces, & se passast auec plus de douceur, quand chaque particulier contribueroit de son industrie, pour soulager les necessitez communes. Ces grands personnages deuoient auoir vne égalité d'esprit fort esloignée du tumulte des passions: pour appaiser celles de ces Barbares, & leur raison deuoit estre extremement pure, pour reduire des humeurs sauuages sous l'obeïssance des Loix ciuiles. Mais le Prince qui a formé l'alliance des parties du monde, & des composez, n'auroit pas reüssi à ce grand dessein, si ce n'estoit vne Essence d'elle-mesme souuerainement accomplie, moins meslée d'alteration, que le Soleil ne l'est de tenebres; En fin vne vnité tres-simple & toute-puissante. Et comme toutes les perfections des choses inferieures, les differences & les contrarietez ne sont en luy qu'vne bonté eminente; d'vne diuerſité qui eſtoit neceſſaire au monde, à cauſe de l'impuiſſance de la matiere, il en a fait reüſſir des compoſez, qui par l'vnion de leurs parties ſont les images de ſon vnité.

De là vient qu'au Monde les contraires ſe rencontrent ordinairement en meſme ſujet & en meſme lieu; les Elemens ſe meſlent pour former les mixtes; Nos ſens prennent la connoiſſance de leurs objets par vne vertu qui eſt tout enſemble actiue & paſſiue; le marcher de l'animal ſe fait par le mouuement & par le repos, & les actions d'vne meſme eſpece peuuent eſtre produites par des cauſes directement oppoſées. Il n'y a que l'influence de cette toute-puiſſante Vnité capable de retenir les choſes contraires ou differentes en compoſition; parce que, comme elle ne peut eſtre diuiſée, elle ſeule empeſche la diſſolution des mixtes, iuſques au terme que ſa Prouidence preſcrit à leur vie, pour ſoulager les efforts de la Nature, & faire place aux nouuelles generations par leur fin.

Lors que la contemplation du Monde nous a fait connoiſtre qu'il y auoit vn premier Principe, vne premiere Intelligence, vn premier Moteur, vne premiere Verité; Remarquez que tous ces tiltres ſont fondez ſur l'Vnité, & que nous appellons Dieu Vn, deuant que le dire tout-puiſſant, ou raiſonnable. Il y a quantité de Baronnies, de Duchez, de Comtez, annexez à la Couronne, & qui font partie du Domaine : neantmoins on n'adiouste pas ces tiltres à celuy de Roy, parce qu'il est le plus eminent ; si ce n'est quand il s'agist d'vn droict qui est deub à ces Seigneuries. Ainsi quand nous disons du premier Principe, qu'il est vne Raison vniuerselle, vne Puissance souueraine, vn premier Moteur ; ce sont toutes qualitez inferieures que nous luy donnons, pour soulager la foiblesse de nostre esprit, qui ne peut former aucunes pensées de l'infiny que par la consideration de plusieurs parties, ny arriuer à la cause, que sous la conduite de plusieurs effets. Mais s'il est question d'expliquer d'vn coup quelle est sa grandeur, & luy donner vn tiltre éclatant qui couure les autres ; il suffit de dire de luy, qu'il est vne tres-simple, & tres-souueraine Vnité.

Toutes choses en ont quelque participation, comme nous l'auons representé. Elles ne sont en la Nature, que parce qu'elles sont vnes, & ont l'estre d'autant plus parfait qu'elles sont plus participantes de l'Vnité. Il y en a donc vne souueraine, dont les autres ne sont que les effets & les images. Et comme ces choses diminuent de leur excellence à mesure qu'elles souffrent plus de dechet en leur vnité, par la diuision & par le nombre ; le premier Principe que nous deuons conceuoir tres-accomply, sera vne tres-simple Vnité, sans mélange, & sans composition.

Comme de la vie attachée au corps, nous auons monté à vne vie feparée, à vne Intelligence, à vne Verité parfaitement deftachée de la matiere : Ainfi de l'vnité qui anime la multitude, & qui luy donne ce qu'elle a de force, il nous faut efleuer à vne, toute libre du nombre & de la diuerfité. La ligne tient quelque chofe de la perfection du poinct dont elle eft le premier écoulement, & eft comme luy indiuifible en fa latitude, encore qu'elle ne le foit pas en longueur. Ainfi l'eftre intelligible qui eft le plus approchant de de la premiere Vnité, eft vn, & indiuifible en fon effence, quoy qu'il trempe dans la multitude, & qu'il foit fujet à la diuifion, en fes puiffances, & en fes operations. Mais comme le poinct le rencontre enueloppé dans toutes les parties de la ligne, qu'en fin elle fe termine par cette extremité indiuifible qui touche le centre de mefme nature ; il en faut venir à vn Principe tres-fimple, fans aucune compofition de puiffance pour eftre fans aucun reproche d'imperfection, qui foit le dernier poinct de noftre gloire, & le centre qui termine l'infatiable auidité de nos appetits. C'eft apres luy que nos cœurs foufpirent par des élans prompts & inconceuables ; parce qu'ils s'efleuent à l'infiny ; & la pointe delicate de noftre ame approche cét indiuifible par vn concept qui furpaffe la raifon, & par vn amour qui preuient la recherche & la connoiffance.

Pour

DE L'EXISTENCE DE DIEV. 341

Pour trouuer encore des preuues hors de nous-mesmes de cette souueraine Vnité, remarquons que le premier Principe doit estre celuy dont toutes choses portent quelque ressemblance; & la principale de ses perfections est celle que nous voyons la plus generale au monde. Or toutes choses ne sont pas viuantes, sensibles, intelligentes; celles qui trempent encores dans les dispositions de la matiere, & dans les puissances de leurs causes, n'ont pas l'existence, qui est mesme à grande peine possedée par les Estres déja produits, à cause du flus continuel de leurs alterations. Mais toutes choses sont participantes de l'vnité : Tout ce que nostre imagination se figure, en porte le caractere : Les instans qui se representent sans intermission dans le cours du temps, le repos qui souftient & qui forme le mouuement, l'vnité qui se redouble dedans les nombres, & qui leur donne l'espece, en sont les images ; les differences, l'estenduë, la composition, & la multiplication la representent, quoy qu'elles luy soient opposées, pour preuue de la perfection du premier Principe, qui est vn, & hors de toute contrarieté. Que nostre esprit deuance les productions de la Nature ; qu'il contemple dans ses thresors ce qu'elle doit estaler au monde apres plusieurs siecles, il ne se sçauroit figurer ces Estres si fort esloignez de la naissance, ceux mesme qui sont auortez dans leurs causes, & qui ne pourront iamais voir le iour, que par le

Tome I. P p

concept de l'Vnité. D'où nous inferons, qu'il y a vne souueraine Vnité, exempte de diuision, de contrainte, d'alteration: Puisque l'vnité, selon mesme que nous la conceuons, est au dessus de l'Estre possible, & deuant la disposition que les choses ont à l'existence.

Ces speculations sont deliées, mais neantmoins tres-solides, & capables de persuader vn esprit, qui ne se contentant pas de la surface des choses, veut tirer la verité des puits où Democrite en a mis la source. Si le poinct Mathematique, qui est sans partie, eschappe à la veuë, ie ne sçaurois que faire si l'Vnité dans l'abstrait, comme nous la considerons, ne sçauroit estre apperceuë de tous les esprits. Mais taschons maintenant de la reuestir d'vn corps, afin de la rendre vn peu plus sensible.

Quand ie voy plusieurs ruisseaux couler d'vne mesme source, l'air plein d'infinis rayons qui sortent d'vn seul Soleil; les rameaux de veines qui ont leur racine au foye, les arteres qui coulent du cœur; les nerfs qui descendent du cerueau: Ie dis que ces diuersitez qui partent d'vne seule cause, sont autant d'instructions que la Nature nous donne de son origine, & de l'vnité de son Principe. La ligne prend son commencement d'vn poinct; le nombre de l'vnité, le temps du moment; le Soleil est la source de la lumiere sensible; la conformation de plusieurs membres dépend de l'vniforme vertu feminaire; les generations fe rapportent à vne efpece: les efpeces & leurs differences fortent d'vn feul genre, comme vne couple de nerfs d'vne vertebre: Et au Monde tous les Principes font dans l'vnité.

Outre ce que nos yeux le voyent, la raifon nous le perfuade: Car la bonté que nous reconnoiffons dedans le Principe, fignifie vn auantage de forces qu'il ne fçauroit poffeder que par l'vnion, comme nous le prouuerons plus bas. Elle fignifie auffi vn écoulement de vertu, qui fuppofe vne vnion precedente dans vn feul fujet: ou autrement on admettroit vne diftance infinie deuant que d'arriuer à l'origine des Eftres: plus les chofes feroient diuifées, elles deuiendroient d'autant plus puiffantes, parce qu'elles feroient plus femblables à leurs Principes; le nombre des caufes égaleroit celuy des effets, & par ce progrés la Nature n'afpireroit qu'à la defvnion, & au vuide qu'elle laiffe entre fes parties. Pour nous fauuer de ces grandes abfurditez, tirons cette confequence, qu'il y a vne Vnité fouueraine qui eft le Principe de la Nature, & qui donne d'autant plus de perfection aux chofes, qu'elles luy font plus femblables.

Comme l'vnité contient tous les nombres; & comme la multitude s'explique par elle: Ainfi toutes chofes qui eftoient comprifes fans diftinction, & par eminence, dans l'eftre infiny de Dieu, en font éclofes par le motif de fa bonté, & par l'abondance de sa Nature. Comme l'vnité est vne souueraine égalité, aussi Dieu est dans toutes choses ce qu'elles sont ; il souftient leur existence, sans que la contrarieté ou la composition offence la simplicité de sa nature, qui estant tout, se trouue accordante à tout. En fin l'vnité estant vne connexion infinie, elle fait toutes les alliances & tous les mariages de la Nature ; elle conserue la paix entre ses parties : & si elle y laisse la difference & la multitude pour marque de son infinité, elle y represente aussi sa simplicité par leurs sympathies & leurs vnions.

Que ces esprits sont puissans, qui gardent vne égalité de mœurs dans les changemens de la fortune, & dont la vertu demeure aussi pure parmy la conuersation d'vne populace, que le rayon du Soleil entre les fumiers. Cette force qui passe l'humain, leur doit venir de l'vnité du premier Principe ; Parce qu'elle ne se conserue pas seulement son integrité ; mais elle l'imprime aux autres, & est entre les communautez ce que le premier Mobile est entre les Cieux. Tous les hommes portent dans le sein vne secrette semence de vertu, qui la leur fait aymer par sympathie, en quelques sujets qu'elle se rencontre : l'enuie & l'ambition luy font hommage, & la vont chercher parmy les ennemis pour luy rendre du respect. De sorte qu'il n'y a point de motif plus puissant pour gaigner les cœurs qu'vne constante vertu, parce que la Nature en donne l'inclination, la raison nous la persuade, & les plus cruels Tyrans en portent le masque, & taschent de couurir la honte de leurs inhumanitez par quelques actions de vertu, & par la familiere conuersation des Philosophes. C'est donc vne tres-mauuaise maxime, de croire qu'il faille prendre toutes sortes de visages pour viure dans la societé ciuile, & qu'il soit necessaire de se rendre vn Cameleon pour estre honneste homme. Dans ce débris d'actions, & cét épanchement de la vie, on n'acquereroit iamais d'habitude que celle de l'inconstance, & celuy qui feroit profession de viure ainsi déguisé aux yeux des autres, ne seroit pas reconnu des siens propres, parce qu'il ne seroit iamais en vn mesme estat ; & dans l'extréme seruitude qu'il rendroit au monde, il ne manqueroit de deference & de courtoisie que pour luy-mesme. Personne ne se tiendroit obligé d'vn excez de complaisance, qu'il imputeroit à la foiblesse d'vne nature qui obeït à tout : & si on ne se donne du passetemps d'vne humeur si souple, on soupçonne de la malice en ses feintes, & on n'a point de cœur pour vne affection fardée. La Morale est encore plus pernicieuse qui commande de se relascher à des excez pour donner de la recommandation à sa vertu, en n'offençant pas l'inclination des autres par vne contrarieté d'humeur. C'est faire vne science de vice ; & tomber dans l'extrauagance d'Antigonus, qui croyoit meriter le Sceptre, parce qu'il sçauoit bien faire la débauche. Qui est celuy qui se peut promettre la force de s'arrester court dans la pente du vice, & de remettre son esprit dans vne assiette aussi ferme qu'il auoit deuant le relasche ? S'il s'en releue, c'est tousiours auec autant de trauail, que la cheute luy en auoit esté facile : & comme la mer demeure long-temps en émotion, apres que les vents s'en sont retirez ; comme les maladies laissent de longues indispositions aux corps qu'elle ont trauaillés, ces relasches attachent à l'esprit des inclinations au mal ; elles affoiblissent les habitudes de la vertu, & d'vn diuertissement qui paroissoit libre, il s'en fait petit à petit vne necessaire obligation. Mais sur tous, les personnes qui ont le gouuernement, font vne notable perte de leur credit, si elles se laissent aller au moindre relasche. Les meschans tirent de mauuaises consequences d'vne seule action : ils se persuadent qu'elle reuoque la Loy, & qu'elle authorise la licence continuelle de leur vie. C'est pourquoy les anciens Sages ne faisoient leurs festins qu'entr'eux ; encore c'estoit apres des iuremens solemnels de n'auoir point de memoire de ce qui s'y passeroit, & de boire le dernier verre du fleuue d'oubly. En fin la perfection de la vie, & publique & particuliere, seroit d'imiter l'vnité du premier Principe, qui est tellement répandu dedans le monde, qu'il est tousiours recueilly au point de sa nature immuable, ferme dans les mouuemens, incorruptible parmy les alterations, dans vne égalité accordante à toutes choses qui ne luy oste rien de sa grandeur, & qui ne confond iamais l'infinité de sa difference.

Des forces de l'Vnité.

Chapitre XXV.

IL n'y a point de rencontre où les choses inferieures tesmoignent plus de vaillance, & où leurs courages fassent de plus genereux efforts, que quand elles s'arment pour se conseruer leur vnité contre des ennemis qui les menacent de diuision. La Nature donne l'alarme à tous sés cantons: les Elemens sortent de leurs places; & sans l'experience, nous ne croirions pas ce qu'ils monstrent de fureur pour empescher le vuide, & que la continuité du monde ne soit rompuë. Cela fait, que l'Ocean renonçant à sa propre fluidité, se tient dans ses bornes? qu'il s'esleue plus haut que la terre sans se répandre; qu'vn flot qui est poussé du vent tire l'autre; que toutes les mers s'entretiennent, & ont leurs secretes communications dessous la terre, encore que sa surface les diuise par de grands espaces necessaires à nostre habitation. Vne petite goutte d'eau est vn abregé de cette merueille, & vn grand miracle à vn esprit curieux, qui contemple que les parties superieures & celles qui sont aux costez, se precipiteroient en bas pour se rendre plus prés du centre, si n'estoit qu'elles apprehendent la separation par leur cheute, & qu'elles ne soient bien-tost desvnies & consommées, si elles se répandent. Les esponges fuyent la main qui se presente pour les arracher: les pierres & les bois ont vne dureté qui maintient l'assemblage de leurs parties contre les efforts qui les veulent rompre. En fin la Nature fait des miracles continuels dans nos corps pour les conseruer dans l'vnion: elle mesle le sensible parmy l'insensible, les os & les ligamens entre la chair; elle fait monter le sang par les veines, comme l'eau par les pompes, & sa iustice punit nos corps de douleur par les contusions & par les couppures, afin de nous obliger par la crainte de ce supplice, à fuir la solution de continuité.

Ces contraintes & ces effets plus puissans que ceux de toutes les autres inclinations, sont les loix d'vne Vnité souueraine qui domine au monde, qui veut grauer son image dessus la Nature, & qui prend la tutelle des Estres, qui seroient prodigues de leurs substances, s'ils n'estoient conseruez dans leur vnité. C'est elle qui maintient toutes choses dans leur estre indiuiduel, & c'est à sa faueur qu'elles font éclater leurs forces. Les formes substantielles qui sont les vrayes sources de la vie, & le
premier

DE L'EXISTENCE DE DIEV. 349
premier Mobile des actions, font vnes ; & les plus parfaites dans les compofez, font celles qui fouffrent moins de diuifion : Comme au contraire, les corps pétris d'vne matiere eftenduë par la quantité, qui peuuent eftre coupez en autant de pieces qu'il y a de membres, n'ont point d'action d'eux-mefmes ; & leur diuifion eft la premiere caufe de leur impuiffance. Ce que la chaleur communique au corps de viuacité, vient de la puiffance particuliere qu'elle a de ioindre les chofes femblables. La feichereffe luy imprime vn furcroift de force, & donne vne viue pointe à fon action, parce que fon propre c'eft de retenir les fujets recueillis dedans eux-mefmes, fans s'épancher hors de leurs limites. Le contemplatif qui eft recueilly dans luy-mefme, eft celuy qui de tous les hommes eft le moins en prife de la fortune, qui forme de plus genereux deffeins, qui fe ioüe du monde, & qui tient ferme contre tous les accidens. Entre les Gouuernemens le Monarchique, qui met les forces de plufieurs Prouinces entre les mains & à la difcretion d'vn feul, eft le plus puiffant pour fe conferuer la paix, pour tenir les peuples en obeïffance, pour diffiper les reuoltes, pour repouffer & pour vaincre les ennemis.

Nos yeux voyent ces experiences familieres. Mais il faut que noftre raifon y remarque de grandes merueilles ; en ce que les chofes ont l'eftre, fe le conferuent, & font renduës plus puiffantes

Tome I. Qq

en leurs actions par l'vnité. Comment seroit-il possible, qu'vn estre indiuiduel, qui de soy est pauure, dans l'indigence, & hors le commerce, ne subsistast, qu'estant recueilly dans luy-mesme, & hors le secours des autres; si vne souueraine Vnité ne luy imprimoit cette force eminente pardessus ses conditions naturelles, à cause qu'il porte sa ressemblance par cette qualité d'incommuniquable ? La merueille n'est point moindre de contempler cét atome, faisant resistance à tant de contraires qui l'assaillent, que de voir vn homme seul soustenir le choc d'vne armée, & estre le plus puissant quand il est le moins accompagné : De sorte que si les choses naturelles se maintiennent estans seules & abandonnées des autres, c'est par vne vertu qu'elles reçoiuent du premier Principe, en qui l'vnité est inseparable d'vne durée eternelle. Lors qu'estans retranchées dans elles-mesmes, elles enuoyent leurs qualitez auec plus de vehemence sur les objets dont elles sont le plus esloignées; qu'à mesure qu'elles sont plus resserrées, elles produisent des actions de plus d'estenduë ; quand les grands courages logent dans les petits cœurs; quand les rayons du Soleil ramassez au creux d'vn miroir concaue, se changent en feu, & iettent l'embrasement sur les matieres où ils peuuent porter leur pointe, en laquelle consiste toute leur vertu : Ce sont autant d'images & autant d'effets miraculeux de la toute-puissante Vnité qui domine au monde.

Elle seule qui est indiuisible, est capable de retenir les choses mortelles en l'estre, de ioindre leur neant originaire à vne existence qui porte l'image de sa verité, & d'entretenir sa paix dans le mariage de deux partis si peu accordans. Parce qu'elle est eternelle, sans commencement & sans fin, elle supporte les Estres contre la foiblesse de leur matiere, & la necessité de leur defaillance estant immobile, elle empesche que toutes choses ne perissent auec les momens qui les soustiennent; qu'elles ne disparoissent comme le temps dont elles suiuent le cours, & qu'elles ne se répandent par les ouuertures de la matiere où elles sont contenuës.

Il est necessaire de reconnoistre vn Principe vniuersel, qui ait du rapport auec tous les estres pour les perfectionner, & vne distinction qui le laisse dans vne eminence qui ne puisse estre approchée; qui soit comme le poinct qui se rencontre sur la ligne, sur la surface, & dans la solidité des corps, sans estre sujet à leurs diuisions. L'vnité qui se repete par tous les nombres, & qui d'vne assistance continuë forme leur espece, ne s'engage nullement dans leurs differences. Si vous la considerez en elle-mesme, elle est indiuisible : car elle n'est pas vn nombre, mais le commencement des nombres. Elle est tout ce qu'ils forment, parce qu'elle est le principe d'où ils partent, le milieu qui les soustient & qui les assemble, & le dernier terme où ils se rapportent. Ainsi l'Vnité diuine est la bonté qui produit, qui conserue, & qui perfectionne les Estres. Ayant sa grandeur & son estenduë recueillie en soy, elle ne sçauroit estre multipliée, parce qu'elle enferme tout l'estre possible, & qu'elle ne peut non plus receuoir de diuision dans sa grandeur, que d'accroissement dans son racourcy. Car si vous adioustez si peu que ce soit à l'vnité, elle n'est plus elle-mesme, & vous supposez qu'elle ne soit pas, si vous la conceuez auec vne quantité de parties capables d'estre separées.

Si la Nature enchaisne les corps auec vne continuité qui ne laisse point de vuide; si l'ame répand par tout le corps l'influence de sa vertu; si vn Prince enuoye son authorité & se conserue des intelligences par tout son Royaume, sans que sa Majesté soit amoindrie par les personnes qui la seruent & qu'elle supporte: Il faut qu'il y ait au monde vne souueraine Vnité, qui soit tout ensemble & diffuse dans les Estres pour leur communiquer la vie, & recueillie dans soy pour conseruer sa perfection presente & tousiours distincte, assistante & separée. Aussi la bonté qui a la communication en propre, a l'vnité par essence; elle n'est pas moins répanduë en ses largesses, que recueillie en sa perfection, & l'ouuerture de ses thresors se fait sans aucune diminution de ses richesses.

La pensée que nous auons d'vn premier Principe, seroit imparfaite, si nous ne le conceuions comme vne Vnité, qui enferme dans foy toute l'eſtenduë de la bonté, qui ne laiſſe au dehors aucun bien qui n'y ſoit compris, ny en nous aucune idée qui n'y ſoit entierement ſatisfaite. Ou autrement s'il n'y a point d'Vnité qui ſoit infinie en perfection, il y aura vn vuide & vn defaut infiny; il y aura plus de mal que de bien, plus de priuation que d'eſtre. Cette priuation ſeroit le principe, parce qu'elle auroit plus d'eſtenduë; de ſorte que ſi toutes choſes tirent leur excellence du rapport qu'elles ont à leur Principe, il s'enſuiuroit, s'il n'y auoit point d'Vnité infinie, que la diuiſion ſeroit preferable à l'accord, la priuation à l'eſtre, & le mal au bien. Il faut donc reconnoiſtre pour éuiter ces contradictions, qu'il y a vne Vnité infinie, tout acte, ſans reproche d'impuiſſance, qui aſſiſte tout ſans contrainte, qui penetre tout ſans diuiſion, & qui conſerue toutes les alliances par vne vertu qui ſe communique ſans s'épuiſer, ſans ſe confondre, & ſans entrer en aucun mélange. Elle eſt plus neceſſaire à la conſeruation de toutes choſes, que le Soleil à la fecondité de la terre, que le Prince au gouuernement d'vn Royaume, que le Pilote à la conduite d'vn vaiſſeau, & que ne l'eſt l'ame à la vie du corps. Il reſte pour la perfection de l'homme qui contient deſia les choſes inferieures, qu'il s'approche de ce ſouuerain bien. Pour le ioindre il ne faut point employer de mouuement, parce qu'il eſt la ſtabilité meſme, il ne ſe faut point

Q q iij

estendre dans la multitude des objets, parce qu'il est dans vne tres-parfaite simplicité. Arrestez vos courses, ames extrauagantes, brisez sur vos pas, r'entrez dans vous-mesmes, montez iusques à la derniere pointe de vostre intellect : vous toucherez cette supréme Vnité par la vostre, & vous comprendrez quelque chose de l'infinité qui vous comprend.

Comment toutes choses tendent à l'vnion : Et de leurs sympathies.

CHAPITRE XXVI.

CEux qui ont cherché l'origine des Republiques, disent que les peuples ayans souffert de grandes necessitez dans leur vie sauuage, furent contraints d'entrer en vne societé, qui rendist leurs forces & leurs industries communes, & qui recompensast ce qu'ils y perdoient de liberté par les delices de la conuersation, & les commoditez de la vie. L'impuissance fut donc la premiere cause de leurs assemblées ; & ils ne furent reduits à viure sous les Loix ciuiles, que comme les bestes foibles & paoureuses à se mettre en trouppe, pour se defendre de leurs ennemis. Il semble que les Estres inanimez sont conduits par le mesme instinct en la recherche qu'ils font de leurs semblables; & que ce qu'ils paſſionnent de ſe ioindre, c'eſt par vne ſecrette défiance qu'ils ont de leurs forces eſtans ſeparez, & ſous l'eſpoir de deuenir plus puiſſans par leur vnion. Si l'air ſe rejoint au meſme inſtant que le corps qui le diuiſoit luy quitte le lieu, c'eſt parce qu'il eſt moins ſujet à ſe corrompre quand il tient vne plus grande eſtenduë. Les fleuues courent à la mer, qui ne ſçauroit eſtre tarie par les ariditez de la terre, & ſur qui les ardeurs du Soleil ne font point de dégats qui ſoient ſenſibles : & les lumieres s'embraſſent, à cauſe qu'elles ſe fortifient par leur meſlange, & ſont plus puiſſantes pour repouſſer bien loing les tenebres.

La Nature n'ayant peu loger toutes les perfections alliées dans l'eſtenduë du peu de matiere neceſſaire à la formation d'vn eſtre particulier, imprime aux choſes ſemblables vne mutuelle inclination de ſe rejoindre, afin que la diligence de leurs recherches ſupplée au defaut de leur conformation, & qu'elles ſe poſſedent au moins par amour, quand la diſtance des lieux, du temps, & de la matiere, les a diuiſées. Si elles ſont fauoriſées de ces bien-heureux rencontres, elles accompliſſent le premier deſſein que la Nature auoit fait de les aſſembler : Elles forment vne vnion qui eſt l'image de l'Vnité; & s'eſtans fortifiées par leur ſecours, elles ſe conſeruent mieux contre leurs contraires. Ce ſont tous effets dignes d'admiration;

mais il en faut rechercher la cause.

Il est vray que le mouuement naturel de toutes choses tend au lieu qui rapporte le plus à leurs qualitez, & qui leur en promet la conseruation par la ressemblance; que les plantes attachées à la terre par les racines, font vn extrait du suc qui leur est plus propre; que les parties du corps partagent les alimens de sorte, qu'elles s'approprient ce qui leur conuient: Et nous aurions moins besoin de l'air, si nous n'auions dedans nous des parties & des esprits qui tiennent de sa nature. Il est vray que les choses semblables ne reçoiuent pas moins de force de leur vnion, qu'vne ville de la bonne intelligence de ses citoyens; que les fils qui se rompent estans separez, & qui estans tissus & tendus en voiles, resistent à la violence des vents, & transportent des Royaumes. Neantmoins elles ne tiennent pas en propre, & d'elles-mesmes, les inclinations qu'elles ont de se ioindre ainsi; mais ce sont des graces qui leur sont accordées par la prouidence du premier Principe, qui a voulu representer son vnité par leurs vnions, & faire vne image de sa bonté & de son amour par leurs recherches & leurs complaisances.

Sans son secours, il ne seroit pas possible que ces choses inanimées deuinassent que le monde a des parties, dont le mariage luy est auantageux; que le Nil connust depuis les montagnes d'Egypte, où il prend sa source, qu'à plus de trois cens lieuës

lieuës de là il doit trouuer ſa retraitte dans la mer Mediterranée ; que la pierre connuſt que la terre a des qualitez & des vapeurs qui la peuuent accroiſtre & conſeruer. Hé! comment ces choſes priuées de ſens, teſmoigneroient-elles de l'amour à la rencontre & en la recherche de leurs ſemblables, puis qu'elles n'ont pas la connoiſſance, ny d'elles-meſmes, ny de ce qui peut auancer leur bien?

Si nous examinons de prés les propres affections de la Nature, il ſe verra que les choſes, ſi ſemblables qu'elles puiſſent eſtre, doiuent pluſtoſt chercher leur ſeparation que leur mélange; d'autant qu'il fait mourir l'eſtre indiuiduel qu'elles auoient ; Comme vn fleuue qui ſe dégorge dans l'Ocean, y perd ſon eſtre, ſon gouſt, ſa couleur, ſon nom & ſes qualitez. Il n'a pas l'apprehenſion de la ſechereſſe ; & quand il pourroit eſtre touché de la crainte d'vn mal à venir, elle ne ſeroit pas comparable à vne priuation preſente, qui luy oſte tout d'vn coup ſon exiſtence indiuiduelle; & cela ne l'obligeroit pas de courir, comme il fait, au precipice : Comme vne terre qui eſt renduë ſouueraine, ſe conſerue tant qu'elle peut dans l'independance de la Couronne de laquelle elle a eſté détachée : encore que par la reünion elle ſoit renduë plus puiſſante contre l'attaque de ſes ennemis ; & cela d'autant que la reünion eſt ſa fin, ſa mort, & la derniere diſgrace qu'elle auoit à craindre ; & la conseruation qu'elle aura sous vn plus puissant Monarque, suppose la perte de sa souueraineté, comme les nouuelles naissances sont fondées sur les corruptions. La priuation ne reçoit point de remede en la Nature : Et si vn membre couppé ne se rejoint pas à son corps, si les parties des insectes, qui se conseruent encore de l'ame & du mouuement, n'ont ny la force ny l'inclination de se rallier ; comment les choses inanimées auroient-elles cette vertu, si elle ne leur venoit de l'influence d'vne souueraine vnité ?

Quand elles tesmoignent de la complaisance en leurs approches, qu'elles s'y portent auec des élans passionnez, & qu'elles se rauissent d'vne ioye extraordinaire en leurs vnions, c'est qu'elles ont l'vnité pour premier Principe, à laquelle elles se rendent plus conformes par leurs alliances. Elles reuiennent à l'Vnité, parce que l'vnité est leur principe : Comme les fiefs retournent aux seigneurs qui les ont donnez, les vsufruits aux proprietaires ; & tout de mesme que les diuerses manieres de gouuernement, apres les accez des guerres ciuiles ou estrangeres, reuiennent en la Monarchie, qui est le principe de tous les Empires, selon Platon, qui est la santé & la bonne disposition qu'elles auoient perduë.

La main qui pousse vne partie de la roüe, & qui luy donne assez de force pour en acheuant tour, la venir retrouuer au mesme lieu où elle l'auoit commencé, la rappelle en l'esloignant, & la mesme impulsion qui l'en escarte, l'y raproche: Ainsi l'Vnité diuine faisant couler de soy l'estre naturel, luy imprime vn puissant instinct de s'y rejoindre autant qu'il luy est permis, en se recueillant dans vne vnion plus vniuerselle. Le commerce de la Nature s'entretient par cette permutation, que l'vn produit le deux, ou la multitude qui se vient rendre à l'vnité, & ferment ainsi le cercle du monde par vn retour reciproque. Cela se void en la formation & en la dissolution des mixtes ; au concours de plusieurs actions qui forment vne habitude, de qui puis apres elles sont produites ; & aux nombres, qui découlans de l'vnité, ne font par toutes leurs multiplications, qu'vn retour continuel du pair au non pair, & du non pair au pair.

Nous connoissons clairement, que ce n'est pas la seule ressemblance qui oblige les choses naturelles à l'vnion, de ce que celles qui sont differentes en genre, en espece, en vertu, s'y monstrent les plus passionnées, comme les plus violentes amours sont entre vne diuersité de sexe. Les hommes qui voyent ces effets miraculeux, sans que leur esprit en puisse descouurir la cause, les appellent des sympathies ; & le commun des Philosophes se persuade d'auoir bien raisonné, de rapporter les prodiges de la Nature à ce principe, dont il prononce le terme, sans en entendre la signification. Aussi les plus curieuses recherches sont ignorantes, si elles n'auoüent que ces affections mutuelles procedent de l'influence de la souueraine Vnité qui preside au monde.

Car d'où vient l'amour du fer & de l'aiman ; & que ce metal grossier picqué d'vne extréme complaisance aux approches de son party, se réueille de son assoupissement, & s'éleue malgré sa pesanteur naturelle, pour le baiser ? Ce n'est pas qu'ils soient de mesme espece, de mesme temperament; ou qu'ils soient dominés par vn mesme Astre, puisque le Pole qui tire l'aiman, n'a point de rapport auec Mars qui domine au fer. Si l'aiman se tourne au Nord, ce n'est pas qu'il se tourne vers les montagnes & les carrieres d'où il a esté pris; Car il s'en trouue en d'autres quartiers du monde, qui a neantmoins la mesme inclination vers le Pole : Et puis la vertu de ces rochers est trop foible pour porter si loing; Ils attireroient le fer & non pas l'aiman ; & cette pierre qui a sa substance égale, n'auroit point de partie affectée à se tourner plustost au Septentrion qu'à l'Occident.

Les plus importantes & les plus agreables actions de la Nature s'acheuent par le moyen de la sympathie. C'est elle qui fournit des forces à la passion, des charmes à la volupté, & qui donne de la constance à toutes les vnions. Les plus fermes & les plus puissantes amitiez se contractent entre

De l'Existence de Dieu,
les hommes sans dessein, & sans autre fondement
que l'inclination de la Nature, qui fait le mariage
clandestin des cœurs, deuant leur recherche. Cela
ne procede pas, comme quelques-vns le disent,
des fauorables aspects, & de la reception du Soleil
& de la Lune, de ce que les intelligences inclinent
nos volontez selon le rapport qu'elles ont entr'-
elles, ou que l'egalité du temperament cause celle
des affections. Car les Astres & les qualitez naturelles concourent ordinairement en des personnes, entre lesquelles nous voyons d'estranges
antipathies & de mœurs & de volontés. Il faut
donc rapporter ces attraits à la prouidence de la
premiere Vnité, qui comprenant toutes les differences & toutes les contrarietez en son éminente
perfection, fait au monde l'alliance des choses diuerses, pour y laisser les marques de sa puissance, &
quelque image des excellences de sa nature.

Aussi les heureuses rencontres de ses sujets nés
les vns pour les autres, se font auec le contentement particulier, & le repos general du monde,
en ce que demeurans satisfaits en la possession de
ce qu'ils passionnent, ils ne trauersent point les
plaisirs des autres, & l'acquiescement de l'appetit
se trouue pareil dans vn diuers degré de merite.
L'amour est pour lors aueugle, & s'abuse fort ay-
sément en l'estime trop auantageuse de son objet,
soit qu'il le voye, ou qu'il soit absent. Les Platoniciens disent, qu'en cette occasion l'ame recueil-

lie dans elle-mesme corrige le portrait que les yeux luy en ont donné, sur l'idée que le Ciel luy en imprime par sympathie; & que par ce moyen elle se figure le corps auec la beauté dont il eust esté enrichy, sans les fascheux accidents de la naissance: C'est pourquoy ces pauures esclaues se plaignent de la tyrannie de l'amour; & ils y soupçonnent de la magie, quand leurs yeux accusent l'excez de leur passion, & s'estonnent d'aimer auec tant d'ardeur vn sujet où ils voient si peu de merites. Si c'estoit là le premier motif de l'amour, ses plus grands feux seroient sans matiere; les plus violentes de ses passions auroient vne cause moins qu'imaginaire, puis qu'il la faudroit chercher dans des qualitez qui ne sont pas, & qui ont seulement esté possibles. Ainsi tout ce qui est difforme seroit aimable, à cause que la matiere susceptible de toutes sortes d'impressions en a peu receuoir de bonnes; les yeux ne seroient plus les truchemens de l'amour; les beautez n'auroient plus de charmes; & le défaut de merite dans le sujet qui le doit auoir, estant le iuste suiet de nostre auersion, deuiendroit la cause de nostre amour. I'auoüeray que les sympathies nous viennent du Ciel: mais que les moyens qui nous y engagent, nous sont inconnus & incomprehensibles, aussi bien que la premiere Vnité qui nous en donne les mouuemens.

De là mesme dépend l'admirable liaison des

DE L'EXISTENCE DE DIEV. 363

parties du Monde, dont nous auons parlé, qui consiste en ce que les estres superieurs se communiquent aux inferieurs, pour imiter la bonté du premier Principe, & animent les hommes aux deuoirs de la charité. Ainsi les moindres petites choses estans inuitées à la grandeur par celles qui la possedent sans ialousie, quittent auec de grands efforts la bassesse de leur origine, & s'éleuent à vne qualité plus éminente que ne leur permettoit le degré de leur espece. Il se fait là vn concert d'affections qui aspirent également à l'Vnité & à la grandeur pour se rendre plus conformes à leur principe & à leur idée.

De là vient que la terre se subtilise en vapeurs, ausquelles elle donne puis apres vne consistence capable de former l'or, les metaux, & les pierreries, qui ont leurs rapports auec les planetes. L'eau deuient crystal dans les Pyrenées; dans nos corps la masse des alimens se change en esprits quasi tous dépoüillez de la matiere, & qui approchent bien prés du spirituel. Les fleurs n'ont de l'amour & de la beauté que pour le Soleil : elles se perfectionnent à ses rayons, elles taschent d'en suiure le mouuement, à la honte de nostre Nature, qui s'attachant à des objets indignes de sa recherche, ne s'éleue pas au souuerain bien.

Il nous reste de considerer, que toutes les vnitez qui paroissent au monde, quoy qu'elles s'échappent de quelque défaut, & qu'elles montent à quelque degré d'excellence, neantmoins elles trempent encore dans l'imperfection. Premierement l'vnité de l'eſtre ſingulier, par laquelle il eſt ſeparé des autres, luy tiendroit lieu d'vne affreuſe ſolitude, où il languiroit de miſere, & n'auroit pas meſme ſa ſubſiſtance, ſi vn nombre de puiſſance & de proprietez ne le ſecouroient : Nombre qui a bien de ſoy quelque auantage, en ce que ſon eſtenduë ne pouuant eſtre compriſe ſi aiſément, il approche plus prés de l'infiny. Neantmoins ce ſurcroiſt de dignité dont il reueſt l'eſtre, luy reproche ſon indigence originaire, ſoulagée d'vne faueur eſtrangere qui luy peut eſtre redemandée, parce qu'il ne la tient que par emprunt. Quant à l'vnité que la Nature fait de diuerſes perfections dans les Eſtres, que la Philoſophie appelle éminens, nous eſprouuons en nous-meſmes ſon défaut ; En ce que pour auoir l'ame raiſonnable & le corps dans le plus iuſte temperament, nous ne poſſedons pas toutes les qualitez des mixtes, ny les induſtries des brutes : Encore que quelques-vns ayent dit qu'elles ſont en racourcy dedans nos corps comme dans vn petit Monde, & que noſtre imagination en fait l'extrait, quand elle guerit les maladies par la ſeule apprehenſion de la Medecine. Suppoſé qu'elles y ſoient compriſes, les contraires qualitez n'eſtans pas logées commodément dans vne ſi petite eſtenduë de matiere, ſe preſſent, s'incommodent, ſe dérobent le luſtre & l'action, de ſorte que

ce

ce ne sont en effet que des parties foibles aufquelles nous donnons le nom d'vn tout accomply.

Or comme nous venons à la source pour y trouuer les eaux plus pures qu'en ses ruisseaux: Comme nous regardons le Soleil pour y voir éclater la lumiere au dernier degré de la perfection; & qu'en toutes choses il faut chercher le Principe qui possede plainement ce que les effets n'ont qu'en partie: Aussi ne rencontrans icy bas que des vnités imparfaites, toutes meslées, & qui ne sont qu'vne composition de parties ou de puissances, limitée, & coulpable d'infinis défauts; nous deuons nous éleuer à vne Vnité souueraine qui contienne toutes les bontés, qui soit vn acte tout pur, sans vuide, qui puisse estre remply d'vne nouuelle excellence, sans assemblage de parties qui menace de diuision; toute recueillie dans elle-mesme, & neantmoins répanduë par tout; qui égale tous les temps, estant eternelle, qui soit presente à tous les lieux, & qui comprenne toutes les excellences imaginables estant infinie. Autrement, l'ambition des choses naturelles, qui passionnent l'vnité & la grandeur par leurs alliances, seroit inutile; elles chercheroient le mal au lieu du bien, & la priuation pour l'estre, s'il n'y auoit vn premier Principe qui possedast pleinement dans son vnité le bien qu'elles y cherchent, & qui fust le premier motif & l'objet de leurs affections.

Tome I.   S s

De la beauté & de l'amour.

CHAPITRE XXVII.

COmme les perfections de l'Vnité diuine, dont nous auons parlé, ne se peuuent conceuoir, parce qu'elles sont dans l'infiny: Ainsi de l'vnion des choses corporelles qui en est l'image, il naist vn certain lustre que nous appellons beauté, si rauissante entre les objets sensibles, que nostre raison a trop peu de force pour expliquer sa nature, & pour se defendre de ses charmes. Elle paroist premierement sur les choses, dans l'vnion desquelles la diuersité se rend remarquable, comme en l'émail des prés, dans les bigarures de l'Iris, aux plumes changeantes des oyseaux, aux taches des Pantheres, aux Iaspes, és differences des proprietez, des mouuemens, des effets qui sont les coloris du tableau de la Nature. C'est ce qui fait que nous receuons de la complaisance au rencontre des lieux champestres, des solitudes sauuages, des iardins irreguliers, des voyages en plusieurs païs, des sciences meslées: Et c'est pourquoy l'inconstance se nourrit du flus & reflus de ses opinions, qu'elle fait son plaisir de sa misere, en agreant des défauts qui luy monstrent des nouueautez.

Mais la beauté est dans vn degré de plus haute

perfection; & elle enuoye des attraits bien plus penetrans, quand les qualitez des corps forment vne vnion si estroite, & vn mélange si accomply, que du rencontre de ce qu'elles ont de rare, il en rejalit vn lustre qui ne monstre point de diuersité. Vn fin diamant qui n'éclaire pas seulement de la fade & blesme lumiere du crystal, mais dont les esclats sont vifs, & qui bluete d'vn feu vigoureux, satisfait beaucoup plus la veuë que les changeantes couleurs des opales, & la marqueterie des porphires. Les contentemens de l'estude ne sont point solides, & ses emplois ont moins de trauail que de plaisir, si l'on ne void dans des principes generaux ceux des diuerses sciences, où s'embarassent les esprits vulguaires. Ainsi les lis & les roses mignardement meslées sur le poly d'vn visage bien compassé par les mains de la Nature, donnent iour à cette douce beauté, dont les hommes se sont fait vn impitoyable idole, qu'ils croyent ne pouuoir estre seruie que par le sacrifice de leurs libertez & de leurs cœurs.

L'ordre, la proportion des parties, les rapports des lignes, des couleurs, des ombrages, ne sont que les mortes dispositions qui preparent la matiere pour receuoir cette qualité celeste, & pour luy dresser vn thrône d'où elle donne la loy auec plus de majesté. Car il semble que sa nature a quelque chose qui passe la condition commune des corps: premierement, parce qu'elle n'est pas recognuë des brutes, & qu'elle ne se laisse voir qu'à l'homme qui a l'vsage de la raison. Les yeux qui reconnoissent à l'abord les objets materiels sans estre sensibles au merite de celuy-cy: en tirent seulement le portrait qu'ils presentent à l'ame. Elle, apres s'estre tenuë dans vne surseance de iugement, comme en chose fort importante à son bien, par quelque resistance qu'elle fait de perdre sa liberté, arrestée par l'estonnement de ses merueilles, ou pour se donner le loisir de faire comparaison de cette image auec celle qu'elle a du Ciel, luy passe en fin l'aueu de sa seruitude, & se met dessous sa puissance. Toute l'ame se ramasse aux yeux, afin de receuoir ces cheres especes auec plus de ceremonies, & comme en triomphe. Les grandes familiaritez ne diminuent rien de leur estime, au contraire les desirs s'enflamment par la ioüyssance, & la beauté change les premiers respects qu'on luy a rendus en adorations.

Cela fait dire aux Platoniciens, qu'elle est vn rayon diuin répandu sur les choses materielles, qui dore leur exterieur, & leur communique plus de grace & de viuacité, que la lumiere n'en donne aux couleurs; que sans elle ces objets dépendans de la matiere, & mesurez par la quantité, ne pourroient pas toucher des ames immortelles, leur donner des delices sans rassasiment, & des transports qui n'ont point de bornes; que son pouuoir releue d'vn estre infiny, en ce qu'il emporte les esprits

DE L'Existence de Dieu

d'vn mouuement qui n'endure point de laſſitude, qui croiſt dans la continuë, & qui ne ſe termine que par le rauiſſement.

Toutes les autres paſſions naturelles ne ſe piquent que pour des objets qui ſouſtiennent l'eſtre, qui flattent les ſens de qualitez rapportantes au temperament de leurs organes, & pour des actions importantes à leur conſeruation : la beauté n'a rien de ces appas mercenaires : ſes attraits ſont purs; elle n'eſt aymée que pour elle-meſme, & ſi elle gaigne les cœurs ſans leur promettre de l'vtilité, c'eſt parce qu'elle eſt vne image du bonheur où nous deuons poſſeder toutes les delices ſans indigence. On ne romproit pas toutes les alliances du ſang & de la nature; on ne ſeroit pas prodigue de ſes biens, de ſa vie, de ſa reputation pour ce ſeul reſpect, ſi elle n'eſtoit vne image, & ſi elle n'auoit quelques traits du ſouuerain bien.

Il eſt vray que ſi les choſes corporelles ont leurs beautez differentes, que les hommes en ont des ſentimens encore plus diuers, & qu'vn meſme objet ne produit pas de ſemblables affections dans tous les eſprits. Mais nous deuons former deux grandes penſées de cette meſme conſideration naturelle, & en tirer des argumens qui nous forcent de reconnoiſtre vne ſouueraine beauté. Car les choſes materielles ne ſont pas redeuables de ce luſtre exterieur, au principe dont elles tiennent l'eſtre, d'autant qu'en cela elles ſont toutes dans la difference, & que contre le cours ordinaire des effets, elles n'ont point de rapport auec leur cause : & comme elles sont plus differentes entr'elles que les especes & les choses singulieres, nous deuons conclurre que la cause est infinie qui fait cette infinité d'impressions dessus la matiere. Nous n'aurions pas vne idée qui nous fist remarquer de la beauté en tous les sujets, & du défaut en toutes les beautez, s'il n'y en auoit vne souueraine qui comprist les autres par eminence, qui fust libre de toute imperfection, & qui eust graué son image plus au naturel dans nos esprits, parce qu'elle est elle-mesme vne Intelligence.

La beauté, dit Platon, est la fleur de la bonté, & la monstre qui nous découure les richesses cachées dans les thresors de la substance, afin de nous attirer à sa recherche par l'agréement qu'elle donne aux yeux. Or s'il n'y auoit point de Bonté vniuerselle qui fust plus intime aux astres que leur substance, & qui meritast tous nos amours, il s'ensuiuroit que les charmes qui parent les choses corporelles, seroient des fards & des masques qui corromproient nostre veuë, à cause qu'ils couurent ordinairement des sujets qui ne possedent pas la bonté que promet leur face.

La deformité se mesle par tout; les plus exquises beautez n'ont qu'vn âge, elles ont de mauuaises heures dans la saison, mesme où elles fleurissent; & quand elles paroissent auec leur plus

DE L'EXISTENCE DE DIEV. 371
grand éclat, elles ne plaisent entierement qu'aux yeux enforcelez de l'amour. Ce sont mille sujets d'auersion pour vn seul qui plaist, des abysmes de tenebres qui n'ont qu'vn poinct de lumiere, des laideurs plâtrées; De sorte que s'il n'y auoit point de souueraine Beauté exempte de toute imperfection, il faudroit conclurre que cette verité naturelle, que la beauté est aymable, seroit fausse, & que les inclinations qui nous y portent seroient trompeuses; à cause qu'il n'y auroit point d'objet où se rencontrast ce dont nous auons l'idée; ny de centre où tendist le mouuement de nos affections, & qui leur peust donner vn entier repos.

Il ne nous est pas possible d'éuiter ces impertinences, & iustifier les desseins de la Nature aux mouuemens qu'elle nous imprime, si nous n'adorons vne souueraine Beauté, sans composition, sans défaut, eternelle, immuable, toute acte, toute vertu, toute perfection; qui dans vne Vnité infinie, comprenne toutes les excellences, & tous les charmes dont les choses materielles monstrent les essais. C'est elle qui par vne complaisance eternelle, est tout ensemble à elle-mesme le principe & l'objet de son amour: C'est elle, qui par sa fecondité fait couler les Estres dans la Nature, & qui les rappelle par sa bonté, en estant & le principe & la fin, par vn cercle de lumiere qu'elle continuë sans interruption. Si les beautez mortelles ont des attraits, c'eſt parce qu'elles ſont l'image de ce principe. Nos ames qui tiennent le degré ſuperieur de la Nature, & qui ne doiuent auoir de l'amour que pour ce dont elles peuuent tirer de la perfection, ne ſe monſtreroient pas ſi paſſionnées pour ces objets periſſables, ſi ce n'eſtoit que leur luſtre rapporte à l'idée qu'elles ont d'vne beauté originaire, & qu'en ſon abſence elles tirent de la conſolation de voir ſon image.

De là vient que les premieres flammes de l'amour paroiſſent innocentes, & que ſes premiers feux portent les courages à de genereuſes entrepriſes. Elles réueillent l'ame des langueurs de l'oiſiueté, luy donnent l'inuention des ſciences, des arts, la politeſſe des mœurs, & y produiſent les meſmes effets qu'on dit auoir eſté répandus par la lumiere ſur l'ancien chaos. En ce commencement l'amour ſe contente de luy-meſme: ſa fin, c'eſt d'aymer, & ſes mouuemens n'eſchappent iamais à la raiſon, que quand ils la paſſent par des excez qui luy font voir quelque choſe de diuin dans l'objet aymé, & qui la tiennent dans vne ſuſpenſion de puiſſance, comme ſi elle eſtoit en poſſeſſion du ſouuerain bien. Mais cette pureté s'altere bien toſt par les ſecondes affections qui touchét les ſens & les appetits, dont la Nature aſſortit les animaux pour la conſeruation de l'eſpece. Neantmoins de quelques artifices que cette paſſion deuenuë brutale, couure les ardeurs, de quel-

ques

ques charmes & de quelques voluptez qu'elle les anime, les amans reconnoissent leur seruitude, si ce n'est par le libre discours de la raison, au moins par la gesne de ses sentimens : Ils arrousent leurs plaisirs de larmes, les gemissemens & les inquietudes troublent leur repos ; ils palissent comme des coulpables, & leur ioye n'est qu'vn symptome de leur phrenesie. Car comme le corps animé souffre continuellemement vne secrette douleur sous la violence des contraires qui le composent : ainsi l'ame endure d'estranges conuulsions par ces amours illegitimes, qui combattent ses naturelles inclinations.

Deuant que les yeux luy eussent fait monstre de la beauté, elle estoit peut-estre recueillie en elle-mesme, dans vne pauureté qui ne conceuoit pas seulement le desir du bien, & vne morne langueur, où ses puissances n'auoient qu'autant d'exercice que leur en permet vn profond assoupissement. Mais si tost qu'elle est resueillée par les charmes de cét objet, & que le cœur luy a donné les premiers hommages de la complaisance, elle souspire en son interieur pour vn plus grand bien ; & quoy qu'elle n'en ait qu'vne idée confuse, elle ne laisse pas de ressentir vne puissante inclination de le rechercher plus loing que les corps, & que la matiere. Que si ayant pris ce mouuement, elle est arrestée tout court aux objets sensibles par les passions de la partie inferieure : c'est lors qu'elle souffre vne secrette douleur d'estre trauersée en ses desirs par ce qui la deuroit seruir; & cét estat qui luy donne le desir d'vn bien, dont elle ne peut auoir la possesfession, luy est vn supplice moins supportable, que la lethargie où elle languissoit deuant les premieres chaleurs de l'amour. Le pourtraict d'vne personne qu'on auroit aymée, en renouuelle le ressentiment: & quoy qu'à l'abord les yeux se iettent dessus auec vne extréme auidité, quoy qu'ils se remplissent de ces especes auec delices, neantmoins cette complaisance se change en douleur, quand on vient à s'apperceuoir de l'absence, & qu'on est reduit à ne voir qu'vne morte representation, au lieu de la verité que l'on passionne. Vn festin en peinture, ou en cire, abusant la veuë, donneroit de loing quelque sorte de contentement à vn homme qui se promettroit d'y rassasier sa faim: mais quand il void que les mets ne seruent qu'aux yeux, il souffre vn double supplice par vn appetit qui estant irrité, n'est pas satisfait, & par vne recherche qui est frustrée de ses esperances. Ces mesmes symptomes arriuent aux esprits gaignez par vne beauté corporelle. Car les premieres flammes de l'amour ne portent que de la lumiere, & des chaleurs, ce semble, si pures, & accordantes à nos desirs, qu'à l'abord elles nous promettent toute sorte de felicité. Mais si on s'arreste trop à cét éclat qui charme les sens, si on donne le cœur à vn objet qui ne doit seruir qu'aux yeux, l'ame desobligée de cette trompeuse rencontre, souffre plus qu'vn famelic entre les peintures des viandes dont il cherche les realitez. Cela fait connoistre que la beauté corporelle n'est qu'vne ombre & vn crayon d'vne autre diuine, qui est le veritable objet de nostre amour, qui estant d'vne perfection infinie, peut donner vne pleine satisfaction à nos puissances.

En effet nostre amour n'est autre chose que la recherche d'vn bien, qui par sa communication doit soulager nos infirmitez, nous mettre dans vne meilleure condition, & nous animer de plus de vertus que la matiere ne reçoit de formes. C'est pourquoy Platon le décrit naissant du chaos, c'est à dire de l'imperfection : parce que nostre ame n'est pas moins indigente de lumiere, d'ordre & de proportion en ses appetits, que l'estoit cette masse confuse de corps & de qualitez, deuant que la Sagesse diuine en eust fait le monde. Or nous ne sçaurions tirer aucun auantage de la beauté, qui estant vne qualité corporelle d'vne espece & d'vne cathegorie inferieure à celle de nostre ame, elle ne luy peut communiquer aucune perfection qui n'y soit deja contenuë auec eminence. Ce n'est donc pas le veritable sujet que nos affections doiuent rechercher. La Nature nous fait connoistre, que la beauté n'est pas, comme disoit Platon, la fleur de la bonté, en ce qu'elle se rencontre auec vn plus grand éclat en des sujets qui ont le moins de

Tt ij

vertu interieure, & qui ne sont recommandables que par cette parure: Comme par exemple sur le visage du sexe le plus infirme, sur les fleurs qui sont les moindres entre les plantes; sur les metaux, sur les pierres qui ne tenans rien du sensitif & du vegetable, sont au dernier rang des composez elementaires.

Certes si l'amour transforme l'amant en l'objet aymé, celuy des corps nous rauit les auantages de nostre nature, & nous oste les forces de la raison, quand il s'attache aux choses materielles. De là viennent les langueurs d'esprit, les irresolutions dans les conseils, les supplices interieurs de la conscience, l'exil des vertus, la pieté suffoquée, & l'audace à toute sorte de crimes. Et afin que tout concoure à rendre ce malheur insigne, la fortune n'a de la constance que pour affliger ces pauures amans, & les persecuter de disgraces, d'autant plus tragiques, qu'ils apportent plus de fidelité en leurs passions. Les rages, les desespoirs, les combats, les meurtres, les parricides, la ruine des meilleures maisons, le sac des villes, la desolation des Prouinces, sont les symptomes de cette furieuse maladie, & les effets lamentables de cette trompeuse douceur. Ie n'en fais pas icy la deduction: mais seulement i'en tire cette consequence, que la beauté sensible n'est pas le vray centre de nostre cœur, puis qu'elle ne luy accorde point de paix, & que l'amour qui en procede n'est pas vn mouuement conforme à nostre nature, puis qu'il debilite nostre raison, & que la sagesse fait vne vertu de son abstinence.

Quand ceux qui ayment se figurent vne beauté où elle n'est pas, ils monstrent bien qu'ils sont attirez par vn autre objet que celuy qu'ils voyent; que c'est vne violence brutale qui détourne ainsi le cours de leurs affections, & vne industrie des sens qui se taille cette malheureuse idole. Les termes qui leur sont si familiers, de diuinité, de vœux, d'offrandes, d'autels, de sacrifices, expliquent vn autre objet à qui ils doiuent rendre leurs amours; & quand ils protestent qu'ils sont eternels, ils désauoüent tacitement la beauté du corps, qui se flétrissant par mille disgraces, les oblige d'en venir au change. Ces objets fragiles ne meritent pas les affections d'vne ame immortelle : ils trainent trop de malheurs pour l'homme, qui souspire aprés vne complete felicité. Ce sont des phares trompeurs qui font faire naufrage : ce sont les tyrans de sa liberté, & les meurtriers de sa vie. Au moins qu'il soit sensible à ses peines? que l'extremité de sa seruitude luy donne vne genereuse resolution, de briser ses chaines, & de s'échapper de cét esclauage? C'est estre ennemy de son propre bien, de mettre en possession de son cœur des choses qui dés-honnorent sa condition, qui troublent sa paix, & qui le rendent coulpable d'vne extreme ingratitude. Si la mer retient ses flots dedans ses abysmes, afin de n'eſtre point incommode à noſtre habitation; ne ſoyons pas moins deferens à la Sageſſe diuine, qui demande le calme de nos paſſions afin de faire ſa demeure dedans nos ames. La Nature n'eſt en action que pour noſtre bien: C'eſt pour nous que les Elemens gardent la iuſtice dedans leurs commerces, qu'ils moderent leurs animoſitez dedans le monde & dedans les mixtes, afin de nous obliger par cette faueur, & à leur exemple, à regler les noſtres ſelon les Loix du premier Principe. Faut-il que les choſes inanimées n'ayent des inſtincts que conformes à la raiſon; & que l'homme qui en reçoit les commoditez, en abuſe, iuſques à deuenir déraiſonnable, à quitter ſa fin, & donner ſon cœur, à des objets qui ne doiuent eſtre que les motifs de ſon deuoir?

Le monde où l'on ne peut trouuer rien à redire, ſinon que les merueilles y ſont trop communes, n'a ſes ornemens, ſes lumieres, ſon ordre, cette rauiſſante diſpoſition de parties, que pour nous repreſenter l'image d'vne ſouueraine beauté, qui tenant toutes les perfections auec eminence, nous laiſſe encore redeuables, quand nous luy auons offert tous nos amours. Il nous les demande par le double tiltre de ſes excellences, & de nos obligations, de ſorte que nous ne pouuons les luy refuſer, ſans eſtre coulpables du mépris de ſa grandeur, & de l'ingratitude de ſes bienfaits. Puiſque toutes les raretez de la Nature, & les commoditez de la vie sont des largesses de sa bonté? Il ne nous reste que ce moyen pour reconnoistre des faueurs qui sont infinies, de luy offrir nostre cœur, qui est capable d'infinis amours. Quand il auroit esté long temps esclaue des beautez mortelles, le secours qu'il tire du Ciel luy peut rendre sa liberté: il n'y a point de prescription contre les droicts de ce Souuerain; & au moindre élan de nos affections, Dieu est comme vn centre immobile, tousiours disposé à nous receuoir. Rappelons donc nos pensées des diuers objets qui les partagent, que nostre ame quittant les choses materielles, se recueille à la poincte de son essence pour ioindre l'indiuisible; qu'elle donne l'amour, qui est le premier mobile de ses passions au premier des Estres, au premier Moteur, à la premiere Verité, au premier Principe de la Nature.

Il domine sur les choses materielles, auec des Loix qui emportent vne necessité, & qui se font suiure auec côtrainte: mais il se plaist de gouuerner l'homme qui est raisonnable, auec des ordonances qui le laissent dans sa liberté, il veut regner sur luy par amour, & que ses hommages soient des presens, & non pas des exactions. Cette douce domination qui publie ses excellences, nous cause de grands auantages; si elle luy est glorieuse, elle nous est vtile; & l'amour de Dieu est dedans les ames le principe de toutes les vertus, comme la chaleur naturelle l'est dedans les corps de toutes les actions de la vie.

L'amour de Dieu signifie vn mépris des choses mortelles, vn transport de la terre au Ciel, vne perfection de nostre nature, des flammes qui purgent sans consommer, vn mouuement sans lassitude, vne assistance de l'esprit deuant la Bonté diuine, plus continuë que celle qu'vn Courtisan rend au Prince dont il cherit autant la personne, que la dignité. On a sujet de dépeindre l'amour charnel, enfant, & aueugle, puis qu'il n'a ny le iugement pour sa conduite, ny la raison pour se bien resoudre, ny la veuë des grands perils où l'engagent ses transports inconsiderez. Mais l'amour de Dieu a des yeux qui discernent le vray d'auec le faux, le chemin d'auec le precipice, qui font choix de la vertu, qui découurent de loing le port qu'il nous faut toucher; & s'échappe dextrement des escueils où le commun des hommes va faire naufrage. Il voit Dieu par tout; les Cieux luy representent l'estat de sa gloire; la fecondité de la terre est vne image de sa bonté; les differentes especes, de ses excellences infinies, les periodes si bien ajustez des Astres & des Elemens, sont des preuues de sa Prouidence, & les moindres petites parties du monde luy fournissent de grands sujets d'admiration. Hé! qu'est-il necessaire de le chercher si loing dans les creatures, puis que nous le découurons assez clairement dedans nos cœurs à la faueur de la lumiere naturelle qu'il y a versée?

nous

nous le portons dans nostre interieur, & au moindre souhait que nous en faisons, il se presente à nous auec vne majesté pleine de delices qui gaigne toutes nos affections.

Il n'est pas possible que le courage de l'amour ne croisse à la veuë continuelle de son objet, estant animé par tant d'attraits & tant de faueurs: aussi sa force surmonte toutes les difficultez, & gaigne autant de victoires qu'elle a d'entreprises. La premiere & la plus signalée, c'est d'appaiser les reuoltes des passions, de mettre la paix dedans l'ame, & d'y faire receuoir les ordonnances du Ciel sans contredit. C'est, peut-estre, ce que signifie la Planete de Venus, qui paroissant de moins forte complexion, & n'ayant en propre qu'vne humidité obeïssante, areste neantmoins les fougues de Mars, & corrige l'impetuosité de ses influences. On se plaint ordinairement que les passions troublent l'ame, qu'elles ostent le conseil à la raison, qu'elles desarment la vertu, & luy font perdre la poursuite de ses desseins: Et on ne void pas que ce desordre procede du défaut de l'amour de Dieu, comme les langueurs arriuent en la Nature par l'éclypse du Soleil, & les seditions dedans les Estats par l'absence de ceux qui les gouuernoient. Que l'homme ayme Dieu, admirant les merueilles de ses œuures dans la Nature, voyant tous les iours les traits de sa Prouidence en l'œconomie du monde, se laissant conduire aux lumieres inte-

Tome I. V u

rieures, aux attraits de graces, & aux sentimens de pieté qu'il imprime au cœur, il iouyra d'vne paix qui passe tout ce que nostre imagination se peut figurer d'heureux. Le monde luy paroist tout autre qu'à l'ordinaire: il respire vn air plus doux, comme au sortir d'vne maladie, & à l'entrée du Printemps; il luy semble qu'il se soit fait vn renouuellement general de la Nature, & il se figure dedans les choses le changement qui s'est fait en luy. Rien ne le choque, mais tout flate ses sentimens, tout s'accorde à son humeur; à cause de l'extréme deference qu'il rend à la Sagesse qui l'ordonne, ou qui le permet ainsi: & vous diriez qu'il iouysse du priuilege de la Nature superieure exempte de contrarieté.

Si la beauté, comme nous auons dit, consiste en vne iuste proportion de parties, & en vn certain éclat qui leur suruient comme la lumiere aux couleurs; l'ame a sa beauté, quand ses puissances n'agissent que sous l'ordre de la raison, & qu'elle reçoit des contentemens releuez par dessus l'ordinaire de la Nature, comme la beauté surpasse la commune condition des corps. Quelle merueille, si nostre ame represente mieux la beauté diuine qu'vne glace ou vne fontaine ne fait le Soleil; puis que c'est le propre effet de l'amour, de conformer l'amant au sujet aymé? C'est trop peu dire, de ne parler icy que de ressemblance: il se fait vne heureuse transformation, que les sages admirent, que les bons efpreuuent, & dont la Nature nous donne vn crayon quand elle fait paſſer vne eſpece moins accomplie en vne plus eminente. L'homme deuient donc Dieu en quelque façon? Et qui oſeroit former cette penſée, ſi elle ne venoit du Ciel; ſi l'Oracle de la verité ne la confirmoit; ſi les Saincts n'en donnoient les preuues par leurs extaſes, & par l'eminence d'vne vie qui ſemble ne tenir rien du corps & de la matiere? Eſtant reueſtu d'vne qualité diuine, quoy qu'il n'en ait pas l'eſſence, il fait des actions qui paſſent l'humain; & tous ſes déportemens ſeroient des miracles, ſi la vertu ſouſtenuë des graces du Ciel n'eſtoit ordinaire. Il ſe communique à tous auec vne charité déſ-intereſſée, imitant la bonté du premier Principe, qui, comme Cauſe vniuerſelle, preſte ſon aſſiſtance à toutes les choſes particulieres. Il s'abaiſſe aux infirmitez de ſon prochain, quoy que les merites de ſon amour le mettent dans l'eminence: Il entre dans les negoces de la vie, comme la lumiere ſe répand deſſus la terre pour y apporter le iour ſans y perdre rien de ſa pureté, & dans les Communautez il fait les offices que la forme vniuerſelle, c'eſt à dire, que Dieu exerce en la conduite du monde.

Diray-je qu'il n'eſt point ſujet aux Loix du téps, parce que ſa conſtance au bien, en braue les alterations, qu'il ne ſouffre point de déchet parmy les diſgraces de cette vie, mais principalement parce que ſa reſignation preuient tous les accidens, &

V u ij

le rend comme Affeffeur de la Prouidence diuine dans l'eternité? Il plaint les pauures mortels, à qui le peu de conformité au vouloir diuin, donne de l'inquietude; & fi dans ce bien-heureux eftat il eft capable de quelque douleur, c'eft de voir auec compaffion des fatigues & des miferes prefentes pour des deffeins qui n'auront point de bonnes iffuës. Si on luy reproche, comme au Philofophe Anaxarche, vn abandon & vn mépris trop abfolu des chofes du monde, il monftre le Ciel auec le doigt, & dit qu'il trauaille pour fa patrie, quand il rapporte fes foins à la recherche d'vne felicité qui ne finira iamais. Il en iouyt defia autant que la condition de cette vie le luy peut permettre: & fi la transformation d'amour ne luy donne toute la gloire des Bien-heureux, au moins elles luy accordent de grands auantages pardeffus les contentemens ordinaires de la Nature. Car fon ame gaignée par les attraits d'vne fouueraine beauté intelligible, s'écoule dans vn abyfme infiny de perfections, & dans la fource du bien où elle rencontre l'accompliffement de tous fes defirs. Quoy que le Ciel luy verfe vn deluge de graces, de delices, de benedictions inexplicables, qu'elle ne pourroit contenir fi l'amour ne luy en donnoit la capacité: Neantmoins fes efperances s'eftendent encore plus loing; & elle fe promet vne gloire infiniment plus fublime, quand aprés la mort elle aura vne claire vifion de Dieu. Iugez fi dans ces extafes, où l'âme possede plus qu'elle ne peut, & espere plus qu'elle ne possede, si dans vne vie qui surpasse les contentemens de la Nature, & anticipe ceux de la gloire ; si parmy les exercices des Anges, elle peut auoir des affections, pour la beauté des corps, & pour des plaisirs de brute.

Ie ne plains plus l'inegalité des conditions, ny cét estat qui fait répandre des larmes aux petits courages ; & que l'opinion appelle misere. Ie n'admire plus l'eclat de ceux qui tiennent les peuples esclaues de leur fortune, & enchaisnez par des esperances qui doiuent accroistre leurs inquietudes, puisque l'amour de Dieu égale les hommes, puis qu'il porte leur veritable felicité, & qu'il peut rendre le pauure plus heureux & plus puissant que n'est vn Monarque. Car il entre en quelque façon en societé de puissances auec Dieu quand il luy transmet les siennes pour n'agir plus que selon ses loix : Il a l'empire du monde, par l'extréme complaisance qu'il reçoit de le voir gouuerné par la sagesse diuine, & l'amour qui anticipe, qui accomplit, & qui proteste de suiure tousiours les decrets de Dieu, le met dans vn estat qui tient du bon-heur inuariable de l'eternité. Il n'a point besoin de verser le sang, de deserter les Prouinces, d'immoler les vies, pour défendre son gouuernement de l'inuasion de ses ennemis : Car il est sous la protection des graces du Ciel ; ses vœux sont des armes, sa vertu est la forteresse, son innocence le fait ioüyr d'vne paix que la fortune & la tyrannie ne sçauroient troubler.

Et comme le bien-heureux estat de l'ame qui est possedée de l'amour de Dieu, est fauorable au sentiment naturel que nous en auons, il tient aussi tous les hommes dans le respect ; les plus criminels luy rendent de la veneration, les Princes luy soufmettent leurs Couronnes, & ne croyent pas blesser leur grandeur de luy rendre hommage. La Nature mesme defere tant à la sainteté, qu'elle quitte quelquefois ses loix ordinaires pour luy obeyr, les Cieux arrestent leur course, les montaignes deuiennent mobiles, les mers se retirent, les fleuues remontent, les tygres deuiennent priuez, les Elemens se calment & s'irritent selon qu'il luy plaist, afin que nous apprenions par ces miracles, que l'amour de Dieu nous donne vn pouuoir qui passe l'humain.

Cependant son acquisition nous est aussi facile qu'elle est glorieuse : Pourueu que nous ouurions les yeux aux lumieres, & le cœur aux graces du Ciel, nous conceurons les flammes de ce sainct amour; pour estre auantagez de cette faueur, c'est beaucoup de n'y point faire de resistance. Suiuons seulement les instincts de la Nature qui donne le commencement, le progrez, & la fin à toutes ses entreprises par l'amour. Il est remarquable dans les sympathies, dans l'ordre qui ioint les choses qui ont du rapport auec vne agreable disposition: Les contrarietez mesme sont les effets d'vn amour puissant, qui veut triompher des rebellions de tous les sujets, & les conuertir en soy. Mais comme l'amour tend à l'vnion, & que la parfaite vnion ne se rencontre qu'au centre & en la derniere fin, il s'ensuit que le veritable amour de la creature raisonnable est celuy qui regarde Dieu. Les autres ont des instincts, qui estans bien examinez, semblent s'éleuer iusques à cette premiere source, dautant qu'elles cherchent leur conseruation qui dépend du premier Principe, & ainsi elles l'ayment, encore que ce soit pour leurs interests, & puis elles n'agissent que pour le seruice de l'homme, qui les doit rapporter à Dieu par ses vœux & ses actions de graces Nous voila donc obligez à cét amour par l'instinct, par la raison, comme les respondans de la Nature, comme les enfans, les sujets, les debiteurs, les tributaires de Dieu. Mais heureuse obligation, puis que de là dépend toute nostre felicité ; que s'acquitter de cette façon, c'est acquerir vn bien sans défaut, vn repos sans trouble, vn triomphe sans guerre, des delices sans inquietude : c'est nous rejoindre à nostre origine, clorre le temps dans l'eternité, & rapporter tout au premier Principe, d'où le monde a receu son commencement, & par qui il doit prendre fin.

SECONDE PARTIE,

Où il est traité que le Monde n'est pas eternel : Et de sa Creation.

PRELVDE.

VE les Historiens foüillent tant qu'il leur plaira dans l'Antiquité, pour y trouuer la source des peuples, l'origine des Monarchies, & les fondateurs des villes; Que les Nobles fassent la penible recherche de leurs ancestres, de leurs tiltres, de leurs Armes, de leurs Maisons; & qu'ils se mettent en peine de nous prouuer leur vertu par ceux qui n'ont plus de vie: Il me semble que quand ces remarques seroient tirées des fondations de Thebes, ou des ruines de Troye, qu'elles ont encore trop peu d'estenduë pour la portée de nostre esprit; que ces connoissances de fait sont trop raualées pour ses excellences; & que ces discours, qui par la longueur du temps, sont degenerez en fables, ne plaisent qu'à des ames

inutiles, ou indignement attachées à des interefts imaginaires. En qualité d'hommes, nous deuons eftre piquez d'vne plus folide curiofité : Puis que nous fommes les citoyens du monde, & les fpectateurs de fes merueilles, c'eft de cette grande ville que noftre raifon veut connoiftre les commencemens, & le Prince qui a eftably les premieres loix de fa Police. Si nos yeux ne regardent point de Pyramides, qu'ils ne les mefurent depuis la baze iufques à la pointe ; s'ils s'étendent iufques à noftre horizon, où le Ciel femble fe ioindre à la terre ; & s'ils ne découurent point d'objets dont ils ne recherchent auffi-toft les extremitez : Ce feroit faire vne extréme violence à noftre efprit qui a fes puiffances plus vigoureufes, de luy laiffer voir le monde, fans luy permettre de s'eftendre iufques à fon origine.

C'eft la plus genereufe de nos penfées, & l'action la plus propre à l'excellence de noftre ame, de s'informer du premier Principe, de demander à la Nature, & à fa raifon, fi les chofes ont toufiours efté de méfme qu'elles nous paroiffent ; fi les Cieux ont toufiours verfé leurs influences ; fi la terre a toufiours fait fes productions ; fi les plantes & les animaux ont toufiours donné la vie à leurs femblables ; fi cette chaifne n'a point de bout ; & fi ce cercle n'a ny commencement ny fin. Les brutes font priuées de cette puiffance, & la Nature qui ne leur a donné les yeux que

DE L'EXISTENCE DE DIEV. 391

pour regarder la terre, ne leur laisse qu'vne imaginatiue pour conceuoir le present, pour voir les effets sans iuger des causes, en sorte qu'vn mesme objet termine leur veuë & leur pensée. Mais l'homme passe toutes les choses materielles; il vole plus loing que le temps, que les Cieux, que la Nature, il void la suite de plusieurs siecles, les reuolutions des Astres, l'ordre des causes, la vicissitude des generations: & aprés cette longue estenduë, il découure encore vn Principe, qui a donné la naissance au monde, & la premiere impulsion à ses mouuemens.

Voila vne saillie courageuse de nostre ame, qui monstre qu'elle est immortelle, en ce qu'elle comprend vne eternité pardessus les temps, vn repos qui precede le mouuement; vne Vnité qui est auparauant les nombres, les differences, les contrarietez, les accords, les sympathies. Et cette sublime connoissance importe moins à la satisfaction de nostre curiosité, qu'au reglement de nos vies. Car quand ie connois vn premier Principe, qui de rien a donné vn estre parfait au monde, i'adore vne Bonté qui n'a point de bornes, qui ne souffre point de defaut en ses largesses, qui nous soulage, & nous preuient auec ses graces, lors mesme que nous trempons dans nostre neant originaire: Ie voy le grand commerce de la Nature, pour l'entretien & pour les delices de nostre vie, comme des presens qui nous sont faits par vne souueraine Bonté : & parmy l'adueu de tant d'obligations, il n'est pas possible que le cœur se laisse toucher à l'ingratitude. Dans l'humilité de mes sentimens, i'espere tout de cette Cause qui a formé tout de rien : Et si ie suis criminel, i'apprens que toutes les faueurs de la terre, les Sceptres, & la force de tous les Royaumes, ne me sçauroient faire paroistre innocent deuant sa Iustice, ny sauuer de sa condemnation.

Quand ie contemple le monde, qui n'est rien de son origine, & qui n'a qu'vne inclination qui le precipite dans le neant, ie baise la main qui le soustient, & qui luy donne la subsistence. Tous mes amours sont pour celuy qui possede tous les biens ; mes adorations pour vn Souuerain, qui donne & qui entretient tous les Estres ; & ma bouche ne s'ouure que pour ses loüanges, cependant que la Nature me fait vn continuel spectacle de ses merueilles. Ie voy toute autre chose que ce que la lumiere du Soleil me monstre ; vne vertu intime qui soulage toutes les foiblesses ; vn Acte infiniment pur, qui anime toutes les puissances ; vne Eternité qui fait la durée, & qui donne la continuation au temps. Ie tasche de regler mes desseins sur ce prototype, de ietter les fondemens d'vne constance qui ne soit point ébranlée par les secousses de la fortune, & d'vn esprit resolu à la verité, qui ne se laisse point emporter au courant des opinions vulgaires. Que les pensées sont douces, qui tranfportent mon efprit dans cét inftant infiny, qui a deuancé le monde, qui l'accompagne, & qui le doit fuiure. Ie voy la durée du temps enfermée entre ces eftendues, qui n'ont point de bornes moindres que la terre cõparée aux Cieux, & qu'vn poinct Mathematic à proportion de la terre. Les prodiges que la Nature ménage, & qu'elle produit rarement, afin de fe rendre plus admirable, les changemens des Empires, des Couftumes, les inondations des peuples, les conqueftes des Royaumes, ces grandes actions des hommes qui tiennent les fiecles dans l'eftonnement, me femblent de fi petites chofes, qu'elles échappent à ma veuë, quand ie contemple l'Eternité? ou fi elles me paroiffent, c'eft iuftement comme des atomes qui tachent la pureté de la lumiere, & qui font volages dans vn rayon qui eft immobile. Que fi i'apporte de la contrainte à mes yeux, & fi par vne efpece d'artifice, ie donne de la grandeur à la petiteffe, pour mieux voir le monde: helas! ie n'ay garde de facrifier mon affection à ce qui n'a de l'eftre que ce qu'il en faut pour n'eftre pas, & qui dans fon racourcy ne poffede qu'vne beauté fort confufe. Ie n'admire point des lumieres qui font toufiours dans leur occident: Ie ne fçaurois eftimer les entreprifes, dont ie voy à trois pas de là les déroutes; & ces deffeins magnifiques, qui tiennent les peuples dans vne grande expectation de leurs iffuës, me femblent vne Comedie, dont les personnages sont contrefaits, & de qui la pompe delecte pour vn quart d'heure, ceux qui ont pris resolution d'y estre trompez.

Cependant il est vray que nostre naissance nous engage dans cette action. Nous sommes emportez par le mouuement dont nous pensons estre les spectateurs, & les parties d'vne cause, où nous voulons nous rendre les iuges. La vicissitude du monde altere nos temperamens, nos santez, nos alegresses : le temps emporte nos âges ; vne secrette inconstance nous rauit, & nous apporte à reprises plus d'occasions de calmes & de troubles que les Cieux ne nous donnent de lumieres & de tenebres. Mais qu'importe, pourueu que l'esprit se tienne attaché à vn immobile, qui le mette dans la liberté de regarder ces alterations hors de luy? Le corps y endure ; mais nous mettons vn fauorable appareil à toutes nos playes par la pensée de l'Eternité, qui a deuancé le monde, & qui doit suruiure à ses funerailles. Car la mort ne porte point vn visage affreux pour celuy qui sçait que c'est vne Loy publique qui oblige la partie de suiure son tout, & qu'apres la dissolution particuliere, ou generale, il reste vne Eternité, où les vertus reçoiuent leurs recompenses.

Ceux-là nient cette Eternité qui la donnent au monde, & qui mettent la Nature dans l'independance de Dieu. Ils disent que les Cieux ayans vn empire dessus la terre, y font le cercle des generations par celuy de leurs mouuemens, lesquels recommençans touſiours aprés eſtre arriuez à leurs periodes, ramenent auſſi toutes choſes à leurs principes, c'eſt à dire aux Elemens dont elles ſont compoſées; que ces corps ſimples donnent autant qu'ils reçoiuent dans leur trafic, & que meſurans touſiours leurs liberalitez aux nouuelles acquiſitions, ils entretiennent les eſpeces d'indiuidus par vn ordre & vne ſuite qui eſt ſans déchet. Que de meſme les choſes mortelles ont vn inſtinct à la generation de leurs ſemblables, produiſent à leur tour d'autres effets, & ceux-là d'autres, par vn progrez, qui eſtant ſans fin, repreſente continuellement au monde vn eſtre égal à celuy que le temps rauit, & repare les ruines de la mort par vne vie touſiours renaiſſante.

Ces perſonnes ne reconnoiſſent point d'autre principe du monde que la Nature: Ils nient vn Dieu; ils ſe mocquent de ſa Prouidence & de ſa Iuſtice; ne croyent point l'immortalité de l'amé, & diſent que le Deſtin conſiſte en l'entreſuite des cauſes qui nous font vne neceſſité d'euenemens. De là viennent la diſſolution des mœurs, les crimes, les perfidies, les pariures, les ſacrileges & les plus grandes abominations ſont vn jeu & des ſacrifices à ceux qui n'auoüent point d'autre Diuinité que la Nature. Les paſſions qui ne ſe reuoltent contre la raiſon que par le ſecours des ſens, leur ſemblent des pretentions legitimes, parce que ce font des mouuemens naturels; & comme ils ne craignent point d'autre iustice que celle de l'Estat, ils ne se portent aux actions de vertu que par contrainte, & leurs consciences tousiours criminelles, se croyent innocentes, quand elles exercent leurs meschancetez sans tesmoins. L'inconstance leur tient lieu de perfection, parce que le monde qu'ils regardent comme leur principe, s'entretient par vne continuelle vicissitude : Ils ne veulent point d'actions qui n'ayent leurs printemps & leurs hyuers, ny d'inimitiez qui ne soient aussi peu reconciliables que le feu & l'eau. Comme le monde seroit abysmé dans les tenebres, & toutes les beautez seroient mortes s'il n'y auoit point de Soleil au Ciel : aussi ostez à vne ame la creance qu'il y a vn Dieu Principe de la Nature, vous la priuez de toutes les vertus, & luy donnez l'inclination à tous les crimes. C'est pourquoy nous nous estendrons sur ce sujet vn peu plus que les autres qui l'ont traitté, afin d'arrester les crimes en leur source en combattant l'opinion de l'eternité du monde, & persuader les vertus par les argumens que la Nature nous fournit de sa creation.

Le Monde

Le Monde a pris commencement.

CHAPITRE I.

La plus sublime & la plus importante speculation des anciens Philosophes estoit de connoistre la premiere cause du monde; & leurs esprits se sont eschauffez en cette recherche auec autant de contention, que s'il n'y auoit qu'vn mesme Principe des sciences & de la Nature. Mais soit que la vanité d'emporter la palme en cette dispute leur ait fait entreprendre le cõbat, & que la passion d'y vaincre ait precipité leurs iugemens, leurs opinions y sont si prodigieusement contraires, qu'elles nous laissét encore vn nouueau sujet d'admirer, comment les esprits peuuent receuoir de si differentes impressions d'vne mesme chose, & couurir de sorte leurs extrauagances des couleurs de la raison, qu'elles passent pour des veritez. Thales dit que l'eau estoit le principe de toutes choses, parce que les animaux en reçoiuent la formation & la nourriture; que les plantes en tirent le suc qui soustient leur vie, & que le feu mesme veut vne substance humide pour son aliment. Anaximenes tenoit que la qualité du premier principe estoit deuë à l'air, à cause qu'il est moins materiel que l'eau, & plus susceptible de toutes sortes de formes & d'impreſſions; que ces deux qualitez d'humide & de chaud ſont plus fauorables à la vie; que les vapeurs de la terre, les influences des Cieux, & les encens qui bruſlent deſſus les autels ſont les hommages & les redeuances que toutes les parties du monde payent à ce Principe. Heraclite ſouſtient que le feu eſt la ſource de la Nature, comme eſtant le moins engagé dans la matiere, celuy qui inſpire l'actiuité, qui contient vne plus grande vertu dans vn plus petit corps; que l'eau & la terre s'y eſleuent auec leurs vapeurs comme à leur Principe, & prennent ſa forme comme la plus noble. Ie m'eſtonne comment ils propoſoient les Elemens pour eſtre principes de la Nature, puis que cette verité paſſoit pour maxime entr'eux, que le Principe doit eſtre ce dequoy toutes choſes ſont faites, & qui n'emprunto ſon eſtre d'aucune. Neantmoins les Elemens s'entretiennent dans le monde & dans les mixtes par vne permutation continuelle de leurs ſubſtances; & comme ils ſe forment les vns des autres, cette mutuelle neceſſité eſt vne publique renonciation aux droits de Principe.

Quant à Democrite, ie croy que le plus grand ſuiet qu'il auoit de rire, c'eſtoit de ſe voir des auditeurs de l'opinion qu'il éuenta le premier, que le monde s'eſtoit formé par hazard du rencontre des atomes, de ces petites parcelles de corps moindres que celles qui voltigent, & qui nous paroiſſent dans le rayon du Soleil. Ie paſſe les extrauagances de cét homme qui estoit entre les Philosophes ce que Momus estoit entre les faux Dieux, & dont l'opinion fait paroistre moins de iugement que les atomes n'ont de quantité: ie viens au sentiment des meilleurs esprits, qui tenans pour vne maxime asseurée, qu'vne chose ne sçauroit estre faite de rien, se sont figuré vne matiere indigeste, confuse, indeterminée, vn vaste, vn chaos où tous les estres, toutes les qualitez, toutes les formes estoient pesle-mesle auec vn inexplicable desordre. Ils ne disputoient que pour sçauoir quelle estoit la matiere dont le monde auoit esté fait, qui auoit receu & qui soustenoit les formes qui nous paroissent ; En quoy ils demeuroient vniuersellement d'accord de deux choses : La premiere, que le monde auoit esté produit, & qu'il auoit pris commencement : La seconde, qu'vne premiere cause intelligente l'auoit fait esclorre, ou de quelqu'vn des Elemens, ou des confusions de la matiere; l'auoit enrichy de formes, & luy auoit donné l'ordre & la disposition de ses parties. Hesiode dressant la genealogie des faussez Diuinitez qui estoient lors adorées du peuple, dit, que l'amour a produit le Ciel du Chaos, & le Ciel a engendré Saturne le premier & le plus ancien des Dieux. Cette fiction signifie que la bonté d'vn premier Principe a formé le Ciel & la terre de cette masse indigeste, & que le Ciel contribuë à la generation de toutes choses par l'inegalité de ses mouuemens & la faueur de ses influences,

Y y ij

Platon qui tira cette doctrine de deſſous le voile de la Poëſie, dit ouuertement, qu'il y a trois Principes du monde, la matiere, l'idée, & la cauſe efficiente, qui eſt vn Principe intelligent qu'il appelle *mens*. Ie me reſerue ſur la fin de ce Traité à faire la preuue, que Dieu n'auoit point beſoin de matiere en la production du monde ; que ſa toute-puiſſance qui ne ſouffre point de bornes, l'a peu créer de rien ; & qu'il n'euſt pas fait vne largeſſe conforme à ſa ſouueraine bonté, s'il ne luy euſt donné l'eſtre entier, qui comprend la matiere auec la forme. C'eſt aſſez d'inferer icy que les ſages qui ſe ſont employez à la recherche de la verité, ſans autre intereſt que de la connoiſtre, ſont tombez d'accord de ce poinct, que le monde n'eſt pas eternel, & qu'il eſt redeuable de ſon ordre & de ſa diſpoſition à quelque Principe.

L'opinion de ſon Eternité eſt plus fauorable aux ſens, & plus auantageuſe à la Nature de l'homme, en ce qu'elle la met dans l'independance, & qu'elle n'aſſujettit point ſa liberté à reconnoiſtre auec les vœux & les adorations le Principe de qui elle tient l'eſtre. Neantmoins la verité du contraire fut ſi puiſſante ſur l'eſprit des Philoſophes ; elle eſt ſi profondément grauée dans les cœurs, toutes les parties du monde la teſmoignent, & la raiſon la perſuade ſi clairement, qu'elle a forcé les anciens de renoncer à leurs intereſts, & de la voir parmy les tenebres du Paganiſme.

Les sacrifices des fruicts & des animaux offerts dessus les autels estoient des hommages que les hommes rendoient à Dieu, comme à celuy de la bonté duquel ils tenoient les biens, & la consomption des choses immolées estoit vn ressouuenir de la priuation où elles trempoient deuant que la toute-puissance du premier Principe les en eust tirées. De sorte qu'ils celebroient le iour de la naissance du monde par la solemnité de leurs sacrifices; & si ces ceremonies se repetoient plusieurs fois l'année, c'est par ce que le poinct de l'Eternité qui a deuancé sa creation, est d'vne estenduë qui égale celle de tous les temps, & qu'il falloit au moins s'acquitter à plusieurs reprises d'vne faueur qui meritoit vn sacrifice continuel. Ainsi la coustume estoit à Rome de presenter le feu & l'eau aux nouueaux mariez, qui commençoient vn petit Estat dans la Republique, & vn petit monde dans celuy-cy, pour leur souhaiter vne grande concorde de leurs volontez qui auoient desia de la sympathie, par le secours du mesme principe, qui en la fabrique du Monde auoit fait l'alliance de ces deux contraires.

Nous apprenons encore des Historiens les noms de ceux qui ont retiré les premiers hommes d'vne vie sauuage à la politique, & c'est le vray sens de la fable d'Amphion, qui est dit auoir basti les murs de Thebes par l'harmonie de sa harpe : il gagna des humeurs farouches, & donna le mouuement à des cœurs de pierre, qui les porta à vne societé ciuile.

Y y iij

Les Liures sont pleins des noms de ceux qui ont donné l'ouuerture des sciences, & les inuentions des arts, auec vn si general applaudissement des peuples, qu'ils leur decernerent des hôneurs diuins, & se rendirent idolatres pour estre reconnoissans. Est-il à croire, que si les hommes eussent esté dés l'eternité, ils fussent demeurez ignorans des commoditez de la vie commune ; des connoissances qui importent à l'entretien du corps, & à la satisfaction de l'esprit, pendant cette infinité de siecles que nous nous pouuons imaginer deuant celuy où viuoient les autheurs des arts ? Nostre nature qui eust esté tousiours la mesme en durée, ne se fust point accruë en connoissance, & n'y auoit point de raison qu'elle receust quelque nouuelle lumiere plustost en nostre aage, qu'en celuy qui l'a deuancé, ou qui le doit suiure. Car à quel propos mettre vn milieu & vn ordre où il n'y a ny commencement, ny fin, & assigner vne differente perfection, sans qu'elle ait du rapport aux extremitez ; Il ne faut point rapporter cela à la vicissitude & à la dominatió successiue des Planetes : d'autát que les liures des sciences, & la practique des arts seroient tousiours restez entre les hommes ; l'vsage en eust esté continuel, quoy que la speculation en eust esté inégale. Les peuples n'eussent pas esté rauis de la nouueauté en voyant vne chose desia connuë. Ils n'eussent pas adoré comme des Diuinitez ceux qui auoient emprunté leurs inuentions des siecles precedents, & qui pouuoient estre surmontez par ceux qui estoient à venir. Enfin quand les Iurisconsultes disent, que la Loy de la Nature nous fait naistre libres, & qu'elle nous donne le mesme droit de posseder toutes choses, que nous auons de respirer l'air; ils auoüent que le Monde a eu vn commencement, dans lequel il y auoit trop peu d'hommes, pour admettre entr'eux vne distinction de domaine, & entreprendre des guerres où l'impuissance fust punie de la seruitude.

Il est necessaire que le Monde n'ait pas esté.

Chapitre II.

LA Nature a beau nous déchifrer le secret de ses conseils, repaistre nos yeux de ses merueilles, & nous mettre en possession de ses thresors; ses liberalitez & ses confidences ne satisfont iamais nostre cœur de sorte, que nous n'ayons plus d'amour, qu'il ne se rencontre des suiets aymables, & plus d'enuie de sçauoir, qu'il ne se presente de veritez. Neantmoins nostre esprit estant porté d'vne passion pour qui la Nature est trop pauure & trop peu sçauante, s'arreste à vn poinct, & dans la recherche qu'il fait des causes il ne sçauroit permettre que leur progrez aille à l'infiny. Par ce moyen il est porté de deux mouuemens contraires; en ce que la curiosité de ses speculations ne demādant point de bornes, il s'en prescrit neantmoins, & retient ses puissances prisonnieres, de peur qu'elles ne suiuent vn cours qui n'a point de fin. Mais il nous faut iustifier la Nature, & dire qu'estant trop sage pour se contrarier en ses desseins, elle nous inspire ces deux inclinations ainsi opposées, parce qu'elles aspirent à deux diuers termes, où elles doiuent estre satisfaites auec vne grande inégalité. Nostre amour porte à l'infiny, afin de regarder les choses mortelles auec mespris, & nous esleuer courageusement au premier principe, de qui les perfections infinies contiennent nostre derniere felicité. Mais nostre esprit ne sçauroit supporter le progrez à l'infiny en la recherche des causes, parce qu'il en faut venir à vne premiere qui a formé les Cieux & les Elements: Estans nés pour la contemplation du monde, le rapport est comme necessaire de son estre à nos connoissances, ses causes ne doiuent point auoir vne plus longue estenduë que nostre concept. Et puis que nostre esprit, qui est d'ailleurs capable de former des pensées de l'infiny, ne sçauroit supporter le progrez des causes; c'est vne marque qu'il n'est pas possible, & c'est vne secrette inclination qui nous presente la verité selon nostre desir & deuant nostre recherche. C'est en cecy que ie souscrirois à l'opinion de ce Philosophe, qui donnoit vne si grande certitude à la connoissance de l'homme, & tenoit ses pensées si peu fautiues au

discerne-

discernement des choses materielles, qu'il les disoit en estre la regle & comme l'original.

Examinons la verité de nos sentimens, & cherchons les preuues reelles dans la conduite du Monde, d'vne instruction que la Nature a grauée dans nos esprits; comme on s'éclaircit de la certitude d'vn Principe par la necessité de ses consequences. Toutes les choses inferieures qui paroissent au monde, sont priuées de l'estre deuant que le receuoir de la faueur de leurs causes: Elles ont trempé pendant tous les siecles qui se sont passez deuant leur naissance, dans les tenebres, & la priuation qui ne sçauroit estre bien expliquée qu'en ne disant rien de ce qui n'est pas; parce que cette puissance impuissante qu'on leur attribuë, & qui consiste à ne point faire de resistance à l'estre, est imaginaire, n'y ayant point de sujet capable d'entrer en composition, & de donner son consentement. En vn mot elles ne sont pas; & tout ce qui entre dans le commerce de la generation, les indiuidus qui font les especes, & qui entretiennent le Monde, n'ont pas esté deuant qu'estre, & la priuation a deuancé leur existence. Les Cieux mesmes, quoy qu'ils ne nous fassent point paroistre de grands déchets de leurs substances: neantmoins le leuer & le coucher de leurs lumieres, les reuolutions des Planetes, leurs periodes, les defaillances de leurs vertus dans les rencontres infortunées, sont des changemens qui les partagent entre l'eftre & le défaut, la mort & la vie. Delà nous pouuons iuger du tout; & que le Monde a receu fon commencement, puis que ces parties tiennent de la priuation, & y ont trempé deuant que venir à l'eftre. Vne Loy qui s'eftend fur tous les particuliers fans exception, oblige l'Eftat: La fiévre hetique qui décharne les membres, a fon origine dans l'humide, qui eft la fource d'vne vie qui a commencé, & qui doit finir. Ainfi les defaillances particulieres des parties du Monde font les preuues de fa naiffance, & les fymptomes de fa mort; des préiugez que fon temperament qui s'affoiblit n'eft pas eternel, & que fes mouuemens luy feroient des precipices, s'il n'eftoit fouftenu d'vne force autre que la fienne. Autant que nous voyons d'alterations, ce font tout autant d'hommages que la Nature offre au principe de qui releue fon exiftence: Elle la remet entre fes mains, pour marque de fa feruitude, & qu'elle n'y a de droict que ce qu'il plaift à fa liberalité de luy en permettre.

Nous auons veu que le monde n'eft autre chofe qu'vn affemblage de diuerfes pieces qui forment vn tout, auec vne fujettion plus grande que n'eft la tutelle, puis qu'elle ne leur permet pas de faire leur caufe meilleure, & d'agir autrement que pour l'intereft public. Si les mineurs voyant vn tuteur qui veille à la conferuation de leurs biens, & qui ne fe fert de fon authorité que

LE MONDE N'EST PAS ETER. PART. 2. 407
pour leur deffence, ne laiffent pas d'eftre à la gefne fous cette conduite raifonnable, parce qu'elle captiue leur liberté; fi le terme prefcript par les Loix va trop lentement pour leurs defirs ; & fi enfin l'aage apporte leur emancipation : Il y a bien plus de fujet de dire, que les chofes naturelles, qui felon leurs inftincts doiuent defployer toutes leurs forces en leur action, ne fçauroient fouffrir eternellement ces contraintes en leurs affemblages, & fous la domination des caufes fuperieures.

L'ordre eft vn agencement de parties felon le deffein de celuy qui les y reduit: Il faut donc fuppofer vne intelligence qui ait deuancé cette conftitution, qui en ait proieté l'idée, & qui ait reduit vne diuerfité de chofes, qui demandent toutes d'auoir leurs departemens feparez, & leurs forces entieres, en focieté de corps & d'interefts. L'ouurage des arts a pluftoft fon eftre dans l'idée de celuy qui les exerce, que fur la matiere qui reçoit les formes : la toile attend les coloris de la main du Peintre ; & les marbres veulent eftre taillez pour deuenir des figures.

Ainfi la matiere, qui d'elle-mefme eft indifferente à toutes les formes, a deu eftre determinée par l'entreprife d'vn feul ouurier ; & ce deffein qui a efté conceu pluftoft que d'eftre executé, a laiffé les chofes materielles dans la priuation, deuant que les reueftir de formes.

Zz ij

Cét eftre ideal eft, comme nous auons monſtré, bien plus accomply que n'eſt le ſenſible: c'eſt le prototype, & la meſure qui luy aſſigne ſes proportions. C'eſt pourquoy il a deſſus luy le droict d'aiſneſſe que nous donnons à la cauſe deſſus ſes effects; &, comme nous auons dit au Chapitre de la premiere verité, ſi le monde eſtoit eternel, l'eſtre intelligible n'auroit aucun aduantage ſur le materiel: le monde ſeroit le plus ancien, & tiendroit lieu de principe à celuy qui le paſſe infiniment en excellence. Enfin ſi les choſes differentes ou contraires ne viennent point d'elles-meſmes en vnion, ſi le ſimple eſt deuant le compoſé, l'vnité deuant la multitude, le repos deuant le mouuement, ce ſont toutes preſſantes conſiderations de la premiere Partie, qui ſeruent de preuue à cette ſeconde, & qui nous obligent de reconnoiſtre que le monde n'eſt pas eternel.

Le Monde n'eſt pas eternel, n'ayant pas vne perfection infinie.

Chapitre III.

IE ne ſçay quelle aptitude nous auons à la connoiſſance de la verité, & de quels yeux nous la regardons; mais il eſt certain qu'elle ne nous donne iamais vn grand amour, ſi elle n'eſt abſente:

Nous ne sommes les admirateurs de sa beauté, que quand elle nous est voilée, & que les obscuritez nous en laissent le desir au lieu de la iouyssance. La Medecine iuge de la bonté des temperamens par les maladies; les bonnes Loix sont nées des mauuaises mœurs; la Dialectique monstre les fallaces de l'argumentation; la Iurisprudence parle des crimes, des actions, des iniustices; & comme les couleurs prennent leur relief de la profondeur des ombres, toutes les sciences ont l'industrie de donner l'éclaircissement à leurs subjets par les traitez de ce qui leur est contraire. La beauté des Cieux, l'ordre & la conduite de l'Vniuers, nous ont fait connoistre dans la premiere Partie qu'il y auoit vn premier Moteur, & vne souueraine Sagesse, qui conserue cette admirable Police entre des parties qui ne demandent que la diuision: Mais nous ne sommes iamais mieux instruicts que le monde n'est pas eternel, & qu'il ne subsiste pas par ses propres forces, que quand nous considerons les défauts qui l'accompagnent, & que ses actions ne luy sont permises qu'auec mesure. La lumiere, les influences, & les mouuemens des Cieux, la beauté des fleurs & des pierreries, l'admirable varieté des especes, le secours reciproque que se donnent toutes ses parties, monstrent la liberté du Souuerain qui l'a mis en l'estre. Mais les limitations des natures, le reglement des offices, les actions contraintes, ses déchets

Zz iij

& ses alterations sont les preuues infaillibles de sa foiblesse, & sa beauté mesme est vn témoignage de sa dépendance: Comme les esclaues portoient anciennement les marques publiques de leur seruitude, qui les distinguoient des personnes libres, encore qu'ils fussent couuerts à l'auantage: & auiourd'huy vn laquais vestu d'vne couleur éclatante & d'vne agreable bigarrure, n'est pris que pour vn valet, sa liurée ne fait que publier sa sujettion & la magnificence de son maistre.

Le défaut du monde paroist premierement, en ce que toute sa masse aussi bien que chacune de ses parties, ne subsiste que par vne composition, qui se pouuant diuiser, est directement opposée à l'vnité que les Sages reuerent comme le centre & la fin de la Nature : Et puis vn estre composé n'a pas sa bonté en propre ; mais il la retient de la liberalité de la forme, qui par le mariage qu'elle fait auec la matiere l'annoblit de ce nouueau tiltre. Encore cette vnion ne s'accomplit que par l'entremise d'vne puissance estrangere; de sorte que chaque partie proteste de son défaut particulier par la dépendance qu'elle a d'vne autre, & toutes ensemble d'vne commune incapacité à se ioindre, & à satisfaire à leurs inclinations, sans vne vertu qu'elles n'ont pas en propre.

Examinons de prés l'estre materiel, sans croire à nos yeux qui sont idolatres de leur beauté, & à nos sens qui sont des Conseillers corrompus par leurs presens. La raison nous fera conceuoir, que ces mondes de lumieres qui roulent dessus nos testes, que les Elemens qui forment nos corps & entretiennent nos vies, que ce grand appareil des mixtes, du vegetable & du sensitif, que toutes ces choses tiennent beaucoup plus de la priuation que de l'existence. Car de quelques perfections que les choses materielles soient assorties, elles sont reduites à vn estre indiuiduel, qui ne leur permet pas d'anticiper sur celuy des autres; n'estans qu'vne seule chose, elles sont priuées d'vne infinité d'autres qui sont possibles, & de tout ce qu'elles ne sont pas. Le monde est bien grand si vous le comparez à la petitesse de l'homme; neantmoins son estenduë est trop courte pour l'ambition des Princes; ses mines n'ont pas assez d'or pour les auares; les Elemens ne nourrissent pas assez de delicatesse pour les banquets; son tour est grand, mais il est borné du dernier des Cieux; les differences de ses especes ont leurs nombres; & quoy qu'il possede quantité de richesses, de delices, nostre esprit se figure pour chacune chose vne infinité d'autres qu'il ne contient pas.

Vous diriez que tout ce que nous voyons est tiré du rien, par vn mouuement de violence qui s'affoiblit dans la continuë, & qui relaschant d'autant plus de sa vigueur qu'il a de durée, ramene les choses à la priuation comme à leur principe. Cela se void en la vicissitude des naissances

& des corruptions, en la rigueur impitoiable du temps, qui moiſſonne toutes les beautez, qui ternit celles des diamans, qui dépoüille les parfums de leur odeur, l'aiman de ſa force; qui ne permet vn fauorable temperament qu'au premier aage, de grandes faueurs qu'au commencement des entrepriſes & les plus fauorables gouuernemens des Empereurs, quand ils viennent de nouueau à la Couronne. Le mouuement qui forme les actions, & le temps qui les souſtient, n'ont que des momens qui ſont des interualles de la vie & de la mort; leur continuë ſans ſolidité laiſſe vn vuide par où les choſes s'écoulent; la priuation qui anticipe deſſus l'exiſtence, le torrent qui les emporte deuant qu'elles nous paroiſſent, a fait dire aux Sages, qu'elles ne ſont iamais les meſmes, & qu'elles meurent plus qu'elles ne viuent.

Si le naturel tient de l'empire dans tous les ſujets, & donne la loy aux qualitez qui ſont eſtrangeres; ſi les plus puiſſantes de nos paſſions ſont celles qui nous viennent du temperament, nous deuons iuger que dans les choſes inferieures, la priuation y eſt naturelle, puis qu'elle y eſt la plus forte. Elle s'approprie tout le paſſé, elle vſurpe le preſent, elle a droit deſſus l'auenir, & nous rauit nos contentements, quelques obſtacles que nos artifices & noſtre raiſon apportent à ſa violence. Eſtant naturelle elle eſt plus ancienne: & ſi nous ſommes attachez au plaiſir des ſens de-

uant

uant que d'auoir acquis les habitudes de la vertu; si les villes ont esté autrefois des solitudes; si l'or a esté enseuely dans les mines, & le marbre dans les carrieres, deuant que d'estre employé à l'enrichissement des Palais, ce monde a esté dans les abysmes inconceuables du rien, deuant que paroistre auec le temps & la lumiere.

Sa perfection limitée est vne preuue qu'il ne tient pas son existence de luy-mesme; Parce que, comme il n'y a point de bornes à l'affection que chacune chose se porte, si son estre dépendoit de luy, il l'auroit en vn degré bien plus éminent, & n'y auroit non plus de bornes en ses excellences qu'en son amour. Estre finy, auoir des forces & des conditions limitées, c'est estre dans vne souffrance qui présuppose l'action d'vne puissance superieure, qui donne la loy, & qui doit deuancer cette seruitude, comme le commandement precede l'obeyssance, & la cause est tousiours premiere que ses effets. Le monde a donc esté dans les dispositions de l'estre deuant que le receuoir: sa matiere, capable d'estre imprimée d'vne infinité de formes, suppose vne perfection infinie qui l'a deuancée, vn acte qui respond par opposition à sa puissance, qui luy a donné cette souppleße propre à vne infinité de changements, & qui l'a determinée à certaines formes.

Vne chose a l'estre deuant que l'estendre dans la continuë, & sa durée se mesure à la perfection de son essence. Comme les Cieux sont les moins sujets aux alterations, parce qu'ils sont les plus accomplis de tous les corps, & les moins composez de vertus contraires; nous deuons inferer, que le monde, qui a vne essence limitée, ne sçauroit auoir de luy-mesme vne durée eternelle, ou l'effect passeroit la cause, & vn grand edifice se soustiendroit sans estre porté de ses fondements. Vn estat ne se conserue qu'à proportion de la prudence qu'il a pour sa conduite, & des forces qu'il employe pour sa deffence; autrement, il se deffait de luy mesme, ou se met en prise de ses ennemis. He ! le moyen que le monde, qui n'est qu'vn ramas de corps incapables de raison, & vne ville qui est touſiours dans les reuoltes, se peust conseruer pendant vne eternité ?

Par ce moyen deux contraires seroient ensemble en mesme sujet, le finy & l'infiny ; ils se supporteroient au lieu de se ruïner ; l'eternité qui est vn bien, fauoriseroit le mal ; elle ne produiroit par sa continuité que son contraire, c'est à dire les choses finies, & le temps qui ne dure que par sa mort : Et comme le monde & l'Eternité qui ont des qualitez ennemies, seroient les Principes de la Nature par leur accord, ils y feroient regner cette loy, que les choses s'y conserueroient plus par les contrarietez, que par les sympathies, & que l'alliance seroit extréme du finy auec l'infiny.

Comme vn corps qui est enchassé dedans vn autre auec tant de iustesse qu'il le remplit sans laisser de vuide, y demeure ferme sans estre esbranlé; parce qu'il tient toute la place, & préoccupe le lieu où il pourroit estre porté par le mouuement: Ainsi si le monde occupoit toute l'estenduë de l'estre possible, qu'il ne se peust rien imaginer qu'il ne fust, il n'y auroit point lors de repugnance qu'il fust sans commencement & sans corruption. Mais comme il est fort esloigné de cette excellence, puis que son corps est borné par la superface du dernier des Cieux, que ses vertus sont meslées d'imperfection, ses puissances entrecoupées de langueur, que tout y est limité: aussi sa durée n'est pas infinie : & ne remplissant pas tout le non estre, il demeure suspendu entre les vastes espaces du rien, qui peuuent le receuoir, & où ses defaillances continuelles le precipitent.

L'assemblage des parties du Monde n'est pas eternel.

CHAPITRE IV.

L'Amour n'a que cette douceur parmy ses supplices, de se figurer son objet infiny en excellence, eternel en sa durée; comme s'il tenoit toute la Nature en attention, que ce fust vn

Soleil sans occident, & vne chose diuine à qui le temps, la mort & la destinée deussent le respect. C'est pourquoy les Poëtes nous décriuent les amours tousiours ieunes, sous vn air qui flatte & qui n'offense pas les nuditez, & dans les iardins fleuris où le Printemps y fait toutes les saisons. Ceux qui sont passionnez des choses inferieures se repaissent de semblables fantaisies, & pour gratifier leurs sens, ils se persuadent que le monde a trop de beauté, & que l'ordre de ses parties est trop accomply pour estre sujet aux loix communes de la mort & de la naissance. Ie ne m'estonne pas qu'ils fassent vn iugement si fauorable du monde, dont ils voyent les reuolutions si parfaitement reglées, puisque ressentans en eux-mesmes vn continuel déchet de leurs temperamens, ils ne laissent pas de viure comme immortels, & de donner cours à leurs passions : comme si la mort ne deuoit point trancher leurs desseins. Mais s'il veulent prendre conseil de la raison, ils trouueront que, comme l'amour est vn enfant & sans prudence en l'estime trop auantageuse de son object; comme celuy-la manqueroit d'esprit qui ne voudroit rien croire de sa naissance, à cause qu'il n'en a pas la memoire; ny de sa mort, dont il n'a iamais fait l'espreuue : De mesme ce n'est pas bien iuger du monde, de dire qu'il est eternel, parce que cette opinion nous est fauorable, & qu'elle ne combat pas nostre experience.

Nous auons representé que le monde n'est autre chose qu'vn assemblage de diuerses pieces, adjustées auec vn ordre qui en fait vn tout. Or c'est vne Loy generale, que tout ce qui entre en composition a droict de s'en retirer: tout de mesme que les Societez se peuuent rompre par vn consentement contraire à celuy qui les auoit contractées. Les pierres, les bois, & les autres materiaux que nous employons aux bastimens, se creuassent & se des-vnissent malgré le ciment qui les retient, le poids qui les entasse, & le fer qui les assemble; & fondans ainsi en ruyne, ils brauent l'effort de nostre industrie: Et cela, parce que les choses differentes ou contraires ne viennent iamais en composition de leur mouuement; mais seulement y estans forcées par vne puissance estrangere qui leur domine. Cette disposition estant violente n'est pas de durée; & la Nature ne le permet pas, de peur de renuerser ses propres desseins, en reduisant les choses qu'elle a produites dans vne perpetuelle seruitude, & leur ostant le moyen de satisfaire à l'inclination qu'elles ont de reprendre leur liberté. Elle est aussi forte que celles qu'elles font paroistre aux occasions pour se conseruer, parce qu'en effect le meslange des qualitez estrangeres affoiblit les naturelles, & le composé qui tient toutes ses parties en exil, & hors de son propre lieu, ne subsiste que par le déchet de leurs vertus. Aussi l'amour a ses larmes,

AAa iij

ses soupirs, ses défaillances, & tous les symptomes de mort; pour monstrer que la Nature abusée par les apparences du plaisir, souffre vne secrette douleur en ses vnions. C'est pourquoy les hommes ne sont pas long-temps sans briser ses chaisnes : & quoy que les Loix diuines & humaines assemblent leurs forces pour lier les cœurs dans le mariage, ils eschappent à leurs contraintes par des refroidissemens, des dégouts, & par vn diuorce secret, s'il n'est public.

Ce fut, dit Platon, la necessité qui força les hommes de s'assujettir aux Princes, de viure sous l'obseruation des Loix, & se ranger dans les deuoirs d'vne vie commune. Mais comme les Estats sont composez d'vne grande diuersité d'humeurs & de conditions, ils ont leurs periodes, & leur durée n'est pas eternelle ; parce que la diuersité des parties qui inclinent tousiours à la retraicte, les porte enfin aux perfidies, aux reuoltes, aux guerres ciuiles, ou perdant leurs forces auec leur vnion, ils font eux mesmes la bresche à leurs ennemis. Il ne faut donc pas imposer la ruïne des Monarchies à la malignité des Astres, & se persuader qu'elle arriue par les profondes influences des trois Planetes superieures, conjoints au mesme degré d'vn Signe de la triplicité de feu. Si cela estoit vray, les volontez des hommes qui font les guerres, seroient forcées par les Astres: les Cieux se contrediroient, en ce que plusieurs personnes qui en auroient receu diuerses dispositions, concourreroient à mesme dessein; tous les Estats auroient vne mesme issuë, & nous les verrions renouuelez dans vn temps prefix comme les saisons, puis que le rencontre des Planetes est aussi reglé que le mouuement du Soleil dans le Zodiaque. Les Astres ne sont donc pas coulpables de ces ruïnes; mais les Royaumes les mieux policez se défont d'eux-mesmes, & la diuersité des parties qui les composent est la cause fatale qui les destruit. I'apporte ces considerations pour faire connoistre que l'assemblage des parties du monde ne sçauroit durer vne eternité, d'autant que toutes les vnions des choses mesmes qui se monstrent de l'amour, se font par contrainte & par artifice; & comme elles ruinent l'estre & les proprietez indiuiduelles, la Nature ne leur donne pas plus de durée qu'au reste de ses violences. De là les Sages firent vne maxime de viure auec ses amis comme auec ceux qui doiuent venir en inimitié; & en cela ils tirerent vne Loy de l'experience, & publierent vn défaut que les hommes cachent, & sur qui la prudence humaine se reigle.

Si l'vnion des choses qui ont de la sympathie n'a rien d'arresté, celles des contraires durera moins, & leur ruine doit commencer dés l'instant mesme de leur rencontre; parce que leurs qualitez estans ennemies se font vne guerre qui n'a point de tréve, iufques à ce que les forces eſtant conſommées dans la continuë de l'action, les plus foibles ſe reduiſent ſous les plus puiſſantes. Ainſi les Medecins diſent, que nous apportons dés noſtre naiſſance la cauſe de noſtre mort, & que les meſmes principes nous donnent & nous rauiſſent la vie : Non ſeulement parce que nos parens nous font pluſtoſt heritiers de leurs mauuaiſes diſpoſitions que de leurs biens, ou que les ſecretes maladies de la forme nous venans de l'impreſſion des Aſtres qui preſiderent à noſtre natiuité, acheuent nos vies auec leurs periodes au poinct de direction qui renouuelle leur violence. Mais il faut mourir, parce que noſtre corps eſt paiſtri des quatre Elemens, qui ayans des qualitez du tout contraires, ſont opiniaſtres dans le combat, iufques à ce que la deffaite de l'vn ſoit la diſſolution du tout.

Si vne puiſſante main n'arreſtoit les efforts des Elemens, & ne les tenoit dans vne iuſteſſe conuenable au temperament du Monde, ils y feroient des deſordres plus grands que dans nos corps; & les maladies qui viendroient de leurs déreglemens ſeroient ſans remede. Les fluxions qui eſteignent noſtre vigueur naturelle ſeroient des deluges; les fievres qui s'allument de corruption, ou de l'excez du ſang & de la bile, ſeroient vn embraſement vniuerſel; & ce qui nous eſt vne indiſpoſition, luy apporteroit la mort. Car la Medecine a ses Agarics & ses pillules, qui font l'euacuation de la pituite; elle a ses saignées & ses refrigeratifs, pour amortir vne chaleur estrangere qui consomme celle d'où despend la vie. Mais d'où tireroit-on le remede, si l'air & la terre venoient à se resoudre en eau; ou si le feu s'eschappant de sa region faisoit vn brasier du monde? Vne estincelle consomme vne Ville & vne forest; les seditions se forment d'vn mescontentement particulier; l'inflammation d'vne partie est la cause de la fiévre, qui fait boüillir le sang dans toutes nos veines; le feu qu'on met au bout d'vne meiche bien preparée, suit tousiours, & en peu de temps il va iusques dans les mines qui font entr'ouurir la terre & sauter les tours. Ainsi le feu se peut prendre à la partie de l'air qui luy est aussi rapportante en qualitez, qu'elle est voisine de lieu; & par le moyen de la chaleur qu'elle a commune, & de l'humide qui est son propre aliment, il se peut emparer de cette region, & de là se répandre par tout le monde. Car l'air possede là haut toutes les conditions necessaires pour s'embrazer. Il a vne subtilité, & vn mouuement rapide qui deuroit faire le feu, comme nous le voyons entre nos mains par la collision de la pierre & du fuzil. Les vapeurs de la terre seiches & chaudes montent pour estre sa nourriture; elles y allument des Cometes, qui sont les causes, aussi bien que les presages des sterilitez & des mala-

BBb

dies; parce qu'elles apportent la feichereffe, les efmotions de la bile, & le defordre des temperaments. D'où vient donc que cette region n'eft point enflammée, puifque toutes les caufes fuperieures & inferieures, fes conditions & fon mouuement concourrent à cela ? D'où vient que le Naphthe d'Egypte s'allume à la veuë du feu? D'où vient que la flamme d'vne chandelle defcend à vne autre qui eft efteinte, par les amorces de la fumée ; Et que le feu Elementaire n'embraze point l'air qui le touche, qui l'incite par fes difpofitions : comme s'il auoit moins d'actiuité au lieu où fes qualitez font pures, & fes forces toutes ramaffées ?

S'il conuertit en foy la plus prochaine partie de l'air, l'ayant affoibly de cette dépoüille, & luy s'en eftant fortifié, il doit toufiours paffer plus auant, à mefure qu'il croift en fon eftenduë, par ce que la Nature l'oblige de defployer toutes fes forces dans fon action, & la mefurer à fa puiffance. Nous appellons cét Element le plus fort de tous, à caufe qu'il peut agir fur les autres & les conuertir en foy par vne vertu qui luy eftant propre & naturelle, doit quelque iour eftre mife en execution, afin qu'elle ne luy foit pas inutile.

Nous en voyons tous les iours les preuues, en ce que les formes parfaites où le feu domine, ont plus d'actiuité; mais moins de durée, à caufe que cét Element ruïne la conftitution qui fubfifte par vn égal meslange des autres, & son accroissement apporte la dissolution du mixte, luy donnant la force d'eschapper libre de ses prisons. C'est ce qui fait que les animaux qui ont le plus de fecondité, ont la vie plus courte ; que les belles fleurs ne durent qu'vn iour; & c'est ce qui remplit le monde de dueil en la perte hastiue & inesperée des grands esprits & des courages de Mars, dont la Nature, qui est toute de feu, n'auroit point de bornes en ses excellences, si elle ne trouuoit bien-tost celles de la vie.

De là nous deuons conclurre, que si les Elemens s'entretiennent au monde, ce n'est pas par leurs propres forces; mais par la conduite d'vne puissance superieure qui les tient en bride, qui empesche que le plus violent n'agisse selon ses forces, & vsurpant tout le voisinage, ne change sa societé en tyrannie. Il est vray qu'ils trouuent la prison du monde plus douce que celle du corps, à cause qu'elle a plus d'estenduë, & qu'ils y exercent moins de fureur les vns sur les autres que dans les mixtes, où estans tousiours en presence ils sont obligez de venir aux prises. Ce n'est pas à dire qu'ils se puissent continuellement conseruer en ce mesme estat, puis qu'il fait violence à leur action, & qu'il peuuent faire de grands dégats proportionnez à leurs forces, à leurs victoires, à l'estenduë de la matiere. Comme quand les composez viennent à se resoudre, leurs parties se reioignent aux Elements d'où elles ont esté tirées : Ainsi ces mesmes corps que nous n'appellons simples que par la comparaison de ceux qu'ils composent, faisans vn corps & vn composé au monde, doiuent perir de sorte qu'il ne reste en l'estre qu'vne souuerainement pure & simple vnité. Quand ie parle icy & ailleurs de la dissolution du monde, ie pretens monstrer que s'il ne peut subsister de luy-mesme vn seul moment sans le secours d'vne cause vniuerselle; il est moins capable de s'entretenir vne eternité. Ses deffaillances arriuent selon le cours de la Nature; mais non pas sans vne ordonnance expresse du premier principe, qui luy prescriuant le terme de sa durée, permet ses déchets, & veut, que comme il est conserué, aussi s'il doit prendre fin, ce soit auec vn ordre, & apres de longues indispositions qui le portent petit à petit à vne entiere priuation.

La vicissitude du Monde n'est pas vne marque de son eternité.

CHAPITRE V.

Pourquoy se plaindre que cette vie est trop courte pour vne si grande passion que nous auons de connoistre ? le cours d'vne année nous monstre celuy de toutes les autres, & pour auoir bien long-temps vescu, nostre curiosité n'en est pas plus satisfaite; mais plus lassée. Car si la Nature nous fait vn discours, dont ses productions sont les paroles, elle nous en donne l'intelligence en fort peu de temps ; & cette longue suite de siecles n'est qu'vne redite importune, vn air rebatu, & vn ouurage recommencé, quelque habile qu'elle nous paroisse à l'abord, nous auons bien-tost l'intelligence de ses desseins; & nos préiugez en deuancent les executions auec vne certitude plus grande , que si elles dépendoient de nostre conduite. Le iour & la nuict, les saisons, le repos & le mouuement, les santez & les maladies, les corruptions & les naissances sont toutes les faces que prend ce Prothée ; c'est vne tissure de diuersité qui ne fait qu'vn corps duquel nous pouuons iuger par la moindre de ses parties.

Les hommes qui sont les spectateurs de ce theatre qui ne represente qu'vne mesme histoire, sont bien diuers en leurs sentimens : toutes les humeurs trouuent leur excuse dans ce procedé, & chacun s'attache le plus à ce qui fauorise sa passion. Le melancholique, qu'vne profonde speculation rend auide de la nouueauté, s'ennuye de la vie qui ne luy monstre qu'vne mesme chose. Vn petit courage qui vit à l'ombre , & qui borne ses plus grands desseins à sa conseruation , se iustifie sur ce que la Nature se tient retranchée dans ses bornes, & n'eschappe point de son ordinaire. L'inconstant qui s'entretient du reflux de ses opinions, qui quitte ce qu'il a voulu, & qui reprend ce qu'il a quitté, pour s'en deffaire au premier rencontre en retournant à ses anciens desirs, se persuade d'imiter le monde, qui tient sa perfection, & qui ne subsiste que par vne continuelle vicissitude. Mais ie plains plus ceux, dont les petites ceruelles estans estourdies par ce cercle de la Nature, voyent les choses autrement qu'elles ne doiuent estre considerées, & iugent que ce mouuement est eternel, qu'il se peut entretenir par luy mesme sans qu'il soit besoin de recourir à vne premiere cause.

I'auouë que les saisons s'entresuiuent auec vn ordre qui n'est iamais interrompu de confusion; que le mouuement des Cieux est regulier & continuel; que les Elements entretiennent leur commerce auec tant de iustice, qu'ils ne manquent iamais de se faire vne exacte restitution de leurs emprunts; mais cét ordre & cette police n'est pas vne marque de l'eternité du monde. Qui diroit qu'vn arbre ne doit point seicher, ny souffrir les déchets de la vieillesse, parceque tous les ans il se reuest d'vn nouueau fueillage; & que selon les saisons il nous paroist embelly de fleurs, & riche de fruits? Nos corps ne deuiennent pas incorruptibles, & nous n'auons pas l'exemption de la mort, encore que le repos & la nourriture reſtabliſſent tous les iours les dommages que la chaleur naturelle a faits de l'humeur d'où dépend la vie. Ainſi la viciſſitude des Elements, des faiſons & des naiſſances, n'eſt pas vne preuue que le monde ſe puiſſe conſeruer libre de corruption : Mais au contraire ces défaillances ſont des conuulſions, & des ſymptomes, & des préiugez infaillibles de ſa mort.

Quelque puiſſance que la nature déploye, elle ſouffre preſque touſiours autant de cheutes qu'elle fait de pas ; ſi elle ſe releue, elle n'a qu'vn mouuement inégal, par ſecouſſes, & entre-couppé de repriſes qui tiennent plus de la foibleſſe que de l'action : ſa ſanté n'eſt que par interualles ; ſes beautez ont tant de défauts, ſes lumieres ſont ſujettes à tant d'eclypſes, qu'il faut auoüer qu'elle ne tient l'eſtre que par emprunt, & que ſes imperfections ſont les marques honteuſes du neant de ſon origine & de ſa fin. Auſſi la priuation ſe meſles par tout, & partage la plus grande part du temps pour s'y conſeruer ſes droits ? Au monde, par la nuict, l'hyuer, les defauts, les ſterilitez, les corruptions : En nous, par les foibleſſes, les laſſitudes, les maladies, le repos, & par le ſommeil qui eſt vn eſſay de la mort. Que ſi nous faiſons iugement du tout par ſes parties ; ſi vne petite flamme de feu & vne goutte d'eau nous font reſſentir ce que peuuent ces deux Elements; ces défaillances particulieres nous en font préjuger vne generale qui enseuelira le monde : comme nos corps succombent à la mort, apres auoir languy dans les maladies.

La Nature a tousiours tant d'ambition de s'éleuer à vn degré eminent, & de couurir la bassesse de son extraction par la generosité de ses entreprises, qu'elle tire toutes choses à ce seul dessein. C'est l'origine de la puissance actiue qui s'agrandit en communiquant sa perfection ; & de la passiue qui la reçoit. L'ame vegetante croist, sans attendre les consultations de la raison. Il n'y a point de mouuement naturel qui ne pointe au centre, ny d'animal qui n'ait vn violent appetit du bien, auec des armes pour sa conqueste & pour sa deffence. D'où vient donc que la Nature ayant acquis vn degré de perfection, se relasche, & tombe par la vicissitude dans le defaut qu'elle apprehendoit? si le monde n'auoit ny commencement, ny fin, ses defaillances ne seroient pas vne merueille moindre, que de veoir vn grand fleuue tarir ses eaux, & remonter en petit ruisseau iusques à sa source; ou vn corps, qui ayant sa iuste proportion diminuast de sa quantité, & reuinst à la petitesse de sa naissance. Mais pour ne point faire vn miracle de la foiblesse, il faut conclurre que les parties du monde deperissent, parce que le tout doit prendre fin ; & qu'il retomberoit dans la priuation par son propre poids, s'il n'estoit conserué en l'estre par l'assistance d'vne

cause

cause superieure.

Il est vray que la Nature se releue de ses maladies ; que par la reuolution des Cieux & des Elements il se fait vn renouuellement de toutes choses. Mais cela mesme prouue sa foiblesse, & sa dépendance d'vn principe qui luy donne cette resurrection, par vn miracle qui a quelque espece de ressemblance à celuy qui feroit sortir les morts des sepulchres. Car supposant cette maxime des Philosophes, que la priuation oste toute l'esperance du retour, iamais la Nature ne deuroit renaistre de ses corruptions ; elle ne pourroit d'elle-mesme restablir ses forces apres sa vieillesse, & reprendre les beautés que le temps luy a rauies. L'humidité radicale qui est vne fois consommée, ne se repare iamais : la vieillesse est vne maladie sans remede ; & c'est vne fable que le Phœnix naisse de ses cendres, & se donne la perpetuité par vne mort qui n'est qu'vn renouuellement de sa vie. Il faudroit donc selon cette Loy, que les corruptions fussent eternelles, & qu'vne forme qui perit, ne se peust renouueller par la generation. Certes comme nos corps entretiennent leur vigueur tousiours défaillante par vne vertu qui leur est enuoyée des Cieux, & par vne nourriture qu'ils digerent : Ainsi le monde n'est pas capable de se conseruer sans l'influence d'vne cause superieure, & la vicissitude qui rameine les choses de la fin au commencement, ne luy est non plus naturelle, que le mouuement circulaire aux corps, comme nous l'auons prouué.

Il faut remarquer, que toutes choses tendent à leurs ruïnes par certains degrez de diminution: les lassitudes precedent les maladies; les edifices s'entr'ouuent deuant que de fondre; la vigueur des Loix & la chaleur des courages s'allentit dans les Republiques qui s'envont perir; les habitudes de la vertu se relaschent deuant qu'elles se corrompent, & vn mal extréme nous menace tousiours par plusieurs presages deuant que de nous frapper. Or quoy que le monde s'entretienne par ses vicissitudes & ses reuolutions, ce seroit desmentir nos experiences & la Foy que nous deuons à l'antiquité, de n'aduouër pas qu'il n'a plus ses premieres forces; & qu'il souffre vne defaillance irreparable, qui le meine petit à petit à vne entiere priuation d'estre. Ie ne veux point amplifier les défauts des derniers siecles par le discours de cét aage d'or, dont les Poëtes nous donnent les regrets, auec les descriptions. Ie ne iuge pas sur le tesmoignage de Diodore Sicilien, qui dit que la terre estoit anciennement d'vne si grande fecondité en Egypte, que sans receuoir les façons accoustumées du labourage, elle donnoit non seulement quatre recoltes de fruicts par chacune année, mais encore elle produisoit de grands animaux, des especes que nous appellons parfaites, & que nous employons à nostre seruice : comme de son temps, n'ayant plus qu'vne force demy lassée, elle n'en produisoit plus que quelques petits, qui paroissent bien souuent à demy formez dessus sa surface, pour monstrer qu'ils ne tenoient pas la vie par la voye commune de generation. Sans me faire fort de ces histoires qui donnent de la peine au iugement, & trop d'admiration pour gaigner aisément nostre croyance, ie viens à vne verité receuë d'vn consentement public, que la Nature ne fait plus ses productions si parfaites qu'anciennement : les corps ne sont plus si grands & si robustes qu'ils estoient il y a quelques siecles ; la vie est plus courte, la santé moins forte, la terre deuient sterile, & la Loy ancienne de Rome, qui faisoit deffence de la fumer, la priueroit maintenant tout à fait de fruicts au lieu de luy en faire porter de plus purs. Nous ne voyons plus d'hommes qui ayent les forces, encore qu'ils ayent le courage d'vn Hercule, d'vn Milo Crotoniates, qui sans armes & d'vn coup de poing tua vn Taureau, le porta dessus ses espaules aux ieux Olympiques, & le mesme iour le mangea tout entier luy seul. Son exercice ne luy deuoit pas donner tant d'appetit ; & ie le tiens moins admirable en la force de sa main qui pût assommer vn bœuf, que de son estomach qui en fit vne si prodigieuse digestion. Aussi les hommes qui ont voulu imiter la gloire du premier age, se sentans trop foibles de corps ont mis l'hon-

CCc ij

neur des combats en l'industrie, & ne pouuans plus exceller en la roideur des anciens Athletes, ils ont donné des Couronnes aux courages & à la dexterité des gladiateurs. Vn homme champestre qui nous est representé comme vn Centaure, donna l'inuention de la Medecine, quand les corps, au sortir d'vn aage où ils estoient libres des maladies, commencerent à souffrir quelques legeres indispositions, qui estoient gueries par la seule application des simples. Mais depuis que les alimens ont perdu les meilleures de leurs qualitez, & nos corps la force de se les approprier, sans estre offensez de ce qui leur estoit moins conuenable, les infirmitez sont deuenuës des confusions d'humeurs; & on a creu de la diuinité aux personnes qui ont trouué l'industrie de les guerir par des compositions de medicamens. Celles que nous auons de l'ordonnance d'Hypocrate & de Galien sont desia trop foibles pour des corps qui ne se soulagent quasi plus d'eux mesmes; on est contrainct d'ouurir les metaux, de remettre la Nature par sa dissolution, & de chercher dans ces corps opaques des vertus qu'elle y auoit reseruées pour dernier remede. Toutes ces foiblesses & ces langueurs qui suruiennent au monde, quoy qu'il se renouuelle par tant de vicissitudes, font paroistre qu'il doit prendre fin, & que la priuation dont il a esté tiré, le doit receuoir.

Nous auons veu au Chapitre precedent, que

les Elements ne sont pas d'eux-mesmes capables de s'entretenir tousiours par leurs vicissitudes & leurs eschanges. Car si le feu s'empare de la region qui luy est voisine, il consommera la terre, il desseichera les mers; & n'y aura plus d'air, qui estant humide leur rende en pluye ce qu'il en auoit receu en vapeurs. Ainsi tous les mixtes perissans auec ces corps simples elementaires dont ils sont formez, il ne resteroit de tous les fruicts de la terre que les cendres; & de tous les animaux, que les pyraustes.

Le mouuement n'est pas eternel.

CHAPITRE VI.

NOus sommes iustement semblables à ceux qu'vn coup de fortune a plongez si auant dans la misere, qu'ils perdent le iugement auec les biens; & n'ayans de l'attention que pour les disgraces qui les tourmentent, ne sçauroient ny se consoler de leur premiere felicité, ny se promettre vn beau iour apres tant d'orages, Ou au moins nous suiuons l'humeur d'vn peuple, qui ayant receu vne Loy moins aduantageuse par la necessité du temps, s'habituë de sorte à son obseruation par la coustume, qu'il ne forme ny projets ny volontez de changement; & tire cette faueur de son ignorance, que la veuë d'vne meilleure condition ne luy rend pas la sienne plus insupportable. Il est vray que le mouuement qui altere & qui transporte continuellement la Nature, qui la met dans vne agitation sans relasche, est vne ordonnance necessaire pour peupler le monde, & pour entretenir les choses mortelles, qui souffrent de plus grands déchets dans les langueurs de l'oysiueté, que par les exercices de l'action. Le mouuement est le Medecin qui guerit les blessures de la mort; il repare les generations; il releue la Nature de ses foiblesses, il donne l'accroissement à toutes choses, les deffend contre leurs contraires, les porte aux lieux & aux objets, qu'elles passionnent: c'est le premier effect de la vie, aussi necessaire au monde qu'à l'animal. Mais en parler auec ces aduantages, c'est expliquer moins que la moitié de son essence. Car en toutes les choses naturelles, il est aussi bien la cause de la ruine que du progrez, de la guerre que du repos; il porte au combat & à la retraite, il fait l'action, mais il consomme dans sa continuë; & donne la mort comme la naissance. De sorte que ses faueurs estans limitées, & ses ruines irreparables, il apporte plus de mal qu'il ne fait de bien; il emplit les esponges comme les tyrans pour les espreindre, il laisse enrichir & viure pour faire mourir par l'indigence de la vieillesse, ou le supplice d'vne fin precipitée. He!

pourquoy s'imaginer que la Nature ne doiue iamais fecoüer le ioug, & fe liberer de cette fanglante humanité? Pourquoy eftendons-nous les rigueurs & non pas les priuileges, & nous perfuadons que les Loix du mouuement font eternelles, parce que le monde eft maintenant reduit fous leur fujetion?

Il eft impoffible, comme nous l'auons prouué, que les chofes imparfaites ne prennent iamais de fin; que leur durée paffe l'excellence de leur eftre, & que la Nature fe rende coulpable par vn excez d'indulgence qui fupporteroit continuellement le défaut. De ce principe ie tire cette confequence, que le mouuement n'eft pas eternel, parce qu'il eft meflé d'imperfection. C'eft, difent les Philofophes, vn compofé d'acte & de puiffance: fes parties ne font continuës que par vne liaifon imaginaire; elles periffent à mefure qu'elles font éclofes; toutes font mortes, vne feule paroift fucceffiuement auec vn eftre fi délicat, que noftre efprit ne le peut comprendre. La défaillance de fes parties qui le mettent beaucoup plus dans la priuation que dans l'exiftence, font les préjugez d'vne future diffolution; que le tout ne fçauroit toufiours fubfifter fi fes parties deperiffent continuellement, & ont à peine l'eftre quand elles font dans la plus grande vigueur de leurs forces.

L'indigence preffe les chofes mortelles d'aller

à la conqueste d'vn bien qu'elles appetent, & qu'elles ne possedent pas: Et ce que nous appellons mouuement, n'est autre chose qu'vn effort de puissances, qui espoinçonnées de la necessité, ou allechées du plaisir, quittent le lieu pauure, pour arriuer à celuy qui leur promet du soulagement. Faire cette poursuite eternelle au monde, c'est nous assigner vn chemin sans giste, vne nauigation sans port & sans plage, & des-obliger la Nature de ce progrez infiny dont elle tesmoigne tant d'auersion.

Ses mouuements ont tousiours vn terme où ils pretendent & où ils arriuent. Si la terre a vne inclination de fondre en bas, il y a vn centre qui la reçoit, & qui contente sa pesanteur du repos, sans luy permettre de passer plus outre. Les especes ont vne grandeur determinée, où la vertu qui donne l'augmentation est satisfaite. La quantité est enclose de deux termes ; la ligne de poincts; la superficie de lignes ; les nombres de leurs vnitez : les Astres ont leur occident, les Planetes leurs periodes ; & nous remarquons par tout vn rapport des puissances auec les objets, & auec les termes où ils arriuent. Autrement, les affections de la Nature seroient inutiles; les facultez dont elle assortit les estres, seroient trompeuses; l'indigence seroit eternelle ; & sa preuoyance luy seroit vne occasion de peine, si elle n'auoit mesuré les appetits aux puissances ; & assigné des

termes

termes à leurs actions. Le mouuement particulier se vient rafraifchir dans le repos, qui accueille, & qui recompenfe toutes fes fatigues: Il y a donc vne eternité & vn centre vniuerfel, où les mouuemens de la Nature s'appaifent & fe viennent rendre. Ou bien nous ferions contraints d'inferer, que les deffeins particuliers qui bornent l'eftenduë des eftres, auroient vne conduite plus feure, & des pretentions mieux adjuftées que le tout, qui ne paruiendroit à aucune fin, & dont les pourfuites n'auroient point de termes.

Pour la continuation d'vn mouuement infiny, il faudroit vne puiffance infinie, dont la Nature n'eft pas capable, & moins en cette entreprife qu'en toutes les autres; puifque, comme nous auons dit, le principe du mouuement n'eft autre chofe que l'intelligence & la pauureté, qui ne fçauroit infpirer beaucoup de vertus. Si elle auoit vne force infinie, elle n'auroit plus aucun mouuement, parce qu'elle ioüiroit auffi-toft de tout ce qu'elle pourroit pretendre; fi fon object eftoit efloigné, elle s'y porteroit en vn inftant; elle auroit la poffeffion auec le defir, & le repos deuanceroit la pourfuite de fon action. Nous voyons que le mouuement local, qui eft le premier de tous, a fes limites, & ne fe rencontre point d'efpace de lieu où il fe puiffe répandre à l'infiny: Les autres qui en releuent, doiuent donc fubir cette mefme condition, & rouler entre les bornes qui sont imposées à leur principe. Et puisque le mouuement a, comme nous auons dit, receu sa premiere impulsion d'vn premier Moteur, c'est vne consequence, que de luy mesme il doit prendre fin, ne subsistant pas par ses propres forces ; ou bien ses extremitez seroient sans rapport ; il seroit limité & ne le seroit pas, finy & infiny par vne alliance de contradiction qui est impossible.

Si nous y prenons bien garde, la constance est interdite au mouuement, par les conditions mesme de son estre, qui ne subsiste que par le flus successif de ses parties, & le cours du temps. Il aduanceroit, ou reculeroit : ainsi pour durer vne eternité, il seroit necessaire ou qu'il montât tousiours à de nouueaux degrez de perfection, ou qu'il descendist sans fin, deux effets qui luy sont également impossibles. Il ne se peut auancer tousiours, à cause que chacune espece, & le monde mesme a vn certain terme de grandeur & de bonté qui ne reçoit point d'accroissement. Le déchet aussi n'est pas infiny, parce que les vertus qu'il efface sont limitées ; que de leur cime il n'y a pas vne distance infinie iusques au centre de la priuation, où estans fonduës elles demeurent enseuelies sans espoir de ressusciter.

Le mouuement n'est donc pas d'vne condition qui l'exempte de prendre fin. Et pourquoy nous mettons-nous en queste de la raison pour en faire la preuue, puis que nous l'auons de nos experiences? Les forces ſi genereuſes qu'elles ſoient, s'épuiſent au trauail ; la laſſitude les interdit de leurs actions, & les oblige de ſe rendre du tout au repos : les grands eſprits ſuccombent enfin au poids des affaires qui d'abord ne leur eſtoient qu'vn diuertiſſement : Les Eſtats tombent ſous les puiſſances eſtrangeres, qu'ils ont tant de fois & ſouſtenuës courageuſement, & repouſſées auec aduantage : Enfin toutes choſes ont vn certain periode de vertu qu'elles ne ſçauroient paſſer, où il faut qu'elles rendent les armes, & perdent la vie par la propre défaillance de leurs forces, & ſous la violence de leurs contraires. Qui empeſche que nous n'inferions la meſme choſe du mouuement vniuerſel, puiſque, comme nous auons dit, nous en remarquons la laſſitude, & que les langueurs de noſtre ſiecle ſont les préjugez qu'il doit prendre fin ?

Plus les choſes ont d'actiuité, & plus elles ſe conſomment. Ce que nos yeux prennent pour vne vertu, c'eſt vne prodigalité de biens ſans retour, vne alienation de laquelle elles ne ſont iamais releuées, qui les plonge dans l'indigence, & prend ſur le terme d'vne vie commune ce qu'ils employent en ces profuſions de forces, & en cét eſclat extraordinaire : Les Roſes n'ont qu'vn iour de vie, & portent ce nom, à cauſe qu'elles font vn prompt écoulement de tout ce qu'elles ont de vertu pour ſe parer à l'auantage de deux differen-

DDd ij

res qualitez, qui gagnent l'admiration de deux de nos sens : les grands desseins s'acheuent bientost, & les fortunes les plus releuées se terminent ordinairement par vn precipice. C'est vne preuue que le mouuement est subjet luy-mesme à prendre fin, puisque toutes choses finissent d'autant pluftoft qu'elles tiennent plus de luy : il doit subir le premier la priuation dont il est la cause; comme la Loy veut que le Iuge souffre en son faict particulier la condamnation qu'en pareil cas il a prononcée contre les autres.

Si la matiere vniuerselle du monde subsiste plus que les choses particulieres, c'est vn delay, & non pas vne parfaite descharge de la mort: dautant que l'estat moyen qu'elle tient entre l'eternité & la priuation, ne luy permet qu'vn estre qui partage les conditions de ses extremes, vne existence qui soit & qui ne dure pas tousiours. Il y a vn repos d'eternité, d'où le mouuement est party, & où il se doit rendre : Eternité qui contient tous les moments, comme la cause comprend ses effects, & bien mieux que la lumiere celeste n'enferme les qualitez elementaires auec eminence, ne souffrant point de diuision, elle anticipe dessus les deux termes, & l'estenduë de sa vertu recueillie dans l'vnité d'vn instant tient tout fait, ce que le mouuement tâche d'ébaucher par le flus successif de ses parties. D'où vient que celuy qui est le plus violent, comme nous le voyons en vne Toupie lancée auec vne grande force, ne monstre point d'agitation, & semble estre dans le repos. En quoy nos yeux ne sont abusez que par vne docte ignorance, qui donne cette instruction à nostre esprit; que les mouuemens de nos cœurs & de la Nature doiuent prendre fin dans le principe qui leur a donné le commencement; que leurs recherches & l'inquietude de leurs poursuites se termineront dans l'eternité.

Le mouuement circulaire des Cieux n'est pas eternel.

CHAPITRE VII.

IL nous importeroit fort peu que les Cieux fussent riches de qualitez si profitables à la fecondité de la terre, & à soustenir nos vies, s'ils ne rouloient continuellement sur nos testes pour nous en faire la distribution, & pour exercer les deuoirs de la Iustice, & dont ses signes nous monstrent les marques, & nous donnent les esperances. C'est leur mouuemét qui nous apporte tout ce que nous admirons de beau dans les composez: il tempere l'influence des Planetes, de sorte qu'elles nous animent, sans nous offenser par la trop penetrante vertu d'vn fixe regard : il égale le lieu de nostre naissance à l'estenduë de toute la terre, quand il expose à nos yeux ce que l'autre hemisphere a de principal; il assigne vn ordre aux saisons; par ce moyen le iour & la nuict partagent le temps pour l'action & pour le repos; sa vicissitude nous fait vne nouueauté continuelle, qui nous oblige sans nous lasser, sans esteindre les ressentimens & les admirations d'vn bienfait qui est sans relasche.

Peut-estre, que comme les hommes ont fait des Diuinitez dans le Paganisme de ceux à qui ils auoient de grandes obligations, de mesme les Philosophes ont voulu éterniser le mouuement, à qui ils se sentoient redeuables de tout ce que le corps reçoit de commodité, & de ce que l'esprit possede de connoissance. La raison qu'ils rendent pour monstrer que le mouuement circulaire peut estre eternel, c'est que ses termes n'estans point contraires, il se continuë sans trouuer de fin. Mais le mouuement qui se fait sur la ligne droite, n'a qu'vne espace bornée, à cause de la quantité qui est limitée, & aux extremitez de laquelle estant arriué, il doit s'arrester dans le repos: Car s'il veut retourner dessus ses pas, il est necessaire qu'il fasse vne pause, & arreste le mouuement deuant que le commencer; ou bien il aduanceroit en mesme temps à deux termes directement opposés; il seroit dans vne contrarieté de desseins, d'actions & de forces, qui n'est pas possible. Cette demonstration est veritable, mais elle n'empefche pas que nous ne rencontrions dans le mouuement circulaire des conditions qui rendent fa continuë impoffible au corps, s'il n'eft affifté d'vne autre vertu que celle qui luy eft propre.

Y a-il rien de fi contraire que les deux points du Diametre, qui fe viennent ioindre aux parties directement oppofées en la circonference du Cercle? Cependant le Soleil va du Capricorne à l'Ecreuiffe, du Belier aux Balances, d'vn contraire à l'autre, tout de mefme que s'il rebrouffoit chemin; quoy que ce roteur circulaire foit moins fenfible à caufe qu'il fe fait vn peu en biaifant. La ligne droite a fon eftenduë qui ne fe termine que par fes extremitez; & le mouuement file fans interruption iufques à ce qu'il s'y foit rendu. Mais le cercle eft compofé de forte, que chaque partie eft fa fin, ce ne font par tout que poincts qui le terminent. Auffi il ne touche l'égalité polie d'vne furface qu'en vn poinct, encore que la ligne fe repofe deffus elle auec toute fon eftenduë. C'eft donc toufiours à recommencer; & fi le repos doit eftre moyen en la ceffation & la reprife, le mouuement circulaire ne fera autre chofe qu'vn changement continuel; fon cours ne fera qu'vne infinité de bonds & de faillies entrecouppées de repos, & qui ne tiennent rien de cette grande égalité qu'on luy attribuë.

Auffi nous auons monftré qu'il fait violence

au corps, d'autant qu'il ne le porte point à vn lieu determiné, comme à vn centre où il soit en possession du repos ; Mais il abandonne la situation où il pretendoit ; il poursuit ce qu'il doit fuyr, & quittant le lieu qu'ils'estoit acquis, monte & descend, s'éleue & s'abaisse auec vne inconstance d'affections plus ennemies que le feu & l'eau. Le mouuement du premier Mobile, qui fait aller tous les iours le Soleil de l'Orient en l'Occident, est du tout contraire au naturel, qui auance vn degré sur le Zodiaque d'Occident en Orient. On peut dire la mesme chose des autres Planetes, & des retrogradations qu'ils souffrent en leurs Epicicles, que ce sont tous mouuemens de violence, puis qu'ils les rauissent à leurs propres inclinations. Que si la violence n'a point de durée en la Nature, il faut inferer que le mouuement des Cieux, qui ne s'acheue qu'auec contrainte, ne sçauroit durer vne eternité. Si on dit que le Ciel roule, à cause que chacune de ses parties estant dans l'indifference d'occuper vn certain lieu, se porte à tout auec vne legereté, qui ne trouue point de repos, parce qu'elle n'a point de particuliere affection : Ie responds, que la mesme difference l'arresteroit en quelque situation que ce fust ; qu'vne partie n'ayant point d'amour pour vn certain lieu se contenteroit du sien, & n'vsurperoit pas celuy des autres en les poussant hors de ce qu'elles possedent.

Ie

Ie sçay bien ce qu'on dit, que les Cieux estans ordonnez pour faire ces reuolutions, suiuent gayement la force qui les leur imprime, & accomplissent en cela les desseins de la Nature sans resistance: Mais il faut demeurer d'accord, que si ce mouuement leur est propre en qualité de Cieux, & comme à vne cause vniuerselle qui concourt aux generations; il est violent, comme vn corps qui de soy n'est aucunement capable de ces esleuations, & de ce mouuement indeterminé qui n'est propre qu'à vne Nature intelligible. De dire que par ce moyen ils versent les lumieres, & les influences necessaires au monde, c'est aduoüer qu'il y a vn premier moteur intelligent qui leur a prescrit ces deuoirs; & c'est tout ce que nous pretendons de monstrer. Mais au reste le cercle des generations ne se sçauroit tousiours entretenir, comme nous le verrons plus bas; & par consequent les Cieux qui roulent pour y contribuer leur assistance, cesseront leur course quand il n'y aura plus de subiect où ils puissent desployer leurs forces.

Quelques anciens recourent aux fictions de la Poësie, au lieu de chercher les raisons de ce mouuement dans le dessein du premier moteur. Ils disent que les Cieux estans dans vne ioye continuelle font vne danse dont leur agitation sonne l'air, auec vne harmonie qui nous porteroit dans l'extase, si les bruits de ce monde inferieur n'en déroboient le contentement à nos oreilles. On peut bien iuger que ce ne feroit pas vne réjoüiſſance; mais vne maladie pareille en ſymptomes à celle que donne la piqueure de la Tarentolle, de ſauter continuellement ſans repos; & ſon induſtrie ſeroit ridicule, de n'auoir qu'vn branſle; & de ne dancer qu'auec les pas que fait vne boule quand elle eſt pouſſée. Les autres couurent mieux leurs rêueries de ſubtilité, quand'ils diſent, que l'ame du monde faiſant vn retour continuel deſſus elle meſme, pour ſe contenter en la veuë de ſes idées, donne aux Cieux vn mouuement qui a du rapport à cette reflexion, & nous fait connoiſtre ſes entretiens par ſes geſtes & ſes poſtures.

Ie m'eſtonne que s'eſtant imaginé cette forme vniuerſelle ſi accomplie, & comme vn original de la ſageſſe, ils luy donnent pour penſées des paſſions animales qui monſtrent leur effect à l'exterieur. Ce ſeroit pluſtoſt des ſouffrances & des déreglements, que des actions meſurées auec deſſein: leur vehemence ce ſeroit ſuiuie d'vn deſordre qui en empeſcheroit la continuë, & la laſſitude leur rendroit à la fin le calme, ſi la raiſon ne domptoit cette freneſie, qui agiteroit le corps d'autant de mouuements que l'eſprit ſe formeroit de penſées.

Quant aux Platoniciens, ils diſent que le Ciel eſtant le plus accomply de tous les corps tâche d'imiter les perfections de l'ame: que comme elle est répanduë sans diuision, & qu'elle est toute entiere en chaque partie du corps qu'elle informe; aussi chacune partie du Ciel s'efforce d'occuper tout le lieu du Globe. Mais la petitesse de leur quantité s'opposant à leur dessein, elles effleurent ce qu'elles ne peuuent posseder; elles touchent à reprises les espaces dont elles ne sçauroient auoir vne paisible ioüissance, & recompensent le défaut de leur estenduë par la vitesse de leur mouuement. En cela ces Philosophes comparent les Cieux à des personnes que l'ambition porte à des entreprises temeraires, & qui ne mesurent pas leurs desseins à leurs puissances & à leurs merites, sont tousiours à la poursuite d'vn bien dont ils ne sçauroient auoir la possession. Ils mettent les corps superieurs dans l'inquietude; ils les font miserables pour estre parfaits, & les plongent bien plus dans la priuation qu'ils ne leur permettent de ioüyssance, puis qu'vne partie ayant l'ambition de posseder l'espace de toutes, ne se conserue pas mesme le sien, dont elle part à l'instant mesme qu'elle y est portée. Ce sont des desirs tousiours frustrez; des passions iamais satisfaites, des transports desordonnez, des supplices, des gesnes d'affection, des violences dont la durée ne sçauroit estre eternelle.

Quoy qu'on dise de la perfection des Cieux, il faut aduoüer qu'il sont dans la priuation, puis qu'ils sont dans le mouuement qui est tousiours à la poursuite de ce qu'il n'a pas, & qui n'en sçauroit promettre qu'vne ioüissance passagere selon la suitte des parties du temps qui le mesurent. De sorte qu'ils ne peuuent tousiours continuer ce train, parce que la Nature n'imprime point de desirs immortels à qui elle n'accorde la possession de leur object : elle n'a point de quantité sans bornes, d'affections impossibles, ny de mouuement qui ne se termine au repos, comme à son centre & à l'estat le plus accomply. Les deux mouuemens du cœur qui se font par l'émission & par l'attraction, ont de grands rapports auec le circulaire : aussi de tous les membres, c'est celuy qui se conserue plus long-temps la vie ; mais comme il l'a receuë, enfin il la perd. Ainsi il faut conclurre, que les Cieux ayans vn principe ils doiuent trouuer d'eux-mesmes la fin de leurs mouuemens, & que leur substance pour estre la moins sujette aux alterations, n'en est pas exempte.

Les Cieux ne sont pas d'eux-mesmes incorruptibles.

CHAPITRE VIII.

C'Est icy où ie confesse que l'opinion a pris vn trop grand empire dessus les hommes,

& qu'ils perdent les delices de la speculation & les fruicts de la verité, par vn excez de bonne foy, qui est criminelle quand elle croit où il faut iuger. Dire que les corps celestes ne sont pas exempts de corruption, c'est vn Paradoxe qui attire à cette heure l'estonnement, & qui reçoit vne prompte condemnation de ceux qui sont imprimez d'vne autre maxime, qui ne cherchent pas l'éclaircissement du doute ; mais les moyens de deffendre le party de leurs autheurs, & ce qu'ils se persuadent de connoistre par l'experience. Qu'il me soit permis d'appeller icy de la voix du peuple & du rapport de nos sens à nostre raison ; que les Cieux qui dominent dessus nos corps, soient icy les iusticiables de nostre esprit ; qu'ils reçoiuent l'Arrest d'vne puissance qui passe la leur, plus libre & aduantagée d'vne lumiere qui ne souffre point d'eclypse.

Tout ce qu'ils possedent de forces, de beauté & de grandeur, a ses limites : nostre esprit conçoit plus de perfection qu'ils n'en contiennent en leurs formes & en leurs matieres ; ils y remarquent infiniment plus de défauts que d'excellences & de quelques qualitez qu'ils se reuestent, ils sont tousiours comme vn petit poinct au milieu des vastes estenduës de l'estre possible qu'ils n'esgalent pas. Leur quantité est bornée par la superficie du dernier des Globes ; leurs vertus sont toutes diuerses dans certain degré ; & si elles se répandent, c'est auec vne suite precipitée qui efface les impressions de la premiere, par les nouuelles qualitez de la seconde. Cette seule consideration de la vertu limitée des Cieux nous donne vne consequence tres-asseurée, qu'ils ne sont pas d'eux-mesmes incorruptibles, à cause que, comme nous auons monstré, il ne faut pas moins qu'vne puissance infinie pour se conseruer vne substance eternelle. Vne chose qui est finie est subiecte à l'alteration, par ce que n'embrassant pas tout ce qui se peut figurer d'estre, elle peut deuenir ce qu'elle n'est pas, perdre son espece pour s'éleuer à vne plus accomplie, ou fondre dans la priuation ; qui la peut & qui la doit receuoir, afin que sa puissance ne luy soit pas inutile.

Il ne faut point dire que la forme celeste estant tres-noble, remplit si parfaitement la capacité de la matiere, & luy donne tant de satisfaction qu'elle ne luy laisse point de desirs pour le changement. Car selon qu'on dépeint cette matiere, c'est vne inconstante qui se prostituë à toutes les formes qui la recherchent sans choix du merite, & qui quitte les plus parfaites pour s'abandonner aux plus raualées ; d'où vient que des meilleures choses la corruption en est plus insupportable: si elle n'auoit de l'amour que pour ce qui a beaucoup de perfection ; les beautez seroient eternelles ; les bonnes choses se conserueroient par leur merite ; la mort n'apporteroit plus de dueil, puis qu'elle deliureroit le monde du défaut, & le rempliroit des objets capables de satisfaire nos yeux & nos appetits. Mais enfin ce desir qu'auroit la matiere de's'ioindre à des formes plus accomplies, causeroit la dissolution des Cieux; Parce que possedans leurs influences & leurs lumieres en diuers degrez de perfection, la matiere du moindre d'entr'eux auroit l'ambition de receuoir la forme du plus excellent. Mercure deuiendroit Venus, Venus prendroit les fauorables conditions de Iupiter; & si le Soleil est le plus parfait des Astres, il se grossiroit par l'abord des autres, il empliroit toute l'estenduë de la matiere, son Globe feroit la masse du monde, & perdroit son authorité par l'excez de sa puissance, à cause qu'il n'y auroit plus rien hors de luy qui peût receuoir sa lumiere & sa vertu. Et d'autant que la matiere ne sçauroit arriuer à vn degré de perfection qui ne soit point capable d'vn nouuel accroissement, son progrez seroit infiny, & ses appetits tousiours frustrez en la poursuite d'vne forme souuerainement accomplie, qui ne luy est pas possible. Il ne faut donc point fonder l'incorruption des Cieux sur les excellences de leurs formes, & sur les pleines satisfactions de la matiere.

Lors qu'on admet ces deux parties qui se ioignent, afin que la perfection de l'vne soulage l'indigence de l'autre, l'on aduouë qu'ils sont composez, & que leur nature n'a pas cette simplicité, qui recueillie dedans elle-mefme, eft hors des attaques du temps & de la corruption ; La ligne courbée qui termine leur quantité, eft vne compofition de deux figures, à fçauoir du concaue & du connexe, du creux & du deffus de la voûte : Chacune de fes parties qui fe termine toufiours par vn poinct, feroit par tout vn aigu & des poinctes fort fenfibles ; fi ce n'eftoit qu'eftans trop preffées auec vne infinie multiplication elles paroiffent dans vne égale continuité. Ils font emportez d'vn mouuement qui a quelque chofe de l'immobile, à caufe que toute la maffe demeure dans vn mefme lieu, encore que les parties fe trouuent fucceffiuement auec vne differente fituation. Ils auancent en mefme temps à deux termes qui font oppofez ; & ce qui eftoit à l'extremité deuient à fon tour le commencement. Si bien que les Cieux en leur effence meflée de priuation, en leur forme, leur matiere, leur figure, leur mouuement, font dans vne compofition, qui eftant toufiours accompagnée de défaut ne peut auoir vne continuité eternelle.

Quoy que ces corps fuperieurs nous femblent accomplis, ils ne font autre chofe qu'vn ramas de plufieurs contraires, qui ne font en paix que par l'entremife d'vne Puiffance fuperieure qui leur domine, qui les tient en bride, & qui ne leur laiffe la liberté du combat qu'autant qu'il eft neceffaire pour animer la Nature à l'entreprife des

nou-

nouuelles generations. S'ils produifent les contrarietez, s'ils font caufe de la diffolution des formes & de la matiere, s'ils impriment la force de l'action aux chofes inferieures: Pourquoy n'aoüerons-nous pas qu'ils font eux-mefmes dans la contrarieté qu'ils caufent, & auffi bien en leurs qualitez qu'en leurs mouuemens?

Quand ie demeurerois d'accord, que les degrez fuperieurs de la Nature contiennent les inferieurs auec éminence, il ne s'enfuiuroit pas que les Cieux fuffent tout à fait exempts de contrarieté, & euffent cette prerogatiue de Dieu, qui eft fimple & vn, qui n'a ny meflange, ny diuerfité, ny oppofition. Quoy que noftre ame eftant raifonnable contienne la vegetatiue & la fenfitiue; neantmoins tant qu'elle anime vn corps mortel, la difcorde de ces parties eft continuelle, & nous fournit tous les iours les occafions du vice & de la vertu. Mais les Cieux eftans materiels, fufceptibles de diuifion, ayans vne multiplicité de parties, ils ne font pas capables de cette vertu éminente qui ramaffe plufieurs bonnes qualitez dans l'vnité, & comme ils font differens, rien n'empefche qu'ils ne foient contraires.

La Nature rend cette verité fi publique, que nos yeux en font les iuges, & fans beaucoup de ratiocination, fans eftre portez fur l'aifle des vents, & fans confulter les Oracles, nous pouuons cognoiftre la contrarieté qui eft aux Cieux par leur aspect, & iuger de leurs temperamens par leurs couleurs. La rougeur de Mars & du Soleil nous aduertist qu'ils sont de nature de feu; l'esclatante blancheur de Iupiter & de Venus, qu'ils tiennent de l'air; Saturne plombé, pesant & melancholique est terrestre; & le crystal de la Lune nous dit, quand nous n'en serions pas instruits par experience, qu'elle est de complexion d'eau, qu'elle a le gouuernement des humeurs, particulierement du flegme, & qu'elle ne tiendroit pas l'empire dessus l'Occean, si elle estoit estrangere de sa nature. Si les couleurs sont dessus les corps, des discours muets qui nous expliquent leurs temperamens: Et si la Physionomie en tire des regles, qu'elle fait passer pour demonstrations; Pourquoy ne ferons nous pas le mesme iugement aux corps celestes, & que les antipathies de leurs couleurs signifient celle de leurs qualitez?

Comme la Nature ne fait la liaison des contraires que par l'entremise d'vn estre moyen, qui partageant leurs vertus, se rend le mediateur de leurs alliances; & comme l'air est entre le feu & l'eau: Ainsi Iupiter est placé au Cieux entre Mars qui est tout de feu, & Saturne qui est tout de glace. Venus est entre les humiditez de la Lune, & les seicheresses du Soleil; & Mercure se rend l'arbitre commun, par vne humeur accordante à celle de tous les Planetes. Il y a donc de la contrariété aussi bien aux Cieux qu'aux Elements, puis qu'ils ont besoin d'estre temperez & retenus en leur action par l'entremise de quelques mediateurs. Encore malgré toutes ces moderations les Planetes demeurent dans vne si grande inimitié, que s'ils se voyent de loing en faisant leur course, ne se pouuans ioindre, ils s'offencent de leurs regards, & comme s'ils auoient ou moins de force, ou vne mauuaise humeur, au rencontre de leurs ennemis, ils refusent à la terre la continuation de leurs faueurs. S'ils luy donnent leur influence, ce n'est que successiuement: vne empesche l'autre à cause qu'elles sont contraires, qu'elles se combattent, & ne sçauroient compatir en mesme suiet.

C'est mal inferer de dire, que si les Cieux auoient de la contrarieté, ils endureroient de l'alteration, & que les hommes n'en ayants point remarqué pendant tous les siecles, il est à croire qu'ils n'en souffrent point. Car comment pouuons-nous noter les défauts des Astres, dont nous ne cognoissons les proprietez que par coniecture, ne pouuans pas remarquer precisément le degré de leur vertu & de leur lumiere? Nous sommes aussi peu capables de faire l'obseruation de leurs déchets, qu'vn Medecin de iuger le degré du mal, quand il ne sçait pas celuy du temperament dont il s'eschappe. Se persuader d'entendre les conditions des Cieux dans le terme de nostre vie, si court, si distrait, & qui s'employe si peu à cette speculation, c'est comme si ces petits animaux qui ne viuent qu'vn iour d'esté, faisoient iugement de toutes les saisons de l'année par ce qu'ils en ont veu. Ie veux que l'Histoire, les sciences, & les traditions fassent vne tissure de tous les aages, & nous donnent le moyen de profiter de la science de nos ancestres : elle ne vient neantmoins à nous, que fort alterée, & ces rapports sont des preuues imparfaites de ce que nous voulons sçauoir. Et puis ces changemens suruiennent auec vne diminution imperceptible : ce sont des maladies lentes, qui abatans petit à petit les forces, surprennent le ressentiment des hommes, & courent leur malignité par leur continuë.

Encore que cét assoupissement nous fasse veoir, comme par vsage, ce qui nous deuroit estre vn prodige ; nous ne laissons pas de remarquer de grands changemens dans le Ciel, & les globes artificiels nous monstrent plusieurs nouuelles Estoiles, qui apres auoir duré quelques années, sont mortes aussi subitement qu'elles auoient paru. Vne esclata l'an 1572. en la constellation de Cassiopée, dont la splendeur esgaloit celle de Venus : Vne autre au Cigne, l'an 160. Vne autre en la iambe du Serpentaire, l'an 1604. Et plusieurs Astrologues experimentez ont fait la demonstration, que ces lueurs esclattantes que le peuple pensoit estre des Cometes, estoient de nouuelles

Estoiles plus esleuées que la Lune; & que la moyénne region de l'air, où se forment les meteores.

On rapporte les maladies chroniques, celles qui affligent vn siecle & qui s'appaisent en vn autre, comme les lepres, les epilepsies, & autres semblables, à la naissance & à la mort de quelques Astres qui ont de grandes vertus, encore qu'ils soient si petits qu'ils eschapent à nostre veuë. Ie ne veux point suiure l'opinion de ceux qui rapportent le changement des Empires à cette premiere cause: Mais au moins il faut aduoüer, que les dechets de la Nature, les fertilitez qui sont moindres qu'anciennement, comme nous l'auons prouué, les generations plus imparfaites, sont les preuues que les influences des Cieux s'affoiblissent, & n'ont plus cette premiere vigueur qui a rendu autrefois la terre si fertile en fruicts, en metaux & en pierreries. Et ie tiens que c'est à cette cause qu'il faut necessairement rapporter les defaillances du Monde, selon l'ordre que Dieu luy a prescrit ; d'autant que la matiere estant aussi souple que iamais à receuoir toutes les formes, les a imparfaites, parce que son principe ne les luy donne pas meilleures, & auec de plus conuenables dispositions ; Comme le défaut qui suruient en l'impression d'vne cire molle, despend du cachet, & non pas de cette matiere obeyssante à receuoir, & fidelle à retenir tous les traits qu'on luy veut donner.

FFf iij

Les choses particulieres n'ont pas d'elles-mesmes la force d'engendrer leurs semblables.

CHAPITRE IX.

SI les Estres pourueus d'vne ame vegetante ou sensitiue ont quelque dessein en la conduite de leurs actions; si la sagesse superieure qui preside à leurs mouuements, leur marque vn terme & vne derniere fin où ils doiuent tendre; nous auons subiect de dire que c'est la generation de leurs semblables.

Cét appetit est le plus puissant de tous. Si les animaux sont au pourchas de leur nourriture, s'ils employent de grands soins à se conseruer; ce n'est que pour prodiguer leurs acquests en cette occasion, qu'ils recherchent auec les plus deliées de leurs industries, & les plus grandes fureurs de leur colere. La veuë ordinaire de ces effets nous en dérobe l'admiration, & nous sommes d'autant moins sensibles à cette merueille, que la Nature nous la rend plus familiere afin de solliciter nostre esprit à la contempler. Mais quittons l'inconstance de cette humeur, qui n'ayant des yeux que pour des nouueaux objects, n'en examine iamais les causes, & des-oblige au lieu de satisfaire la curiosité. Mettons nous en l'estat d'vn homme, qui venant tout nouueau au monde, auec vn esprit auide de la cognoissance de toutes choses, arresté par tous les spectacles, qui s'informe de toutes les conditions de l'estre, & qui ne veut rien rencontrer, dont il ne sçache la cause & les dépendances.

Dans cette liberté d'esprit, dégagé de l'opinion, de l'vsage, du desguisement des sens, nous admirerons comme il est possible qu'vne chose en produise vne autre, qu'elle se multiplie, & qu'estant composée plus de priuation que d'existence, elle agisse dauantage par celle de ses parties qui est la plus foible. Cette plante & cet animal a sa vie & ses forces renfermées dans le destroit indiuiduel, singulier & incommunicable. D'où vient donc qu'il fait cette saillie hors de luy-mesme, qu'il franchit ces bornes, & qu'il se répand contre l'inclination qui luy est propre de se tenir recueilly dedans son essence? Ce faon qui est mis au iour, a son estre tout autre & tout different de celuy du cerf. Comment est-il donc possible qu'il en ait esté produit, puisque les actions se mesurent à la puissance, & qu'vne chose ne donne que ce qu'elle a? Cette merueille me semble aussi grande, que si le feu produisoit de l'eau ; parce que ces Elements, quoy qu'ils soient contraires, entrent en societé de forces dans les mixtes & s'impriment de leurs qualitez : mais les estres indiuiduels sont incommunicables ; l'alliance en est impossible, & ils perdent leur subsistence si on leur oste la separation. Ce faon n'estoit pas deuant que d'estre conceu ; qui l'a donc peu tirer de la priuation ? Certes ce n'est pas vne force finie & naturelle qui a fait ce passage d'vne extremité à l'autre, où la distance est dans l'infiny.

C'est dites-vous l'ame vegetatiue, qui a cette proprieté d'attacher sa forme à la semence, & de l'estendre par vne propagation semblable à celle du feu, qui s'accroist en gagnant tousiours les matieres bien disposées à l'embrazement. Cette similitude ne resoud pas la difficulté. C'est vouloir expliquer vn prodige par vn autre, qui tient encore nos esprits en suspension, & d'où nous pouuons tirer des consequences d'vne cause vniuerselle, qui concourt à ces effects excedans la force d'vn estre incommunicable. Au reste le feu ne fait pas proprement vne production hors de soy ; mais il donne plus d'estenduë à sa continuité ; il ne fait pas la production de sa matiere ; mais il y suruient ; & il y est receu à la faueur des qualitez qui symbolisent auec les siennes. Mais le vegetable produit tout en la generation de son semblable ; il donne la disposition à vne matiere massiue, qui de soy n'est pas capable de mouuement, & il y introduit vne forme differente de la sienne. Mais d'où la prend-il ? C'est refuser de dire qu'on la tire du sein de la matiere, où elle n'est pas. Car,

selon

selon tous les Philosophes, cette matiere n'est pas vn thresor où l'on puisse prendre toutes les formes; mais seulement vn vuide qui les reçoit, & qui ne fait point de resistance à leur entrée. Ie ne conçoy pas aussi, comment il seroit possible que la forme d'vn animal procedast d'vne autre, puis qu'on tient que la forme substantielle ne se peut pas separer ny estendre comme les flammes, estant indiuiduelle & incommunicable. On nous accorde qu'à l'instant de l'action, elle n'est pas produite; mais qu'elle est seulement en disposition dans la semence: Elle vient donc d'ailleurs, & il en faut trouuer vne autre cause que les parens. Car elle ne procede pas du pere, qui ne donne plus rien à ce qui est esloigné & separé de luy: ny de la mere, qui n'est que passiue; & dont le temperament est par trop humide pour imprimer vne forme, qui en son actiuité tient de la nature du feu. Si on admet vne cinquiéme substance qui fait le mariage des Elemens dans les mixtes, & qui les conserue dans l'vnion; elle ne sera pas produite par les formes particulieres, estant d'vne condition celeste, & elles n'auront pas la force de l'attirer des Astres dans cette prison: les Cieux mesmes ne sçauroient donner que des qualitez, qui estans du nombre des accidents peuuent embellir, mais non pas produire la forme substantielle, qui est d'vn ordre plus éminent, & trop noble pour emprunter l'estre de ce qui ne subsiste que par vne faueur estrangere. D'où il faut conclurre, qu'vne cause superieure imprime la vertu generatiue aux estres inferieurs par vn surcroist de faueur, & vn priuilege qui passe les droits de leur nature indiuiduelle.

De fait la seule Puissance nutritiue, comme naturelle, dure pendant le cours de toute la vie, & demeure dans son exercice sans interruption, parce qu'elle est sans lassitude & sans violence: mais celle de la generation, comme forcée, n'agit que par interualles : la Nature l'a remis au temps que les forces sont plus vigoureuses, afin qu'elle en puisse porter l'impos; & lors mesme elle n'a ses agitations que par accez, & apres de longues remises. Les autres actions des animaux se font auec quelque sorte de reglement : Celle-cy n'est qu'vne precipitation furieuse dans les dangers, qui les rend prodigues de leur vie & dans le combat & dans les plaisirs de la iouyssance. Car nous voyons que les arbres qui ont le plus de fecondité, ont moins de durée; parce qu'ils prennent sur le reuenu de leurs aliments ce qu'ils employent en cette profusion, & se dépoüillent de leur substance, pour en reuestir vne autre. Les plus nobles parties de l'animal s'y appauurissent. Le cœur y enuoye ce qu'il a de plus espuré & de plus vif, par les arteres : le cerueau se vuide d'esprits par les nerfs ; le foye y donne le sang : & neantmoins ces subsides qui se payent à la Nature, ne feroient pas capables d'entretenir le nombre de ses habitans, si vne premiere cause ne secondoit ces contributions de son assistance. Sans elle il ne seroit pas possible qu'vn homme, à qui la vieillesse a rendu le temperament froid & sec, peust transmettre en ses enfans le chaud & l'humide qu'il n'a pas; & que la vigueur du premier aage qui va tousiours dans l'accroissement, peust naistre de celuy qui souffre vne continuelle défaillance de forces.

Si cette vertu dépendoit de la perfection de l'estre, les Cieux qui sont plus accomplis, seroient plus portez à la generation que les animaux: Ils empliroient toute l'estenduë de la matiere de leurs formes pour donner de l'exercice à leur puissance, & satisfaire ses appetits par vne si noble production. Il ne faut point dire, que n'estants pas capables d'estre corrompus, ils ne se portent pas à la generation, & a faire des successeurs d'vne vie qu'ils ne peuuent perdre: D'autant que les actions de la Nature s'accomplissent auec necessité, elle y déploye toutes ses forces sans reserue: Et si la vertu generatiue dépendoit de la perfection d'vne forme materielle, les Cieux qui ont la plus excellente, seroient les plus portez à la generation. Ils ne seroient pas capables de s'en retenir, sous pretexte qu'ils ne souffrent point d'alteration; ny les choses inferieures de s'y porter, pour entretenir leurs especes par leurs descendans, parce qu'ils ne sçauroient auoir ny cette cognoissance generale, ny cette affection pour vn bien public. Si cét appetit est tousiours accompagné de tant de desordres, qu'il ne laisse aux hommes que la pensée d'assouuir les sens, & non pas de peupler l'espece ; Il doit estre bien plus precipité & plus aueugle en des corps qui n'ont pas l'vsage du iugement, & dont la Nature n'est point capable de moderation.

Nous nous portons naturellement à trauerser les autres en la possession d'vn bien que nous ne pouuons auoir, ou que nous sommes condamnez de perdre ; & la misere nous semble legere quand elle deuient commune. C'est pourquoy l'antiquité gardoit cette cruelle ceremonie, d'appaiser les manes des defunts par des victimes innocentes ; d'enseuelir ou de brusler les plus precieux de leurs meubles auec leurs corps, pour sacrifier à leur enuie, qui estoit le dernier de leurs sentimens. Neantmoins quoy que la vie soit la plus douce des possessions, & de laquelle on craint plus la perte, l'homme ne laisse pas de la donner par la generation à ceux qui selon le cours de la Nature le doiuent suruiure, de regarder auec contentement ceux qui l'aduertissent de son aage & de sa fin. Ie ne m'estonne pas que ce mouuement surmonte celuy de la ialousie, puis qu'il fait mesme negliger l'amour que toutes choses ressentent pour leur conseruation. Toutes marques infaillibles qu'il est imprimé aux estres par vne souuerainement feconde bonté, qui ne souffre point de déchet en ses perfections par ses liberalitez.

Cette supréme sagesse a si dextrement couuert les dommages de cette action par les amorces du plaisir qui l'accompagne, que cette passion se fait suiure de toutes les autres, & sa jouyssance se propose à l'ame comme si elle en estoit le souuerain bien. Ce plaisir se doit rapporter à vne secrette prouidence du Ciel, puisque la philosophie n'en sçauroit trouuer la cause dedans la Nature. Aussi les Medecins parlent de cette Puissance comme d'vne vertu diuine, dont les rayons respandus par tout le corps luy inspirent la chaleur, le courage, la force, la bien-seance: Et au contraire son défaut altere le temperament, & desfigure les hommes d'vne si honteuse deformité, que quelques-vns les reduisent sous vne nouuelle espece. Platon compare les extases de l'amour auec celles de la contemplation, & dit que son mouuement vient du Ciel, comme il y retourne lors qu'il aspire à la iouyssance de la beauté qui est vn objet diuin. Et comme Dieu a produit vn monde corporel auec le temps sur l'image de ses infinies perfections, Ainsi l'homme s'estant veu & aymé luy-mesme par sympathie dans l'objet de son amour, les charmes de la complaisance qu'il en tire, le font passer aux secondes affections du mariage, afin de rendre ſes idées ſenſibles, & faire que la multiplication de l'objet repreſente l'eſtenduë d'vne paſſion qui eſt infinie. Les plantes & les brutes eſtans incapables de ces ſentiments, portent neantmoins les faueurs de la Diuinité aux baſſes inclinations qu'elles ont à la generation. Car c'eſt de ſa bonté communicatiue & de ſon eſtre eternel qu'elles reçoiuent la force de franchir les limites d'vne vnité d'imperfection, pour ſe rendre aucunement pluſieurs, & ſe repreſenter continuellement en la Nature par les naiſſances ſucceſſiues de leurs deſcendans.

Les moyens qu'elles gardent en cela ſont rauiſſans, & pour veoir vne grande merueille dans vn petit ſujet, que la curioſité prenne le loiſir de remarquer, comment vne graine ſeiche & morte eſtant couuerte de terre reprend la vie, où les autres choſes ſe conſomment de pourriture. Premierement, s'eſtant groſſie d'humidité elle briſe ſa priſon par vne fente, d'où elle fait ſortir vne petite racine, aſſez forte en ſa delicateſſe pour percer la terre, & chercher à trauers ſa ſolidité les petites ouuertures qui luy donnent l'occaſion de s'y eſtablir; Elle s'y enfonce, ſe diuiſe & ſe répand en vne longue tiſſure de filets, qui ſont autant de petites bouches qui en ſuccent la nourriture; Enfin elle s'éleue en vn tige qui croiſt en hauteur, iuſques à ce qu'elle repreſente la nobleſſe de ſon extraction. Qui donne à ce petit grain le premier mouuement auec lequel il reſſuſcite, & la force d'obliger la terre à luy payer le tribut de ſes aliments? Ce n'eſt pas la plante qui l'a porté, parceque ſi elle luy pouuoit donner la vie vegetante par vn droict hereditaire, ce ſeroit lors qu'elle ſe détache des branches ; car depuis c'eſt vn membre mort, qui perd la vie auec l'influence de ſa tige : Auſſi comme n'ayant point de vie, elle ſe conſerue ſans nourriture, elle demeure percluſe, ſans progrez & ſans mouuement. Ce qu'elle a donc de la plante mere n'eſt qu'vn rapport de temperament, & vne groſſiere diſpoſition à vne forme, qu'elle ne receuroit pas ſans le concours d'vne Cauſe vniuerſelle. Sans ſon aſſiſtance elle n'auroit iamais cette induſtrie, d'enfermer aſſez de terre pour ſa nourriture, de l'attirer, d'en ébaucher la digeſtion dans les racines, la faire en la tige, & la rendre ſi parfaite aux branches, qu'elle metamorphoſe le plus groſſier & le plus deſagreable des Elemens en des fruits parfaitement delicieux.

Mais comme les animaux ont vne nature plus accomplie que les plantes, leur compoſition eſt auſſi pleine de plus merueilles. Ils n'ont pas vne ſeule petite partie, dont la forme, l'vſage, & l'intelligence auec les autres ne ſoit vn miracle en ſon artifice. D'où vient vne fabrique ſi rauiſſante, & vne ſi ſage œconomie ? cette vertu formatrice, que l'on attribuë à la ſemence, qu'on nomme sans la connoistre, a-elle l'idée d'vn corps pour en faire vne si admirable composition? a-elle des mains assez delicates, vne industrie assez experimentée, pour acheuer tant de pieces & les aiuster auec vn ordre qui represente la disposition du Monde? Quelle science & quelle Philosophie faut-il pour extraire vne si grande diuersité de parties des confusions de la matiere? affermir l'ouurage auec la solidité des os ; laisser les ouuertures pour le libre écoulement des humeurs & des esprits, proportionner les ressorts; faire la delicate tissure des membranes ; étendre les nerfs auec vne souplesse propre au mouuement ; mettre le cœur en son trosne, luy pouruoir de ses officiers; éleuer les sentinelles des sens pour la seureté du corps & l'instruction de l'ame; enfin pour assortir vn animal de toutes les pieces importantes aux actions de la vie, & qui sont particulieres à son espece?

Tout cela ne s'assemble & ne se dispose pas par la chaleur naturelle de la mere; & ce qu'elle y contribuë, n'est que par vne violence qu'elle souffre en ses fonctions ordinaires, qui sont de digerer, resoudre, repousser de soy les corps estrangers; & la vertu animale ne sçauroit acheuer vn artifice où toutes les industries, & les raisons les mieux épurées se trouueroient ignorantes. Ce n'est pas aussi vn œuure des Cieux, qui n'enuoyants icy bas que des qualitez, ne sçauroient produire des

formes

des formes & des effets qui les paſſent en excellence. C'eſt donc vne Sageſſe infinie répanduë par tout le monde, & preſente à tout, qui trace cét admirable deſſein deſſus vne matiere confuſe, qui rend les organes propres à leurs actions, & qui recherche les moindres parties de cét ouurage.

La police qui ſe remarque en la generation des animaux, eſt vne preuue infaillible qu'elle dépend de la prouidence d'vn premier Moteur, qui veille à la conduite du Monde, & qui en veut la conſeruation. Il a ordonné que les beſtes feroces, & qui ſont alterées de ſang, ne fuſſent point ſociables, afin qu'elles euſſent moins ſujet de ſe peupler : Comme elles ſont ennemies de noſtre Nature, elles ſont releguées dans les deſerts de l'Afrique, & en des climats ſteriles de fruicts, afin que leurs temperamens qui ſe plaiſent à vn air qui bleſſe le noſtre, fuſſent vn frein à leur fureur, & nous ôtaſſent l'occaſion de nous engager dans leur rencontre. Les lions & les pantheres ne portent qu'vne fois en leur vie ; les loups engendrent peu, & ſe mangent ; les viperes déchirent leurs meres : Et cependant les animaux domeſtiques, comme les vaches, les brebis, les lapins, les pigeons, les poules multiplient de ſorte, qu'ils ſeruent à noſtre nourriture, & à l'entretien plus que ſuffiſant de leur eſpece. Enfin c'eſt vne concluſion veritable, que les choſes particulieres n'ayans pas la vie d'elles-meſmes, elles ne ſçauroient la donner aux autres, ny difposer de ce dont elles ne font pas les proprietaires: Mais qu'elles tiennent d'vne vie vraye, abfoluë, independente, eternelle, ce qu'elles ont de vie & de vertu à la generation.

Le Monde ne fe fçauroit toufiours entretenir par les generations.

Chapitre X.

CEvx qui fouftiennent l'éternité du monde luy donnent la fuite des generations pour principal fondement, & fe perfuadent, que nos experiences font vne puiffante démonftration pour conuaincre qu'vn homme engendrant vn autre, celuy-la vn autre, & ainfi de fuite, il fe peut faire vne genealogie qui n'ait ny commencement ny fin. Nous auons deja combatu cette propofition au chapitre precedent, en faifant connoiftre que les chofes particulieres n'ont pas d'elles mefmes la force de produire leurs femblables. Et en cela nous monftrons le défaut du tout par celuy de chacune de fes parties, & que le monde ne fe fçauroit entretenir par des generations qui n'ont point de fuite. Mais reprenons encore les armes pour vaincre deux fois en mefme querelle, & tirer cette confeffion des efprits les moins credules, que cette tissure infinie de generations tient de l'impossible, & qu'il faut desauoüer son iugement pour inferer de là que le Monde soit eternel.

Ie pourrois reduire cette verité entre les Principes dont la Nature nous donne les impressions auec vne certitude qui deuance nostre discours, & qui se tient immobile entre les objections dont elle est batuë, comme le rayon du Soleil entre les orages. Quoy qu'on die que le Monde à tousiours esté comme il se monstre à present, que les planetes & les animaux se sont tousiours multipliez par les generations: Tout homme qui suit la raison, dira par vne reprise impatiente; Mais enfin ces choses ont commencé, il ne sçauroit supporter ce cercle infiny, il s'offense de ce progrez qui n'a point de terme, & son esprit iuge cette absurdité si extrauagante, qu'il en prononce la condamnation sans se donner la peine d'en examiner la cause.

Ce n'est pas qu'il n'ait de puissantes demonstrations pour s'éclaircir de cette maxime, quand la Nature ne luy en auroit point donné la lumiere, & qu'il ne puisse rencontrer par le discours ce qui luy est déja tout acquis par l'instinct. Car nous auons déja fait la preuue, que toute composition, toute estenduë, toute quantité a ses limites, & que le progrez à l'infiny est l'écueil de nos esprits, & la plus forte auersion de la Nature.

Ce qui naist aujour-d'huy n'a pas esté, & ne sera pas tousiours; Le voila donc suspendu entre deux abysmes de priuation, d'où il est sorty, & où il doit fondre : c'est vne partie qui nous doit faire iuger du tout, que le Monde est tiré du rien; & que s'il n'y retombe pas, c'est vne vertu autre que la sienne.

Ie veux que les plantes & les animaux se fassent des successeurs, & se representent au monde par la generation de leurs semblables. Cette genealogie peut durer vn temps; mais non pas tousiours; & il faut enfin que cette fecondité cesse. Autrement, le pere auroit vne puissance infinie qu'il transmettroit en ses descendans, dans lesquels il vit en quelque façon; estant mortel il causeroit l'immortalité, il donneroit ce qu'il n'auroit pas; & n'ayant en soy rien que de limité, il feroit vne production infinie. Comme plusieurs indiuisibles ne sçauroient former le continu, toutes les choses mortelles ne sçauroient faire vne succession immortelle : les parties se soulagent vn peu pour la continuë estans iointes; mais elles ne se sçauroient donner le priuilege de l'eternité, & s'approprier vn droit qui est tout à fait éloigné de leur condition. Pour auoir vne durée qui n'ait point de fin, il faut vne Puissance qui soit infinie dont toutes les choses mortelles, vnies ensemble, & faisans vne suitte de leurs vertus, ne sont pas capables. Les fleuues emplissent leurs lits par la suite continuë des flots qui se pressent, & qui sans interruption succedent à ceux qui courent deuant, mais ils ont leurs sources d'où ils deriuent, & les mers où ils se vont rendre. Les anneaux d'vne chaisne se portent l'vn l'autre ; mais ils ne laissent pas d'auoir tous ensemble vne pesanteur qui les porte en bas, si celuy qui est le plus éleué n'est soustenu de la main, ou de quelque chose qui soit immobile. Ainsi il faut admettre vn premier Principe, sur qui se repose la puissance des generations ; vne vnité souueraine, qui soit le prototype de ce continu, & qui empéche que la difference n'y apporte la diuision. Ce flux des choses indiuiduelles, cette grande suite de naissances dépend d'vn dessein vniuersel, qui ne tombe pas dans l'idée des choses particulieres : ces estres qui de la priuation auancent à la file au monde, ont deu receuoir l'ordre qu'elles y gardent d'vne premiere cause intelligente qui leur domine.

Si vne vertu superieure n'entretenoit la suitte des generations, & ne leur prescriuoit vn ordre, il ne seroit pas possible qu'elles continuassent pendant vn siecle ; & vne mesme necessité termineroit le Monde auec nos vies. Car nous voyons les choses mortelles batuës de tant d'inconstances ; leurs actions sont trauersées de tant d'obstacles ; les sympathies des puissances, & l'accord des facultez qui doiuent concourir à la generation, sont rompuës par tant d'accidents, que les especes periroient infailliblement auec les indiuidus, si vne puissante main n'arestoit cette desolation. L'experience nous fait tous les iours connoistre, que le terme de nostre vie ne se mesure pas au nombre des ans: il est bien certain que nous ne pouuons passer les bornes de l'aage que la Nature a prescrit aux plus robustes complexions; Mais nous n'auons point d'asseurance de l'atteindre. Mille bourasques enleuent les hommes du monde, lors qu'à peine ils en ont salüé le port, la mort suit bien souuent la naissance, & emporte les enfans du berceau & de la mamelle au sepulchre. Si quelques-vns sont surpris d'vne mort precipitée, il n'est pas impossible qu'vn iour malheureux n'enuelope tous les mortels en cette disgrace, & ne fasse perir la posterité en leurs personnes; comme les gelées du printemps font ordinairement tomber les fleurs des arbres vn peu trop hâtées; mais quelquefois elles sont si rudes, qu'elles moissonnent toutes les esperances de la campagne, & nous font des années steriles de fruits : Cela n'arriue que dans vn pays ou dans vn climat. Mais si le Soleil qui donne la vie à toutes les choses inferieures, estoit dans vne mauuaise constellation, auec Saturne infortuné, en opposition de la Meduse, en Eclypse, & auec le défaut de toutes ses dignitez essentielles & accidentelles; la malignité de cette influence seroit vniuerselle à toute la terre, & tous ceux qui receuoient sa lumiere perdroient la vie.

Si-tost que les corps paroissent au monde ils sont exposez aux attaques de leurs ennemis, & sont batus continuellement de leurs contraires; mais ils n'ont pas si-tost la vertu de la generation; son exercice est empesché par le défaut de toutes les circonstances qui doiuent y concourir, & la Nature le remet à vn seul aage de nostre vie, en condánant ses extremitez à l'impuissance. D'où il s'ensuit que le Monde deuroit bien-plustost perir par ses combats qui sont ordinaires, que se conseruer par les generations si rares & si difficiles. Comme il n'y a pas vn seul moment qui ne menace la vie des choses mortelles, d'où vient que toutes ne perissent pas dans le long espace qui s'écoule depuis leur naissance iusques à ce qu'elles soient capables de laisser des successeurs au monde? qui est-ce qui tient tous ces accidens en bride? qui empesche que les generations ne finissent? & qui les regle de sorte, que les animaux suffisent pour peupler la terre, & la terre pour fournir à leur nourriture? Certes il faut que ce soit vne souueraine Sagesse qui fasse au monde ce que Platon dit que le Prince doit pratiquer en la Republique, de tellement mesurer les mariages à son estenduë & au pouuoir de ses ennemis qu'elle ne soit ny trop foible pour le combat, ny trop chargée pour le pays.

On dit que les guerres, les pestes, les famines, ont quelquefois deserté les pays entiers de leurs habitans; desorte que la terre estoit moins empeschée à leur donner ses fruits que la sepulture. Ie répons, que ces pertes qui paroissent grandes à nos interests & à nos affections, ne sont pas plus considerables au Monde que la mort d'vn citoyen dans vne grande ville, qui n'en perd pas pour cela ses forces, ses réjouyssances & ses triomphes. Ces desolations sont les crises de la Nature qui se purge de ses superfluitez : elles éclaircissent l'espece des hommes qui commençoient à s'incommoder par la multitude, & rendent la possession de la vie plus douce, & moins onereuse. Au reste on ne s'estonneroit pas de ces deluges, on ne leur donneroit pas le nom de mal-heurs & d'accidents, s'ils n'estoient fort extraordinaires. Il y a donc vn gouuernement reglé par vne premiere Cause, qui retient ces infortunes, & qui ne les lâche que quand les necessitez du Monde les demandent à sa Prouidence & à sa Iustice.

Comme elle modere les excez de la Nature, elle la releue de ses défauts, quand les langueurs des agens particuliers menacent l'espece d'vne notable alteration. Autrement, les productions ayans vn tel rapport à leur Principe, qu'elles n'en sçauroient égaler toute l'excelléce, & neantmoins elles en retiennent toute l'imperfection ; supposé vn défaut dans vn particulier, il passeroit à

ses

ses descendans par vne succession mal-heureuse; iusques à ce qu'il eust effacé les principales conditions de l'espece, & qu'il l'eust plongée tout à fait dans la priuation. Enfin nous deuons conclurre que le Monde ne se sçauroit entretenir de luy mesme par les generations ; puisque, comme nous en auons fait la preuue, sa vicissitude ne peut pas tousiours continuer; que le mouuement n'est pas eternel ; que les Cieux qui concourent aux generations, se peuuent corrompre; Enfin que la mort enseueliroit toutes les especes auec les indiuidus, si vne Puissance superieure ne limitoit ses dégats, de sorte qu'ils ne desertent point la Nature, & ne rompent pas l'ordre des generations.

Contemplation generale du Monde.

Chapitre XI.

NOvs auons fait vne assez exacte recherche des parties du Monde. C'est assez d'auoir couru les Elemens, les especes, les conditions de la Nature; d'auoir visité les Cieux qui font la visite de la terre, pour en examiner les forces, les intelligences & la durée. Nostre esprit se lasse de ces connoissances particulieres ; estant capable d'vne veuë vniuerselle, il se dispose à vne plus genereuſe ſaillie: & comme le feu éleue ſa flamme par deſſus la matiere qui luy donne la nourriture, il veut échaper de l'enclos du Monde qui eſt le premier objet de ſa contemplation ; Permettons luy de prendre cette ſeance qui eſt deuë à ſa dignité : Mettons nous au deſſus des corps, paſſons l'eſtenduë des Elemens & des Cieux, & voyons rouler deſſous nos pieds les globes que nous regardions deſſus nos teſtes. De là le Monde ne nous paroiſt que comme vne boule ſuſpenduë dans le vaſte des eſpaces, que ie comprends de ce que ie ne les puis veoir ; & ce corps qui a ſa grandeur bornée, me fait conceuoir vn vuide infini qui l'enuironne, & qui peut loger vne infinité de Mondes.

Ce corps ainſi limité, & dont ie voy la derniere ſuperficie, ne tient pas de luy-meſme ſon exiſtence; il ne s'eſt pas fait; il ne ſe ſouſtient pas par ſa propre force ; & n'eſt pas dans l'independance de toute autre cauſe. Car ce ſeroit vne contradiction de dire qu'il ſe fuſt produit luy-meſme, parce qu'en meſme temps il euſt eſté, comme cauſe; & n'euſt pas eſté, comme effet qui en deuoit eſtre produit. Il euſt poſſedé le dernier accompliſſement de ſa nature, & ne l'euſt pas eu, puis qu'il ſe diſpoſoit à le receuoir de luy-meſme, qui n'eſtoit pas ny pour donner, ny pour receuoir. S'il ſe fuſt produit, ſa condition eſtant corporelle, il euſt eſtendu ſa quantité à l'infini, &

n'euſt point mis de bornes à ſes puiſſances, parce qu'il n'y en a point en l'amour que toutes choſes ſe portent, & à l'ambition qu'elles ont de la grandeur. Ou ſi on dit, qu'il a touſiours eſté dans le meſme eſtat, cette durée eternelle ſuppoſe vne vertu infinie, comme nous l'auons prouué; Vne exiſtence qui deuanceroit tous les temps, deuroit anticiper tous les degrez de bonté, & les auoir plus auantageuſement, que ſi l'amour propre en faiſoit l'acqueſt par vne naiſſance à diſcretion.

Vne choſe qui tient d'elle-meſme ſa ſubſiſtence, doit auoir vne perfection infinie, pour ſe liberer de la priuation dont l'abyſme n'a point de fonds, & pour ſe defendre de l'attaque d'autant d'ennemis qui luy diſputent la vie, qu'elle a de défauts, & qu'il ſe trouue de perfections dont elle eſt priuée. Suppoſé, comme il eſt vray, que le monde eſt infini en ſa quantité & en ſa vertu, nous pouuons nous imaginer vne infinité d'excellences qu'il n'a pas, & qui ſe doiuent rencontrer veritables & exiſtentes en quelque ſujet, comme elles ſont en idée dedans noſtre eſprit, afin que la priuation n'excede pas l'eſtre, & que la partie ne faſſe point de productions plus ſublimes que ſon tout & ſon Principe. Ie ne voy qu'vn corps : & comme la nature ſpirituelle eſt plus excellente que la corporelle, ſelon que nous en faiſons tous les iours l'eſpreuue par les operations de noſtre ame, il faut admettre vne Intelligence ſuperieure qui luy domine, afin que l'ordre qui rend au monde les moindres choſes dependantes des plus parfaites, ſe garde auſſi bien à l'eſgard du tout, que de ſes parties.

Ces eſpaces vuides, au milieu deſquels le globe du Monde n'eſt que comme vn poinct, ſont infinis; de ſorte que pour les aſſortir de leur contraire, il faut neceſſairement admettre vn acte infini, qui contienne autant d'eſtres, de puiſſances de lumiere, d'actiuité, que le vuide de negations, de tenebres, & d'inſuffiſances: ou bien cette priuation qui auroit plus d'eſtenduë que l'eſtre du Monde, luy domineroit, comme vn mal-heureux Principe, dont l'influence cauſeroit la diſſolution. La mort ſeroit & meilleure & plus ſouhaitable, que la vie, la foibleſſe que la vertu, le déchet que l'accroiſſement; d'autant que par toutes ces pertes les choſes ſe rendroient plus conformes à la priuation qu'elles auroient pour leur exemplaire. Il eſt vray qu'elle penetre le Monde qu'elle enuironne, & fait paroiſtre ſa malignité aux corruptions qui tyranniſent continuellement la Nature par l'exaction de ſes beautez & de ſes treſors. Mais ce qui n'eſt auiourd'huy qu'vne viciſſitude reglée, deuiendroit vne deſolation vniuerſelle; les naiſſances ne gueriroient plus les coups de la mort, & n'y auroit plus de ſuruiuants qui fiſſent le dueil & les epitaphes, ſi vne ſouueraine Bonté n'imprimoit au monde autant de vertu que le vuide y fait glisser de défaillances; si vn Acte infiny ne combatoit vne priuation infinie, & ne defendoit l'estre materiel contre la sedition de celle qui luy est intime, & le peril de l'autre qui est estrangere.

Tant de lumieres qui nous éclairent, & ces globes de crystal, qui prennent vne solidité transparente pour ne se pas opposer à la curiosité de nostre veuë, nous inuitent de contempler comment ils sont enchassés les vns dans les autres auec vne iustesse, qui ne laissant point de vuide, n'en empéche pas le mouuement. Ils sont admirables en la diuersité de leur éclat, de leurs influences, de leurs periodes, de leurs rencontres : Mais enfin ils n'ont pas vne vertu souuerainement simple, où consiste la derniere perfection de l'estre; Ce sont des corps qui doiuent l'hommage à vne Nature immaterielle ; leur diuersité, leur composition, leurs mouuemens, leurs contrarietez, l'emprunt & l'éclypse de leurs vertus sont autant de reproches de leur imperfection. Ils marchent autour d'vn centre commun, quoy qu'ils ayent vne grandeur & vne reuolution inégale : leurs regards sont tournez au dedans du Monde, bien qu'il s'y rencontre de la laideur, & par tout le defaut se trouue en des actions qui de soy sont extrémement sublimes; d'où il faut iuger qu'ils portent l'image; mais qu'ils ne possedent pas la dignité d'vne Esfence fouuerainement accomplie, d'vne Bonté qui fait vn cercle continuel d'amour & de connoiffance fur elle-mefme, qui comprend & poffede tout en foy; que nous pourrions dire l'objet & la fin de fa derniere felicité; fi ce n'eftoit que fa nature parfaitement fimple ne nous permet pas de la conceuoir proprement auec cette diftinction.

I'apperçoy au deffous du Ciel de la Lune le feu étincelant, auec vne pureté qui laiffe le libre paffage à noftre veuë, & vn mouuement qui ne fait point de confufion d'efpeces. De là l'air fe répend iufques en bas, pour y porter les lumieres & les influences du Ciel, & contre l'inclination de fa naturelle fluidité, il fe preffe en forte, qu'il tient en referue affez dequoy remplir tous les efpaces que l'abfence, ou que l'ouuerture des corps abandonne au vuide. L'eauë eft au deffous, flotante auec vn reflux qui fuit à demy le mouuement circulaire des Cieux; elle en reprefente l'azur, les lumieres, les obfcuritez; elle fe transforme & s'agite à proportion de fes influences; & fa dexterité ne veut qu'vn moment pour en tirer autant de portraits qu'il prend de vifages. L'admirable difpofition de ces corps qui tiennent leur rang felon leur merite, où d'eux ennemis font reconciliez par l'entremife d'vn qui partage leurs interefts, où la fympathie ne laiffe à la contrarieté que ce qu'il luy faut d'action pour entretenir la viciffitude du monde; leur commerce, leur iustice, leurs moderations sont les preuues qu'ils sont establis & gouuernés par vne souueraine Sagesse.

Vous diriez que les Elements superieurs affectent la transparence, afin de fauoriser la contemplation que nous faisons de la plus haute sphere iusques en bas, & nous laisser vne veuë libre de la terre qui est l'abregé du Monde. Ie ne croy pas qu'elle fust contraire à nostre speculation, & qu'elle arrestast nos yeux à la surface par vne obscure solidité; si ce n'estoit qu'estant le centre de la Nature, elle nous represente vn principe qui est & la fin de toutes choses, & vne vnité infinie que nous ne sçaurions comprendre. Quelle merueille, de veoir que les Cieux & les Elemens, outre la sympathie generale qu'ils ont entr'eux, rapportent encore leurs vertus à ce petit poinct, pour en faire vn racourcy de tout l'Vniuers, & imiter plus parfaitement l'vnité de leur principe par vne vnion redoublée! Ils y ont tous leurs colonies sous vn seul gouuernement; les veines des eaux attrempent sa secheresse, & luy donnent la nourriture; le feu tient vn second empire en son centre; l'air s'y glisse subtilement chargé de l'influence des Astres, qui d'vne matiere indifferente façonne le Ciel de metaux, dont l'auarice fait sa derniere felicité. Le plomb est comme Saturne, pesant, terrestre, obscur, melancolique, & le premier à cause qu'il est le moins éloigné de la matiere. L'étain reprefente Iupiter en couleur & en qualité. Le fer qui eft l'inftrument des guerres, qui fans s'écouler, retient bien long-temps les proprietez du feu, appartient à Mars. L'or, d'vne chaleur & d'vne fechereffe moderée, par fon éclat & par fa couleur a merité le nom du Soleil, côme l'argent celuy de la Lune, & le cuïure celuy de Venus, à caufe de la fympathie de leur vertu ; & qu'il eft auffi rapportant à l'or en fa couleur, que Venus l'eft au Soleil en force & en fituation. Le vif-argent qui s'attache à tous les metaux, qui exhale au feu, & qui eft d'vne pefanteur mobile, nous explique plus fenfiblement les conditions du Mercure celefte, que les Poëtes nous le depeignants auec des ailes, & le caducée, comme le Heraut & le meffager des Dieux.

Les Cieux & les Elemens font auffi dans vne grande communication de leurs qualitez. Le feu donne à l'air le mouuement, à l'eau ce qu'elle a de tranfparence, à la terre l'actiuité pour faire fes productions ; & il reçoit de la terre, comme par échange, la folidité qui tient fes parties dans l'vnion, & qui empefche qu'elles ne s'exhalent par vne trop grande fubtilité. La mer étincelle ordinairement, pour monftrer qu'elle enferme dedans fes ondes beaucoup de feu : & comme fi elle auoit perdu fa naturelle contrarieté par ce grand mélange, elle le nourrit pluftoft qu'elle ne l'éteint. L'air enfle fes vagues : fon fel, les coquilles, &

les

les écailles dont elle reuest les poissons, monstrent qu'elle tient beaucoup de la condition terrestre. Les cieux mesmes qui sont les plus grandes alterations sur les Elemens, partagent quelque chose de leurs qualitez. Le feu est dedans les Cieux vne lumiere sensible, vne chaleur viuifiante, & vn mouuement rapide. La terre y donne la stabilité; elle forme dans les Estoiles cette épaisseur à vn fonds obscur, qui reçoit, retient & renuoye la lumiere par reflexion; & l'eau y distile, à ce qu'on dit, vne humeur qui rend la superficie des globes glissante & fraische, pour faciliter leur mouuement de sorte qu'ils glissent sans s'échauffer.

Certes les moindres choses du monde ne possederoient pas les qualitez des superieures, si elles n'estoient façonnées d'vne mesme main, sur la mesme idée; & si comme filles d'vn mesme pere, elles n'estoient appellées à ce partage selon ses ordonnances & sa substitution: & celles qui sont les plus éminentes se tiendroient deshonnorées de la qualité des moindres, & le merite de leur nature les refuseroit, si vn seigneur dominant ne les auoit obligées à cette condescendance, comme à vne espece de seruitude qui importe à la conseruation du Monde. Si les contraires qui se choquent dans la haine de leurs qualitez n'ont point d'antipatie en leurs substances, s'ils se penetrent, & s'ils entrent en societé de forces

Tome I. KKk

& de biens, c'est l'effect d'vne souueraine Vnité, qui comprenant tout en soy, fait icy que tout soit en tout, & que chaque partie du Monde en soit l'abregé.

Dieu a creé le Monde de rien.

CHAPITRE XII.

DE l'effort que nous auions pris au dessus du Monde, nous voilà encore abaissez dans la contemplation des Cieux & des Elemens; mais ce n'est que comme la flamme qui fait vn viste retour dessus sa matiere, pour en receuoir les forces qui la font floter auec plus d'estenduë, & poincter plus haut. Nous cherchons vn premier Principe, vne Cause vniuerselle, vne Bonté infinie en toutes les parties de la Nature; & puis qu'elle est toutes choses, que tous les Estres portent son image, ce sont des objets qui fauorisent nostre speculation sans la raualer : quelque saillie ou quelque abbaissement que fasse nostre esprit à la suite de ce dessein, il demeure tousiours dans l'enclos d'vn estre infiny, dont il ne peut ny ioindre ny écarter la circonference. Chaque partie d'vn miroir represente les mesmes especes qu'enuoye la glace quand elle est entiere ; & tous les estres particuliers fournissent cette mesme consequence à noſtre contemplation, qu'il y a vn Dieu, premier Principe, & Cauſe vniuerſelle du Monde. Si les Elemens gardent vn ordre en leur ſituation, en leurs ſympathies, & en l'exercice de leurs puiſſances; ſi les Cieux font vne harmonie de leurs reuolutions, de leurs lumieres, & de leurs vertus; ſi toutes choſes renoncent à leurs intereſts particuliers pour la conſideration d'vn bien public; ſi les plantes & les brutes ſont portées par vn inſtinct qui eſt infaillible; ſi le mouuement ſuppoſe vn premier Moteur; ſi l'vnité eſt deuant la multitude, & l'eſtre intellectuel deuant la matiere; ce ſont autant de demonſtrations de la Sageſſe & de la puiſſance du premier Principe. Mais ſi cette machine n'eſt pas eternelle; ſi ſes accords, ſes mouuemens, ſes viciſſitudes, ſes generations ne peuuent touſiours durer; ſi les Cieux meſmes ne ſont pas exempts de corruption, il en faut venir à vn temps où ils ont eſté formés. Car ſi on ne leur donnoit point de commencement, il y auroit touſiours vne eſtenduë infinie de ſiecles qui ſe ſeroient écoulez iuſques au noſtre; & ne trouuant point de bout à cette chaine de generations, ce ſeroit vne durée eternelle dont des forces limitées ne ſont pas capables: le monde ne ſubſiſteroit deja plus; il y auroit vn temps infini qu'il ſeroit arriué au terme de ſa vieilleſſe; & ſes défaillances auroient eſté ſuiuies de la mort.

Il a donc receu ſon commencement, dont

nous ne pouuons parler sans dire quelque chose de l'infinie perfection du premier Principe qui luy a donné l'estre auec vne si grande profusion de merueilles, qu'vne seule de ses parties fait l'object d'vne science pour laquelle nostre vie n'est pas assez longue. Elles possedent toutes des qualitez & des excellences auec vne diuersité incommunicable; à cause que leur Principe est infini; neantmoins elles ont ce rapport, & concourent en ce qu'elles sont en l'estre hors de la priuation, & qu'elles sont au degré de la nature qui est deu au merite de leur espece. Cét accord & cette correspondance de toutes choses en l'estre, est vn effect general qui se doit rapporter à vne cause vniuerselle; tout de mesme que nous rapportons les effects particuliers à vne cause particuliere, la chaleur au feu, le froid à l'eau, l'humide à l'air, la secheresse à la terre. Les Charges qui regardent le bien public, & qui pretendent à la conseruation de l'Estat, auec vn pouuoir de se faire obeyr du peuple, dependent du Roy, qui se reseruant la souueraineté, a fait la distribution de ces ministeres en diuers degrez qui le representent. Nous voyons entre les causes de la Nature la mesme subordination, qui se remarque entre les dignitez d'vne Republique, les plus excellentes exercent dauantage d'autorité, & tiennent les autres dans la suiettion qu'elles rendent à celles qui les precedent, iusques à ce qu'on soit arriué à la souteraine, qui donne la loy à toutes sans la receuoir. Cette qualité n'est deuë qu'à vn Principe qui possede toute l'estenduë de l'estre, qui soit libre du défaut, de l'accroissement & du déchet; qui ioüysse par essence & par luy-mesme de la bonté, dont les autres choses n'ont qu'vne foible participation.

C'est de cette source inespuisable que sont découlez les Cieux, les Elemens & toutes les choses qui peuplent le Monde. Mais comment pouuons nous exercer vne operation de chymie sur ce grand sujet, & en faire vne si exacte separation, que nous venions à la connoissance de sa matiere? Platon en a fait l'essay; & ayant mieux trauaillé sur ce sujet que le reste des Philosophes, il auancé cette maxime, qu'il y a vn Dieu premiere Cause & premier Moteur du Monde. Mais ie m'estonne que ce puissant esprit qui conceuoit de si sublimes sentimens de Dieu, soit tombé dans la réverie des Poëtes, s'imaginant vne premiere matiere & vn chaos, dont Dieu se soit seruy en la reformation du Monde, comme s'il n'auoit fait autre chose qu'apporter l'ordre où estoit la confusion, & distinguer les formes pesle-meslées dans cette masse & dans cette abysme. Si cela estoit, la matiere auroit languy dans son impuissance, & en l'attente des formes pour lesquelles elle se monstre si passionnée, pendant vne durée infinie qui auroit deuancé le iour de sa iouyssance; le défaut seroit deuant la perfection, les

KKk iij

tenebres deuant la lumiere, la multitude deuant l'vnité : si la matiere estoit eternelle & deuant les formes, l'inclination qu'elle a pour les receuoir estant frustrée pendant vne infinité de siecles, eust fait vn reproche à Dieu, ou de l'inconstance, qui laisse ses œuures imparfaites ; ou de trop peu de bonté, qui fait acheter vne faueur par le supplice d'vne longue attente. Quoy ? ce demy rien, cette ombre qui ne s'explique que par son défaut, dont la nature n'est qu'impression & la qualité de n'en point auoir, auroit ioüy du priuilege de l'eternité, & de l'independance qui n'est deuë qu'à Dieu ? C'est offenser la toute-puissance du premier Principe, de l'obliger à prendre du secours de ce qui n'a qu'vn estre défectueux, de se seruir de la confusion pour establir l'ordre, de partager auec elle la souueraineté de son empire & la gloire de ses effets.

Platon se fondoit sur cette maxime de Philosophie, qu'vne chose ne se peut faire de rien ; vraye pour les causes naturelles, qui ne sçauroient rien produire sans vne matiere qui deuance, & qui reçoiue leur action ; parce que leur estre ne consistant qu'en la composition de la matiere & de la forme assortie de ses qualitez, leurs puissances qui s'y mesurent ne sçauroient faire plus que l'alliance de ces deux parties. Encore l'ancienne forme dispute sa vie, & fait tant de resistance, à celle qui se veut emparer de la matiere, qu'elle ne luy abandonne la place, qu'apres auoir esté minée par la longueur du temps & du mouuement, & auoir souffert de grandes alterations. Mais Dieu qui est vne essence tres-simplement vne, autant éloignée de la composition que du défaut, crea toute la masse du Monde sans matiere precedente, & sans delay ; parce qu'auparauant il n'y auoit point de sujet qui eust l'estre ou la puissance de resister au decret de sa volonté. Aussi ce qui a le plus de vertu acheue son action auec moins de secours ; & la quantité de moyens, d'instruments, de dispositions, monstrent que la cause n'a qu'vne vertu foible & languissante. L'art ne trauaille que sur tout le composé de la forme substantielle & de sa matiere, qui a ses dispositions pour y introduire la forme. Mais Dieu qui est tout puissant, n'a eu besoin ny de forme, ny de matiere en la production du Monde. Il est vn acte tout pur, sans défaut & sans composition : Il subsiste par sa propre essence dans vne vnité qui comprend plus de veritables perfections, que la Nature n'en a d'essais, & que nostre esprit ne s'en peut figurer d'idées. C'est pourquoy ayant à faire vne production qui eust du rapport à l'infinité de sa puissance, il n'auoit besoin d'aucun preparatif de forme ny de matiere? Autrement, il n'eust pas esté l'autheur des choses, mais seulement de leur composition ; il eust annobly la matiere ; mais il ne l'eust pas produite : & le Monde ne luy eust esté redeuable que de la moitié de son essence. S'il est la premiere cause, pourquoy ne le sera-il pas aussi bien de la matiere que de la forme? Seroit-il possible, que ce qui a le moins de vertu fust dauantage dans l'independance, & ne luy deust pas l'hommage de sa reformation?

Le plus grand Monarque du monde se plaignoit des trop heureuses conquestes de son pere, parce qu'elles luy ostoient l'honneur de faire vn grand Empire d'vn petit. C'estoit la gloire de Romulus, & des anciens qui donnerent commencement aux Republiques. Et les Princes se reseruent auiourd'huy les restitutiós, les graces, les priuileges, par droit de regale; à cause que la foiblesse est vne tres-auantageuse occasion pour faire paroistre leur souueraineté. Ainsi ce rien, ce vuide cette vaste priuation, où il ne nous est pas permis de conceuoir ny de forme ny de matiere, estoit vn sujet digne de la main de Dieu; & s'il se fust trouué de plus grandes dispositions à l'estre, il n'y eust pas fait paroistre sa toute-puissance.

L'on tient que cette creation se fit au temps que le Soleil en conjonction des autres Planetes estoit en l'Aries du Zodiaque superieur, & donnoit au monde vne chaleur moderée, auec vn temperament semblable à celuy de l'adolescence. De fait, toutes choses se renouuellent en cette premiere saison, pour se remettre en l'estat de leur origine: la terre y est émaillée de fleurs; les mers se
cal-

ment; les vents ne font plus que des zephirs ; les oyfeaux empliffent l'air de leurs concerts ; & par tous ces treffaillemens extraordinaires de ioye la Nature monftre qu'elle fait pour lors la folennité de fon iour natal. Et comme les Aftrologues ayans fait vne figure de natiuité iugent tous les ans par celle de reuolution de ce qui doit arriuer de funefte ou de fauorable: ainfi ils connoiffent les fterilitez, les maladies, les deluges, & autres éuenemens par la figure qu'ils dreffent de chacune année, de l'inftant que le Soleil entre dans l'Aries, comme eftant la reuolution de fa naiffance. Si nous faifons la recherche de l'antiquité, & que nous obferuions ce que noftre aage nous permet de voir, il fe trouuera que les plus remarquables accidents arriuent enuiron ce temps, où le Monde receut fa naiffance, & change tous les ans de face. C'eft pourquoy quelques-vns ont remarqué, que les Iuifs faifoient lors vne de leurs plus grandes folemnitez, où le fouuerain Pontife publioit les Loix diuines deuant le peuple, comme en vn iour auquel le Monde leur ayant efté donné de Dieu comme a fief, il luy en deuoit renouueller les reconnoiffances & les hommages. Et les Egyptiens, felon Herodote, y celebroient des jeux folemnels, dont la principale des ceremonies eftoit, d'allumer vne grande quantité de lampes & de torches pour reprefenter la naiffance de la lumiere.

Tome I.   LLl

Il n'y a qu'vn Monde.

CHAPITRE XIII.

LOrs qu'Alexandre répandit des larmes au milieu de ses victoires, sur cette opinion qu'il y auoit plusieurs autres Mondes, où il n'auoit pas encore porté ses armes, il fit paroistre qu'il pouuoit triompher des hommes, & non pas de son ambition, qui se figuroit de nouueaux objets pour excuser de nouueaux desirs. Iamais Democrite n'eust rencontré vn plus beau sujet de rire, de voir, non seulement le vulgaire; mais vn grand Monarque embroüillé de son opinion; & que ce qu'il auoit euenté pour faire vne espreuue de l'ignorance de l'homme, eust esté receu de celuy à qui on donnoit la palme de la Sagesse & de la vaillance. Ce Philosophe disoit, que le Monde s'estoit basty par le ramas de l'assemblage fortuit des atomes, de ces parcelles indiuisibles qui paroissent voltigeantes auec desordre dans le rayon dont le Soleil éclaire vn lieu sombre, que ces petits corps, & les formes qu'ils peuuent prendre estans infinies ont esté & la matiere & les artisans d'vne infinité de Mondes, qui emplissent les espaces infinis du vuide, auec vne aussi grande diuersité de figures & de conditions,

LE MONDE N'EST PAS ETER. PART. 2. 495
qu'il en peut naiftre de la fortune & d'vne caufe indeterminée. De toutes les opinions des anciens ie n'en trouue point de plus extrauagante, & qui tienne moins de la raifon, que celle-cy, qui rapporte l'admirable difpofition des parties du Monde à la fortune, la folidité à des corps qui eftans indiuifibles ne fe peuuent ioindre, que l'air tranfporte à la moindre émotion, volages, & qui n'ont rien de propre que l'inconftance. Il fe feroit continuellement de nouueaux Mondes & de nouuelles productions; parce que tous les lieux font pleins d'atomes qui fe choquent : ceux qui font engagez en compofition n'y demeureroient pas plus d'vn inftant, & leur retraite ruineroit plus de Mondes que leur mélange n'en pourroit baftir.

La difficulté eft plus grande de ceux, qui fuppofants vn Dieu pour Principe & premiere Caufe de la Nature, difent qu'il a fait vne infinité de Mondes pour donner vn exercice conuenable à fa puiffance qui eft infinie, & ne pas mettre vn feul Monde dans les efpaces du vuide, comme vn feul efpy dans vne campagne. Nos Docteurs rendent icy les armes auec cette confeffion, qu'il n'eft pas poffible de monftrer par la raifon naturelle; mais feulement par la Foy, que Dieu n'a creé qu'vn Monde ; parce que cette production au dehors dépend de la liberté de fon decret, dont la feule ratiocination ne nous peut donner de la connoiffance. Ie fuy leur Party & leur Traicté :

Mais au moins il nous eſt permis de faire exercice, ſi nous ne rendons vn vray combat, d'apporter les coniectures de ce dont il n'y a point de preuues, & de venger noſtre Foy de ce qu'on luy oppoſe de contrarieté.

La plus ſublime penſée que nous ayons du deſſein de Dieu en la creation du Monde, c'eſt qu'il a voulu faire vne image ſenſible de ſa perfection, & ſe figurer en la Nature intelligible & corporelle auec tous les traits de reſſemblance qu'elle eſtoit capable de receuoir. Il eſt infiny, & pour ſe repreſenter auec toutes ſes excellences, il faloit vne autre perſonne infinie; c'eſt ce qui ſe fait ſouuerainement par les productions diuines, dont nous n'oſons pas encore toucher les myſteres: mais celles qui ſe font hors de luy, & en vne nature qui n'eſt pas la ſienne, ne ſçauroient eſtre infinies; & les ſuppoſer, c'eſt admettre la contradiction. D'autant qu'vn infiny exclud tous les autres; & ſi vous reconnoiſſez pluſieurs infinis, ce ſeront autant de Dieux, qui ne ſeront cependant ny Dieux, n'ayans point de ſouueraineté; ny infinis, eſtans limitez par vne exiſtence indiuiduelle. Leur multitude ne ſe peut pas auſſi accroiſtre à l'infiny; d'autant que toutes les eſpeces de quantité ont leurs bornes, & les corps ne ſont pas ſi obligez de ſe terminer par les lignes & par les poincts, que les nombres par les vnitez. Il n'y a donc pas vne infinité de Mondes: & ſi Dieu euſt esté obligé de faire ces productions pour satisfaire à toute l'estenduë de sa puissance, il eust fait regner des contradictions qui offensent sa sagesse, & n'eust pas eu en ces actions exterieures ce qu'il doit auoir de liberté.

N'y ayant point de Mondes infinis, il n'en faut point admettre plusieurs, d'autant qu'ils seroient en tout dissemblables aux perfections diuines, à l'infiny par leurs conditions limitées, & à l'vnité par leur multitude. La premiere & la legitime production en l'vnité c'est l'vn, elle engendre naturellement son semblable, & vn Monde en est vn portrait bien plus exprez que ne sont plusieurs. Il la represente par ce recueillement qu'il a en soy, par la separation de toute autre chose, & sa singularité ne souffre non plus d'égal que l'infiny. C'est pourquoy la puissance du premier Principe paroist assez en la creation d'vn seul Monde, qui porte vne grandeur incommunicable en sa petitesse, où les parties sont rangées en ordre, & les contraires sont dans l'alliance, pour exprimer vne nature infinie, qui comprend tout en son vnité. N'est-ce pas donner d'assez grandes preuues de son pouuoir, d'extraire le Monde du rien en surmontant la distance qui est infinie, entre l'estre & la priuation, & d'imprimer aux volontez raisonnables des affections, qui n'ont point de bornes, non plus que les appetits de la matiere.

Si celle qui nous fait icy la moitié des mixtes, est susceptible de toutes les formes, il n'y auroit point de raison de luy substituer vne autre, qui la secondast en vn employ dont elle se peut acquiter toute seule; & de laisser deux puissances superfluës & inutiles les mettant en nombre. La Nature ne vient iamais à la multiplication sans necessité; elle fait tousiours vne mesme chose, elle continuë dans l'obseruation des mesmes loix, iusques à ce qu'vne pressante occasion & le bien public luy impose quelque changement. Si donc vn Monde est vne suffisante & assez expresse image de Dieu; si son vnité, la difference & l'accord de ses parties sont des traits qui nous donnent vne assez nette comprehension de son Principe, il ne s'en faut pas imaginer plusieurs, faire des suppositions dont nous n'auons ny preuues ny coniectures, & qui combatent également la dignité de la cause de son effect.

Nos experiences nous font connoistre que le Monde suffit à luy-mesme, comme vne Prouince qui est d'vne si grande fertilité, que sans commerce elle fournit la nourriture & les delices à ses habitans. Les Cieux luy donnent les mouuemens & les qualitez necessaires pour l'entretien des generations. Il est assorty de ce qu'il doit auoir d'espeçes, & les Elemens leur preparent autant de biens qu'elles ont d'appetits: C'est vn corps de Republique qui se soustient, qui s'aquite de tous ſes deuoirs, & combat tous ſes contraires par vne égale diſtribution de ſes offices. Il s'enſuit de là, que s'il y auoit pluſieurs Mondes, ils ſeroient ſans intelligence, ſans commerce, ſans communication de biens, auſſi ſeparez d'affections que de corps, & de ſocieté que de lieu. Ce ſeroit vne multitude ſans ordre & ſans dépendance, directement oppoſée à l'vnité ; qui n'auroit point de rapport à vn ſeul principe; & le vuide qui ſe gliſſeroit entre leur diſtance, n'en feroit qu'vn tableau rompu, & qu'vne image briſée : la diuiſion eſt le plus notable déchet de l'eſtre; d'où vient que les choſes ne ſubſiſtent qu'autant qu'elles ſe conſeruent dans leur vnité; & s'il y auoit des Mondes infinis, ſans eſtre aliez, la confuſion ſeroit plus grande que ſi toutes les parties de celuy-cy n'eſtoient point en ordre. Ils ſeroient en guerre, n'ayans point de correſpondance ; ils ſe ruineroient, & il ne ſeroit pas poſſible de ſe figurer pourquoy ils auroient eſté formez ſur l'idée d'vn meſme Principe, ne tenants de l'infiny que par vne multitude ſans vnion, qui eſt contraire à ſon vnité.

Pourquoy Dieu a creé le Monde.

Chapitre XIV.

N'Eſt-ce pas aſſez que noſtre contemplation nous ait acquis cette connoiſſance, qu'il y a vn premier Principe de la Nature, infiny en ſon pouuoir & en ſa ſageſſe, ſans donner cette liberté à noſtre eſprit de ſonder le ſecret de ſes volontez, & rechercher les motifs de ſes œuures? Pardon, ô grand Dieu, de la temerité de nos iugemens qui s'emportent à vn deſir ſi peu conuenable à voſtre grandeur; & à leur foibleſſe. Nous proteſtons d'abord de noſtre ignorance, & que nos yeux ne ſont point proportionnez à vos lumieres : quoy que nous découurions de l'excellence de voſtre nature, nous demeurons touſiours dans ce ſentiment, qu'elle ſurpaſſe toutes nos penſées; & nos reſpects portent bien plus loin que noſtre ſpeculation. I'adorerois ces volontez eternelles auec le ſilence & l'eſtonnement, ſi les Libertins ne m'obligeoient de chercher la iuſtification de ce qu'ils condamnent, par les témoignages que Dieu en a mis dans noſtre raiſon, & dans la Nature; & ſi ie n'auois deſſein de changer leurs ſacrileges en des ſentimens, & des entretiens de pieté.

En

En suite des speculations que nous auons fait de la Nature, la premiere pensée qui nous vient de Dieu, c'est qu'estant la premiere Cause, il est vne souueraine bonté, & ce seul titre m'est vne grande lumiere, qui me découure la raison pourquoy il a creé le Monde. Car le propre de la bonté c'est de se répandre, se communiquer, de faire de grands presens de ce qu'elle a de perfection, & ne laisser point de vuide où il est à propos qu'elle porte ses vertus & ses influences. Demandez à vn homme liberal, pourquoy il oblige tant de personnes? pourquoy il deuance les necessitez, & surmonte les esperances par ses bien-faits? Il vous dira qu'il ne sçauroit veoir la misere sans la secourir; qu'en cela il suit son inclination, & qu'il reçoit du contentement quand il fait du bien. C'est pourquoy il ne mesure pas ses faueurs aux conditions des personnes, mais à sa bonté: il pratique vne vertu qui porte sa recompense: il secourt les necessiteux, & ne trafique pas auec les riches. Il ayme mieux vaincre l'ingratitude par sa liberalité, que de la preuenir par sa froideur; ou faire plustost perir le bien-fait chez luy, que dans la méconnoissance de l'autre. C'est là vne petite image de l'immense Bonté diuine en la creation du Monde. Il n'y auoit point lors d'objet hors de luy qui peust meriter ses affections. Ce n'estoit qu'vn vuide, qu'vne totale priuation de matiere, de formes, & de qualitez ; Vn rien à qui nous donnons par trop, en fignifiant par vne parole ce qui ne peut eftre bien exprimé que par vne fufpenfion de penfées. Cependant Dieu qui poffedoit toutes les perfections dont le vuide auoit le défaut, fe porte par le feul motif de fa bonté à luy donner l'eftre, & à le combler de fes largeffes. Noftre amour qui eft indigent, fuppofe toufiours les merites de fon objet, d'où il peut tirer quelque auantage par fon vnion, ou de la complaifance par la fympathie. Mais celuy de Dieu, qui eft tout puiffant & tout genereux, produit fon objet; il tire du rien ce qui n'eftoit pas; il luy donne l'exiftence auec la perfection; & afin que l'edifice fut tout fien, il iette les fondemens de la matiere deuant qu'éleuer deffus la magnificence des formes.

La connoiffance eternelle qu'il auoit de fa nature infinie, luy donnoit l'idée de toutes les chofes qu'il pouuoit produire; & le Monde qui nous paroift fi admirable en fa compofition; n'eft qu'vne copie de l'original intelligible qui eftoit dans l'efprit diuin. Mais afin que cette puiffance ne demeuraft pas inutile, eftant fans effet, & que la Nature receuft l'eftre auquel elle n'auoit point de repugnance; Dieu fit la production du tout par vne liberalité propre à vne bonté qui eft effentielle. Si vn effet qui eft limité n'égale pas vn pouuoir qui eft infiny, au moins il le fatisfait; comme il fuffit aux puiffances naturelles pour n'eſtre pas vaines, d'auoir quelque employ, encore qu'il ne ſoit ny continuel, ny ſelon toute l'eſtenduë de leurs forces. Vn peintre reçoit de la complaiſance à la veuë d'vn tableau où il a déployé les plus riches de ſes inuentions, il reconnoit ces eſpeces qui ſont produites de ſon idée, comme legitimes ; ſon art ſe repoſe ſur cét enfant de ſa main & de ſon eſprit, & luy donne toute ſon affection, encore que ce ne ſoit pas tout ce qu'il peut faire.

Oze ray-je dire que l'amour porta la Nature diuine dans l'extaſe, & luy fit faire vne ſaillie extraordinaire, lors que n'ayant pas dequoy s'aymer, s'vnir & ſe communiquer plus que l'infiny, elle façonna vn Monde qui portant ſa repreſentation fuſt vn nouuel objet de ſon amour, & de ſes liberalitez? Dieu auoit en ſoy la ioüyſſance d'vne gloire & d'vne perfection infinie : mais il n'auoit pas le titre de Souuerain, de Monarque, & de Legiſlateur ; n'y ayát point encore de creatures qui euſſent l'eſtre de ſa liberalité, & qui luy en deuſſent les reconnoiſſances. Il n'exerçoit pas ſa Prouidence, ſa miſericorde ny ſa inſtice ; parce qu'il n'y auoit point de pauureté qu'il deuſt ſoulager, d'ignorance qu'il fauoriſaſt de ſes lumieres, de multitude qu'il peuſt reduire en ordre ; de contraires qu'il tinſt en paix. Toutes ces forces qui ont du reſpect à la Nature inferieure, eſtoient abſoluës dans vne tranquillité eternelle, & la iouyſ-

MMm ij

sance d'vne beatitude infinie deuançoit le terme de toute action. Il a donc produit le Monde, afin d'auoir vn nouuel objet sur qui il peust verser l'abondance de ses vertus, qui fust son vassal & l'admirateur de sa bonté, & afin que si l'infiny n'est pas capable de multiplication selon son estre, il le fust au moins par sa ressemblance. Les choses inferieures nous découurent sa grandeur par leur opposition, sa bonté par le soulagement qu'elles en reçoiuent ; & leur nombre nous fait conceuoir, que le Principe est souuerainement accomply, qui ne peut estre bien representé que par vn grand concours de Puissances.

 Les creatures intellectuelles deuant la creation du Monde auoient toutes leurs actions cachées dans l'idée diuine, sans posseder leur existence particuliere ; comme vne rose n'a ny béauté ny odeur durant que l'hyuer la tient prisonniere dans les racines de sa plante, & dans les desseins de la Nature. Mais si-tost qu'elles ont esté produites, elles ont éclaté en des loüanges diuines ; les flammes de leurs amours, & les lumieres de leurs connoissances se sont iointes pour magnifier la bonté de leur Createur. Cela rejallit sur luy, l'amour & la complaisance qu'il a pour luy-mesme se trouuent aucunement multipliées autant de fois qu'il donne de graces pour cét effect, qu'il y a d'esprits qui s'aiment entr'eux pour son regard, qui luy rapportent le fruict de leurs vnions & de leurs extases. Si ce que Dieu possede de felicité ne consiste qu'en la connoissance & en l'amour de luy-mesme, voila ces deux effects qui redoublent comme à l'infiny par les actions des volontez & des entendements raisonnables; & luy apportent cette complaisance, de receuoir de la liberté d'vne Nature estrangere ce dont il iouyt dans la sienne propre par necessité. C'est vn retour qui se fait en luy; vne reflexion de chaleurs & de lumieres, par laquelle l'vnité qui est immobile fait vn cercle, & reçoit vne continuité, auec vne estenduë qui ne souffre point de diuision.

Mais pourquoy cherchons-nous la fin que Dieu s'est proposée en la creation du Monde? ce qui agit pour la fin est comme dans le mouuement, & la poursuite d'vn terme qu'il veut accoster, & où il se promet le repos & la perfection; toutes conditions éloignées de la Nature diuine, qui ne souffre non plus de desirs que d'indigence, & qui ne voit rien hors de soy qui puisse contribuer quelque chose à l'essence de sa felicité. On fait vne election de moyens propres pour arriuer à la fin qu'on s'est proposée; & on reüssit ordinairement à la iouyssance selon le regime & l'oeconomie qu'on garde à la poursuite. Mais la toute-puissance de Dieu passe d'vne extremité à l'autre, sans estre obligée d'employer aucuns moyens; elle les supplée, & vn subit instant de sa volonté a plus d'efficace que le concours & la sympathie de toutes les causes. C'est donc parler fort improprement, de dire qu'il a produit le Monde pour quelque fin ; & de demander la raison de son decret, c'est chercher l'origine d'vn ruisseau plus loin que sa source. Car la volonté diuine est la premiere verité, la mesure & l'original de toutes les choses ; & contre laquelle il n'y a point ny de loix ny d'autorité. Cette raison que nous reclamons n'est autre chose qu'vn procedé legitime, & propre pour l'acquisition d'vne fin, laquelle remonte aucunement vers les actions qui la suiuent, les preuient, & leur enuoye vn rayon de sa bonté comme par auance. Cela se fait en la pratique de nos actions morales, qui tirent leurs excellences de nostre intention & de leur objet. Mais il ne se faut rien imaginer de pareil en Dieu; qui, comme nous auons dit, n'agit pas pour vne fin exterieure, qui n'est point obligé à l'employ & & à l'election des moyens; & dont la volonté fait la raison. De sorte que s'il a produit le Monde, c'est par le seul motif de sa bonté, qui a voulu se communiquer & faire vne image qui portast la publication de sa gloire, sans accroistre celle qu'il a par son essence.

Pourquoy le Monde n'a pas esté fait dés l'eternité.

Chapitre XV.

CEtte difficulté semble se resoudre par elle mesme: & comme le corps du Soleil se void à la faueur de sa lumiere, vous diriez que les mesmes termes qui arrestent nostre esprit dans la question, portent leur iour, & luy seruent déclaircissement. Car si nous conceuons l'eternité comme vn instant incapable de diuision en sa durée, on peut dire que le temps qui la touche l'égale, qu'il la suit sans en estre precedé ; parce que la partie où il se ioint est son tout, & qu'apres elle il n'y en a point d'autre dont la continuation forme l'estenduë & la distance. Neantmoins parler ainsi de l'eternité, ce n'est pas comprendre quelle est sa nature ; c'est faire vn défaut de sa perfection, & vne indigence de ses richesses. Elle est vne, à cause qu'elle donne tout à la fois vne iouyssance qui ne sçauroit estre interrompuë, qui est sans succession, sans déchet, sans interualles ; c'est vn midy sans aurore & sans occident, & elle est tellement indiuisible, que son estenduë passe à l'infiny celle de tous les temps & de tous les siecles. Ainsi supposer que le Monde a commencé d'estre, luy assigner vn premier iour auquel il a pris vne existence qu'il n'auoit pas; c'est luy donner sa durée auec des bornes, & mettre deuant luy vne eternité infinie qui n'en souffre point. La question est pourquoy il n'a pas esté produit dans cette durée precedente qui vaut tous les temps; S'il ne deuoit pas estre aussi-tost que Dieu; Et si sa bonté qui est eternelle, ne deuoit pas auoir vn effet aussi eternel. Plusieurs iugent que cela est possible, à cause que nous ne sçaurions assigner d'instant auquel Dieu n'eust assez de bonté & assez de force pour faire cette production, & par le seul concept de sa nature nous luy donnons toutes les qualitez necessaires à ce grand ouurage. Ie ne m'arreste pas à cette difficulté, parce qu'il s'agit icy moins du possible que de la consideration de l'effet, & puis que la contemplation naturelle nous a fait connoistre que l'existence du Monde n'est pas eternelle, & qu'il l'a receuë d'vn premier Principe; il nous reste de rechercher les raisons de sa nouueauté. Certes comme nous marchons auec plus d'asseurance dans la lumiere que dans les tenebres; comme on donne des conclusions plus hardies apres la prononciation des Arrests que pendant la contestation de la cause: Ie me trouue fortifié en ce raisonnement par la Foy, qui a resolu que le Monde auoit esté creé auec le temps; & cét oracle inspire vne nouuelle generosité à nostre demonstration.

Or.

On peut demander comment il seroit possible que le Monde fust tout ensemble produit & eternel; & l'accord de ces deux propositions semble aussi peu facile que des contraires. Car il n'eust pas pris son existence, si auparauant il n'en eust esté priué, il falloit qu'il n'eust pas ce qu'il receuoit, & qu'il fust vuide de ce dont la puissance de Dieu le venoit remplir. En toutes les productions naturelles, il se fait tousiours vn passage de la priuation à l'estre; il faut partir de l'vn de ces termes pour venir à l'autre, & c'est tomber dans la contradiction de ne se pas rendre à cette maxime, en ce qui regarde la reformation du Monde: Dautant que s'il estoit dés l'éternité, il eust receu l'estre selon la supposition; & si ne l'eust pas receu, à cause qu'il n'eust iamais esté en disposition de le receuoir, n'y ayant point de moment auquel il en fust priué. La lumiere suruient aux tenebres, les formes à la matiere qui ne les a pas, les couleurs à vne table d'attente, & l'existence du Monde à la priuation. Autrement, l'effect anticiperoit sur sa cause; il en preuiendroit l'action, & luy disputeroit vne preseance qui est necessaire: Au moins, supposant ce que nous auons prouué, que le Monde est produit de rien, par la creation, il faut necessairement admettre ce rien, ce vuide, cette priuation d'où il est tiré, qui fut le sujet où Dieu déploya sa toute-puissance. Ce mot de creer signifie la priuation deuant l'estre, il note le temps,

& en nie l'éternité; & pour expliquer le miracle d'vne production qui n'appartenoit qu'à Dieu, il exprime que le Monde n'auoit ny forme ny matiere deuant que les receuoir.

Le Soleil porte sa lumiere auec luy, & nous l'enuoye au mesme temps qu'il montre sa face sur nostre horizon : D'autant que Dieu luy a rendu cette qualité necessaire, & l'a tellement obligé à cette éclatante seruitude, qu'il ne s'en sçauroit non plus défaire que de son essence. Il ne produit pas cette source de lumiere qu'il tient dans son globe, parce que c'est vne des conditions de sa Nature, qui est dans la dépendance d'vn mesme principe : elle en est vne partie & non pas l'effect; Comme l'humeur crystaline n'est pas vne production, mais vne piece essentielle de l'œil, sans laquelle il ne seroit pas l'organe de la veuë. Quant à la lumiere qu'il répand hors de luy, cela se fait par vne emission de rayons, qui imite les especes que les corps enuoyent dedans les miroirs; d'où vient qu'il y est representé selon les diuerses conditions des objets qui le reçoiuent. L'air qui est extrémement delié, se laisse percer par ce grand éclat, & ne retenant pour luy qu'vne legere teinture de sa blancheur, il n'empéche pas qu'il ne s'écoule iusques aux choses inferieures. L'eau nous peint sa face, à cause que sa substance qui est plus solide & son fonds obscur luy seruent pour en recueillir les especes. Mais les

LE MONDE N'EST PAS ETER. PART. 2. 511
matieres qui font toutes fombres, ne pouuans imiter cette fplendeur s'en feruent pour faire veoir leur fuperficie, & ne tirent de la lumiere que le moyen d'expofer leurs figures & leurs couleurs. Le Soleil ne fait donc pas vne veritable production qui puiffe eftre comparée à celle du Monde, & l'emanation de ces efpeces a peu de rapport à la creation des fubftances. Encore comme ces objets eftoient obfcurs deuant qu'ils fuffent illuminez, il faut inferer, que les chofes trempoient dans la priuation & dans le rien, deuant que la main toute-puiffante de Dieu leur donnaft l'eftre.

Le Soleil n'eft que l'efclaue public de la Nature, obligé par force à luy porter le flambeau, à fuiure des mouuemens incommodes, & acheuer tous les iours vne tafche fans fin & fans repos, parce qu'il ne luy refte point de liberté. Ce que nous ne deuons pas figurer en Dieu, n'ayant ny puiffance fuperieure qui luy commande, ny inferieure à qui il doiue fon affiftance par neceffité, & dont les obligations deuiennent des droits. Il eft vray que fes productions interieures font neceffaires, & la priuation ne les a point deuancé, à caufe qu'elles font l'accompliffement de fon effence, & que fans elles nous ne le pouuons conceuoir auec toute fa perfection. Ainfi fuppofant fon eftre dans l'éternité, il faut admettre ces productions, & fans lefquelles fi on

NNn ij

pense le conceuoir, on tombe dans cette contradiction, de dire qu'il est Dieu, & qu'il ne l'est pas, n'estant pas souuerainement parfait. Cela ne se peut pas dire de la production des creatures, qui sont estrangeres, & si raualées au dessous de la Nature diuine, qu'elles ne sçauroient rien contribuer à son excellence. Elles n'ont donc pas esté creées auec la mesme necessité qui se remarque aux productions diuines, ou qu'a le Soleil de nous donner ses influences & sa lumiere. Ainsi ces comparaisons sont impropres pour conclurre à l'eternité du Monde.

Plus nous examinons cette verité, nous decouurons tousiours plus de lumieres, qui nous font connoistre que la creation ayant pris son origine auec le temps n'offense pas, mais honore la bonté de Dieu. Sa puissance estoit infinie pour faire vne infinité de productions; & il falloit autre chose qu'vn Monde & qu'vne Nature pour l'egaler: que s'il l'eust creé necessairement dés l'eternité, cette puissance infinie eust esté restrainte par vne action limitée; il n'eust peu creer ce Monde que selon qu'il est, parce qu'il luy estoit necessaire de le creer, & par vne contradiction manifeste le voila reduit à ne pouuoir qu'vne seule chose, encore qu'on die qu'il les puisse toutes; forcé à ne faire qu'vne sorte d'action entre vne infinité qui luy sont possibles. La liberté que nous luy donnons d'auoir produit le Monde auec le temps, l'afranchit de cette honteuse suiettion. Par ce titre il a la gloire de cela mesme qui manque à vne nature infinie, & nous luy deuons les reconnoissances d'vne liberalité faite auec choix & non pas auec necessité. Puis qu'il pouuoit posseder sa gloire sans auoir aucune relation aux creatures, & que cette independance est vne marque insigne de sa perfection, elle deuoit estre reduire en acte, & il deuoit viure heureux dés l'eternité deuant que produire le Monde: & comme les creatures raisonnables deuoient iuger de ses excellences par la consideration du Monde pour luy en deferer la gloire, il estoit fort expedient qu'elles commençassent d'estre, & qu'elles ne fussent pas eternelles, afin que nous fussions informez qu'elles dépendent de luy.

Quand on nous accorde qu'elles sont produites de Dieu, c'est dire que d'elles-mesmes elles sont incapables de l'existence; qu'elles ont la priuation en propre, comme la terre son aridité, & l'air ses tenebres. La singularité indiuiduelle qui les fait estre vne chose & non pas vne infinité d'autres, leurs mouuemens, leurs alterations, leurs dechets monstrent qu'elles partagent beaucoup plus du rien que de l'existence; que cette plus foible partie n'est victorieuse & ne s'entretient que par le secours du premier Principe. De là i'infere qu'elles ont trempé dans la priuation deuant que de receuoir l'estre; parce qu'en toutes choses l'eſtat naturel precede celuy qui eſt eſtranger, & qui ſuruient par l'aſſiſtance de quelque autre cauſe. Nous auons eſté nuds en noſtre naiſſance deuant que l'art nous veſtiſt d'habits ; & l'opinion de dignitez, les pierres & les marbres ont eſté enſeuelis dans leurs carrieres deuant qu'ils fuſſent employez en nos baſtimens ; & le Monde n'a eſté produit, qu'apres auoir languy dans la priuation, que nous deuons iuger eſtre naturelle, de ce qu'elle abonde en luy, & qu'il s'y porte s'il n'eſtoit ſouſtenu d'vne main puiſſante ; & par conſequent elle eſt premiere.

Ie m'eſtonne qu'on faſſe comparaiſon de la durée des creatures auec celle de Dieu ; qu'on eſgale deux choſes ſi fort oppoſées ; & qu'en ce qui eſt de l'eternité on ne donne point d'auantage aux productions diuines ſur celles qui ſont libres & periſſables. Vne des prerogatiues de la cauſe, c'eſt de ſubſiſter deuant ſon effect. Dieu donc qui eſt la premiere cauſe, & qui doit auoir ſur les autres tous les auantages qui ſont poſſibles, doit auoir eſté deuant le Monde par vne durée infinie, c'eſt à dire, pendant vne eternité. Vous ne ſçauriez conceuoir qu'il ſoit le premier, & auparauant le Monde, ſans luy donner vne durée infinie deuant la creation, parce que ce moment d'eternité qui precede n'a ny commencement ny fin. C'eſt reſpondre à la queſtion, Pourquoy il ne l'a pas creé cent mille ans pluſtoſt, d'autant qu'il n'y auoit point lors de diſtinction de ſiecles; & ſi vous donnez à Dieu vn inſtant pluſtoſt que les creatures, vous luy accordez vne diſtance infinie.

C'eſt vne iuſtice à Dieu, de proportionner la durée à l'excellence de l'eſtre, de ſe poſſeder eternellement luy-meſme, à cauſe qu'il eſt le ſouuerain bien, & le legitime objet de ſes connoiſſances & de ſon amour ; & de donner au Monde qui en eſt l'image, vn temps dont le flux repreſente l'eternité. Il ne faiſoit point de tort, de ne point donner de production à ce qui n'auoit point de droict de la demander : La Nature ne languiſſoit point dans cette attente, n'ayant point d'eſtre qui la rendiſt capable de deſirs & de ſouffrances ; & cette remiſe laiſſoit ſeulement en Dieu vne prerogatiue d'eternité qui luy eſtoit doué. Sa bonté paroiſt en ce qu'il donne au Monde plus qu'il ne pouuoit pretendre ; & ſa iuſtice, en ce qu'il ne luy accorde l'eſtre qu'auec le temps, afin de luy laiſſer le reſſentiment de ſon extraction & de ſon Principe. Il crée tous les iours des ames ; ſon concours fait les naiſſances qui ſe ſuccedent en la Nature ; & ſi nous adorons ſa Sageſſe, qui ménage ces nouuelles productions, qui ordonne la diſtance entre des choſes qui ont les meſmes droits & les meſmes pretenſions à la vie : pourquoy trouuons nous eſtrange, qu'il ait mis des grands interualles entre l'exiſtence de la cauſe

& de l'effect, de l'infiny & du finy, de l'eternel & du perissable?

La subtilité d'Aristote est trop legere pour combatre cette verité, quand il dit, que le temps consiste en vn *Nunc*, vn instant present qui fait le nœud du passé & de l'aduenir, & qui les suppose comme le milieu fait ses extrémes : de sorte que, comme il est tousiours suiuy de l'auenir, il sera aussi deuancé du passé, & n'aura non plus de commencement que de fin. Si cela estoit vray, le mouuement naturel, ou celuy d'vne roüe qui tourne, seroit infiny; d'autant qu'il est au milieu de deux temps qui le suiuent & qui le precedent, & selon cette consequence, il ne manqueroit iamais de successeur ny de deuancier. La ligne enferme vne infinité de poincts qui ont leur suite dans sa continuë; mais enfin elle se termine comme elle se commence, par l'indiuisible. Tout de mesme, si vous considerez le temps où nous sommes, sa continuë suppose le passé comme l'auenir : mais ce n'est pas vne consequence, que cette durée n'ait ny commencement, ny fin; que la moindre des quantitez qui perit continuellement en ses parties, qui est sans subsistence & sans liaison, soit capable d'vne étenduë qui est sans limites.

Dieu

Dieu a creé le Monde librement, & non par necessité.

Chapitre XVI.

LA Nature qui est industrieuse à trouuer les excuses de ses défauts, suppose les apparences pour les verités ; & ajuste les objets à sa portée, quand elle ne peut mesurer ses puissances à leur estenduë. Nos yeux ne receuants les especes qu'en ligne droite, approchent tout ce qu'ils découurent au poinct de veuë, & de leur foiblesse, ils en font l'art de perspectiue. Ils se figurent que les Astres qui sont en conjonction, se baisent, encore qu'ils soient separés par l'épaisseur & les interualles de leurs globes ; que le Ciel se ioint à la terre en nostre horizon, & que cette extremité qui les termine, est la fin du Monde. Les surprises de nos pensées sont quasi semblables quand elles s'éleuent à la contemplation de Dieu ; & comme elles ne sçauroient arriuer à cét infiny, pour se flater dans leur impuissance, elles confondent ce qui se doit regarder auec de grandes distinctions. La tromperie de nos yeux est innocente, & si peu preiudiciable, que l'optique en a fait vn ieu depuis qu'elle a esté découuerte par la raison. Mais les abus de l'esprit, en matiere de Theologie, sont ex-

Tome I.   OOo

trémément perilleux, à cause de l'importance de leur sujet ; & depuis que l'esprit en est vne fois gagné, il ne s'en deliure que par vne faueur celeste.

Nous adorons Dieu comme vn estre, en qui l'existence, l'eternité, la bonté, l'amour, la sagesse, la gloire sont auec necessité : Il ne seroit pas, s'il n'auoit toutes ses excellences inseparables, tout y est substance sans accident, parce que son vnité infinie ne peut ny perdre, ny receuoir de nouuelles perfections. Hé ! le moyen de conceuoir en luy vne liberté auec cette necessité ? Comment est-il possible qu'il ait fait le Monde librement, si sa bonté qui en est la source, luy est necessaire ? Platon eut ce sentiment de Dieu, & nous le décrit à l'égard du Monde, comme le Soleil au respect de la lumiere qu'il possede, & qu'il nous enuoye necessairement, ne la pouuant retenir sans communication : Ou comme vne source, qui boüillonne, qui sans diminution de sa plenitude, fait écouler les eaux dont elle regorge, & continuë ses profusions non pas tant pour en obliger la terre, que pour satisfaire à sa propre fecondité. Voila iustement, comme nous venons de dire, confondre les choses qui sont separées, en alterer la nature & la situation, pour fauoriser nostre impuissance, & ne point croire la distinction que nous ne pouuons apperceuoir.

Il est vray que la bonté & la fecondité sont si necessaires en Dieu, qu'elles ne sont iamais sans leur exercice; Il se répand autant qu'il est bon, & ses communications égalent les excellences de sa nature. Mais cela se fait au dedans de luy; Il se connoit & s'ayme eternellement, & par ces reflexions qui ne sortent point hors de son essence, par ce cercle de flammes & de lumieres, qui ne change ny de lieu ny de centre, il se possede & se communique en sorte qu'il n'a pas moins de communication que de bonté. Les trois Personnes divines, le Pere, le Fils, & le sainct Esprit, sont trois termes distingués par les relations, mais qui ne sont qu'vne mesme essence. Ils n'ont de la distinction que pour donner & pour receuoir, afin que la bonté divine ait son exercice selon toute son étenduë; & leur nature est commune estant la mesme en perfection. En quoy vne bonté infinie se rencontre auec vne liberalité, sans que le don suppose ou apporte de l'indigence, puis que ces trois Personnes demeurent toûjours dans vne souueraine egalité.

Ie remets la deduction de ces mysteres en vn lieu où nous leur aurons donné de plus grands preparatifs. Il me suffit d'en tirer icy cette consequence, que la communication est necessaire à la bonté de Dieu, seulement à l'égard de luy, & non pas de la creature. Car ce seroit mettre le desordre dans les affections divines, de dire qu'il ayme les choses materielles, ou les intelligibles, qui sont infiniment au dessous de son excellence, d'vn amour

OOo ij

égal, & auec vne bonté auffi liberale qu'il a pour luy. C'eft vne penfée que ie ne voudrois pas abfoudre de facrilege, de rendre l'amour de Dieu aueugle, de l'attacher à l'imperfection infeparable des chofes creées, de dire qu'il les ayme auffi neceffairement que fa nature, en qui il void vne beauté & vne excellence infinie. Ie confonds icy l'amour auec la production, parce que, comme nous auons repreſenté, c'eft l'amour de Dieu qui a fait le Monde; & c'eft vne mefme chofe de dire, qu'il l'a creé, & qu'il l'a aymé neceffairement.

L'effet éclaircit cette difficulté, & me femble que nos yeux & noftre raifon peuuent eftre les Iuges de ce myftere que les Philofophes n'ont pas compris. Car nous voyons que les chofes naturelles qui agiffent auec neceffité, ne ménagent point leurs forces, mais elles les déployent toutes entieres, & la vigueur de leur action fe mefure à l'étendue de leurs puiffances. Le Soleil éclaire, le feu échauffe, l'air fe répand autant qu'il peut; tout leur defir c'eft d'employer toute leur vertu, & l'inegalité qui fe trouue en leurs actions, ne prouient que des obftacles eftrangers, & des indifpofitions de la matiere. Si Dieu euft produit le Monde auec cette mefme neceffité que nous remarquons en la Nature, il y euft auffi déployé toute fa puiffance: & comme il n'y auoit point de refiftance de la part des chofes qui n'eftoient point, il s'enfuiuroit que ce Monde feroit tout ce qu'il pourroit faire. Ce qui ne se peut pas dire auec raison ; d'autant que Dieu est vne nature intelligente, qui comprend tout ce qu'il y a de perfection, & est libre de tout ce qui se peut imaginer de défaut : mais le Monde est materiel, sujet aux alterations, aux mouuemens, aux déchets, dans la multitude, le défaut, & l'imperfection. Il n'est donc pas produit selon toute la puissance de Dieu, qui deuroit faire son semblable : & si on fait la comparaison de ces deux essences, elles se trouuent dans vne plus grande inegalité que les tenebres & la lumiere ; n'y ayant aucun rapport du finy auec l'infiny. Au moins si la matiere n'estoit pas capable d'vne forme plus accomplie que celle du Ciel, le Monde ne deuoit estre qu'vn Soleil ; il ne deuoit point y auoir ny d'Elemens, ny de mixtes, qui possedants moins de perfection, ont moins de rapport au pouuoir diuin. Ou si l'estre intelligible est plus accomply que le corporel, il ne se fust point rencontré de corps. Les productions de la Nature qui paroissent successiuement dans plusieurs siecles, eussent éclaté toutes en vn coup, de la priuation à l'estre ; parce que la puissance de Dieu estant infinie, n'est pas obligée à la suite des mouuemens, & aux longueurs du temps auec lesquelles la Nature acheue son action.

Dieu est necessité en ses productions interieures, parce qu'elles correspondent à sa connoissance & à son amour ; qu'elles égalent toute sa bonté;

OOo iij

qu'elles font luy-mesme : & cette necessité n'est proprement qu'vne liberté qui ne peut décheoir, qu'vn amour qui ne sçauroit estre priué de sa iouïssance. Mais cette necessité ne se rencontre pas aux productions qu'il fait au dehors, qui estans meslées d'imperfections, ne sçauroient estre vn legitime objet de son amour ; & comme elles ne contribuent rien à sa gloire, elles ne doiuent pas suiure son eternité. Elles ne sont donc pas la propre action de Dieu, encore qu'elles ne puissent proceder d'vn autre ; elles sont estrangeres, & dans vne extreme disproportion de sa nature : & s'il y auoit de la necessité, elle luy seroit vne seruitude, au lieu d'estre vn tesmoignage & vn moyen de sa gloire. Car sa puissance qui est infinie, & qui ne doit prendre loy que d'elle-mesme, seroit lors determinée à vne chose finie ; il ne se pourroit pas satisfaire de luy-mesme ; de creancier il seroit debteur ; de souuerain il deuiendroit sujet ; ses liberalités seroient des contraintes & des redeuances.

Ce qui fait que les choses naturelles agissent auec necessité selon toutes leurs forces, c'est qu'elles sont obligées à ces offices par vne ordonnance superieure : elles sont redeuables de leurs seruices au bien general du Monde ; elles tiennent vne partie dans vn concert, & vn rang dans vne armée, qu'elles ne sçauroient quitter : Elles ont ce bien, que leur obligation est adoucie par vn employ qui suit leurs incliations : & ces efforts qui contentent leurs amours, iusques à ne laisser rien d'inutil en leur vertu, leur rapportent beaucoup plus de complaisance que de contrainte. Mais d'où viendroit la necessité en Dieu, de produire ce qui n'a point de rapport auec l'infinité de sa nature & de son pouuoir, & qui sans luy n'auroit pas seulement l'estre imaginaire? Il n'y auoit rien auparauant la creation à qui il deust rendre le concours de cause ; & sa nature qui est infinie, possedoit en soy tout ce qui se peut figurer de felicité, sans estre obligée de produire vn estre dont elle ne pouuoit tirer aucun auantage. Comme il est le premier Principe, riche de plus d'excellences que que nous n'en sçaurions conceuoir d'idées, il deuoit auoir la façon d'agir la plus noble, c'est à dire, la liberté, qui est propre aux plus éminentes de creatures: ou bien ce seroit le mettre au rang des moindres choses du monde, qui s'acquitent de leurs actions par necessité, & plus bas que l'homme, qui est plus noble en l'indepndaence & en la liberté de ses resolutions, que la Nature en la sujetion de ses reglemens.

Si Dieu eust creé le Monde auec cette necessité, les creatures ne luy en auroient pas plus d'obligation que nous en auons aux prodigues, qui donnent parce qu'ils ne sont pas capables de conseruer ; & aux fontaines qui se répandent à cause qu'elles ne sçauroient contenir leurs eaux : Cét écoulement ne vient pas d'vne liberalité, mais d'vne impuiſſance, & de n'auoir pas vn lict aſſés grand pour enfermer ce dont elles ſe déchargent dedans les ruiſſeaux. Or Dieu n'eſt pas reduit à l'étroit, de ſorte qu'il n'ait vne aſſés ample capacité pour contenir toute ſa vertu: Sa bonté eſt donc toute libre, & n'y a ny ſurcroit en luy, ny attrait dehors qui l'ait obligé à la creation. Et c'eſt vne des cauſes pourquoy le Monde n'a pas eſté fait dés l'eternité, afin que la liberté diuine euſt ſon exercice autant par la ceſſation que par la production, & que nous en tiraſſions ce ſentiment, qu'il eſt dans l'independance de ſes creatures.

La creation du Monde n'a point apporté de changement en Dieu.

CHAPITRE XVII.

LES changemens de la Nature qui ſevrent nos ſens de leurs delices, les infirmités des corps, les deſordres des paſſions, les inconſtances de nos eſprits nous donnent cette genereuſe penſée au milieu de nos ſouffrances, que ſi le mal nous vient de l'alteration, le ſouuerain bien en eſt tout à fait exempt. Luy attribuer toute la bonté, le décharger de tous les défauts, l'adorer dans l'eſtat inuariable d'vne felicité complete, c'eſt dreſſer vne courte Theologie de ſes perfections,

ctions, & dire en trois mots tout ce que nous en pouuons exprimer par nos discours & par nos pensées. Aussi ce seroit luy oster les prerogatiues de sa grandeur, le droit d'eternel & d'infiny, de le dire sujet aux changemens soit en ses connoissances, en ses volontés, ou en l'excellence de sa nature. S'il changeoit, ce seroit en pis, ou en mieux; deux extremités qui offensent également ce qu'il doit posseder de perfection, puis que l'vne apporte, & l'autre y suppose du défaut & de l'ignorance.

La sublimité de ce concept nous est vne occasion de doute: & comme nous admirons plus que le Soleil souffre quelques taches entre les éclats penetrans de sa lumiere, que de voir toute la terre dans l'obscurité; le moindre soupçon de changement en Dieu nous estonne plus que l'inconstance de toutes les creatures. Il semble qu'il y soit sujet, s'il a creé le Monde en vn temps & non pas en l'autre: & cette nouuelle production est comme vn reproche d'auoir rencontré de nouueaux motifs, d'auoir conceu de nouuelles affections, ou d'auoir receu des forces qu'il n'auoit pas pour l'accomplissement de cette entreprise. Mais si nous appellons de nos premieres pensées à nostre raison, la cause sera iugée à nostre desauantage: nous trouuerons que le changement est en nous, quoy qu'il nous paroisse en Dieu, par vn artifice de la Nature, qui reiette son imperfection sur les objets qui la luy reprochent, & trouue les excuses de son impuissance dans la calomnie des grandeurs dont elle n'est pas capable. Nous sommes iustement comme ceux qui quitans le port, se figurent qu'ils sont immobiles entre les vagues, que l'éloignement des obiets vient de ce que la terre s'enfuit d'eux, & qu'elle a l'agitation que leur donne la force des rames, ou le cours des vents. Le mouuement emporte toutes choses inferieures ; il leur distribuë la vie ; il compasse leurs actions ; il fait leur iouyssance & leurs delices ; & les operations de nos ames, quoy qu'immortelles, ne sont pas exemptes de cette vicissitude. Estans dans ce flux, nos yeux s'abusent s'ils s'éleuent en Dieu, & luy attribuent le changement qui est suruenu aux choses par la creation.

Nous découuririons cette tromperie, si nous pouuions conceuoir l'eternité comme vn instant immobile, vn centre qui n'a ny commencement ny fin, vne circonference qui n'a point de bornes, vne estenduë sans succession de parties, qui contient tous les mouuemens & tous les siecles dans vne tres-simple & inuariable vnité. Dieu qui vit dans cette souueraine paix, de qui la connoissance n'a point de tenebres, ny la volonté d'alterations, a regardé d'vn mesme œil la creation du Monde, & la durée infinie de son essence qui la deuançoit. Cette bien-heureuse eternité qui recueille toutes les especes en vn poinct, qui ne fait qu'vn de tous les objets, le rendit present à soy-mesme à la naissance & à la succession des siecles, & luy a fait veoir d'vne veuë tranquille les choses qui reçoiuent du changement, en venant de la priuation à l'estre. Comme mes yeux qui portent bien loing, regardent, sans se trauailler de plusieurs reprises, vn petit cercle qu'vn compas aura figuré dessus vn carton auec vn poinct qui en marque le commécement : Ie voy tout d'vn coup son centre, son origine, les limites de sa circonference ; & ma veuë n'estant pas bornée d'vn si court espace, s'estend au de là par vn regard fixe & immobile.

Mais on dit, que Dieu se met en action en vn temps, & non pas en l'autre, puis qu'il n'a pas produit le Monde si tost qu'il a esté Dieu, c'est à dire, dés tousiours. Ie respons, que l'abus est aussi grand à nostre imagination, de se figurer vn temps deuant le premier, comme de supposer des nombres deuant l'vnité, & vne quantité hors le premier poinct. L'eternité surpasse le téps en sorte, qu'elle l'égale, elle l'accompagne; & tout ce qui le deuance n'est qu'vn seul instant qui ne souffre point de diuision. Mais pour gratifier la foiblesse de nostre pensée, supposons cette étenduë qui excede le commencement du Monde : Ie dis, que s'il y a du changement, il est au Monde, & non pas en Dieu, selon la maxime de Philosophie, que les actions apportent de l'alteration non pas aux causes d'où elles sont escoulées, mais aux objets où elles sont receuës, & où elles produisent. Quand le Soleil presse doucement les fleurs auec la pointe de sa chaleur, de déployer le bel émail qu'elles tiennent empaqueté dans leurs boutons, le changement n'arriue qu'aux plantes qui reçoiuent cette perfection, & non à l'Astre du iour exempt des vicissitudes d'icy bas, & qui n'est aucunement alteré de ce que les choses naissent, ou perissent, encore que ce soit par la force de ses influences. Il auoit toute sa chaleur, toute sa lumiere, toute sa vertu, toute sa beauté, deuant que cette rose s'épanoüist, ou que la terre se couurist de plantes & de verdure. Ainsi Dieu estoit également bon, communicatif, tout-puissant, tout sage auparauant qu'il creast le monde: Il auoit la vertu dont nous auons veu l'effet, & ses thresors n'estoient pas moins pleins deuant ses largesses.

Il ne faut pas icy conceuoir Dieu comme vn artisan, qui apres auoir formé le dessein d'vn ouurage, l'entreprend, s'eschauffe dans son action, & peine dans la continuë par la resistence que fait la matiere à son industrie. Car l'action de Dieu n'est pas comme sont les nostres, du nombre des accidens; & l'accomplir ce n'est pas rendre vn combat, où les forces & les esprits s'estans consommés, obligent au repos par la lassitude. Sa toute-puissance ne rencontre point d'obstacles: il donne le mouuement à toutes choses sans le receuoir, & sa seule volonté est effectiue, sans employer vne autre vertu pour l'accomplissement de son dessein. Dés l'eternité il eut cette volonté de créer le Monde, mais il en remit l'execution au temps que sa sagesse luy prescriuit ; & lors il éclata tout d'vn coup en l'estre, par la seule force de cette premiere & eternelle volonté, sans faire vne autre resolution, ou former vne autre action qui luy apportast quelque espece de changement. Comme s'il se trouuoit vn Peintre si admirable, qu'il peust donner la perfection à vn tableau par la seule vertu de sa volonté, sans y employer la main ; il pourroit luy marquer vn certain temps, auquel cette nouuelle peinture paroistroit par la force de l'ancienne volonté, sans qu'il fust tenu d'en renouueler les actes. La Cour ne prend pas vne nouuelle connoissance de cause, quand ses Arrests sont mis en execution long temps apres auoir esté prononcés. Les contrats qui se passent pour auoir leur effet dans vn certain temps, étendent leurs forces iusques à ce qu'il soit escheu, & ce terme remonte au present de l'obligation par vne fiction de droit qui represente assés bien ce que nous disons de la volonté de Dieu en la creation du Monde. Ce n'est pas mesme vne nouueauté en la Nature, de voir vne cause qui remet la production de son effet à vn autre temps que celuy auquel elle agit, & qui passe le milieu du temps ; comme le Soleil celuy du lieu quand il échauffe & seche la terre, en laissant le froid & l'humide au ciel de la Lune, & à la moyenne region de l'air. Toutes les impres-

PPp iij

sions des Cieux se font auec ce repit. Quoy que les Planetes qui dominent au temperament, versent leurs vertus à l'instant de la conception ou de la naissance; l'effet n'en arriue que lóg-temps apres, lors que ces Astres ne sont plus dans le mesme aspect, pour nous asseurer que ce que nous ressentons de leurs influences, se doit rapporter à leur ancienne disposition. L'eclypse des luminaires ne fait point souffrir de deffaillances à la Nature au mesme temps qu'elle nous dérobe le iour; mais elle nous accorde vn delay d'autant plus long, qu'elle se fait en vne partie du Ciel plus proche de l'Occident. De là on connoit qu'il n'y a point de contradiction à dire que Dieu a creé le Monde dedans le temps par vn decret eternel; qu'il a fait vne nouuelle production par la force d'vne ancienne volonté, puis que la Nature mesme permet ces remises & ces transports de vertu à plusieurs causes.

I'auoüe qu'à l'instant de la creation du Monde, il s'est éleué vne relation entre Dieu & les creatures, par laquelle il est leur Createur, leur Prince, leur souuerain, & reçoit ces titres par vn réflechissement de leur existence. Mais ie puis respondre, que cela n'apporte aucun changement en Dieu, parce que son eternité qui égale tous les temps, n'en peut receuoir; il possedoit la puissance de ces effets qui n'auoient pas encore paru; ils estoient déja accomplis à son égard par la force

LE MONDE N'EST PAS ETER. PAR. 2. 531
de sa volonté effectiue, on peut dire qu'il estoit
dés-lors aucunement leur Createur: Comme celuy qui a fait vne donation irreuocable, est donateur deuant que le terme en soit escheu. Et puis comme les vapeurs trompent nostre veuë, & quoy qu'elles quittent la terre, elles demeurent dans vne moyenne region sans toucher le Ciel, & sans ioindre la vertu qui les a éleuées. Ainsi ces relations sont trop grossieres pour arriuer iusques à Dieu; elles demeurent dans les creatures, qui ont receu l'estre moyen entre la priuation & la veritable essence; & si nous donnons quelques titres à sa Majesté, ils tesmoignent seulement nostre seruitude, sans rien adiouster à sa grandeur & à son pouuoir.

Et certes si cette nouuelle production luy auoit apporté quelque changement, tous les iours il en receuroit par la naissance des choses particulieres, où il agit comme Cause vniuerselle, & en la creation des ames raisonnables, qui luy ont la relation de creatures au mesme instant qu'elles donnent la vie au corps. Mais comme ces nouuelles productions, & les feconditez de la Nature, ne causent point d'alteration en Dieu; comme elles sont des effets de sa bonté, & non pas des reproches de changement, nous deuons dire qu'il n'en a non plus receu quand il l'a creé, que maintenant qu'il le peuple, & qu'il le conserue par le concours de sa vertu. Vne montagne ne reçoit aucun changement en sa grandeur & en sa solidité, si vn fleuue commence de prendre son cours dessus vne place où répand son ombre; & si ses eaux qui sont tousiours dans le change, se succedent pour entretenir sa representation. Et Dieu demeure immobile dans son essence, tousiours le mesme en sa gloire & en son eternité, quoy que le Monde passe de la priuation à l'estre, qu'il se conserue par le cours des generations, ou que ses fondemens estans escroulez, il retombe dans le rien de son origine.

Mais direz-vous, que faisoit donc Dieu deuant qu'il creast le Monde? Vn grand Docteur répond qu'il forgeoit les foudres pour punir cette sacrilelege temerité qui entreprend de le iuger, & qui luy demande compte de ses actions. Ie m'estonne bien dauantage, comment il n'espuise point ses thresors par la continuation de ces largesses, que comment il se pouuoit entretenir bien-heureux dans vne souueraine abondance. On offence Dieu d'vn reproche, qui ne doit pas estre fait à vn homme sage, & qui sçait manier ses appetits selon les reigles de la raison. Encore que la condition humaine le rende sujet à mille indigences; neantmoins l'estude de la Philosophie luy donne vne si parfaite liberté d'esprit, que si vous le mettez à couuert des plus pressantes necessitez du corps, il se peut passer de tout le monde. Il est content de luymesme, riche de ses propres biens, instruit par le conseil de son iugement, & charmé d'vn inexplicable plaisir de n'auoir point de desirs dont il ne
se

se puisse donner la satisfaction. Que la fortune luy soit ennemie, que la faueur des Grands, que les deuoirs des petits, & que l'amitié de ses pareils luy manquent, son repos est tousiours le mesme, & les disgraces qui tirent les armes du peuple, luy sont seulement des occasions de déployer son courage en la défaite de la fortune. De cét estat si fort releué, il void de bien loing les naufrages dont il est exempt, & le tumulte des grandes affaires où il ne veut point descendre, comme à des emplois indignes de ses pensées, & trop bas pour ses inclinations. Si l'homme se peut passer du monde, s'il tire d'ailleurs ses contentements, & qu'en estant vne petite partie, il se met dans l'independance de son tout; Dieu qui est vn estre souuerainement parfait, & la source de toute bonté, ne pouuoit-il pas estre bien-heureux deuant que d'auoir produit le monde? Qu'auoit-il besoin pour sa félicité des creatures qui ne subsistent que par la continuation de ses influences? Le Principe se conserue tousiours dessus ses effets le double auantage de la primauté, & d'vne souueraine independence; & comme il contient eminemment toutes leurs vertus, il n'emprunte pas ce qu'il possede, & ne va pas rechercher dans les ruisseaux le bien dont il a la source.

Dieu, deuant que d'auoir basty le Monde ne languissoit pas dans cette nonchalante oisiueté, où Épicure mettoit le souuerain bien: Mais comme il est la premiere cause, & vne souueraine Intelligence, qui ne peut auoir vn autre objet que luy-mesme, capable de satisfaire & sa connoissance & son amour, il se cognut & s'ayma dés l'eternité. Comme son essence comprenoit toutes les perfections possibles; aussi son amour & sa connoissance infinie en leur capacité, furent satisfaites par ce sujet infiny, & terminées par vn objet qui est sans limites. Et d'autant qu'en Dieu il ne faut point admettre d'accidens qui marquent tousiours l'imperfection naturelle du sujet qu'ils viennent annoblir, cét amour & cette connoissance de Dieu n'estoient pas des actions comme les nostres qui releuent d'vne Puissance, & qui aspirent à l'acquisition d'vne fin: Mais c'est vne substance infinie; & l'infiny ne pouuant estre qu'vn, elles ne sont qu'vne Nature, & qu'vn seul Dieu, auec cette distinction, que l'image que la connoissance forme de luy-mesme, est appellé Verbe & Fils, comme engendré selon la ressemblance de la Nature: & ce que nous appellons sainct Esprit, c'est l'amour qui procede du Pere & du Fils. Voilà l'eternel entretien de Dieu en luy-mesme, qui mesme, qui enferme tout ce qui peut imaginer de bon-heur, dont il iouïssoit deuant le commencement du temps, & la creation du Monde. Si la seule pensée de cette felicité répand dans nos cœurs des delices qui leur font oublier celles de la terre, si le Monde a trop peu de charmes; si les beautez perdent leurs attraits; si les honneurs & les richesses n'ont plus d'éclat aux yeux qui ont contemplé les grandeurs diuines: que sera-ce de l'essence mesme qui les possede, qui est la verité de ce dont nous n'auons que les ombres & les figures?

Pourquoy Dieu a creé vne diuersité de choses.

CHAPITRE XVIII.

LA curiosité de nos esprits & les affections de nos cœurs peuuent bien tirer quelques delices d'vn objet proportionné à leur vertu, & dont la sympathie leur en fait aymer la iouyssance: Mais elles ne reçoiuent iamais vne pleine satisfaction qu'au rencontre de la diuersité; soit que nostre ame y trouue l'image de l'infiny dont elle est passionnée; qu'elle se plaise d'exercer vne plus grande authorité sur la multitude, qu'elle en leue de plus grands subsides, ou que l'homme estant l'abregé du Monde, il ait de la complaisance de veoir toutes les parties de sa representation. Enfin de quelques motifs, ou de quelque instinct que nous soyons conduits, il est vray que rien ne nous agrée dauantage que la diuersité, que nos puissances sont sans lassitude, & tousiours prestes de la receuoir. Elle se fait reconnoistre pour vn bien, par cette commune inclination que nous auons à la rechercher, & par les plaisirs que nous apporte sa iouyssance. Neantmoins quelques-vns demandent pourquoy Dieu l'a produite? comme s'il n'estoit pas la premiere source du bien; & comme si cette conformité qu'elle a auec nostre nature, ne nous estoit pas vne assez grande preuue qu'elle découle d'vn mesme principe.

Ils disent que Dieu estant vn, pour agir selon son excellence, & ne se pas abaisser à des productions indignes de luy, crea seulement la premiere des Intelligences; celle-là vne seconde, ainsi de suite iusques à la derniere qui forma les Cieux; que les Cieux produisirent les Elements, qui par le meslange de leurs qualitez façonnerent la distinction des especes. Comme il est plus facile d'abatre que de bastir, & de nier que de faire des preuues, il nous faudroit employer de longs discours pour auoir vn parfait éclaircissement de cette difficulté: Neantmoins nous la battrons en ruine par des raisons generales; & nous monstrerons, que Dieu ayant à faire son image au Monde, il y deuoit produire cette grande diuersité.

En la creation du rien il a esleué l'estre à soy: mais parce qu'vne impuissance originaire l'empeschoit d'égaler les immenses perfections de son Principe; ce mouuement s'est terminé en vn estage moyen, meslé d'acte & de puissance d'vne vnité singuliere au lieu d'vne souueraine, & dans la multitude au lieu de l'infinité. Elle en est l'image, en ce que si l'infini n'a point de limites, celles de la multitude sont fort estenduës ; elle comprend beaucoup, si elle ne peut embrasser le tout; & comme l'estre infini, elle reduit nos pensées & nos sens dans l'impuissance de la conceuoir autrement qu'auec des reprises. Cette diffusion est le propre effet d'vne bonté communicatiue, qui ne pouuant se multiplier elle-mesme, ny mettre vn effet dans l'égalité de ses excellences qui sont infinies, elle les redouble, & s'explique mieux par cette redite, comme le point par la quantité, & l'vnité par la continuë des nombres. La multitude suplée au défaut des vertus particulieres ; c'est vn secours: & puis qu'vn seul estre creé n'étoit pas capable de representer vn infiny, plusieurs estans ioints en approchent aussi plus prés, en ce qu'ils sont plus esloignez, & qu'ils tiennent moins de la priuation. Nous mettons dans plusieurs vaisseaux ce qu'vn seul ne peut contenir; la matiere inferieure, qui est trop grossiere pour receuoir toute la vertu d'vn Planete dans vn seul indiuidu, la partage entre plusieurs, & pour la recueillir toute entiere, il nous faut faire vne composition des simples, des pierres, des mineraux qui releuent de son influence. Il faut vne grande quantité de parties dissimilaires, de puissances, & d'organes pour les fonctions de l'ame ; plusieurs Officiers pour vne Couronne; plusieurs instruments pour exprimer vne seule idée de l'art, & vne grande multitude de choses pour representer auec moins d'imperfe-&ion l'essence infinie de Dieu.

Il auoit en soy dés l'eternité l'exemplaire intelligible du Monde materiel, & la connoissance de toutes les choses qu'il pouuoit produire. Si donc il n'en fust pas venu à l'effect, il n'eust pas donné l'exercice conuenable à sa puissance; & il eust esté redeuable à celle d'vn autre de l'execution de ses desseins. Le Monde ne luy eust eu l'obligation de son existence, puis qu'il l'eust receuë d'vn autre, & ne luy eust pas esté proprement sujet; comme le vassal d'vn vassal ne doit pas l'hommage au premier seigneur dominant du fief duquel il releue. De sorte que s'il n'eust produit immediatement que la premiere des Intelligences, quoy qu'elle soit la plus accomplie des creatures, il n'eust pas fait vne si naïfue image de son immensité : Il eust commis à vn autre l'action que la Nature rend propre à chacune chose, de faire la ressemblance, il se fust rauy l'honneur, & au Monde l'obligation de tenir l'estre de sa main. Ceux qui s'imaginent vne subordination de causes pour la creation, auoüent vn trop grand défaut dedans la Nature, en ce qu'ils supposent vne vertu languissante dans sa continuë, & dont les derniers efforts se terminent en la matiere premiere, qui n'a pour forme que la puissance de la receuoir. Ainsi le dessein de Dieu n'eust pas esté accomply par l'incapacité des Officiers qu'il eust commis à la creation, & l'ordre que nous attribuons à sa sagesse, n'eust esté qu'vn effect de leur impuissance.

C'est approcher de l'extrauagante opinion de de Democrite, de dire que la distinction des especes dépend du rencontre des Elemens & du mélange de leurs qualitez. Si cela estoit, elles seroient suiettes à toutes leurs alterations, elles ne seroient pas constantes, & les diuerses influences des Astres qui agitent sans cesse les Elements, nous feroient au monde vn aussi grand changement d'especes, que de broüilleries en l'air, & de vagues dans l'Ocean. Comme la combination des Elements se duit à vn petit nombre, elle borneroit toutes les especes; & il n'y en auroit pas plus que les Medecins assignent de temperaments : Les simples, les arbres, les fleurs, les fruicts, les gommes, ce qui se tire des mines & des animaux, seroit d'vne mesme espece, quand il se rencontreroit en mesme degré de qualitez : l'aage changeroit l'espece auec la complexion, nous serions d'vne autre cathegorie apres auoir fait perte de l'humide, ou de la chaleur, & on ne seroit iamais de l'espece dont on doit estre, à cause qu'on ne dure pas plus d'vn clin d'œil dans la iustesse du temperament. Et certes comme plusieurs animaux s'accordent au degré des qualitez elementaires par nature, ou par alteration, toutes les productions se feroient extrauagantes en la Nature, si les especes dépendoient de ce mélange, & si vne souueraine Sagesse n'en auoit fait la diſtribution.

Leur diuerſité eſt dans vn ordre, qui ſuppoſe, comme nous auons dit, le deſſein & la conduite de la raiſon ; & comme il eſt general, il ne peut proceder que d'vne premiere Cauſe. C'eſt elle qui ayant voulu produire la multitude pour eſtre vne image de l'infiny, l'aſſortit d'vne grande diuerſité, afin d'embellir le monde & l'enrichir de ſon ornement. Car de faire vne multitude de choſes de meſme excellence, c'euſt eſté vne multiplication inutile, qui euſt porté le reproche à la ſageſſe de leur Createur, & qui fuſt demeurés dans vne plus grande diſtance de l'infiny. Eſtans retranchées dans les termes d'vne ſeule eſpece, elles n'euſſent pas imité la bonté communicatiue de leur Principe, n'y ayant point d'action entre les ſemblables : la Nature euſt languy dans l'oiſiueté, ſon excellence euſt eſté ſa perte, ſi elle n'euſt peu déployer ſa vertu faute de ſuiet capable de la receuoir.

Cette égalité de forces qui euſt mis en interdit toutes les actions, euſt fait le diuorce entre toutes les creatures, qui ne pouuans ny donner ny receuoir, fuſſent demeurées en leur nature, comme dans vn banniſſement hors de ſocieté. Les Nations ſeroient ſans commerce, ſi les climats n'eſtoient fertils d'vne grande diuerſité de choſes : vne ville ne ſe pourroit pas entretenir, ſi ſes citoyés n'eſtoient diſſemblables en habitudes, en exercices, en authorité. Les Princes n'auroient point de Cour,

Cour, s'ils n'auoient des faueurs particulieres qui gaignassent les esperances, & qui fussent les recompenses de la vertu. Enfin la Loy ciuile a esté contrainte de supprimer celle de la Nature, qui mettoit toutes les possessions en commun, à cause que cette grande égalité entretenoit les courages dans la negligence, & faisoit des seditions, quand les paresseux recueilloient les fruicts où ils n'auoient rien contribué de leur trauail.

Dieu donc crea cette distinction de choses afin de donner de l'exercice à leurs vertus, & representer l'estenduë de son pouuoir par la diuersité, comme il auoit fait l'infinité de son essence par la multitude: Et cela, auec vn ordre qui assigne les seances, qui mesure les dignitez aux merites, qui escarte la perfection du défaut, auec ce qu'il falloit d'éloignement, pour empescher la contagion du mal, & donner passage au secours du bien. Il a publié en cela les premieres loix de la Iustice, quand il a fait la separation des Cieux d'auec la terre, des lumieres d'auec les tenebres, de l'actiuité d'auec la puissance; comme dans nos corps le cœur est séparé de l'infection des intestins par le diaphragme, & le cerueau, qui est le siege de la connoissance & de la moderation, est releué pardessus les deux estages où se façonne la nourriture, & où la chaleur tient l'empire. La beauté du Monde consiste en cette distribution de parties qui ne forment qu'vn composé par leur alliance, vn Corps, vne Republique, dont le gouuernement est si équitable, que ce seroit faire tort à Dieu, de ne le pas rapporter à sa sagesse.

Les fautes qui se commettent dans les sciences & dans la conduite de nos actions, n'arriuent que parce qu'on ne sçait pas connoistre la difference des choses, & le milieu qui en fait la conionction. Le Prince qui est dans cette ignorance, veut traitter auec tous les peuples de mesme façon, & obliger ses sujets à mesme Loy, comme vn Medecin qui pense guerir toutes les maladies par vn seul remede. Quelques-vns recherchent le principe de cette diuersité dans les corps celestes, qui les versent sur les choses inferieures, & leur impriment ce qu'ils ont de sympathie ou de contrarieté. Ils disent que les Medecins s'abusent en leurs iugemens, & ne voyent pas les effets qu'ils s'estoient promis de leurs remedes, parce qu'ils mesurent toute la vertu des simples au degré de leurs qualitez apparentes, sans iuger de celles qui sont occultes, & confondent toutes les chaleurs encores qu'elles soient l'vne du Soleil, l'autre de Mars, l'autre de Venus, aussi differentes en leur effets que ces Planetes le sont en leurs influences. Le premier quartier Occidental du Monde, qui se mesure depuis le 36. degré de latitude iusques au 30. de longitude, estant dominé par le trigone de feu, rend tous ces peuples-là guerriers; mais ce seroit mal iu ger, de traitter auec les Allemans & les Septentrionaux, qui font dominez par l'Aries & Mars son Planete, comme auec les Espagnols qui sont sujets au Sagitaire & à Iupiter; ainsi des autres parties du Monde, que Ptoloméesdit estre gouuernées par les autres trois trigones, de terre, d'eau, & d'air. De sorte que cette mesme harmonie que nous auons remarqué entre les signes du Zodiaque & les Planetes, se rencontre entre les climats & les nations par l'ordonnance de la Sagesse diuine, qui a compassé leurs departemens, mesuré leurs forces, qui ne fait qu'vne Musique de tous ces accords, & qu'vn Monde, qui par l'alliance de ses parties represente les perfections d'vne souueraine Vnité.

Pourquoy Dieu a creé des choses contraires.

CHAPITRE XIX.

A La premiere veuë du Monde nous admirons comment il peut estre formé sur l'idée & sur l'exemplaire d'vne souueraine vnité, estans dans vne sedition continuelle de ses parties, toutes animées à leur défaite, qui n'ôt que la guerre pour exercice, & que leur ruine reciproque pour dernier dessein. Nous souffrons sous la violence de ces ennemis; nos temperamens y sont alterez;

nous y faisons perte de nos plaisirs; ils ruinent nos esperances; & enfin il nous en couste la vie. C'est pourquoy nous sommes fort interessez en cette affaire: & de consulter nos sens si le Monde doit auoir des contrarietez, c'est demander aux coupables si les Loix doiuent auoir des peines, & mesurer les remedes à la discretion des malades. Mais si nous nous dépoüillons de nos interests pour estre les Iuges du Monde; si nous prenons connoissance de son origine, de ses droits, de ses exercices, si nous examinons la iustice de ses desseins & de ses efforts, nous trouuerons que la contrarieté luy est necessaire, qu'il ne peut subsister sans la violence.

Nous auons veu que les creatures s'estans escoulées de la bonté diuine, comme d'vne source souuerainement feconde, se sont respanduës en la multitude, separées par les differences: mais enfin leur cours les a portées iusques dans la contrarieté. Si tost que la ligne est tirée du poinct où elle estoit toute recueillie, elle fait deux termes, & forme deux pointes qui sont dans l'opposition. Le nombre est contraire à son principe si tost qu'il en sort, & son accroissement luy donne les repugnances de non pair, de diuisible & d'indiuisible, qu'il n'auoit pas dans son vnité. Ainsi toutes choses qui estoient vne en Dieu, n'en ont esté produites qu'auec la separation, & vn vaste escoulement qui prouenoit d'vne bonté genereusement puis-

LE MONDE N'EST PAS ETER. PAR. 2. 565
fante à les pouffer dedans l'eftre, leur a donné des natures ainfi contraires. Elles reprefentent l'vnité de leur principe, en ce qu'elles ont vn commun rapport à vn genre fuperieur. Mais comme il faut employer deux mouuements pour fe porter à deux termes directement oppofez, il falloit plufieurs natures qui fuffent contraires pour reprefenter vn infiny qui égale tout, & ce qu'ils font dans l'efloignement monftre vn Principe qui n'a point de bornes.

Ie ne m'eftonne pas que les chofes naturelles tombent dans la contrarieté par leur progrés, puis qu'elles en portent les impreffions dés leur origine, & que cette feruitude les accompagne depuis leur naiffance. Car y a-il rien de fi contraire, que l'habitude & la priuation, l'eftre & le rien dont ils font efclos ? ou que la forme & la matiere qui font les parties concourantes à leur formation ? C'eft vne impuiffance, qui eft caufe de leur contrarieté auffi bien en leur commencement qu'en leur continuë. Neantmoins elle eft fi auantageufe, & elle apporte de fi grands profits au monde, qu'Empedocles eut fujet de dire, que toutes chofes eftoient faites & entretenuës par la difcorde & par l'amitié. Comme les Cieux roulent fur deux poles qui font oppofez, la Nature fe fouftient fur l'accord & fur la contrarieté de fes parties, & reçoit les plus infignes faueurs du cofté qui femble ne luy promettre que la defolation.

Les choses inferieures estants battuës de leurs contraires, r'alient leurs forces pour se conseruer, & font des acquests où elles n'eussent iamais pretendu, si elles n'eussent esté animées par ces attaques. Ainsi la chaleur naturelle estant menacée du froid de l'hyuer qui l'enuironne, bouche toutes les auenuës des pores, retient les esprits; & faisant vne exacte digestion de la nourriture, elle donne vne meilleure consistence au temperament: d'où vient que les animaux sont plus grands, plus forts, plus feconds dans les pays froids, que dans les climats bruslez du Soleil; & les balenes, ces montagnes mobiles qui portent l'orage, & qui vomissent des fleuues, prennent leur grandeur dans les mers glacées du Septentrion. Comme la vertu fait acquisition de ses habitudes dans l'exercice, les puissances naturelles se fortifient par la contrarieté: les parties sont plus genereuses, qui sont les plus employées en l'action; & l'eau froide distilée sur les venes, où sur la region du cœur, y a bien souuent réueillé la chaleur qui estoit esteinte. Le feu redouble ses pointes, s'il est irrité par vne legere aspersion d'eau: & estant retenu au fonds des riuieres, il recuit vne terre mollasse en pierres. Le rayon change la benignié de sa lumiere en vne mordante chaleur, s'il est auec contrainte dans le creux d'vn miroir concaue: & ie ne m'estonne pas que la timidité mesme soit courageuse dans les perils d'où elle ne peut eschapper ; & qu'elle ait fait de plus grandes executions dans son desespoir, que les victorieux par la fermeté de leurs courages.

La contrarieté est donc necessaire en la Nature pour la tenir continuellement en haleine pour empescher que la vertu ne se noye dans l'oisiueté, & que ses relasches ne deuiennent vne totale impuissance. Neantmoins il ne se faut point imaginer de haine dedans la Nature, comme l'amour est son premier Principe, les contrarietez en releuent aussi bien que les sympathies, & ces deux emplois luy sont également necessaires à son dessein. L'alliance des choses semblables, & la communication reciproque qu'elles se font de leurs qualitez, importent au bien general du Monde, qui dépend de l'vnion & du secours que se donnent toutes ses parties. Mais la contrarieté regarde l'interest particulier de chacune chose ; elle la reserre, l'arme pour acquerir le bien où elle pretend, ou pour se conseruer celuy qu'elle tient déja contre les obstacles ou les vsurpations qui luy en disputent la ioüyssance sans elle ; & si toutes les choses inferieures estoient dans la sympathie, elles épuiseroient toutes leurs vertus par leur liberalité : les vnes s'escouleroient dans les autres ; & comme elles sont d'vne perfection fort inégale, les plus excellentes perdroient leurs dignitez par la compagnie des moindres ; la beauté du Monde periroit auec la difference de ses parties; ce ne seroit pas vn commerce, mais vn desordre & vne contagion. La contrarieté sert de digue à ce dangereux débordement, en ce qu'elle conserue les choses en leur nature, & leur fait faire de plus glorieuses acquisitions par la force, qu'ils n'en pourroient esperer de leurs alliances: Car les communications d'amitié se font tousiours auec vne égale alteration des deux parties qui se ioignent; elles deperissent l'vne pour l'autre: & comme nous le voyons dans les mixtes, il reüssit vne nature moyenne, & estrangere des deux par la composition: Mais par la contrarieté, l'agent qui est le plus fort, se sert de ses auantages pour conuertir entierement l'autre en sa nature; & ressemble à vn Prince qui fait vn monde nouueau en vn pays de conqueste, qui donne la Loy à tous ceux qui ont esté vaincus par ses armes: Ainsi la chaleur naturelle conuertit la nourriture en nostre substance; la terre & l'eau se subtilisent en vapeurs qui deuiennent l'air, & tout ce que l'on met au feu, en prend ou la nature, ou la qualité.

Il est vray que comme les reductions des pays ne se font iamais auec tant de bon heur, qu'il ne demeure quelques mescontens qui se reuoltent; ainsi il eschappe tousiours quelque chose à l'action naturelle, elle est meslée de souffrance, & dans la matiere qui reçoit la nouuelle forme, il s'y rencontre plusieurs parties qui la refusent. Le

bois

bois mis au feu a ſes cendres & ſa fumée: les metaux coulent en laiſſant leurs impuretez, & chacune des digeſtions qui ſe fait aux diuerſes parties de noſtre corps, a ſes excremens. C'eſt où la contrarieté ſe fait paroiſtre auſſi neceſſaire en la Nature, que l'eſt dans l'Eſtat la Loy, qui permet les accuſations, qui porte les peines & les banniſſemens des coulpables. Car la vertu expultrice chaſſe tant qu'elle peut hors de ſoy ce qui eſt de ſuperflu ou de nuiſible; & ſi elle n'a pas aſſez de force pour cette entrepriſe, elle appelle le ſecours des medicamens, dont la plus puiſſante vertu conſiſte en la contrarieté.

Pourquoy tirons-nous de l'admiration de veoir que le Monde porte des lions, des tigres, des aigles, des baleines, & ſemblables beſtes de rapine, qui ſont alterées de ſang, & qui n'ont la vie que par la défaite d'vne infinité d'autres? Comme ſi la Nature authoriſoit vne tyrannie qui ſe fait vne iuſtice de la violence, qui tient toutes les vies, & tous les biens tributaires de ſes contentemens, & de ſa paſſion. Ie n'en tire pas ces dangereuſes maximes, mais au contraire, i'y adore vne ſouueraine Prouidence qui a diſpoſé toutes choſes auec vn ordre ſi admirable, que les plus excellentes ont la domination ſur les moindres, & le meſme empire que tient le feu, dont elle participe le plus, ſur les Elemens. Si les oyſeaux de rapine ne vont point de compagnie, c'eſt que leur trouppe découuriroit

Tome I.   SSſ

leurs embufcades, & qu'ils ne rencontreroient pas affez de proye s'ils eftoient enfemble : Le lion ne déchire pas le lion : les balenes ont vne extraordinaire humanité pour leur efpece ; elles portent leurs petits viuans, & quand ils font pourfuiuis, elles leurs donnent pour afyle ce mefme gouffre de ventre où les autres poiffons fe noyent. Cela monftre que la contrarieté ne fe doit point rencontrer entre les hommes ; qu'ils font obligez d'eftre autant vnis d'affection, qu'ils le font d'efpece, & qu'entr'eux ils ne fe doiuent feruir de leurs puiffances que pour fe bien faire.

Quant aux brutes, ie ne m'eftonne non plus de voir vn loup qui mange vn mouton, que de voir du feu qui brufle du bois. Leur vie n'eft pas de plus grande confequence que de fe feruir les vns aux autres : s'ils ont à mourir, leur fin eft plus honorable d'eftre l'aliment d'vn eftre animé qui leur eft fuperieur, que de languir de vieilleffe, ou fe confommer par la pourriture. Nous refpondrons au Traitté de la Prouidence, à ce qu'on dit que les beftes, ou carnacieres, ou veneneufes, nuifent aux hommes ; & nous monftrerons qu'en cela elles font les armes de la Iuftice diuine pour la punition de nos pechez, & les moyens auec lefquels elle donne de l'exercice à noftre vertu. Car l'homme a naturellement l'induftrie d'éuiter leur violence, de les reduire en fuiection, de tirer vn theriaque de la vipere, & vn antidote de tous les venins.

Vn mal chaſſe l'autre, la difficulté de reſpiration eſt guerie par la fiévre qui conſomme la ſuperfluité de l'humeur; les conuulſions par la quarte; la melancholie & la nephretique par les hemorroïdes; & noſtre ſanté ſe conſerue dans l'égale reſiſtance de deux maux, comme ces petites ſeigneuries qui ſubſiſtent entre deux puiſſans voiſins qui les pretendent, & qui les diſputent.

C'eſt vne choſe admirable au Monde, que les forces des parties contraires ſont compaſſées auec vne telle égalité, que ce qu'elles anticipent n'eſt pas par vſurpation, mais par emprunt; que leurs actions ne ſont qu'vn commerce de bonne foy, où la debte eſt touſiours ſuiuie du payement, & les receptes de la reſtitution. Ceſte reſiſtence qui n'a point d'excés, entretient la Nature en vn meſme eſtat, comme vn vaiſſeau qui demeure ferme entre deux cordages qui le tirent d'vne meſme force: ſa paix eſt contrainte, mais honorable, puis qu'elle ſe fait les armes à la main. Ainſi les qualitez elementaires forment dans nos corps vn temperament de leurs contrarietez: Saturne qui a trop de froid, perd beaucoup de ſa malignité ſe leuant de iour: la chaleur de Mars eſt moderée quand ſon leuer eſt nocturne: les coleriques ont vne meilleure diſpoſition l'hyuer, les flegmatiques l'eſté; & la bile fortement eſmeuë par quelque diſgrace, & par vne iniure qui va iuſques au vif, a bien ſouuent guery la peſanteur des melancholiques. Nos corps qui sont suiets à plusieurs alterations par les reuoltes des contraires qualitez qui les composent, auoient besoin de quelques contraires exterieurs qui les secourussent, & qui humiliassent les forces de celles dont l'excez deuient vne tyrannie. C'est ainsi qu'au monde l'humidité de l'air tempere la secheresse du feu, l'eau celle de la terre, dont le corps solide arreste la fluidité de l'air : de sorte que les contrarietez des Elements sont des assistances qui valent des medecines.

Nous auons monstré que ces reuolutions ne se font pas par la seule inclination de leur nature, qui de soy ne pretend que de s'agrandir, & veu que le feu a des forces assez puissantes pour conuertir en soy tous les autres corps. Vne mesme Prouidence prescrit ces bornes à leurs actions & à nos felicitez ; elle tempere les insolences de nos courages, de nos ambitions, de nos amours, par des disgraces qui nous remettent dans nostre deuoir, & dans les ressentimens de nostre foiblesse. Mais pourquoy nous plaignons nous de ces rigueurs, puis qu'elles nous sont auantageuses, qu'elles ne passent iamais nos forces, & que sans chercher aucun secours, nous auons dans l'ame vne secrette puissance capable de leur faire teste, & de triompher de la fortune ?

Pourquoy il y a au monde des choses qui sont moins parfaites.

CHAPITRE XX.

SI nos yeux pouuoient porter iusques dans l'essence des choses, ou que nostre esprit fust assez puissant pour voir l'idée du Monde par vn seul concept, l'ordre, la dépendance, & la proportion de ses parties, qui font sa beauté ; vn spectacle si rauissant, nous feroit dire qu'il est fait par vne souueraine Sagesse, & que les moindres petites choses y sont vn miracle de perfection. Mais vne connoissance si auantageuse n'estant pas permise à nostre nature, il faut en sa place nous seruir de nostre raison qui nous fera sentir à reprise & en tatonnant ce que les intelligences deschargées des corps découurent par vn seul regard. Premierement les moindres choses du monde ont l'estre ; condition si auantageuse, qu'elle ne sçauroit estre assez bien conceuë de nos pensées, parce qu'elle emporte vne perfection, que i'ose dire aucunement infinie, estant opposée à la priuation dont le défaut est infiny, & qui ne sçauroit estre surmonté que par vne souueraine puissance. C'est le plus grand rapport qu'elles ont auec Dieu. L'estre est la premiere des perfections, où les autres ne sont comparées que comme des accidens à la substance, qui ne sçauroient empescher auec toutes leurs contrarietez, que les creatures ne se conseruent vne essentielle ressemblance entre elles, & auec leur principe. Estans toutes semblables en l'estre, & venans auec vne extréme égalité au partage de ce bien qui est l'image de Dieu, elles ne doiuent point estre appellées imparfaites, quoy qu'elles soient desauantagées des autres conditions.

Vous diriez que Dieu ait voulu tirer cette confession de nostre bouche, & imprimer ce sentiment dedans nos esprits, que tout ce qui est au monde est bon, en ce qu'il a donné les plus admirables vertus aux petites choses. Comme la chanterelle du lut estant la plus petite des cordes, se fait mieux entendre, & forme des tons & des accords plus hautains : Ainsi les petites choses sont les bouches les plus eloquentes pour nous descrire les perfections de leur Createur. De sorte qu'il ne nous faut pas mesurer leurs excellences à l'estenduë de leur matiere, non pas mesme au temperament qui reüssit des premieres qualitez, puis que les Medecins mesmes demeurent d'accord, que les plus admirables vertus des simples, des pierres, des mineraux dependent d'vne secrette & inexplicable vertu. Et afin que nous ne mesestimions pas les choses que la Nature a reduites au dernier degré, c'est en celles-là où Dieu se monstre le plus liberal, & où il nous donne de plus asseurez tesmoignages de sa Sagesse. Les insectes, qui sont les moindres des animaux, sont ceux qui se gouuernent auec plus d'industrie : ils ont esté les premiers Maistres des arts mechaniques ; & quelque peine que nous apportions à les imiter, leurs instincts passent tousiours nos inuentions. Nous sommes moins asseurez en nos préuoyances que les fourmis. La Monarchie des abeilles fourniroit de maximes à nostre police, si elles estoient moins fidelles au secret, & si elles ne nous chassoient de leurs ruches, auec tout ce qui se peut imaginer de courage & de resolution, de peur qu'estans estrangers nous ne prenions connoissance de leur Estat. Les filets que les chasseurs tendent à la passée des becasses, ne sont iamais si iustement suspendus que ceux des araignées, assez forts pour soustenir le vent, assez lasches pour enuelopper la proye, & frottez d'vne glu qui embarassant pieds & aisles, l'arreste par vn double empeschement. Le Nacre qui n'a des actions animales que l'attouchement, & qui tient beaucoup de la plante en ce qu'il entretient sa vie sans le mouuement local, nous produit la perle qui en sa figure & en sa beauté est vn petit monde de lumiere. Les plantes qui sont inferieures en degré aux arbres, ont de plus grandes vertus pour la Medecine. Les metaux qui sont des moindres productions de la terre, puis qu'ils n'ont pas ny les organes, ny les fonctions de la vie, ne laiffent pas de poffeder de fi fauorables qualitez pour nos vfages, & pour nos remedes, qu'ils meriteroient le nom des Cieux, quand l'auarice ne s'en feroit pas renduë idolatre. Les pierres font moindres felon la Nature ; & cependant celles que nous appellons pretieufes, font dauantage dans noftre eftime : comme elles ont plus d'éclat, plus de beauté, elles ont auffi vne fi grande vertu, fi l'on croit aux Naturaliftes, qu'elles produifent par leur feule application des effets que nous ne tirerions pas de la prife des medicamés. Et afin qu'on ne iuge pas de leurs excellences par cette beauté qui gaigne nos yeux, l'aiman qui eft vne pierre obfcure, noire, mal polie, qui a du rapport au dernier des metaux, ne laiffe pas d'auoir de la fympathie auec le pole, de conduire l'homme, & le retirer des perils en luy monftrant la difpofition du Ciel.

Cela doit fuffire pour inferer que nous nous abufons en nos iugemens, fi nous eftimons les chofes par leur afpect, & par le degré qu'elles tiennent en la Nature : & nos experiences nous doiuent donner cette conjecture, que ce qui nous paroift de moindre, a peut-eftre des vertus qui nous rauiroient d'admiration, s'il nous eftoit permis d'en veoir le fecret. Si leur eftre, qui de foy eft vne grande perfection, fubfifte dans vn petit corps, elles font en cela d'autant plus femblables aux Intelligences, qui font tout à fait déchargées de la matiere, & leur racourcy a du rapport auec

la

LE MONDE N'EST PAS ETER. PAR. 2. 577
la premiere vnité. Si leur corps n'est point équipé d'organes, ou qu'il en ait vne moindre disposition, c'est où i'admire les traits d'vne main toutepuissante, qui entretient l'estre auec si peu de secours, parce qu'elle peut faire tout de rien. Au moins ces petites choses ont l'accomplissement de ce qui estoit deub à leur espece : elles tiennent leur rang au monde : elles contribuent à son ornement par leur difference, & ce qu'elles n'ont pas de perfection en propre, leur reuient par vn droict de societé. La taille est belle dans vne musique, encore qu'elle soit moins agreable estant separée. Nostre corps n'a point de parties qui ne soient belles, parce que toutes ensemble elles font l'accomplissement du tout. Si les Philosophes n'assignent point de parties dans vne quantité continuë autres qu'en puissance, & non pas en acte, en idée plustost qu'en effet : Pourquoy veut-on disjoindre les pieces du Monde, rompre son integrité, & considerer comme des parties ce qui ne doit point estre separé de la masse ?

Le mouuement estoit necessaire au monde, afin de le releuer de ses indigences, & qu'il imitast la bonté de son Principe par ses communications. C'est pourquoy il falloit qu'il y eust des choses vuides disposées à receuoir les biens que les autres y voudroient verser, & des puissances qui eussent le mesme rapport aux actiuitez, que la matiere premiere a pour les formes. Si nous iu-

Tome I.   TTt

iugeons bien des choses, les petites ames qui se raualent aux arts mechaniques, ne sont pas moins necessaires à vn Estat, que les grands courages qui fondent dans les armées, & dont l'ambition demande vn Empire. Qui commanderoit si personne n'estoit propre pour obeyr? qui voudroit trauailler son corps dans des emplois mercenaires, & donner la vie aux autres par sa sueur, s'il n'y auoit des ames de basse trempe, dont l'industrie fust attachée à la main, & qui se contentassent de l'objet des sens?

Cette impuissance naturelle est le nœud de la societé, en ce que chaque chose abondante en vne qualité particuliere, n'a pas moins de passion de la communiquer, que les autres de la receuoir. Le cœur se penche du costé où reside la melancholie, autant pour estre temperé par la froidure fauorable à la contemplation, que pour luy inspirer la chaleur d'où dépend la vie & le mouuement: Les serositez donnent la fluidité au sang, & corrigent l'excés de ses qualitez: les os qui sont d'vne constitution terrestre, soustiennét le corps: sans le flegme la bile y feroit vn embrasement: les pieds ne sont pas moins necessaires pour le pourchas de la vie, que les yeux pour sa conduite, & la langue pour en exprimer les affections: Ainsi les moindres choses entrans en societé auec les plus excellentes, ayants leur place en l'ordre du Monde, & les qualitez dont le degré superieur ne se peut passer, il ne faut point douter qu'elles ne soient produites auec vne toute-puissante Sagesse : & si nous ne sçauons l'vsage de tous ces outils, si differents en grandeur, en forces, en figures, il ne faut pas accuser l'industrie de ce souuerain Maistre, mais nostre ignorance.

Pour ce qui est des choses dont nous auons de l'auersion comme estans mauuaises, nous les iugeons telles, à cause du peu de rapport qu'elles ont à nostre nature, & qu'elles sont dans vn excez qui ne sçauroit estre supporté par la foiblesse de nostre puissance. Les qualitez que nous appellons veneneuses dans les simples, dans la vipere, & dans l'arsenic, sont des excellences de froid, de chaud, ou de quelque vertu celeste, que nous n'auons pas plus de sujet de condamner, que la lumiere du Soleil quand elle est trop forte pour nostre veuë. Nous donnons prix à ces mesmes choses, & nous les recherchons comme fauorables, lors que nous les prenons comme vn antidote, leur vertu paroist dans nostre necessité, & qu'elles nous rendent la vie qu'il falloit perdre sans leur assistance.

La plus grande difficulté consiste à sçauoir si les defauts qui priuent les choses particulieres d'vn exercice qui est propre à leur espece, comme d'estre boiteux, aueugle, sourd, muet, dependent du decret de Dieu, & sont des effects de sa Prouidence. Si vous considerez ces imperfections comme vn mal de la Nature, & vne priuation, Dieu qui est vn souuerain bien, n'en est pas la cause. Mais il faut dire, que toutes les choses qui prennent naissance n'ayans point de droit à l'estre, Dieu le leur a donné par vne faueur speciale, auec vne limitation qui ne leur accordoit qu'vn tel ou tel degré de bonté. Aussi n'est-il pas à presumer, que les causes secondes fussent capables de renuerser les desseins de l'vniuerselle; que le Principe qui tient tous les agens en sujetion, qui leur inspire les forces, qui mesure, & qui compasse leur vertu, permist que le moindre effet échappast des loix de sa Prouidence: S'il met toutes les parties du Monde en ordre par vne inégale distribution de qualitez; s'il rauale certaines choses à vn degré inferieur pour mettre les autres à l'ascendant: pourquoy ne fera-il pas dans chacune espece ce qu'il pratique dans tout l'Vniuers? comme l'œconomie garde dans vne famille la loy que la police fait regner dedans vn Estat?

On est d'accord, que le mouuement des Cieux est conduit par des intelligences commises de Dieu, & qui leur font acheuer leurs periodes selon qu'elles en reçoiuent le commandement. Cependant les Planetes ne laissent pas de souffrir des cheutes, des retrogradations, des exils, des eclypses, des mauuais aspects. Hé! qui doute que les langueurs, ou les excés qui en sont produits en la Nature, ne soient compassez auec la mesme sagesse qui roule les globes, & que les effets ne soient préueus auec leurs causes? Ainsi les ouuertures de porte, & les grandes inondations sont aussi bien determinées que les aspects des Planetes ennemis, & leur rencontre dans des Signes de nature d'eau dont ils sont causez: Comme les embrazemens & les fleuues de feu qui s'esleuerent l'année passée du mont Vesuue, arriuerent precisément lors que tous les Planetes estoient en des Signes de la triplicité de feu, auec des aspects infortunez, sous la domination de Mars. Si Dieu veut que la Nature agisse selon ses loix, les Astrologues ont quelque raison en leurs preiugez qui n'offensent point la liberté ; puis que les choses inferieures releuent de l'influence des Astres. Ils peuuent dire par experience, que les Signes dont la figure n'est pas humaine, comme le Taureau, le Cancer, le Scorpion, les Poissons, la derniere partie du Sagitaire, ainsi des autres qui ont l'ascendant, ne donnent point de beauté au visage; que la Lune affligée dans les nœuds du Ciel, ou dans l'Aquarius qui preside aux iambes, fera des boiteux ; qu'estant dans les nebuleuses du Cancer, elle cause vne veuë obscure, & qu'elle creue les yeux auec le iauelot du Sagitaire, ou l'éguillon du Scorpius. Quand ces obseruations de fait ne seroiét point vrayes, il faut auoüer que ce monde releuant des Astres en emprunte aussi bien ses défauts que sa perfection; qu'il y a des aspects heureux & infortunez dont les effets sont également decretez de Dieu, & executez par les intelligences motrices. C'est pourquoy ie ne sçaurois gouster l'opinion de ceux qui disent, que la femme n'est pas produite selon le dessein de la Nature qui aspire tousiours au plus parfait, puis que ce defaut n'est qu'vne moderation qui dépend des causes vniuerselles : la beauté qui luy est propre, la delicatesse de sa complexion, la viuacité de son esprit, monstre que la Nature ne s'est point trompée ; qu'elle ne fait point par hazard d'vne production qui est si reglée, & si necessaire à l'entretien des generations.

Dieu n'a pas besoin de laisser de mauuaises loix au Monde pour en inuenter de bonnes : sa puissance & sa sagesse peuuent rendre toutes choses tres-accomplies, mais nostre ignorance deuoit estre instruite par ces défauts ; Et comme les choses contraires ont plus d'éclat par leur opposition, les Monstres & les productions extrauagantes de la Nature nous font mieux iuger des reglements qu'elle garde par l'ordonnance diuine. Car ce desordre particulier suppose vne loy contraire, & monstre que la Nature n'a point de necessité ny d'affections qui ne cedent au premier Principe. Si nous estions moins aueugles, nous admirerions dauantage la police continuelle du Monde, que ces manquemens, & verrions auec plus de satisfaction le Soleil dans sa lumiere, que dans son eclypse : Mais comme la foiblesse de nostre esprit déuoit eftre enfeignée par ces prodiges, noftre infidelité deuoit eftre punie par leurs difgraces. Il falloit des productions moins trauaillées en noftre efpece, afin que nous connuflions nos infirmitez, que nous rendiflions nos vœux à la mifericorde qui nous en deliure : & fi la curiofité regarde ces défaillances auec plaifir, c'eft vn acquiefcement & vne condemnation que noftre nature coupable paffe à la iuftice du Ciel.

Le Monde eft vne image de Dieu.

CHAPITRE XVIII.

NOus auons defia reprefenté que Dieu ne pouuant faire hors de luy vne production qui égalaft fon immenfité, parce que l'infiny ne reçoit point de multiplication, ne laiffa pas de créer le Monde, & déployer vne puiffance infinie en vn effet qui eft limité en le faifant éclore du rien. Puis qu'il y auoit de la contradiction de produire vn autre luy-mefme hors de luy ; au moins il graua fa reprefentation fur les creatures intelligibles & corporelles, & mit fon image au lieu de l'identité. S'il nous eft permis de dire, que Dieu a pretendu quelque fin en la creation du Monde, il n'y en a point de plus fublime, que de le mouler à fa reffemblance ; & cette pretention n'offenſoit point l'excellence de ſa nature, qui eſt toute ſatisfaite en elle-meſme, puis que ce ſecond objet n'a de la beauté que par ſa relation, qu'il en tient ſon eſtre, qu'il en dépend, & qu'il s'y rapporte. C'eſt l'amour qu'vne perſonne a pour elle-meſme, qui luy fait regarder ſa face auec contentement ſur les tableaux, & dans les miroirs, & ie croy que ſi le Soleil eſtoit capable de cóplaiſance, ou qu'il ne fuſt point neceſſité en ſon cours, il n'éclaireroit que les criſtaux, & que les fontaines qui le repreſentent. Ainſi Dieu ayant ſes propres perfections pour l'objet principal de ſon amour, l'eſtend encore deſſus le Monde qui eſt ſon image, & le void auec vne double ſatisfaction, comme eſtant l'œuure de ſa bonté, & le portraict de ſes excellences.

Son vnité eſt repreſentée par l'accord des Elements, des eſpeces; par les ſympathies, & par cette eſtroitte liaiſon, qui d'vne innóbrable diuerſité de parties, ne fait qu'vn Monde. Les globes celeſtes ſi proprement enchaſſez les vns dans les autres, que la diuerſité n'y eſt remarquable qu'au mouuement, & ces vaſtes corps qui contiennent toutes les vertus inferieures, eſtans enfermez ſous vne derniere ſuperficie, me figurent le premier Principe qui comprend toutes les bontez dans vne tres-ſimple eſſence. D'où vient que nous eſtimons les choſes d'autant plus, qu'elles enferment vne plus grande diuerſité de perfections, parce

que

que la premiere cause les contient toutes. C'est ce qui haste la course des Cieux, afin que chaque partie touche successiuement tout le lieu du globe; c'est ce qui donne la vanité aux hommes de paroistre plus excellens, en cela mesme qui est hors de leur profession ; à la matiere de se reuestir de toutes les formes ; au feu de conuertir en soy toutes les matieres. Toutes les sciences dépendent d'vne Metaphysique qui n'est pas commune : & ie ne sçaurois estimer docte celuy, qui se rendant obscur pour estre estimé profond en vne seule, ne suit pas l'inclination de Mercure, qui donne de la capacité pour toutes choses. Ainsi la Republique de Lacedemone fut heureuse, de ce qu'elle comprenoit toutes les sortes de gouuernements, la Monarchie par son Roy, l'Aristocratie par son Senat, & la Democratie par les Ephores qui estoient Conseillers d'Estat pris d'entre le peuple. Nostre esprit ne se sçauroit figurer rien de plus adorable en Dieu, que de reconnoistre toutes les perfections possibles dans son vnité. Comme les Cieux possedent les qualitez inferieures auec eminence c'est pourquoy ils tournent leurs regards au dedans du Monde, pour nous faire entendre, que Dieu est dans vne eternelle contemplation de sa beauté ; qu'il se plaist de nous en donner les communications, comme les Astres de verser sur nous leurs lumieres, & leurs influences.

Elles percent les globes inferieurs ; elles passent à trauers du feu sans estre alterées par l'air, sans se dissiper; elles donnent la vie aux poissons au milieu des eaux sans s'esteindre ; & la solidité de la terre ne peut empescher qu'elles n'aillent forger les metaux en son centre. Cela me fait conceuoir quelque chose de l'immensité de Dieu, qui emplit, qui comprend tout, qui mesure le lieu & le temps, qui contient en son essence infinie plus d'estenduë, que nostre imagination ne se sçauroit figurer d'espaces. Son pouuoir ne rencontre point de resistance, les abysmes du rien & du vuide se rendent feconds à sa parole. C'est vn acte qui soustient le Monde, qui donne la vie, qui inspire le mouuement; vne souueraine Sagesse qui dispense toutes les vertus, qui entretient l'ordre, & empesche la confusion.

 Les choses mortelles taschent d'imiter son eternité par les efforts de courage qu'elles emploient à se conseruer la vie, & à la donner aux autres par la generation. Cette suitte tousiours renaissante entretient le commerce de la Nature d'emplete & de debit. Elle rend le Monde comme vn fleuue dissemblable par l'écoulement & l'abord continuel des eaux ; & tousiours le mesme, puis que son estre ne subsiste qu'en son changement. Ne voyez-vous pas comment ces flots courent apres eux-mesmes, & pour ne pas eschapper de leur prise, ne vont pas seulement à la file, mais ils se doublent, se poussent, & se deuancent ; si bien que la poursuite n'estant pas vraye, qui n'a point d'éloignement, & la fuite estant inutile, qui ne sçauroit faire de distance, la diuersité que l'on se figure en ce flux n'est qu'imaginaire; ce n'est en effet, qu'vn corps mobile, & vn cristal qui est animé. Ainsi les naissances des nouueaux estres s'auançans au môde, sans laisser de vuide, & de place qui ne soit remplie, on peut dire que le cours des generations fait vn corps aucunement continu, dont la durée represente l'Eternité. Son image s'entretient également vne dans la succession des choses mortelles; comme on void l'ombre d'vne grande montagne tenir ferme sur le cours d'vn fleuue; encore que ce miroir flottant la balance vn peu sur l'inegalité de ses ondes, neantmoins elle les laisse écouler de dessous elle, & se soustient dessus les suiuantes, en changeant seulement de siege, & iamais de grandeur, ny de figure.

Toutes les choses particulieres s'efforcent pour imiter la puissance de leur Principe, d'accroistre la leur par la nourriture, par le commerce, par les sympathies, & par les actions, qui ne pretendent autre chose que de côuertir tous les sujets en leurs ressemblances. Lors mesme que les degrez inferieurs de la Nature sont en proye, & tombent sous la domination des plus forts, ils font seruir leur foiblesse, & leur défaillance à leur agrandissement, en se reuestant d'vne forme plus accomplie que celle qui leur estoit propre.

VVu ij

Quand ie respire l'air, & que ie remarque comment il se cache à nos sens, pour venir subtilement donner la vie auec le rafraischissement à nostre cœur ; ie dis, ô Bonté immense, qui remplissez tout le monde, qui en bannissez le vuide, & en faites l'alliance auec le Ciel, vous penetrez bien plus auant dans nos ames, que cét Element ne fait dans nos corps. Nous n'auons iamais de sainctes affections qui respirent vostre assistance, que vous ne soyez tout prest de nous obliger d'vne grace qui alentit l'ardeur de nos passions, & empesche que nos volontez raisonnables n'en soient suffoquées. Si les fontaines boüillonnent, & font couler de leurs sources les ruisseaux, qui portent la fertilité dans nos campagnes, il me vient aussi-tost vne pensée de la pureté diuine, qui nettoye le Monde de ces imperfections, de cette supréme fecondité, qui estant toute pleine en-elle-mesme, se communique hors de soy, & assouuit les ariditez de la Nature beante apres ses faueurs.

Quand le feu rejallit des pierres, & que les estincelles monstrent les subtiles flammes qui se tenoient couuertes de l'espaisseur d'vne matiere, où nos sens le iugeoient le moins, ie croy Dieu present par tout d'vne assistance aussi veritable qu'elle est inconnuë. Hé ! pourquoy, dy-je, ô grandeur immense, voulez-vous estre caché à nos yeux ? Que ne nous est-il permis de voir au moins quelque éclat de vostre souueraine Majesté, qui sur-

passe l'ordinaire de la Nature, afin qu'il secou-
rust la foiblesse de nostre Foy, & qu'il nous inspi-
rast vn nouueau courage de vous adorer? Mais
nos sens sont trop grossiers pour cette felicité.
Nous vous prendrions pour vne des qualitez corporelles, si vous nous apparoissiez comme vne lumiere; nous vous mettrions à l'égal de vos creatures, & tout ce que nos yeux peuuent découurir
de plus rauissant, raualeroit les pensées que nous
deuons auoir de vostre perfection infinie.

C'est assez que nous ayons vne preuue con-
uainquante de la Sagesse diuine dans les mouuemens, les instincts, les appetits qui emportent les
choses particulieres à la iouyssance de ce qui leur
est propre; par vne recherche plus deliberée, &
plus heureuse, que si elle auoient l'vsage du iugement pour en faire le choix, & s'en donner la
possession: Que si la Nature menacée du vuide,
ou de la reuolte de quelqu'vne de ses parties, demande des effets extraordinaires de leurs puissances; elles se monstrent si affectionnées en ces occasions, qu'elles renoncent à leurs interests particuliers, auec vne liberté & vne promptitude qui passe ce que Caton, Brutus, & les meilleurs courages
ont fait pour leur republique. Quelle merueille,
que les inclinations, & les offices de toutes choses
soient si bien proportionnées, qu'il en reüssisse, &
la conseruation du monde & son ornement? que
tant de parties concertent sans faute, que les con-

VVu iij

traires n'ayent de l'actiuité que pour le commerce, & soient continuellement en estat de suiure, ou d'abandonner leurs propres inclinations pour vn bien public ? C'est vne double loy naturelle, qui fait également paroistre la Prouidence diuine, & la rend aussi sensible au monde, que la sagesse du Prince le seroit dedans vn Estat, s'il donnoit ordre à toutes les familles, & s'il establissoit des loix aussi auantageuses pour l'œconomie, que pour la police. Ces perfections vniuerselles que l'esprit recueille de la cósideration de toutes choses, la bonté, la grandeur, la puissance, l'amour, la felicité, sont des couleurs & des reflexions d'vne lumiere dont nous deuons chercher l'origine dedans vn Soleil diuin, & dans vne premiere cause qui contienne souuerainement en son vnité ce dont les choses créés n'ont que des parcelles & des rayons dissipez en leur multitude. Ainsi tous les objets de mes yeux & de mon esprit me sont des vestiges ou des images de Dieu. De quelque costé que ie tourne, ie voy des traits de sa bonté, de sa sagesse, de sa grandeur, de son eternité, de son amour : les choses particulieres & vniuerselles, les grandes comme les petites, les Cieux & la terre, les Astres & les fleurs sont des voix qui publient par tout la diuinité, afin que nos cœurs en conseruent tousiours le ressentiment.

Ces preuues sont si pressantes & si veritables, que les Athées sont reduits à renuerser tous les

LE MONDE N'EST PAS ETER. PAR. 2. 591

principes de la Philosophie naturelle, à nier toutes les sciences, à ne point croire ce qu'ils voient, & ce qu'ils connoissent, pour donner quelque couleur à leur infidelité. Ils font comme ces rebelles, qui abattoient anciennement les images des Empereurs, & passoient leur rage sur le marbre & sur la bronze, quand ils ne pouuoient répandre le sang, ny offenser autrement leur Majesté. La fureur de ces criminels auoit quelque effet, puis qu'ils ostoient veritablement ces tesmoignages publics de la bonté & de la grandeur du Prince : Ils ternissoient en quelque façon sa gloire par vn soupçon de la tyrannie : Ils s'opposoient à ses volontez, & accomplissoient les leurs : Ils ostoient de deuant leur yeux vn objet de haine, vne image, qui ayant esté dressée à la Vertu, leur reprochoit continuellement leur iniustice. Mais quoy que l'Athée forcené de rage, que sa bouche vomisse tous les blasphemes, que ses mains commettent tous les sacrileges, qu'il s'emporte à toutes les prophanations des choses sacrées, que son cœur de bronze nie ce que les Demons confessent : le Soleil qui nous fauorise de sa lumiere, les mouuemens reguliers des Cieux, l'ordre des saisons, l'admirable disposition des parties du Monde, ne laisseront d'estre images de la bonté de Dieu, & des tesmoignages publics de sa sagesse. Ils ont beau se figurer des abus dedans les sciences, accuser les principes de faulseté, se plaindre de la tyrannie de ceux qui en ont informé le Monde: ces veritez que la raison nous perfuade, que l'experience nous enfeigne, que nous tenons de ces puiffants genies de l'antiquité, meritent bien plus de creance, que les extrauagances d'vn méchant petit esprit qui nie tout, & qui ne conceuant rien, se fait vne subtilité de son ignorance. C'est pourquoy i'ay procedé en cette matiere par des raisons extraites de la Nature, sous cette esperance que les libertins seront trop foibles pour luy refifter ; & que si la honte de se rendre empefche vne confeffion de bouche, ils ne pourront au moins luy refufer celle de leurs cœurs.

Il est vray, que comme les medicaments ne déployent leurs qualitez dedans nos corps, que par le moyen des vertus contraires ou sympathiques qui s'y rencontrent, & de la chaleur naturelle qui leur donne la liberté de l'action : Ainsi le raisonnement qui se tire de la confideration du Monde, n'a son effet pour nous perfuader vn Dieu, que par l'entremife du fentiment naturel que nous en portons dans l'ame. Si nous rappelons nos pensées des objets où la curiofité les diuertit ; si tournahs les yeux fur nous-mefmes nous examinons de prés les conditions de nostre espece, nous y verrons vne plus viue image de Dieu que dans tout le monde. Les trois puiffances de l'ame font le portraict de la Trinité diuine ; nostre liberté figure la fienne ; l'estenduë de nostre volonté fa

toute-

toute-puissance ; nostre raison, sa sagesse ; le domaine qu'elle donne sur les Elements & sur les brutes, monstre son empire; & les delices que nous receuons d'vne serieuse retraite en nous-mesme, est l'image d'vne souueraine vnité, qui contient en soy tous les biens & toutes les felicitez. Qu'est-il besoin de faire vn concept à tant de reprises? Côme Dieu est vne nature tres-simple, il se presente à nous par vne lumiere subite, qui deuance, qui surprend, & qui conuainc nostre iugement. Nostre ame touchée de la premiere pointe de ce rayon, voit toutes les grandeurs du Monde auec mespris: elle n'a des yeux & vn cœur que pour le Ciel ; elle s'esleue plus que sa portée: ses delices sont de se perdre & de se confondre dans vn infiny. Icy les ardeurs deuancent ordinairement les lumieres; comme les flammes bruslent plustost qu'elles ne nous esclairent, vn prompt & inesperé mouuement de d'esprit nous porte deuant le throne de sa Majesté diuine, nostre cœur se sent obligé de rendre de profondes adorations à vn infiny qu'il ne connoist pas. Que les hommes seroient heureux, sils se laissoient transporter à la douce violence de ces attraits, s'ils n'estoient point rebelles au Ciel, & ennemis de leur propre felicité. Mais que seruent toutes ces reuoltes, pour obtenir vne liberté de vie, & l'impunité des crimes en niant vn Dieu? Il n'est pas possible de fermer les yeux aux lumieres de ce Soleil, si les hommes ne veulent point le reconnoiſtre pour leur Principe, ils ſont forcez de le craindre comme leur Iuge, & les remors de leurs conſciences ſont des bourreaux qui puniſſent continuellement l'infidelité. Les ames les plus determinées reclament Dieu à la mort, & dans le peril, quand il n'eſt plus queſtion de ſe contrefaire, & que l'importance de ce paſſage tire les plus veritables ſentimens du cœur ſans diſſimulation. C'eſt lors que les yeux, les mains, & le cœur eſleuez au Ciel, on implore vn Dieu tout-puiſſant, on taſche d'appaiſer ſa iuſtice par toutes ſortes d'hommages & de repentirs. Pourquoy faut-il que les hommes ſoient plus inſenſibles que les choſes inanimées? Les fleuues recourent à la Mer, les Cieux ramenent les Aſtres au poinct d'où ils ſont partis ; & toutes choſes n'ont du mouuement que pour acheuer vn cercle qui ſe cloſt au Principe d'où il a pris ſon commencement. Il faut que nos ames qui ſont eſcoulées de Dieu, s'y rejoignent par l'amour, & par la contemplation. Toute la Nature nous ſeconde en cette entrepriſe ; elle n'a des beautez, & des preſens que pour nous y animer, l'inſtinct & la raiſon nous perſuadent le culte diuin ; le Ciel nous y attire, & pour y faire de la reſiſtance, il faut que nous ſoyons ennemis de noſtre bon-heur.

FIN.

TABLE DES PRINCIPALES MATIERES.

A.

Ction presuppose la puissance. 54 elle y est proportionnée. 62. 421. 422. 463. 520. 522
estres priuez d'action. 266
Agir par soy-mesme. 273. 321. 557. &c.
l'Accord des choses differentes & contraires se fait par vne puissance superieure. 130. 146
le bien qui reüssit de l'Accord. 214
l'Accord des Elements dans les mixtes. 153. &c.
il ne peut tousiours durer. 133
Admiration, d'où elle procede. 304.
l'Affliction instruit l'homme. 572. 581
Aages de nostre vie ont du rapport auec les quatre Elemens. 136
l'Air, ses vtilitez. 241. 482
Air principe de toutes choses. 397

Air represente la bonté de Dieu. 589
Alliance de la Nature intelligible & corporelle. 171
Alliance des choses contraires. 234. 337. 401
elle se fait par l'entremise d'vne puissance moyenne. 123. 156
elle ne peut tousiours durer. 132. 414. 419.. &c.
grandes Alterations se font par l'influence des Planetes superieurs. 197
Ambition, & son origine. 65. 411. 494. 585
elle veut vsurper les droicts de Dieu. 90. 112. &c.
Ambition de s'agrandir aux choses naturelle. 126. 130. 140. 230. 163. 427. 496.
Ambition combattuë. 330
Ambition de beaucoup sçauoir. voyez science.
l'Ame raisonnable trouue son repos en Dieu. 273
ses excellences, & comment elle diffère de celle des brutes. 301. &c.

XXx ij

Table des principales Matieres.

Amour de soy-mesme. 103. 111. 142. 154. 167. 227. 243. 246. 295. 348. 386. 411. &c. 585.
Voyez contraire à soy-mesme.
Amour des enfans. 111. 295
Amour de ses œuures. 27. 202. 503
Amour cause de l'idolatrie. 110
l'Amour fait vn iugement trop auantageux de son object. 361. 416. &c.
Amour opiniastre. 165
Amour inconstant. 450
voyez indifference.
Amans pariures. 49. 50
Amour de sympathie. 280. 465
Voyez sympathie.
l'Amour est le principe du monde. 386
l'Amour & le commerce naist de l'indigence. 198. 373
pourquoy il n'est iamais content. 369
ses premieres flammes sont innocentes. 372
d'où viennent les supplices des Amans. 373.
forces de l'Amour. 382. &c
Aimer Dieu. 64. 66. 173. 349. 354. 378. &c.
Amour de Dieu qui precede la connoissance. 66. 593
qui la suit. 173
il égale tous les hommes. 419
si nous n'aimons Dieu, nous nous offensons nous-mesmes. 101
l'Amour de Dieu appaise les passions. 381
Anciens doiuent estre creus. 12. 13
Animaux amphibies. 236
Antipathies. 122. 307

les Antipathies plus necessaires au monde que les sympathies. 567
entre les signes celestes. 197
des Planetes & des brutes. 307
l'Appetit corrige le defaut de l'aliment. 19
Artifices doiuent seconder la vaillance. 26
l'Art fait violence à la Nature. 71
il la perfectionne, & ses admirables effects. 205
inuenteurs des Arts adorez comme Dieux. 205. 402
l'Art bastit sur la Nature. 96
l'inuention des Arts fait veoir que le Monde n'est pas eternel. 402
Arbres, comment ils defendent leurs fruicts. 295
Arbitre ne s'acquittant pas de son deuoir. 123
Arbitres entre les Elemens. 132
entre les Planetes. 162
Arc en Ciel. 266
battre l'ennemy de ses propres Armes. 101
Astres ne sont pas les changemens d'Empires & de Religions. 197. 418
Astrologie, son vsage, & son abus. 160
elle a esté cause de l'Idolatrie. ib. &c.
Athées, & ce qu'ils pretendent. 73. 105. 395. 590.
Atomes de Democrite. 398. 494
Augures du vol des oiseaux. 300
Aurore propre aux estudes. 175
Ayman, d'où vient sa sympathie

auec le fer. 360. auec le pole. 578

B.

BArbares aymēt qu'on leur parle de Dieu. 56
Beauté, ce que c'est. 366. 368. 369. &c.
son pouuoir, & comment elle donne de l'amour. 465
où la Beauté est la plus parfaite. 366
Beauté imparfaite. 370
Beauté de l'ame. 382
pourquoy l'on se la figure plus grande qu'elle n'est en effect au sujet aimé. 361. son Idée. 369.
il y a vne souueraine Beauté. 370
Beauté corporelle nous doit porter à aimer la diuine, &c.
Belier constellation. 194. 196
Bestes carnacieres & de rapine, pourquoy elles sont au monde. 570
il y a autant de Biens que d'affections. 268
Bienfait de Dieu continu. 61. 74. 78. 104. 222. 379. 501
Bienfait reciproque. 152. 198. 207. 215. 258. 359. 484
Bienfaits moderez. 138. 166
Bile comment separée en la digestion. 132
son temperament. 184
Bonté, son propre c'est de se répandre. 322
Brutes n'ont pas l'vsage de la raison. 296. 297. &c.

C.

elles sont sujettes à l'influence des Cieux. 298. &c.

CAnon, quelle violence souffre la Nature quand il tire. 241
Causes vniuerselles. 96
elles suppleent au defaut des particulieres. 103
Causes qui sont bonnes, concourent à la production de mauuais effects. 53
Voyez Principe.
mesme cause qui produit le bien & le mal. 434
Cause qui remet son effect en autre temps, que celuy auquel elle agit. 529. &c.
Cahos ce qu'il signifie. 375. 399
Centre immobile donne la perfection aux corps. 270
Cercle de lumiere & de connoissance. 30. 171
Chaleur celeste, si elle entretient les mixtes. 153
Chaleur naturelle ne forme pas l'enfant. 468
Changement qui est bon. 158. 432
Charité communicatiue. 383
Voyez bonté.
Changement se doit faire auec moderation. 8. 231. quand il doit estre grand. 99
Chymie pratiquée par les plantes. 144. 294. 467
Les Medecins sont à cette heure obligez de s'en seruir. 433
Cieux admirables meritent no-

XXx iij

ſtre contemplation. 157
ils nous portent à la connoiſſance de Dieu. 159
ils repreſentent les perfections de Dieu. 160
ils s'accordent auec les Elemens. 138. 196. 484
le Ciel n'eſt pas le premier moteur. 272
les Cieux ne ſont pas animez. 168. 169.
Ils ne ſont pas capables de former les mixtes. 148
leurs Changemens cauſent icy bas des alterations. 193
Comment ils ſont cauſes de la diuerſité. 562
Ils ſont principalement impreſſion ſur les brutes. 297. 298. &c.
Ils ont des qualitez contraires. 150
Ils ſouffrent des alterations. 406
Ils ont de l'imperfection. 452. &c.
Ils ne ſont pas eternels. 449. &c.
Pourquoy ils n'engendrent pas leurs ſemblables. 463
Cœur imite le mouuement des Cieux. 448
Commencemens heureux. 411. 492. 581
Commencemens difficiles. 8. 11. 75
Commerce de la Nature. 129
Commerce des Elemens dans le monde. 136
Commerce des Elemens dans les mixtes. 154
Commerce des nations vient de l'indigence. 198
Compoſez naturels ne ſe peuuent ſans vne vertu diuine. 118. 121. 336. 418. &c.
tout Compoſé a de l'imperfection. 410. 452
Il n'eſt pas eternel. 416
Connoiſſance de ſoy-meſme. 51. 62. 277
Ne pas connoiſtre ſes propres defauts. 34. 434. 525
Voyez excuſe.
Connoiſſance naturelle à ſes limites. 5. 62. &c. 277
Les premieres connoiſſances ſont confuſes. 127
Connoiſſances plus parfaites qui ſont plus eſloignées de la matiere. 30. 288
Connoiſtre vn ſujet par ſon contraire. 409
progrez de nos Connoiſſances. 114. 205. 290. 303. 573
Noſtre connoiſſance doit eſtre vniuerſelle. 31. 40. 46. 289. 291. 301. 328. 332. 367. 393. 562. 585
Noſtre connoiſſance eſt imparfaite. 42. 277
Connoiſſance du premier Principe. 45. 59. &c. 167. 172. 390. &c.
Contemplation naturelle, & le bien qui en reüſſit. 30. 109. &c. 391. &c.
le Contemplatif ſe ioüe de la fortune. 349. 384
Condeſcendre à la foibleſſe des autres. 9. 19. 32. 36. 138. 231. 258. &c.
Condeſcendance en la liaiſon des parties du monde. 225. &c. en l'air, & au feu. 240. entre les Planetes. 243

Table des principales Matieres.

mauuaise condescendance. 113. 345

la Confusion est empeschée par la contrarieté. 567

Contraires ne viennẽt pas d'eux-mesmes en composition. 122. 124. 156

Combat des choses contraires. 41. 122. 126. 153. 234

Contraires composent le monde. 121. 564

Le bien qui en reüssit. 122. 564. &c.

Encore qu'ils soient separez, ils ne laissent pas d'en venir aux prises. 133

D'où vient qu'il y a des choses contraires au monde. 565. &c.

Contraires en mesme sujet. 338. 565

Contraire à soy-mesme. 26. 80. 02. 167. 357. 450

Rien n'est contraire à soy-mesme que par force. 167. 234. &c. 243

Contrainte necessaire. 77. 105

Contrainte moderée. 32. 249. &c.

Contrainte quand elle doit estre extreme. 251

Contrainte desguisée du pretexte de liberté. 106

Conscience, ses remords. 102. 309

Conseil necessaire au Prince. 185. 187

Les forces du Conseil. 269. &c. 288

Multitude de Conseillers, nuisible. 262

Conseruation plus aisée que l'establissement. 227

Constance d'esprit dans l'inegalité des affaires. 145. 331. 349. 567

Constance dans la conuersation. 233. 344. 352

Constance qui vient des Planetes superieurs. 165
Voyez Planete.

Constellations ont les proprietez des animaux qu'elles representent. 194

Controolleurs. 185

Conuersation, & son pouuoir. 195

Corruption des choses bonnes est la pire. 160

Coustume, sa force. 94. 95

Corps, sa nature est imparfaite. 182

Coq, ce qui le fait chanter à certaines heures. 299

Crainte du peril. 246

Creation du Monde. 491
elle n'a point apporté de changement en Dieu. 526. &c.

Crises, d'où elles procedent. 197. 219

Curiosité de sçauoir. 459
Voyez science.

D.

Deformité du corps qui viẽt des Astres. 581

Destin, ce que c'est. 208

Degrez de diminution. 430

Deluges & leurs vtilitez. 137

grands desseins ne se conduisent que par vn seul. 261. 328

Desirs moderez. 330

Desespoir. 442
Desespoir donne le courage. 89
Dieu se plaist que les creatures raisonnables le loüent. 504
La connoissance de la verité vient de Dieu. 285
La connoissance de Dieu est necessaire. 47
C'est vn principe naturel. 52.308
Elle est plus puissante que toutes les autres. 58
S'il n'y auoit point de Dieu, nous ne pourrions pas en auoir la pensée. 61.&c.
la Connoissance de Dieu est la cause de nos plus sublimes pensées. 65
La lumiere de Dieu vient en vn instant. 67.69
Elle est plus grande dans l'esprit des Sages. 85
Elle ne peut estre esteinte. 75.76. 87.95.105.108.110.188.309.591. 593
Pourquoy les Athées taschent de l'esteindre. 74.106
Dieu est le souuerain bien de l'homme. 173.274.340.353
Dieu est connu de nous par la raison, & par la foy. 31.&c. par l'instinct, & par la raison, 110
Dieu veut estre aymé de l'homme. 63.&c.303.379
Puissance de Dieu, signifiée par diuers noms. 120.274
Par la diuersité des Estres. 228. 584
Son immensité. 169.180.187.320. 352.586
Multitude de Dieux impossible.
116.261
L'vnité de Dieu. 348.&c.524.
Son vnité representée par l'ordre du Monde. 229.269.320
Sa verité. 281.&c.
Son estre immuable. 268.271. 524.&c.551.586.589
Sa bonté a produit le Monde. 252
Sa Sagesse. 186.&c.290.332
Science de Dieu immuable. 526. &c.
Dieu est incomprehensible. 366. 488
Dieu ne nous secourt que quand nous auons employé nostre diligence. 33
Les choses difficiles plaisent à l'homme. 107
Dignitez données selon le merite. 204.227.278
grandes Dignitez ne doiuent pas estre perpetuelles. 141
Dignitez données aux grands d'extraction. la méme.
Dissimulation de quelques crimes. 38
Diuersion de forces. 25
Diuersité agreable. 108.218.366
pourquoy nous aymons la Diuersité. 555.&c.
Diuersité du temps, des saisons, des climats, vient des Cieux. 166.198
Diuerses perfections en mesme sujet. 50
Diuersité de perfections. 189.190
Diuersité necessaire au monde. 228.&c.488.557.559
D'où procede la diuersité. 191. 558.559.&c.580
Diuision.

Diuision, & comment toutes choses s'y portent. 357
Douceur irritée, dangereuse. 151
Docteur qui condescend à ses auditeurs. 9.19.36
Douleurs à quoy elles seruent. 347
Durée proportionnée à l'excellence de l'estre. 408. &c. 514

E.

EAu, quelle contrainte elle souffre. 239.347
Eau principe de toutes choses. 397
Echo comment il se fait. 219
Effect dissemblable à son principe. 168.176
Voyez principe.
Efforts inutils. 306
Eglise primitiue plus florissante. 5
Egale resistance des contraires au Monde. 571
Egalité difficilement establie dans vn Estat. 150
Trop grande egalité mauuaise. 560
Egalité de mœurs. 345
Elemens, leurs contrarietez. 128. leurs sympathies. 131
Leurs vicissitudes. 135
Leur situation dans le monde. 131
Elemens se destruiroient, s'il n'y auoit vn premier moteur. 134. &c. 410
Elemens comment ils sont vnis dans les mixtes. 147.150.223
Elemens ne sont pas causes de la diuersité des especes. 559
Esloignement des choses nuisibles. 162
Voyez contraires, & leur combat.
Embrazemens generaux. 137
Enfans, pourquoy ils n'ont pas l'vsage de la raison 319
Eponges sont demy sensibles. 227
Erreur qui s'augmente quand on le descouure. 38
Esprits d'vne inegale capacité. 136.277.283. &c.
Esprits inégaux en diuers siecles. 137.141
Esprits mediocres causent les grands troubles. 40. &c. 265
Estres moyens. 227.228. &c. 265
Estres eminens & leur qualité. 364 458
Estres imaginaires. 60
L'estre des choses est l'Image de Dieu. 266.573
Estrangers, pourquoy l'on s'en sert. 25
Establir l'Estat, plus difficile que de le conseruer. 29.154
Estoiles fixes ont la lieutenance des Planetes. 165.189
D'où vient leur diuersité. 191
Leur ordre. 193. &c.
Estoiles nouuelles. 456
Eternité, ce que c'est. 526.527. &c.
Eternité, & ce qu'en profite la contemplation. 428
Eternité comprend tous les temps. 445.507
Euenemens diuers qu'on impose à la fortune, sont ordonnez de Dieu. 329 580
Eunuches. 465

Tome I.   Y Y y

Exception n'empesche pas la generalité de la loy. 83
Extremitez ennemies fortifiées. 234
Extremitez ne se ioignent point. 30.231.&c.
Extremitez qui ont du rapport. 84
Passage d'vne extremité à l'autre. 144.196.235.490.502.521
Excuser & couurir son imperfection. 346.396.426.516
Vertu expultrice. 569
Exterieur qui trompe. 361.376
Voyez Religion.
Exterieur veritable. 454

F.

Familiarité auec les Grands, perilleuse. 163
Fecondité des animaux domestiques. 469.470
La femme n'est pas produite contre l'intention de la Nature. 582
Fer, sa sympathie auec l'ayman. 560
Festin en peinture. 374
Feu elementaire. 129
Feu sacré. 79
Feu consommeroit tout le monde s'il n'estoit retenu de Dieu. 132.134.421.442
Les violences qu'il souffre. 240
Feu principe de toutes choses. 398
Figures des constellations signifient leurs forces. 195
Fin, qui a du rapport au commencement. 70
La fin est aymée, sans deliberation. 70
Toutes choses tendent à vne certaine fin. 324
Fin generale du Monde. 323.324. &c.
Se proposer vne certaine fin de toute sa vie. 338
Dieu n'agit pas pour vne certaine fin. 505. ce qui est finy, n'est pas eternel. 414
Flus & reflus de la mer. 250
Fontaines artificielles. 194
comment les Fontaines se font dans les montagnes. 240
estres Foibles, qui souffrent, & qui n'agissent point. 266
Formes des Elemens restent dans les mixtes. 147
Formes assistantes aux Cieux. 171
Formes substantielles, ne se tirent pas de la matiere, & d'où elles procedent. 462
Forces prodigieuses d'vn homme. 431
Forts sur les frontieres. 234
Solitude des Forests donne vn sentiment de Dieu. 67
la Foy establie par les miracles. 6
Esclaircie par raisons naturelles. 8. &c.
la Foy combatuë en son commencement. 11
la Foy s'accorde auec la Nature, en ce que tous deux representent Dieu. 22

G.

Genres opposez: 267
Sçauoir si les generations

Table des principales Matieres.

font eternelles. 394
appetit de la Geneation. 295.
&c. 298. 372. 458
d'où vient la puissance Generatiue. 462. &c.
la Generation est vne action violente aux animaux. 463. &c.
les Generations inferieures doiuent auoir vne cause plus puissante que les Cieux. 149
les Generations representent l'Eternité de Dieu. 586
Gouuernement alternatif. 136. 142
Graine, comment elle germe. 469
Graisse est vne prouision de la Nature. 317
Guerre pour la Religion. 86
Guerres deschargent le monde. 477
Graces & attraits de Dieu. 309

H.

l'Habit du souuerain Pontife representoit l'ordre du monde. 117
l'Hazard ne sçauroit faire l'ordre. 214. 216. &c.
l'Heresie est suiuie de l'impieté. 3.
l'Homme est vn petit monde. 364
l'Homme est l'abregé de l'inconstance du monde. 28
Il est le suiet de la Nature. 278
Il n'est pas la mesure des choses, & il ne possede pas la vraye verité. 275. 286. 404
l'Hõme est l'Image de Dieu. 592

opinion d'Honneur à quoy elle sert. 245
Diuersité d'humeurs cause de l'idolatrie. 112

I.

IDée plus parfaite que n'est l'ouurage. 282
l'estre Ideal doit estre deuant le materiel. 407. &c
Idolatrie & son origine. 53. 109
Il faut craindre de tomber dans l'Idolatrie. 112
Idolatrie excusée. 116
Ieunesse prodigue. 103
Ignorance, & son origine. 42. 237. 238
Imagination, & ses forces. 21
Images naturellement representées sur les pierres. 216.
qui a de l'Imperfection n'est pas eternel. 410. &c.
Incommodité supportée pour vn plus grand bien. 311
Inclinations differentes. 314
l'Inclination naturelle n'est point trompeuse. 55. 208. elle n'est principalement que pour vne chose. 236. 324
elle se fait connoistre en ce qu'elle est commune. 82
elle ne se peut vaincre. 77. 85. 93. 102
Industrie des plantes, & des animaux, 295. &c.
Industrie plus à estimer que la force. 288. 294
Inconstance de l'homme. 78. 158. 169. 394. 426. 436
Inconstance du Soleil. 185

YYy ij

Table des principales Matieres.

de la Lune. 226 272
Inconstance des choses materielles. 146.&c.254.292
Voyez changement
Indigence cause du commerce. 198
Indifference du mouuement animal. 315
Indifference des Cieux pour le mouuement. 445.
Indifference de la matiere pour les formes. 433.457
Indifference du Soleil pour les productions. 176.
Infirmité continuë. 28
Connoissance de son infirmité. 33.35.198
progrés à l'Infiny, dont nous auons de l'auersion. 62.323.403. 436.471
deux Infinis sont incompatibles. 496
Imperfection comment elle est ordonnée de Dieu. 585
l'Estre Intelligible doit estre deuant le materiel. 287
Ioye pourquoy nous l'aymons. 182
Iupiter, ce qu'il signifie. 115.156.
son Influence. 184
l'ordre qu'il a dans le Ciel. 162
Iustice gardée par Elemens dans le Monde. 136.&c. 571. dans les mixtes. 154
Iustice dans les Cieux, par le signe des Balances, & par le mouuement. 441

L.

Lascheté punie. 245
Lassitude dans le trauail. 269.319.438.528
Libertins ne croyent rien. 18
Liberalité vraye. 501.524
Liberalité trop grande, n'est pas de durée. 423.439.462.567
amour de la Liberté. 89.105.251. 309.311.406.422
Liberté naturelle. 403
Liberté de Dieu en la production du Monde. 520
Limitation de perfections és choses inferieures. 247.268. 323.331.408.438.449.580. &c.
toute Limitation est vne souffrance. 412
Loix naturelles violées par les hommes. 71
elles ne se changent point dans le Monde. 100.
Loix ciuiles se doiuent changer en diuers têps. la même. 221.562
quand elles doiuent dormir. 252
pourquoy les Legislateurs ont dit qu'ils tenoieut leurs loix de Dieu. 99.
Lumiere, ce que c'est. 181
excellences de la lumiere. 178. &c. 275.
toutes choses ayment la lumiere. 178
cercle de Lumiere,& son retour dans le Verbe. 30
la Lune a de la sympathie auec la terre. 166.197.226
vitesse de son mouuement profitable. 166.198

M.

Maladies, & leurs causes. 133.419.422

Table des principales Matieres.

Maladies incurables viennent de Saturne. 264.429
Mal qu'il faut cacher. 28
Maladies chroniques. 456
vn mal chasse l'autre. 571
Malheur general. 131.474
Mariage entre personnes d'inégale condition. 231
Mariage comment violé. 72.417
Mars, & ce qui dépend de son influence. 164.452
Matiere premiere. 266.457.460
elle est indifferente à toutes les formes. 450
elle n'est pas eternelle. 440.490.
Mediocrité se doit garder en tout. 232
Mediocrité comment elle se conserue au monde. 571.572
Medecine qui offense plus qu'elle ne profite. 38
Medecins qui s'abusent au iugement des qualitez. 562
Medecine pourquoy elle est changée. 432
Mercure, ce qu'il signifie. 116. 163.484
la Mer contient tous les Elemens. 484. quelles contraintes elle souffre. 134.236.347
Meteores. 41.110.227
Milieu honorable. 163
Les Elemens ont leurs forces entieres au milieu de leur region. 229
Miracles pour la confirmation de la foy. 6
Pourquoy ils ne sont plus si ordinaires. 16
premier Mobile. 227
Moyens qui se secondent pour obtenir vne mesme fin. 105. 106. &c. 294
Moyens propres pour reüssir en vn dessein. 207
puissance Moyenne qui fait les vnions. 123
estres Moyens qui font les alliances de la Nature. 224. &c. 92
Voyez arbitre.
estres Moyens qui souffrent & qui agissent. 265
plusieurs Moyens supposent l'imperfection de la cause. 490. 577
Monopoles dans les Republiques. 264
Monarchie principe des autres gouuernemens. 113
elle est le meilleur des gouuernemens. 263.258
Monde signifie beauté. 202
rapport des parties du Monde, auec celle de nos corps. 38.
il n'est pas vn animal. 312. &c.
quel est son principe. 397. &c.
il a de l'imperfection. 410. 478.580. &c.
il n'est pas eternel, & ce que nous profite cette connoissance. 389. & suiu.
il n'y a qu'vn Monde. 646
&c. il est l'Image de Dieu. 504.583
Mespris de ses vanitez. 158. 384. 393
le Monde n'a plus ses premieres forces. 6.429. &c.
Mort, sa cause. 133.419.422
ne la point craindre. 394
premier Moteur. 162. &c.
Mouuement pourquoy plus vi-

Y Y y iij

le monde a esté creé au Printemps. 492
ste, quand il est plus proche du
centre. 34
des deux Mouuemens contraires, l'vn est proche, & l'autre
estranger. 102
Mouuemens contraires dans le
Monde. 317
Mouuements contraires dans les
Cieux. 444
Mouuemens des corps legers ou
pesans, d'où ils procedent. 256
Mouuement de l'animal indeterminé. 315
Mouuement marque l'indigence. 268. 435. 448
vtilitez du Mouuement. 434. 441
524. 577
le Mouuement n'est pas eternel.
433. &c.
le Mouuement circulaire n'est
pas eternel. 442. &c.
raison du Mouuement circulaire
des Cieux. 445. &c. 584
le Mouuement circulaire n'est
pas propre aux corps. 167
il est propre à l'ame raisonnable.
172.
le Mouuement est supporté de
l'immobile. 256. 268. 269. 472
Mouuement qui se fait pour empescher le vuide n'est pas naturel. 247. &c.
Mouuement general depend
d'vne cause vniuerselle. 258
nostre ame porte l'exemplaire
de tous les Mouuements. 264
Multitude des Dieux impossible. 113. 261
Multitude qui recompense le defaut de l'imperfection. 498.
499. 557
Multitude est l'image de l'infinité. 274. 557.
Voyez Dieu.
Multitude depend de l'vnité. 335.
342. &c.
Musique, ses charmes. 224
ses tablatures. 194

N.

la Nature n'est autre chose
que la loy de Dieu au
Monde. 116. 146
rapport des fausses diuinitez à la
Nature. 114
la Nature & la Religion sont
deux portraits de Dieu. 22
la Nature couure ses defauts.
516
Voyez excuse.
loix Naturelles que l'homme
prend plaisir de renuerser. 71
les loix Naturelles ne se changent point au Monde. 100. 106
elles sont le Principe des sciences. 208
la puissance Naturelle ne se peut
vaincre. 77
en tout sujet ce qui est Naturel
est le premier & le plus puissant. 412
la Nature n'est plus si forte
qu'elle estoit anciennement.
431
iour Natal. 492
la Necessité oblige au bien.
264
Neptune ce qu'il signifie. 207
Noblesse, sa vanité. 389

Table des principales Matieres

Noms des Planetes donnez aux Princes. 206
Nouueauté trop grande effarouche les esprits. 8
grande Nouueauté quand elle est bonne. 68
amour de la Nouueauté. 105
 Voyez diuersité.
Nuict calme & serene nous donne les sentimens de Dieu. 66. 186. 333

Monde. 203. 204. 206. 210
il vient de Dieu. 205. 224. &c.
il est vn double portrait de son vnité. 228
double Organe des sens les plus necessaires. 107
Ornement necessaire. 33. 271. 272
Orphée, ce qu'il signifie. 126
Oyseaux & de leurs instincts. 298. &c.

O.

Obeyssance auec promptitude. 152
Opinion conduit le peuple. 4. 448
Opinion inconstante. 80. 81. 283
Opinion cause de l'idolatrie. 52. &c.
Opiniastre en son erreur. 89. 164. 448
toutes choses sont dans l'Opposition. 267
 Voyez contrarieté.
Or banny des Republiques. 184
Ordre est vn effect de sagesse. 141
Ordre des Planetes. 162
Ordre des estoiles fixes est difficilement connu. 193
l'Ordre nous plaist, & pourquoy. 200
de l'Ordre depend la perfection de toutes choses. 201
l'Ordre ne se fait pas de luy-mesme. 211
l'ordre est le propre effect de la raison. 212. &c.
l'Ordre general des parties du

P.

la Paix doit estre entre les hommes. 570
le Dieu Pan, ce qu'il signifioit. 117
Pariure innocent de ceux qui aiment. 50
Parties font iuger du tout. 406. 472. 486
Passage des oyseaux. 298
amour de sa Patrie. 144
Il faut tousiours estre de quelque party. 134
Passion combattuë par vne autre. 245
Passions empeschent la connoissance de la verité. 2. 110
elles ont esté cause de l'idolatrie. 110
leur dereglement. 126. 163. 463
Passions commandées par la raison. 156. 198. 232. 305. 381
Peinture où les couleurs se meslent insensiblement. 228
diuers degrez de Perfection. 274
Perfection des choses consiste

Table des principales Matieres.

en l'ordre de leurs parties. 201
Perfection accompagnée de defauts. 18.295. 280. 282.283. 364.370.427.433.434. &c.568
Voyez priuation. Imperfection dans les Cieux. 451. &c. 481
Pourquoy il y a de l'imperfection au Monde. 580. &c.
les choses parfaites durent peu. 423. 439.450
Pestes deschargent le monde. 475
Petites choses seruent pour la connoissance des grandes. 24. 35
choix d'vn Petit mal pour en éuiter vn plus grand. 246.251.311
vn grand mal d'vne Petite cause. 421
les Petites choses sont les plus excellentes. 574
elles sont aussi necessaires que les grandes. 578
Petitesse esleuée. 143. 230. &c. 243.362.452. 485.492.
Peuple veut estre conduit par raison. 311
il est de soy porté au desordre.155
diuers temperamens des Peuples viennent des Cieux. 562
Pierres grauées naturellement de figures d'animaux. 216.&c.
Planetes & leur ordre. 163.242
leurs mouuemens. 222
leurs inimitiez. 455
comment ils dominent aux metaux. 483
Planetes superieures ont les influences plus fortes.165. 196. 418

noms des Planetes donnez aux Princes. 112
Plantes & leur industrie. 294
Plantes qui ont distinction de sexe. 227
Plomb dominé de Saturne. 483
Poison & son remede present. 21
Police veut vne plus grande prudence que l'œconomie. 220
sainct Pontife representant le Monde en son habit. 114
Presage des brutes, & pourquoy nous ne les auons pas. 301
Prince & son deuoir. 185. 363
il doit compatir au Peuple. 29. 32.231. 241
sagesse du Prince. 291. 292.293. 328.339
     Voyez conseil & sagesse de Dieu.
connoissance du premier Principe. 46.59
de toutes choses nous en voulons sçauoir le Principe. 390. 397
Il n'y a qu'vn premier principe. 342
toutes choses ont leurs Principes, & rien ne se peut produire soy-mesme. 254. 478
ressembler à son Principe. 181. 365.445.453. 483.
Principe plus parfait que ce qui en despend.209.277.279.287. 291.319.365. 437. 440.462. 476. 515.553
retour au Principe. 30. 63. 65. 113.143.154.174. 301.358.424. 429.593
Principes naturels, & leur certitude. 51. 201
Printemps,& ses qualitez. 138

le monde

Table des principales Matieres.

Priuation est deuant l'existence. 405. 412. 508. 514
la Priuation de soy est sans remede. 429
il y a au monde plus de priuation que d'existence. 410. 412. 426. 478
Priuileges font connoistre la loy. 218. 475. 582
Prodigalité de la Nature. 106
Prodigalité de la ieunesse. 439
Prouidence diuine paroist plus dans l'ordre de tout le monde, que dedans chacune chose. 203. 590
Prudence d'œconomie & de police. 220. 328. 333
Prudence plus necessaire à l'establissement, qu'à la conseruation. 220
Plusieurs puissances en mesme sujet. 237
sans Puissance, il n'y a point d'action. 54
tout ce qui nous est vtile, ne depend pas de nostre puissance. 298
diuerses Puissances se rapportent à vne superieure. 207
Puissance moderée. 174. 193. 194. 195
Punitions pourquoy necessaires. 163. 348
interest Public preferable aux particuliers. 195. 226. 234. &c. 244

R.

Raison primitiue. 276. &c.
Raison de l'homme ses auantages sur l'instinct des brutes. 301
Raison necessaire à l'homme, en quelque estat qu'il soit. 27
Raison moyenne entre Dieu & le monde materiel. 30
nostre raison est defectueuse. 28
estant iointe à la foy, elle fait l'Image de Dieu dans l'ame. 31
il n'appartient qu'à la Raison d'establir l'ordre. 204
la volonté de Dieu est la premiere Raison. 506
Recollection pour s'vnir à Dieu. 171. 353. 692
Reconnoissance sacrilege. 111. 442
Reflexion est propre à la Nature raisonnable. 170
se Releuer de sa cheute. 143. 425. &c.
Relation entre Dieu & les creatures. 531
Religion Chrestienne pourquoy combattuë. 3
pouuoir de la Religion sur l'esprit de l'homme. 86
excez de la Religion. 88
de ceux qui n'ont de la Religion qu'à l'exterieur. 18. 32. 35. 271
Religion vtile à l'estat. 91. 92. 96
elle n'est pas inuentée par les Princes. 91. &c.
Ce que les Princes ont contribué à la Religion. 101
Changement de Religion, ne vient pas des Astres. 196. 418
Remede se rencontre où est le mal. 21
Republiques, & leur origine. 322. 330

malheurs auſquels elles ſont ſujettes. 263
Repos ſupporte le mouuement. 269. 438
il le termine. 436. &c.
Repos eſt propre au centre & au Principe. 271. &c.
Reſignation aux decrets du Ciel. 292. 293
Roſes pourquoy elles durent ſi peu. 439
Roys s'humilient deuant Dieu. 87.
Voyez Prince.

S.

Sacrifices ſignifient la creation du Monde. 401
Sacrilege temerité. 95
Sacrilege & ſa punition. 96
Sacrilege accompagné de gauſſerie. 93
le Sage ſuffit à ſoy-meſme. 158. 498. 552
Saiſons, d'où vient leur diuerſité. 167. 193
temperament de Sang. 187
Saturne, ce qu'il ſignifie. 399
pourquoy il eſt le plus eſloigné de la terre. 163
Son influence maligne. 165
comment il eſt froid. 192
il domine au plomb. 483
Science mediocre dangereuſe. 40. &c. 265
Sciences empruntent leurs Principes les vnes des autres. 62
la Science de l'homme eſt imparfaite. 278. 456
ambition de beaucoup Sçauoir. 34. 45. 110. 190. 275. 303. 343. 390. 403. 425
Seichereſſe, & ſes proprietez. 349.
Separation des choſes ennemies n'empeſche pas qu'elles ne combattent. 133.
Societé. Voyez vnion, commerce, alliance, accord, ſocieté d'intereſt. 215
Societé vient de foibleſſe. 290. 354. 418. 578.
Socrate & Platon rauis en la contemplation du Ciel. 158
Soldats ſeparez du peuple. 134
Soleil, l'ordre & la qualité qu'il tient dans le Ciel. 162
Son excellence. 176. 177
il reçoit ſa vertu d'vne cauſe ſuperieure. 178
adoré pour Dieu. 180. il n'eſt pas Dieu. 185
il en eſt l'Image. 190
le Soleil agit auec neceſſité, & eſt l'eſclaue de la Nature. 510
pluſieurs Soleils. 110
le Superflu ſe doit euiter. 320. 498
Suiure ce qu'on ne peut vaincre. 93. 394
Suffir à ſoy-meſme. 498. 552. 593
Sympathies, leur origine. 355. 361
Sympathie des alimens auec les corps. 20
du Predicateur & de l'Auditeur. 59
Sympathie des quatre elemens. 132. des Planetes. 197
Amour de Sympathie. 197. 202. 297. 356
diuerſes cauſes de la Sympathie.

Table des principales Matieres.

561
la Sympathie vient de Dieu. 356
&c.

T.

Taureau constellation. 195
Tēps subsiste par la mort de ses parties. 114. 412
Terme de grandeur & de perfection en toutes choses. 169. 206
Terre, & ce qu'elle souffre de violence pour le bien general du monde. 239
la Terre est l'abregé du monde. 482
Theologie se sert de la raison. 29. scholastique obscure. 44. 49
Tradition doit estre creuë. 12. 13. 15
Trauail. Voyez mouuement.
Trinité diuine. 519. 554. &c.
Trigone des signes du Zodiaque. 196. &c.
Trine aspect des Planetes fauorable. 197
Tributs moderez. 249
Triomphes pourquoy accordez aux victoires sanglantes. 289

V.

Verbe diuin comment il est representé au monde. 30. 229
Vegetable, par quel moyen il s'vnit au sensitif. 226
Venus ses influences. 164
amour de la Verité. 304. &c.
la Verité est eternelle. 285
premiere Verité. 280. &c.
Verité est deuant l'estre. 280
elle est l'exemplaire des productions inferieures. 282
Verité difficilement connuë. 1. 14. 237
Vertu des causes vniuerselles, est vne image de celle de Dieu. 177
Vertu qui ne se corrompt point. 180. 187.
Voyez constance.
Vertu se perfectionne dans l'aduersité. 565
Vertu en la mediocrité. 232
Amour naturel de la Vertu. 345. 385
Tromperies de la veuë. 517
Victoires plus honorables obtenuës par industrie, que par force. 288. Voyez industrie
Ville de conqueste se conserue par l'entremise de ses propres citoyens. 26
Vicissitude des Elemens. 135. 136
Vicissitude du monde où l'on voit tousiours choses semblables. 425
elle se fait par vne Vertù diuine. 429
Vitesse du mouuement de la Lune, & le bien qu'elle cause. 166. 198
Vigne & son industrie. 294
Violence suppose vn principe exterieur. 102. 247
Violence que les choses souffrēt pour vn bien public. 238. &c.
Voyez public interest.
Violence n'a point de durée. 79. 417. 448

ZZz ij

Table des principales Matieres.

Volupté, & ses charmes. 182. 319. 360. 464. 523

Volonté de Dieu effectiue. 529. &c.

Vn seul est capable de conduire vn grand dessein. 261. 319

Rien n'explique si bien l'essence de Dieu que l'vnité. 333

Vnité de Dieu representée par l'ordre du monde. 229

toutes choses sont participantes de l'vnité. 341

l'vnité diuine soustient toutes choses. 351. &c.

Vnion des parties du monde. 215. 336. &c.

Vnion des petites choses auec les grandes. 229

comment toutes choses defendent leurs vnions. 347

Vnion des choses semblables. 57. &c.

Voyez sympathie.

forces de l'Vnion. 80. 183. &c. 263. 339. 348. 355

les Vnions inferieures sont imparfaites. 363. &c.

elles ne sont pas eternelles. 132. &c. 416. &c.

toutes choses sont d'autant plus parfaites qu'elles ont d'vnion. 367.

Vuide comment empesché. 240. &c. 323

FIN.